房地产行业培训

U0993841

◇房地产企业财税人员案头操作指南◇

房地产企业财税合规
58个经典判例精解

王晓辉　袁道平　陈高勇　唐艳茹　李春荣　彭兴洪
黄中秀　陈书森　葛似兰　方玉宗　官中明　◎编著

中国经济出版社
CHINA ECONOMIC PUBLISHING HOUSE
·北 京·

图书在版编目（CIP）数据

房地产企业财税合规：58 个经典判例精解 / 王晓辉等编著 .--北京：中国经济出版社，2024. 6

ISBN 978-7-5136-7485-0

Ⅰ. ①房… Ⅱ. ①王… Ⅲ. ①房地产企业-财务管理-中国 ②房地产企业-税收管理-中国 Ⅳ. ①F299. 233. 3 ②F812. 423

中国国家版本馆 CIP 数据核字（2024）第 111761 号

责任编辑 夏军城
责任印制 马小宾
封面设计 任燕飞

出版发行 中国经济出版社
印 刷 者 河北宝昌佳彩印刷有限公司
经 销 者 各地新华书店
开　　本 710mm×1000mm　1/16
印　　张 19. 5
字　　数 348 千字
版　　次 2024 年 6 月第 1 版
印　　次 2024 年 6 月第 1 次
定　　价 98. 00 元
广告经营许可证 京西工商广字第 8179 号

中国经济出版社 **网址** http://epc. sinopec. com/epc/ **社址** 北京市东城区安定门外大街 58 号 **邮编** 100011
本版图书如存在印装质量问题，请与本社销售中心联系调换（联系电话：010-57512564）

编委会成员简介

王晓辉/江苏通税（福州）律师事务所主任律师，国家税务总局第六批税务领军人才，高级经济师、注册会计师、税务师、注册监理工程师、土地登记代理人。

曾于上市房地产企业从事财税工作，处理多起企业股权涉税架构筹划业务并落地，累计节税额达亿元。为多个大型国企的吸收合并、分立和“子改分”，房地产并购重组、破产重整等业务提供税收筹划服务，获得了客户的广泛好评。办理近300起涉税争议案件，为企业及其负责人争取了合理合法的利益。

袁道平/重庆坤源衡泰律师事务所执业律师、注册会计师，重庆市首届会计行业领军人才，西南大学会计硕士实务导师，重庆市税务学会副会长、理事，重庆市国际税收研究会副会长、学术委员、理事，重庆市社会科学发展促进会财税与合规专业委员会主任，重庆市律师协会房地产专业委员会副主任，重庆市社会组织评估专家。曾任多家税务局和跨区稽查局法律顾问，主持数十家大型房地产开发企业税务咨询、税务代理工作，擅长税务规划、税务危机应对及税收争议处理等业务。

陈高勇/浙江求德律师事务所主任律师、高级会计师，具有注册会计师、注册税务师、国家一级注册建造师、国家一级注册造价工程师、注册资产评估师等资格证书。浙江省律协财税法专委会委员、杭州市律协拱墅分会建筑与房地产专委会委员、中国建设工程造价管理协会资深会员，曾在国内知名会计师事务所、央企、上市公司从事财税、建设工程与房地产等工作，办理数百件建设工程与房地产项目的税收合规、股权架构与激励计划设计、并购重组、破产重整、工程造价鉴定、建设工程合同纠纷等案件。

唐艳茹

北京德恒（西咸新区）律师事务所合伙人，陕西省律师协会财税专业委员会委员，西北政法大学法学硕士，税务师，西安交通大学校外指导老师。任多家建筑和房地产企业的法律顾问和税务顾问，具有丰富的诉讼、调解、谈判经验，参与多起房地产项目开发、谈判、销售等专项法律、税务事宜，为企业财税合规把关，帮助其控制风险、降低成本。

李春荣

福建合立律师事务所执业律师，注册会计师非执业会员、注册税务师非执业会员。具有多年房地产行业从业经验，熟悉房地产开发流程、房地产开发运营、房地产建筑等业务和法律规定；熟悉公司内部管理，以及涉税、财务管理等事务。曾任多家房地产开发公司法务经理，现任多家房地产企业、施工企业的常年法律、财税顾问。

彭兴洪

重庆坤源衡泰律师事务所执业律师，四川大学民商法方向法学硕士，具有律师、税务师、会计师资格，具有税务局、检察院、税务师事务所及律师事务所工作经历。重庆市国际税收研究会会员、重庆市江北区律工委财税委员会委员、中国国际贸易促进委员会重庆调解中心调解员、重庆市首批“千名青年律师领军人才库”人选（公司法律类），负责处理多起涉税诉讼、虚开行刑衔接、税企争议、财税合规等案件。

黄中秀

广东广信君达（重庆）律师事务所执业律师、会计师、税务师。拥有19年财税法相关工作经验，为多家企业提供股权涉税架构筹划服务，为多个房地产企业破产重整及相关业务进行税收筹划。代理多起税收争议案件，为客户挽回税款损失数千万元。致力于企业法财税一体化服务及各环节涉税方案设计、大中型企业和上市公司税务管理和企业价值再造、私人财富税务顾问等。

陈书森/

福建懿茂律师事务所主任律师、税务师、并购交易师。厦门市思明区政协委员、厦门市法学会首席法律咨询专家、厦门市律师协会理事、厦门市律协财税法专业委员会主任、福建省律协证券法律专业委员会委员、厦门市律协产业发展与公司律师委副主任、厦门市法学会证券法学研究会常务理事、福州大学经济与管理学院创业导师、厦门市集美区法院特约调解员、厦门市地方金融纠纷调解中心融资租赁特邀调解员。

葛似兰/

江苏通税（福州）律师事务所副主任律师、注册会计师、税务师，福建省律师协会“一带一路”法律专业委员会委员、福州律协涉外商事专业委员会委员。拥有丰富的涉税诉讼及非诉实务经验，为福建省多家龙头企业、上市公司及中小型企业提供了专业的涉税法律服务，处理多起标的额超十亿元的涉税争议纠纷，致力于为客户提供优质的财税法综合服务。

方玉宗/

福建厦龙律师事务所执业律师，中国税务师协会第三届高端人才，具有注册税务师、会计师执业资格。拥有 20 年财税、法律相关工作经验，担任多家大型企业、上市公司的财税顾问，擅长税务合规建设，代理数十件偷逃税款、虚开发票案件，涉及税务行政听证、复议和诉讼各阶段。

官中明/

注册会计师、税务师，具有律师执业资格，重庆市社会科学发展促进会财税与合规专委会理事，处理多个房地产和建筑企业开发项目的税收策划、资产重组、税务争议及税务危机应对等实务，协助办理多起涉嫌偷逃税款、虚开发票案件的代理业务，担任多家大型企业集团的财税顾问，致力于为企业提供优质的法财税综合服务。

前言
Preface

房地产企业开发项目周期长，涉及税种类型多，特别是随着房地产行业的深度调整，一些民营房地产企业面临清算或关闭以退出市场，相关方之间很容易出现涉税行政争议。

我国虽非判例法国家，但是司法裁判案例的影响力不容小觑。最高人民法院于2020年7月发布了《关于统一法律适用加强类案检索的指导意见（试行）》（法发〔2020〕24号），将类案检索定位为具有中国特色的、成文法体系下的具体制度，强调法官对指导性案例的参照和对其他类案的参考，旨在实现法律的统一适用。本书编著者均为持有注册会计师或税务师执业资格证书的律师，他们付出大量时间和精力，从中国裁判文书网公开的资料中收集了58个房地产行业涉税行政和刑事案例，按涉税类别进行精编，并将每个案例的争议焦点进行提炼，以便读者学习掌握。

本书从增值税及发票、企业所得税、土地增值税、财产行为税及非税收入、股权转让和法拍房等涉税民事责任分担、行刑衔接及逃税罪等方面，收录房地产行业涉税司法案例，对于从事房地产行业税收业务的财税工作者，如房地产企业的财务经理、税务师、税务律师等，均具有较高的参考价值。同时，本书可作为有志于从事税务律师的读者、高校学生等的参考读物，是一本针对房地产企业涉税业务的指导性工具书。

需要说明的是，为便于读者了解法官的裁判依据，本书特设“相关条文”板块，为法院作出判决所引用的相关法律法规原文。但个别规定由于案件发生时间较早，现已失效、废止或修改，敬请读者在研读中结合最新规定学习。

本书能够顺利出版，非常感谢出版社编辑的辛勤付出，谨此致谢！由于时间仓促，疏漏之处在所难免，敬请读者批评指正。

目录
Contents

第一章　增值税及发票相关判例

判例一　房地产企业股权转让中票据合规的稽查风险由谁承担

【裁判要旨】

1.《青岛甲房地产有限公司股份转让框架协议》（以下简称《甲公司股份转让框架协议》）系当事人的真实意思表示，合法有效，对双方具有约束力。

2. 青岛甲房地产有限公司因税务稽查发现票据不合规调增应纳税所得额从而产生补缴所得税的义务，实际产生的依框架协议约定由转让方山东乙投资有限公司承担，未实际产生的不予承担。

3. 青岛甲房地产有限公司虽不是股权转让框架协议的当事人，但其是目标公司；缴纳所得税的义务人是青岛甲房地产有限公司，其是利害关系人，具有原告主体资格。

4. 案外人梁××虽是股权转让的当事人，但因协议约定了后续责任与其无关，所以不是本案的当事人。

【涉税案情】

上诉人（原审原告）：青岛甲房地产有限公司（以下简称“甲公司”）

被上诉人（原审被告）：山东乙投资有限公司（以下简称“乙公司”）

原审第三人：北京丙房地产开发有限公司（以下简称“丙公司”）

1. 2007 年 10 月 10 日，乙公司、梁××（甲方）与丙公司（乙方）签订《甲公司股份转让框架协议》，约定梁××将持有的甲公司 25%的股份全部转让给丙公司，转让价格为 19400000 元。股权转让基础关系（增资前）及框架协议主要内容分别见图 1-1、图 1-2。

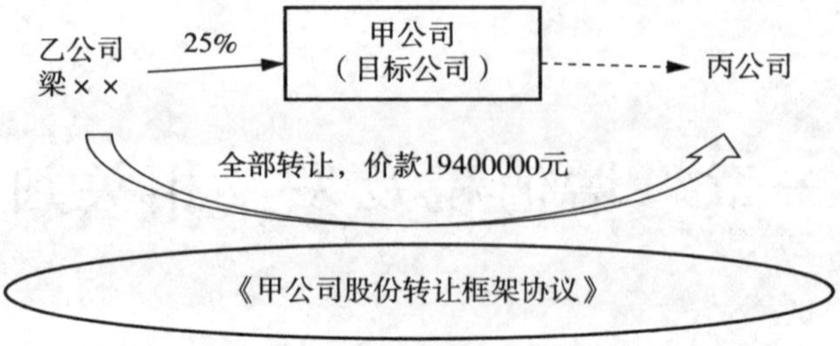

图 1-1　股权转让基础关系（增资前）

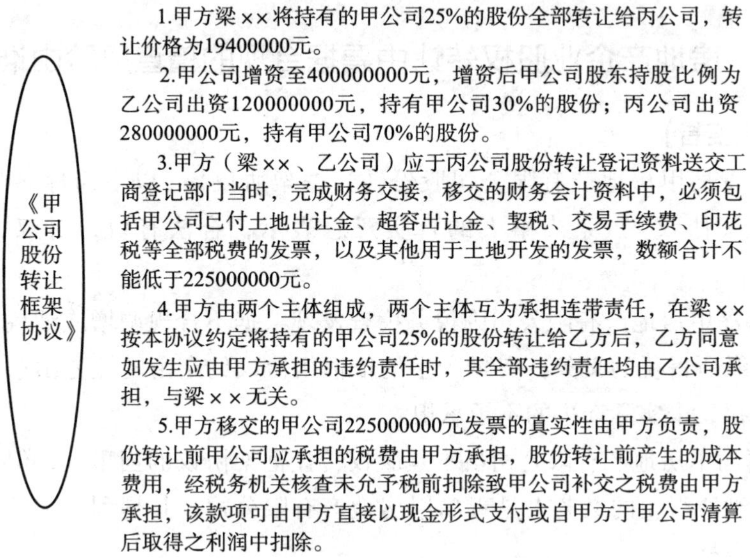

图 1-2　框架协议主要内容

2. 甲公司增资至 400000000 元，增资后甲公司股东持股比例为乙公司出资 120000000 元，持有甲公司 30% 的股份；丙公司出资 280000000 元，持有甲公司 70%的股份，梁××股份转让及增资的工商变更登记应于 2007 年 11 月 30 日前完成。股权转让基础关系（增资后）见图 1-3。

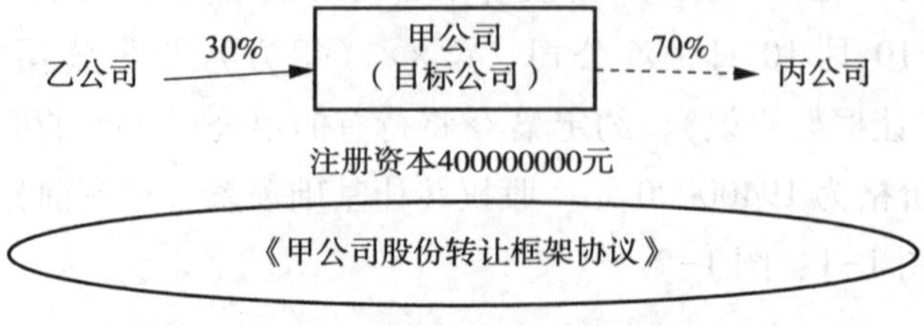

图 1-3　股权转让基础关系（增资后）

3. 甲方应于乙方股份转让登记资料送交工商登记部门当时，完成财务交接，移交的财务会计资料中，必须包括甲公司已付土地出让金、超容出让金、契税、交易手续费、印花税等全部税费的发票，以及其他用于土地开发的发票，数额合计不能低于225000000元。

4. 甲方由两个主体组成，两个主体互为承担连带责任，在梁××按本协议约定将持有的甲公司25%的股份转让给乙方后，乙方同意如发生应由甲方承担的违约责任时，其全部违约责任均由乙公司承担，与梁××无关；甲方移交的甲公司225000000元发票的真实性由甲方负责，股份转让前甲公司应承担的税费由甲方承担，股份转让前产生的成本费用，经税务机关核查未允予税前扣除致甲公司少缴之税费由甲方承担，该款项可由甲方直接以现金形式支付或自甲方于甲公司清算后取得之利润中扣除。

5. 2019年1月16日，国家税务总局青岛市税务局第二稽查局作出青税稽二处〔2019〕25号税务处理决定书，对甲公司2007年1月1日至2012年12月31日纳税情况进行了检查，违法事实如下。问题1：2007年账载开发成本——开发间接费——利息9366253元，以收款收据入账，未取得合法有效凭据。问题2：2007年账载开发成本——开发间接费——律师费14200000元，经检查人员落实，其中支付给广东天伦律师事务所的律师费10000000元与企业开发项目和取得收入无关。上述问题1、问题2合计计入开发成本19366253元，于2012年按照已售面积结转营业成本2562949.61元税前列支。问题3：2007年账载销售费用——策划费2200000元，以收款收据入账，未取得合法有效凭证。处理决定如下：上述问题1、问题2涉及的开发成本19366253元不得计入开发产品计税成本，不得作为计算已销开发产品计税成本的依据，2012年按照已售面积结转营业成本2562949.61元不得税前列支，尚未结转的部分以后年度也不得结转营业成本税前列支；2007年策划费2200000元，不得税前列支，应调增2007年应纳税所得额2200000元，因甲公司申报2007年亏损4567366.19元，故应弥补当年亏损2200000元，又因甲公司2012年度所得税汇算清缴时已将以前年度亏损全部弥补完毕，故应同时调增2012年度应纳税所得额2200000元；以上合计应调增2012年应纳税所得额4762949.61元，应补缴2012年企业所得税1190737.40元。

6. 甲公司以2019年1月经国家税务总局青岛市税务局第二稽查局调查并作出认定，乙公司移交给甲公司的税费发票中，利息9366253元、律师费10000000元、咨询费2200000元的发票，未被税务局认可，导致甲公司需多缴纳所得税5391563.25元为由，起诉要求乙公司承担基于股权转让协议上约定的责任。税务局稽查处理决定书主要内容如图1-4所示。

青税稽二处〔2019〕25号税务处理决定书

2007-01-01—2012-12-31

问题

1.2007年账载开发成本——开发间接费——利息9366253元，以收款收据入账，未取得合法有效凭据。

2.2007年账载开发成本——开发间接费——律师费14200000元，经检查人员落实，其中支付给广东天伦律师事务所的律师费10000000元与企业开发项目和取得收入无关。

上述问题1、问题2合计计入开发成本19366253元，于2012年按照已售面积结转营业成本2562949.61元税前列支。

3.2007年账载销售费用——策划费2200000元，以收款收据入账，未取得合法有效凭证。

处理

单位：元

科目项目	入账方式	金额	合计	已按可售面积分摊列支开发成本	未来分摊列支开发成本	合计应调增所得税	应补缴2012年所得税
开发成本——开发间接费——利息	收款收据入账	9366253	19366253	2562949.61	16803303.39	2562949.61	
开发成本——开发间接费——律师费	企业开发项目和取得收入无关	10000000					
销售费用——策划费	收款收据入账	2200000	2200000			2200000	
合计		21566253				4762949.61	1190737.4

图 1-4　税务局稽查处理决定书主要内容

7. 一审法院判决被告乙公司于本判决生效后十日内偿付原告甲公司640737.4元。

8. 甲公司不服提起上诉，二审法院以原判认定事实清楚，适用法律正确，维持了原审法院的判决。法院裁判主要内容如表1-1所示。

表 1-1　法院裁判主要内容

单位：元

	科目/项目	原因	账面金额	合计	已按可售面积分摊列支开发成本	乙公司承担应补交的所得税	理由	甲公司应承担	理由
法院裁判	开发成本——开发间接费——利息	收款收据入账	9366253	19366253	2562949.61	640737.4	收据取得在股权转让前	应补交所得税16803303.39元	税务局尚未要求补税
	开发成本——开发间接费——律师费	企业开发项目和取得收入无关	10000000						
	销售费用——策划费	收款收据入账	2200000					应补交所得税220万元	支付费用和入账在股权转让之后，应由甲公司按财务制度处理
	合计		21566253						

【争议焦点】

1. 乙公司提出甲公司不是本案适格原告。

2. 乙公司提出案外人梁××应作为共同被告参加诉讼。

3. 已被税务局决定调增应纳税所得额中实际已经产生的所得税款 640737.4 元由乙公司承担，调增应纳税所得额中尚未被税务局责令补交税款的 4200825.85 元（起诉金额的差额）是否应当由股权转让方乙公司承担?

【法院裁判观点】

1.《甲公司股份转让框架协议》系当事人的真实意思表示，合法有效。根据协议约定，乙公司应于丙公司股份转让登记资料送交工商登记部门时，完成财务交接，包括 225000000 元的发票；股份转让前产生的成本费用，经税务机关核查未允予税前扣除致甲公司补交之税费由乙公司承担。涉案税务处理决定书认定以收款收据入账的 9366253 元利息不得计入开发产品计税成本，不得作为计算已销开发产品计税成本的依据，2012 年按照已售面积结转的营业成本 2562949.61 元不得税前列支。因乙公司认可上述利息 9366253 元的收款收据系其移交给甲公司，属于涉案 225000000 元发票范围，且记载该利息的记账凭证形成于涉案股权转让之前，根据协议约定，甲公司补交的税务机关调增 2012 年应纳税所得额 2562949.61 元的企业所得税 640737.4 元应由乙公司承担。

2. 甲公司补交的税务机关调增 2012 年应纳税所得额 2200000 元的企业所得税 550000 元，该费用系策划费，补交税费系因以收款收据入账，未取得合法有效凭证。该费用虽发生于涉案股份转让前，但支付费用及记账均发生于涉案股份转让后。根据财务制度要求，甲公司对外支付费用应当索要发票，其未索要发票而以收款收据入账，因此补交的税费应由其自行承担。

3. 甲公司要求乙公司支付剩余 4200825.85 元的诉讼请求，因税务机关尚未要求甲公司补交上述税费，上述税费是否必然发生以及具体应缴税额尚不确定，对甲公司的该部分请求，本院不予支持，甲公司可待相关费用实际发生后另行主张相关权利。

4. 二审补充观点：上诉人甲公司认可其尚未补缴剩余部分税费，也未提交证据证实在以后年度剩余应抵扣成本 16803303.4 元已从成本中扣除。因此，原判决认为，因税务机关尚未要求甲公司补缴上述税费，对甲公司该部分请求不予支持，上诉人甲公司可待相关费用实际发生后另行主张相关权利并无不当。

5. 乙公司提出甲公司并非本案适格。甲公司并非涉案《甲公司股份转让框架协议》的签订主体，但甲公司作为该协议的目标公司，协议明确约定股份转让前产生的成本费用，经税务机关核查未允予税前扣除致甲公司补交之税费由乙公司承担，现甲公司已补交相关税费，其有权根据该协议的相关约定起诉要求乙公司履行相应义务。

6. 乙公司提出案外人梁××应作为共同被告参加诉讼。因《甲公司股份转让框架协议》明确规定，梁××按本协议约定将持有的甲公司25%的股份转让给丙公司后，丙公司同意如发生应由乙公司、梁××承担的违约责任时，其全部违约责任均由乙公司承担，与梁××无关，甲公司据此只起诉乙公司，符合协议约定。

【税务律师案例评析】

1. 这是一起典型的股权转让协议对企业经营过程中产生的成本费用的承担约定，也和股权转让的对价密切相关。本协议对股权转让前目标公司在生产经营过程中产生的成本、费用的支付金额、合规票据收集进行了约定，并约定了如有不合规票据导致纳税义务产生的责任承担。本案中，协议约定了转让方要交付225000000元的税务发票。因此，在税务局稽查出不合规发票及不合理计入开发成本后，确定了调增应纳税所得额，相应的补缴义务已产生，可根据双方签订的框架协议进行处理。

2. 因为企业所得税允许5年补亏，所以，实际发生的所得税额且实际缴纳了的所得税款应由股权转让方承担。可能会产生但未实际缴纳的所得税额，属于预期损失，不予支持。

【风险提示】

1. 企业依据合规票据及针对房地产开发企业的各项规定准确入账并进行分摊扣除非常重要；否则，有被税务部门要求补税及罚款的风险。

2. 企业在签订股权转让协议时，需要对补税等相关问题进行约定，并确保切实可行（可计算和执行），以明确违约责任。

3. 企业签订股权协议时，需约定“即使税务机关未实际征收税款，但其收集的不合规票据及不合理分摊的责任由转让方承担，税额为税务机关查实的不合规票据、不合理分摊的金额乘以25%”。

4. 企业经营过程中，税务风险长期存在。

【相关条文】

1.《中华人民共和国企业所得税法》。

第八条 企业实际发生的与取得收入有关的、合理的支出，包括成本、费用、税金、损失和其他支出，准予在计算应纳税所得额时扣除。

第十条 在计算应纳税所得额时，下列支出不得扣除：……（八）与取得收入无关的其他支出。

2.《房地产开发经营业务企业所得税处理办法》。

第十四条 已销开发产品的计税成本，按当期已实现销售的可售面积和可售面积单位工程成本确认。可售面积单位工程成本和已销开发产品的计税成本按下列公式计算确定：

可售面积单位工程成本=成本对象总成本÷成本对象总可售面积

已销开发产品的计税成本=已实现销售的可售面积×可售面积单位工程成本

判例二 增值税税率下调，商品房买卖合同约定的购买价款是否应减少

【裁判要旨】

二审法院驳回了溧阳市××针织有限公司主张判令江苏××房地产开发有限公司退还原告2%的购房款20686.68元的税款主张。

法院认为，首先，增值税税率增减的后果应由增值税纳税人江苏××房地产开发有限公司承担，与溧阳市××针织有限公司无直接法律关系。其次，案涉商品房买卖合同及补充协议虽明确约定了增值税税率和不含税价，但该数额系对此前约定房屋总价款的拆解计算，是为了税务处理之便利对房屋总价款做的拆分，适用当时11%的增值税税率推算出的不含税价款，而非反之。最后，针对溧阳市××针织有限公司主张与案涉格式条款理解有争议的，应当做出不利于格式合同提供方的解释，根据《中华人民共和国民法典》规定，对格式条款理解有争议的，应当按照通常解释予以解释，但按照通常解释不能得出增值税调整，房屋价款也随之调整的结论。

法院综合上述三点，认为溧阳市××针织有限公司在没有“调税调价”的合同约定下，提出请求判令江苏××房地产开发有限公司退还原告2%的购房款20686.68元的税款主张，欠缺合同依据。维持一审法院关于驳回溧阳市××针织有限公司的诉讼请求。

【涉税案情】

上诉人（原审原告）：溧阳市××针织有限公司（以下简称“A公司”）

被上诉人（原审被告）：江苏××房地产开发有限公司（以下简称“B公司”）

2018年4月，原告A公司与被告B公司签订商品房买卖合同一份，合同约定由A公司购买B公司开发的香缇雅苑房屋一套，房屋单价按建筑面积计算，每平方米8648.67元，总价款1148111元。该合同补充协议约定：商品房价款

1148111元为含税价，不含税价金额为1034334.23元，增值税率为11%，增值税金为113776.77元。

A公司首期购房款229631元于2018年4月21日前支付，余款918480元于2018年4月30日前付清；交付房屋时间为2019年11月20日前，房款在房屋交付时据实结算，多退少补。2019年12月17日，被告向原告交付案涉房屋。后被告于2020年1月10日为案涉房屋开具税率为9%的增值税专用发票，票面金额为1161558元。

根据国家税务部门的规定，案涉商品房增值税税率从2018年5月1日起由11%调整为10%，从2019年4月1日起税率由10%下调为9%，因双方对发票税率存在争议，该发票尚未完成交付。

一审法院驳回A公司的诉讼请求，A公司不服，遂提起二审诉讼。

【争议焦点】

在出现增值税税率下调的情况下，商品房买卖合同约定的购房价款是否应随增值税税率下调而相应减少，增值税税率下调应开票方获益还是受票方获益？

原告A公司主张判令B公司立即向A公司开具11%税率的增值税发票或9%税率的增值税发票，理由有三点：①商品房买卖合同补充协议明确约定了增值税税率和不含税价，B公司应向A公司开具11%的增值税发票，无论在此期间增值税税率是否调整；②增值税作为一种流转税，其增加和减少最终都由消费者承担，A公司购买该房屋作为员工宿舍使用，理应由消费者承担；③B公司不根据合同约定给A公司开具11%的增值税发票导致其利益受损，损失2%的增值税税款抵扣，并非不受到税率变化的影响。

被告B公司则主张A公司的诉讼请求无事实和法律依据，请求法院予以驳回。理由如下：①双方签订的合同及补充协议真实有效，双方约定案涉房屋总价为固定价，即单价乘以建筑面积；②根据《中华人民共和国增值税暂行条例》第一条的规定，本案中增值税的纳税义务人为商品房出售主体即B公司，并非A公司，增值税税率增减的后果应由B公司承担，与A公司无关；③根据2019年3月20日财政部、税务总局、海关总署发布的《关于深化增值税改革有关政策的公告》（财政部、税务总局、海关总署公告2019年第39号）规定，增值税税率调整为9%，并于2019年4月1日起执行。A公司认为可以开具11%的增值税发票毫无依据。

【法院裁判观点】

1. 本案中增值税的纳税义务人为商品房出售主体B公司，增值税税率增减的后果应由增值税纳税人B公司承担，与A公司无直接法律关系。根据《中华人民共和国增值税暂行条例》第一条，“在中华人民共和国境内销售货物或者加工、修理修配劳务，销售服务、无形资产、不动产以及进口货物的单位和个人，为增值税的纳税人，应当依照本条例缴纳增值税”。本案的增值税纳税人为商品房出售主体B公司，增值税税率增减的后果应由增值税纳税人承担。

2. 案涉商品房买卖合同及补充协议虽明确约定了增值税税费和不含税价，实际是被告作为纳税人对此前约定总价款的拆解计算，是总价在11%的税率下的拆算分解，并未变更合同总价。补充协议约定的不含税金额和增值税税率，是通过对商品房买卖合同第六条约定的总价款拆分而来，是在国家“营改增”的政策背景下，为税务处理之便利而对房屋总价款所做的拆分，即双方在固定房屋总价款为1148111元的基础上，适用当时的增值税税率11%推算出的不含增值税房价，而非反之。

3. 对于A公司主张与案涉格式条款理解有争议的，应当做出不利于格式合同提供方的解释，根据《中华人民共和国民法典》第四百九十八条，对格式条款理解发生争议的，应当按照通常解释予以解释。案涉合同第六条“计价方式与价款”、补充协议第二条关于税费的约定，均清楚明确。根据通常解释，从以上约定中不能得出增值税调整则房屋价款随之调整的结论，故本院对B公司的上述主张不予采信。

法院综合上述三点，认为A公司在没有“调税调价”合同约定下，提出请求判令B公司退还原告2%的购房款20686.68元的税款主张，欠缺合同依据。维持一审法院判决驳回A公司的诉讼请求。

【税务律师案例评析】

1. 增值税是价外税，不应混淆价外税和价内税的区别。

无论是价外税还是价内税都属于流转税，区别主要在于：如果税金作为价格的附加部分，则称为“价外税”；如果税金作为价格的组成部分，则称为“价内税”。价内税的理论依据是马克思主义政治经济学。马克思主义政治经济学认为，价格应由生产成本、平均利润率和税金组成，价内税是价格的有机组成部分，如营业税和消费税都是典型的价内税。

增值税价外税的理论依据是西方经济学的税负转嫁理论。税负转嫁理论认为，流转税税负是可转嫁的，最终应由购买方来承担。购买方支付的金额包括两部分，一是商品价款，二是国家税金。对于中间购买者，其税负可以转嫁给最终购买者，价外税无论在哪个环节征收，都不会引起重复征税，因此价外税是中性的。[①] 价外税独立于价格之外，不会随成本进入下一商品的价格，不会被重复征税。因而增值税税款是以不含税价格为计税基础乘以适用税率计算的，在法定税率变动的情况下，税额随之变动，含税总价也会发生变动。

在承认增值税是价外税的基础上，认为合同价款不变，应指合同不含税价维持不变。故在合同约定税率的情况下，法院若支持退还税款差额则变动合同价款；反之，法院支持不退还税款差额。由于购买者的付款中包含价格和税款两部分，在支付总额不变的情况下，税率降低，不含税价格就会提高。不含税价格提高，实际上是对合同价款的变更。根据《中华人民共和国民法典》第五百四十四条规定，当事人对合同变更的内容约定不明确的，推定为未变更。增值税税率降低，在无其他特别约定情况下，不含税价格不应随着税率降低而变更，而应发生有利于买方的后果。从形式上看，国家增值税减税降负是降低了企业的税收承担，实际承担降低税负效果的主体是最终的消费者。

2. 考虑增值税降税利益时，不应忽视纳税义务发生时间和税率变化调整时间的先后关系。虽然合同签订后税率发生调整，但如果合同纳税义务发生时间在税率调整之前，发票仍应按照调整前的税率开具，此时不存在退还税率差的问题；如果卖方按照降低后的税率开具发票，则属于错开发票的情形。如《国家税务总局关于深化增值税改革有关事项的公告》（国家税务总局公告 2019 年第 14 号）规定："纳税人在增值税税率调整前未开具增值税发票的增值税应税销售行为，需要补开增值税发票的，应当按照原适用税率补开。"

【风险提示】

对于卖方而言，要明确固定总价条款，不能仅仅约定含税总价，必须有固定该总价不变的意思表示，如含税总价不随增值税税率下降而降低。对于买方，如欲享受税率降低的税收优惠，可以在合同中明确税款退还的合同依据，约定税率调整时，合同的不含税价维持不变，增值税额相应调整。此外，为了避免发票开具时间导致的争议，建议在合同中明确约定若对方未开具发票或发票开具错误对其造成损失的赔偿条款。

【相关条文】

《关于深化增值税改革有关政策的公告》（财政部、税务总局、海关总署公告 2019 年第 39 号）规定，于 2019 年 4 月 1 日起增值税税率调整为 9%。

---

① 梁季．理解增值税：辨析价内税和价外税［N］．中国财经报，2019-06-25（6）．

判例三 房地产公司合作开发项目请求开具发票的诉讼时效期间从何时开始起算

【裁判要旨】

开具发票应为协作义务，义务人若不履行该义务，权利人可以起诉要求义务人全面履行该合同义务，该类请求属于人民法院受理民事诉讼的范围。开具发票的请求权不属于“法律另有规定的”情形，应当适用诉讼时效。

付款方对收款方开具发票的诉讼时效的起算时间可遵循以下原则：一是当事人对开具发票时间有约定的，根据约定确定诉讼时效的起算时间；二是当事人未约定开具发票时间的，付款方可以随时要求收款方开具发票，付款方要求收款方开具发票的诉讼时效的起算时间为付款方首次要求收款方开具发票被收款方拒绝之时。

【涉税案情】

再审申请人（一审被告、二审被上诉人）：甲公司

再审被申请人（一审原告、二审上诉人）：乙公司

甲公司与乙公司于2002年1月16日签订《冠城中心合作开发协议书》，双方合作开发冠城中心房地产项目。协议书约定，乙公司按照付款条款分期支付建设用地合作价款31600万元，并缴纳土地出让金。同时，负责冠城中心的开发、建设、经营和管理。甲公司于2003年8月13日、9月1日分别向乙公司出具收据，载明乙公司共向甲公司支付土地出让金122454300元。甲公司将北京市国土局向其开具的“北京市国有土地有偿使用收费专用收据”复印件加盖公章后移交给乙公司。2002年至2003年9月，乙公司向甲公司支付了土地使用权转让涉及的拆迁款项。乙公司提供的收据显示其付款共计256606376.25元。2003年11月26日，乙公司取得了涉案海淀区8号楼的国有土地使用证。2017年5月，乙公司在对涉案地块进行土地增值税清算时，税务部门告知乙公司，必须提供地价款发票及拆迁补偿款发票等清算资料，仅凭加盖公章的复印件而没有相应合法发票，即便该两项支出已经发生，也不能在土地增值税清算时进行抵扣。

乙公司向法院提起诉讼，要求甲公司开具与涉案地块11386万元（拆迁补偿费用性质）转让价款对应的增值税发票，如甲公司客观上无法开具上述票据或者主观上不愿意开具，请求判令甲公司赔偿乙公司经济损失56469600元。

【争议焦点】

1. 基于双方之间合法有效的国有建设用地使用权转让合同关系，甲公司在收取相应款项后，负有开具发票的义务。甲公司拒不向乙公司开具发票的行为，

严重违反了税法、土地增值税暂行条例及其实施细则的有关规定，并导致乙公司在项目土地增值税清算时无法扣除相应款项，由此给乙公司造成的经济损失应当由甲公司赔偿。

2. 双方未约定乙公司开具发票的期限，法律未规定付款与开票必须同时进行，乙公司索要发票之日应视为开具发票请求权的诉讼时效起算日；与发票对应的经济权益遭到损害时，应视为“权利人知道或者应当知道权利受到损害”之日。2015 年 12 月 31 日，税务部门出具的项目土地增值税清算整改意见中明确乙公司提交的收据、资料复印件等材料无法抵扣土地增值税，此时，乙公司方知晓权利受到侵害，故诉讼时效应当自 2015 年 12 月 31 日起算。

3. 开具发票既是收款方基于合同的附随义务，也是付款方的权利，应从付款方明知发票没有开具，也就是权利被侵害时起算诉讼时效。如果从收款方拒绝之时起算诉讼时效，就意味着只要付款方没有要求开具发票，收款方就可以不用开具发票，违反了国家现行财务及有关会计制度。乙公司在交易时明确知晓税务及财务制度关于发票的规定，故其要求开具发票的诉讼时效应当从其最后一笔款项支付完毕时，即 2003 年 9 月起算。

【法院裁判观点】

发票是买卖合同、提供或者接受服务以及从事其他经营活动中，开具、收取的收付款凭证。纳税发票对付款方的利益有较大影响，开具发票既属于收款方应当承担的附随义务，也是其根据相关法规应当承担的法定义务。《中华人民共和国发票管理办法》《中华人民共和国发票管理办法实施细则》仅对开具发票的要求做了规定，并未对付款后开具发票的期限做出规定。因此，在双方未做明确约定的情况下，付款方有权随时请求收款方开具发票。本案中，甲公司与乙公司签订的《冠城中心合作开发协议书》及《北京市城镇国有土地使用权转让合同》均未明确约定发票的开具期限，乙公司请求甲公司为其开具发票，并不违约或违反法律、法规的规定。2015 年 12 月 31 日，乙公司要求甲公司开具转让款发票，甲公司予以拒绝，原审据此从 2015 年 12 月 31 日开始计算发票请求权的诉讼时效，有事实和法律依据。2017 年 11 月 16 日，乙公司又向甲公司发函催要发票，诉讼时效期限依法重新计算，也就是说至乙公司向一审法院起诉时，其开具发票请求的诉讼时效期限尚未届满。

【税务律师案例评析】

1. 开具发票的请求是否属于人民法院受理民事诉讼的范围？

请求开具发票是民事诉讼的受案范围还是行政诉讼的受案范围，不同法院有不同的观点。有些法院认为，开具发票是民事义务，并且是合同的附随性义务。在武汉××建设集团有限公司、武汉××建设集团有限公司安徽××分公司与临泉县××建材有限公司买卖合同纠纷案中，法院认为，“开具发票……就民事合同而言系附随合同义务”。[①] 有些法院则认为，开具发票是行政义务。在朝阳××建筑工程有限公司与再审申请人辽宁××食品有限公司建设工程施工合同纠纷案中，法院认为，“开具发票属于行政法律关系而不是民事法律关系”。[②]

根据《中华人民共和国民法典》第五百九十九条的规定，“出卖人应当按照约定或者交易习惯向买受人交付提取标的物单证以外的有关单证和资料”。《中华人民共和国发票管理办法》第十九条的规定，“销售商品、提供服务以及从事其他经营活动的单位和个人，对外发生经营业务收取款项，收款方应当向付款方开具发票；特殊情况下，由付款方向收款方开具发票”。开具发票属于合同的附随义务，付款方要求收款方开具发票属于民事案件的受案范围。

2. 开具发票的请求权是否适用诉讼时效？

《中华人民共和国民法典》第一百八十八条规定：“向人民法院请求保护民事权利的诉讼时效期间为三年。法律另有规定的，依照其规定。诉讼时效期间自权利人知道或者应当知道权利受到损害以及义务人之日起计算。法律另有规定的，依照其规定。但是，自权利受到损害之日起超过二十年的，人民法院不予保护，有特殊情况的，人民法院可以根据权利人的申请决定延长。”诉讼时效制度适用的对象是请求权，请求收款方开具发票属于请求权的范围，应该适用诉讼时效的规定，在法律没有例外规定的情况下，应适用“三年”的规定。

3. 开具发票的诉讼时效期限的起算问题。

在确定开具发票请求权适用三年诉讼时效的前提下，开具发票的诉讼时效期限应该从哪个时点起算呢？本案例裁判法院认为：直到 2015 年 12 月 31 日，乙公司收到税务部门土地增值税预报回复后，才知道甲公司提供的资料复印件无法用于土地增值税清算抵扣。此时才是“权利人知道或者应当知道权利受到损害”，开始计算开具发票请求权的诉讼时效。2017 年 11 月 16 日，乙公司向甲公司发函催要发票，诉讼时效期限重新计算，到乙公司于 2018 年 1 月 9 日向法院提起诉讼，乙公司开具发票的请求没有超过诉讼时效。

付款方和收款方可以对开具发票的时间进行明确约定，诉讼时效期限的起算时点即双方约定的时点。在对开具发票的时间没有约定的情况下，付款方可以随时要求收款方开具发票，付款方要求收款方开具发票的诉讼时效期限的起

---

① 案号：(2014) 皖民二终字第 00720 号、(2017) 最高法民申 4612 号。

② 案号：(2017) 辽民终 1256 号、(2018) 最高法民申 1395 号。

算时间应当自付款方首次要求收款方开具发票被收款方拒绝之时；同时，适用诉讼时效中止、中断的规定。

【风险提示】

司法实践中，有法院以当事方没有在合同中约定为由不予支持其开票诉求。因此，当事人在签订合同时，应尽量对此做出约定。

【相关条文】

1.《中华人民共和国民法典》第五百九十九条规定："出卖人应当按照约定或者交易习惯向买受人交付提取标的物单证以外的有关单证和资料。"

2.《中华人民共和国发票管理办法》第十九条规定："销售商品、提供服务以及从事其他经营活动的单位和个人，对外发生经营业务收取款项，收款方应当向付款方开具发票；特殊情况下，由付款方向收款方开具发票。"

判例四　拆迁安置房产的营业税计税依据是什么

【裁判要旨】

拆迁安置与商业开发混合型建设项目的拆迁安置房营业税不能均以交易实际收入为计税依据，应当对等面积与超面积部分进行区分。等面积部分，以《拆迁安置补偿方案》确认的等面积安置产权调换市场指导价为计税依据，超面积部分以开发商同类商品房最近时期的市场销售价格为计税依据。同时，由于该类混合型建设项目用地是有偿取得的土地，营业税计税依据应包含回迁安置房所处地块的土地使用权价款。

【涉税案情】

上诉人（原审原告）：龙岩甲房地产开发有限公司（以下简称"甲公司"）

被上诉人（原审被告）：龙岩市地方税务局稽查局（以下简称"市稽查局"）、福建省地方税务局（以下简称"省地税局"）

1. 2004年9月6日，福建省龙岩市房地产管理局、龙岩市乙房屋拆迁有限公司与原告甲公司签订一份《龙岩市××新村三期改造建设工程拆迁计划与补偿安置方案》，约定了××新村三期项目住宅房屋拆迁补偿安置方案及等面积安置产权调换市场指导价，其中，住宅为1350～1720元/平方米，店面为10800～13000元/平方米。

2. 2013年3月11日，被告市稽查局向原告甲公司发出《税务检查通知书》，告知：市稽查局自2013年3月12日起对甲公司2010年1月1日至2011

年 12 月 31 日期间（如检查发现此期间以外明显的税收违法嫌疑或线索不受此限）涉税情况进行检查。2013 年 4 月 18 日，被告市稽查局向原告发出《调取账簿资料通知书》。在检查过程中，被告市稽查局发现原告存在税收违法行为，经该局集体会审决定对原告追缴税费，加收滞纳金，并处罚款。因罚款数额超过 100 万元，被告市稽查局按规定向被告龙岩市地方税务局（以下简称“市地税局”）提交重大税务案件审理申请。被告市稽查局根据市地税局重大税务案件会审意见做出决议，并向原告送达《税务处理事项告知书》。

3. 2015 年 3 月 29 日，原告向被告市稽查局提交听证申请。2015 年 4 月 13 日，被告市稽查局举行听证会。会上，原告对××新村三期项目安置房等面积安置确认的营业税计税依据提出异议。原告甲公司认为，对拆迁安置房等面积部分，其并未收取拆迁户任何价款，不存在收入，并不需要缴纳包括营业税、企业所得税、土地增值税及以营业税为基础的附加税费；对安置房超面积部分，甲公司已经按照与拆迁户达成的协议价款，即实际收入缴纳了所有税款。市稽查局脱离甲公司的实际收入，对安置房超面积部分和安置房中的店面、商场采用同类房产最近时期的市场销售价格计算，既没有事实依据，也没有法律依据。回迁安置房所处地块的土地使用权价款不应作为营业税计税依据。

4. 2016 年 8 月 10 日，被告市稽查局做出被诉行政处罚，原告不服。2016 年 11 月 3 日，原告以被告市稽查局为被申请人向被告省地税局申请行政复议。被告省地税局于 2016 年 12 月 21 日做出维持被诉复议决定。

5. 原告不服，在法定期限内向法院提起诉讼。一审法院判决驳回原告的诉讼请求，原告仍不服，提起上诉；二审法院驳回上诉，维持原判。

【争议焦点】

市稽查局和省地税局对甲公司用于拆迁安置的房产中等面积部分以拆迁安置补偿方案确认的重置相同房屋重置价格标准（十成新）——等面积安置产权调换市场指导价计算确定，对超面积部分以甲公司同类商品房最近时期的市场销售价格作为计税依据是否符合法律规定？土地出让价款是否应作为营业税计税基础？

【法院裁判观点】

1. 1999 年 2 月 14 日，《福建省地方税务局关于营业税若干政策问题的通知》（闽地税政一〔1999〕118 号）第三条规定：“房屋开发企业无偿或以较优惠价格归还给搬迁户的住房，应按规定征收‘销售不动产’营业税。对偿还面积与拆迁建筑面积相等的部分，其营业额为安置房的价格，具体金额根据《福建省城市房屋拆迁管理办法》规定包含重置价与补差价。对超面积部分应按市场价征收营业税。”该规定是福建省地税局针对在贯彻执行营业税法规政策中出现的新情况新问题，根据营业税暂行条例及其实施细则和其他有关规定的精神，结合实际做出的更加具体的法律应用解释，未违反相关法律法规规定，应予遵照执行。

2. 就本案而言，甲公司开发的“××新村三期”改造工程既不是完全由政府拆迁安置的项目，也不同于完全通过招拍挂有偿取得的商业开发项目，而是拆迁安置与商业开发混合型建设项目，故其土地使用权虽有偿取得，且与福建省龙岩市房地产管理局、龙岩市乙房屋拆迁有限公司联合制定了拆迁安置补偿方案，确定了拆迁安置户等面积安置产权调换市场指导价，但对店面、住宅、商场进行了等面积与超面积的区分，住宅、店面、商场的市场销售价格各不相同。被上诉人市稽查局对甲公司有关拆迁安置房等面积部分税费以该补偿安置方案中确定的重置相同房屋重置价格标准（十成新）——等面积安置产权调换市场指导价计算确定，以甲公司同类商品房最近时期的市场销售价格作为安置房超面积部分的营业税计算依据符合法律规定。甲公司主张该部分税费均应按其交易实际收入为依据没有法律依据，本院不予支持。

3. 《国家税务总局关于纳税人开发回迁安置用房有关营业税问题的公告》（国家税务总局公告 2014 年第 2 号）适用的对象是纳税人以自己名义立项，在纳税人不承担土地出让价款的土地上开发安置房，并向原居民无偿转让安置房的开发项目，与本案中上诉人有偿取得的土地、项目属拆迁安置与商业开发混同型不同，原告主张应依该公告予以计算营业税缺少事实基础。

【税务律师案例评析】

本案涉及拆迁安置与商业开发混合型建设项目的拆迁安置房计税依据问题。

对于此混合型建设项目的拆迁安置房营业税的计税依据，应对等面积部分与超面积部分进行区分，按照不同的标准确定营业额。同时，需要分析该类项目是否承担了土地出让价款，如未承担土地出让价款，则相关土地出让价款不作为营业税计税依据；反之则不适用该条款，应将土地出让价款计入营业额。

2016 年“营改增”后，营业税已被增值税取代，截至目前，《福建省地方税务局关于营业税若干政策问题的通知》（闽地税政一〔1999〕118 号）第三条以及《国家税务总局关于纳税人开发回迁安置用房有关营业税问题的公告》（国家税务总局公告 2014 年第 2 号）并未废止，是否直接按照上述文件处理涉及营业税与增值税衔接的问题，或将引起新的争议。

【风险提示】

拆迁安置房产的营业税（现为增值税）的计税依据以及开票价是安置房项

目纠纷的争议焦点。对于价格等计税依据，当事方应与本地税务机关协商或以文件形式确认，形成准确的参考价格，以防价格被税务机关核定。

【相关条文】

1.《福建省地方税务局关于营业税若干政策问题的通知》（闽地税政一〔1999〕118 号）。

第三条　房屋开发企业补偿搬迁户房屋征税问题

房屋开发企业无偿或以较优惠价格归还给搬迁户的住房，应按规定征收“销售不动产”营业税。对偿还面积与拆迁建筑面积相等的部分，其营业额为安置房的价格，具体金额根据《福建省城市房屋拆迁管理办法》规定包含重置价和补差价。对超面积部分应按市场价征收营业税。

2.《国家税务总局关于纳税人开发回迁安置用房有关营业税问题的公告》（国家税务总局公告 2014 年第 2 号）。

纳税人以自己名义立项，在该纳税人不承担土地出让价款的土地上开发回迁安置房，并向原居民无偿转让回迁安置房所有权的行为，按照《中华人民共和国营业税暂行条例实施细则》（财政部　国家税务总局令第 52 号）第五条之规定，视同销售不动产征收营业税，其计税营业额按财政部　国家税务总局令第 52 号第二十条第一款第（三）项的规定予以核定，但不包括回迁安置房所处地块的土地使用权价款。

3.《中华人民共和国营业税暂行条例实施细则》（财政部　国家税务总局令第 52 号）。

第二十条　纳税人有条例第七条所称价格明显偏低并无正当理由或者本细则第五条所列视同发生应税行为而无营业额的，按下列顺序确定其营业额：

（一）按纳税人最近时期发生同类应税行为的平均价格核定；

（二）按其他纳税人最近时期发生同类应税行为的平均价格核定；

（三）按下列公式核定：

营业额＝营业成本或者工程成本×(1+成本利润率)÷(1−营业税税率)

公式中的成本利润率，由省、自治区、直辖市税务局确定。

4.《营业税改征增值税试点实施办法》。

第一条　在中华人民共和国境内（以下称境内）销售服务、无形资产或者不动产（以下称应税行为）的单位和个人，为增值税纳税人，应当按照本办法缴纳增值税，不缴纳营业税。

单位，是指企业、行政单位、事业单位、军事单位、社会团体及其他单位。

个人，是指个体工商户和其他个人。

第二章　企业所得税相关判例

判例一　人防工程车位使用权转让应按照销售建筑物计入收入还是按照租赁分期计入收入

【裁判要旨】

根据合同约定的人防工程车位一次性支付总费用接近或者稍低于完整产权车位销售的费用、交定金后一次性支付余款的付款方式、车位约定的实际使用期限与主体建筑物土地使用权出让期限完全相同即接近70年的使用期限、使用方式、权利的处分方式等权利义务内容以及直接使用了“使用权转让”字眼，应当认定佛山甲房地产有限公司签订的《××项目人防工程车位使用合同》的真实意思表示符合人防工程车位使用权转让合同的性质，参照《营业税税目注释（试行稿）》第九条第（一）项“以转让有限产权或永久使用权方式销售建筑物，视同销售建筑物”的规定，××项目人防工程车位使用权的转让，可视同有限产权或永久使用权的转让，应当视同销售建筑物。

【涉税案情】

原告：佛山甲房地产有限公司（以下简称“甲房地产公司”）

被告：佛山市顺德区国家税务局稽查局

1\. 2013年6月21日，佛山市顺德区国家税务局稽查局指派两名检查人员对甲房地产公司进行税务检查，两名检查人员向甲房地产公司出示税务检查证和出具并送达顺国税稽检通一（2013）55号《税务检查通知书》，告知甲房地产公司对其2009年1月1日至2012年12月31日期间涉税情况进行检查。同日，向甲房地产公司出具顺国税稽调（2013）19号《调取账簿资料通知书》，告知调取甲房地产公司2009年1月1日至2012年12月31日期间的账簿、记账凭证、报表和其他有关资料。

2\. 2014年4月22日、30日，佛山市顺德区国家税务局稽查局指派两名工作人员对甲房地产公司负责核算及纳税申报的项目会计师刘某某、财务部负责人崔某某分别进行询问调查，并制作了询问（调查）笔录。刘某某、崔某某在接受询问调查中承认以下事实：××项目一期铺位、车位、人防车位都属于18~29号楼，竣工验收备案文件已于2010年2月5日向房地产管理部门报备；××项目二期是1~10号楼，相应铺位、车位、人防车位具体见竣工验收备案表，该工程的竣工验收备案文件已于2011年7月29日向房地产管理部门报备。

3. 2014年8月27日，佛山市顺德区国家税务局稽查局向甲房地产公司发出顺国税稽通（2014）16号《税务事项通知书》，再次重申顺国税稽通（2014）11号《税务事项通知书》的内容，并告知甲房地产公司在2010年1月至2012年12月期间没按规定确定佛山××项目一期人防车位的销售收入回转预计毛利额及结转销售成本，应调增2010年应纳税所得额20730000元，调增2011年应纳税所得额364497082.65元，调减2012年应纳税所得额303346765.82元。如有异议，应提供有效的、合法的成本费用及相关证据资料。该通知书于当日送达甲房地产公司。

4. 2014年11月19日，佛山市顺德区国家税务局稽查局指派的两名工作人员在其制作的《税务稽查工作底稿（一）》、《税务稽查工作底稿（二）》及其附件、《税务稽查工作底稿附表》、《税务稽查工作底稿附表续页》签名。同日，甲房地产公司出具授权委托书指派其财务负责人担任委托代理人对《税务稽查工作底稿附表》逐页加盖公章及私章确认并在最后2页《税务稽查工作底稿附表续页》中加具意见："以上数据由我司核对提供，内容真实。"《税务稽查工作底稿附表》确认，一期人防工程车位"合同签订时间为2010年11月28日，车位交付使用的日期为2010年12月20日，竣工备案时间为2010年2月5日，2010年销售的总价款已收取并为2010年税务规定确认收入额、2011年销售的总款项已收取并且为2011年税务规定确认收入额"；二期人防工程车位"合同签订日期为2011年11月1日，车位交付使用的日期为2011年12月31日，竣工备案时间为2011年7月29日"，"2011年销售的总价款已收取并为2011年税务规定确认收入额、2012年销售的总价款已收取并为2012年税务规定确认收入额"。《税务稽查工作底稿附表续页》"收款额"一栏确认，"甲房地产公司于2010年收取××项目一期人防车位使用款20730000元，于2011年收取××项目一期人防车位使用款144252000元、收取××项目二期人防车位使用款35808000元，于2012年收取人防车位使用款895000元"；"税务规定确认收入额"一栏可确认，"××项目一期人防车位2010年20730000元，××项目一期人防车位2011年144252000元、××项目二期人防车位2011年35808000元，××项目二期人防车位2012年1060000元”。

5. 2014年12月4日，佛山市顺德区国家税务局稽查局对甲房地产公司做出顺国税稽处（2014）51号《税务行政处理决定书》。2015年2月6日，甲房地产公司因不服佛山市顺德区国家税务局稽查局的上述税务处理决定，向佛山市顺德区国家税务局提起行政复议申请。同年4月7日，佛山市顺德区国家税务局做出顺国税复决字（2015）第001号《税务行政复议决定书》，决定维持佛山市顺德区国家税务局稽查局做出的处理决定，同时指出佛山市顺德区国家税务局稽查局顺国税稽处（2014）51号《税务处理决定书》适用《中华人民共和国企业所得税法》第六条第一款规定无误，但适用该条款第（一）项规定不当，应变更适用该条款第（三）项规定。2015年4月8日，甲房地产公司收到行政复议决定，不服该决定而向法院提起本案诉讼。

6. 另查明：××项目一期（18~29号楼）《房屋建筑工程和市政基础设施工程竣工验收备案表》载明，佛山市住房和城乡建设局同意竣工验收备案时间为2010年2月5日，佛人防验字（2011）1号—2《佛山市人民防空办公室人防工程竣工验收备案意见书》载明，佛山市人民防空办公室同意对“××项目A2地块人防地下室工程”验收备案时间为2011年1月5日。××项目二期（1~10号楼，包含人防车位）《房屋建筑工程和市政基础设施工程竣工验收备案表》载明，佛山市住房和城乡建设局同意验收备案时间为2011年7月29日，佛人防验字（2011）3号—2《佛山市人民防空办公室人防工程竣工验收备案意见书》载明，佛山市人民防空办公室同意对“××项目B2地块人防地下室工程”即××项目二期人防车位验收备案日期为2011年11月4日。

讼争××项目楼盘地块的国有土地使用权出让年限为住宅70年至2077年11月5日止，商业40年至2047年11月5日止，办公50年至2057年11月5日止。

7. 讼争××项目一期人防工程一个车位的“使用费”在2010年底签约时签约价格大部分为17万元（约定使用的竣工建筑面积为12平方米），而一期“产权车位”（非人防工程车位）买卖价格在同一时期签约大部分为17.8万元（预售面积为21.43平方米）；二期人防工程一个车位的“使用费”在2011年底签约时签约价格大部分为17.5万元、18.5万元（约定使用的竣工建筑面积为12平方米），少部分为16.5万元、19.5万元、20.5万元不等，而二期“产权车位”（非人防工程车位）在同一时期签约买卖价格大部分为21.3万元（套内面积约为12平方米），少部分为19.3万元、20.3万元、22.3万元、23.3万元不等。

具体涉税数据见表 2-1。

表 2-1　本案所涉相关财务数据

年度	相关收款额	税务规定确认收入额	《税务事项通知书》的相关调整
2010	××项目一期人防车位使用款 20730000 元	××项目一期人防车位 2010 年 20730000 元	调增 2010 年应纳税所得额 20730000 元
2011	××项目一期人防车位使用款 144252000 元、××项目二期人防车位使用款 35808000 元	××项目一期人防车位 2011 年 144252000 元、××项目二期人防车位 2011 年 35808000 元	调增 2011 年应纳税所得额 364497082. 65 元
2012	人防车位使用款 895000 元	××项目二期人防车位 2012 年 1060000 元	调减 2012 年应纳税所得额303 346765. 82 元
备注	因裁判文书披露数据有限，《税务事项通知书》的相关调整系根据毛利额以及是否符合结转成本条件综合计算后得出，故三列数据不一致		

【争议焦点】

人防工程车位使用权转让是按照销售建筑物计入收入还是按照租赁收入分期计入收入？

【税务律师案例评析】

1. 人防工程车位使用权转让是按照销售建筑物计入收入还是按照租赁收入分期计入收入？

财政部、国家税务总局《关于全面推开营业税改征增值税试点的通知》（财税〔2016〕36 号）附件销售服务、无形资产、不动产注释第三条销售不动产第四款规定：转让建筑物有限产权或者永久使用权的，转让在建的建筑物或者构筑物所有权的，以及在转让建筑物或者构筑物时一并转让其所占土地使用权的，按照销售不动产缴纳增值税。

从支付的合同价款来看，转让人防车位的使用权价款与当事人出售的产权车位均价相接近（人防车位因使用权、处分权受到限制比产权车位价格低一点符合常理）。虽然名义上规定为该车位自交付使用起 20 年，但在合同中规定 20 年后继续无偿提供给买受人使用，实际上使用期限与产权车位相同。价款的支付方式也与买卖合同相同；从权利的处理方式来看，如要转让，买受人通常以书面形式报物业管理公司确认同意，并将包括上述车位使用权在内的本协议项下买受人全部权利义务一并转让，且受让人须为小区业主；在租赁合同中，承租方对租赁物不享有任何处分权，而在买卖合同中，买受人对标的物享有处分权。

因此，按照税收基本原则“实质重于形式”，应对人防工程车位使用权转让按照销售建筑物计征相关税费。

2. 人防工程车位销售收入确认时间是何时？

本案中，2010 年销售的一期人防工程车位“合同签订时间为 2010 年 11 月 28 日，车位交付使用的日期为 2010 年 12 月 20 日，竣工备案时间为 2010 年 2 月 5 日”；2011 年销售的二期人防工程车位“合同签订日期为 2011 年 11 月 1 日，车位交付使用的日期为 2011 年 12 月 31 日，竣工备案时间为 2011 年 7 月 29 日”。

《房地产开发经营业务企业所得税处理办法》第三条第一款规定：“企业房地产开发经营业务包括土地的开发，建造、销售住宅、商业用房以及其他建筑物、附着物、配套设施等开发产品。除土地开发之外，其他开发产品符合下列条件之一的，应视为已经完工：（一）开发产品竣工证明材料已报房地产管理部门备案。（二）开发产品已开始投入使用……”也就是说，本案中涉案车位销售时已经完工，相关成本可以作为公共配套设施进行处理，收入应按照《房地产开发经营业务企业所得税处理办法》第六条第一款的规定，在实际收取价款时确认。

【风险提示】

无论是在“营改增”前，还是在“营改增”后，人防工程车位使用权的转让都须按照销售不动产缴纳相关税费；相关成本费用作为公共配套设施进行处理，根据开发产品是否已完工，对上述发生费用进行归集分配，按可售面积计算单位工程成本并据此结转扣除已销开发产品的计税成本。

【相关条文】

《房地产开发经营业务企业所得税处理办法》。

第六条第（一）项 采取一次性全额收款方式销售开发产品的，应于实际收讫价款或取得索取价款凭据（权利）之日，确认收入的实现。

判例二　不动产产权不在房地产开发企业名下，收取的租金需要缴纳相关税费吗

【裁判要旨】

产权明细及产权证明虽证实×购物中心的产权归刘某某所有，但租金系甲公司出具收据收取，纳税主体应为甲公司。李某某、黄某某等证言证实，该笔租金收入记入公司往来账，既未体现收入也未申报纳税，甲公司也不能提供该笔租金的完税或申报材料，故对甲公司在收取该笔租金后伪造账目、虚假申报意图不缴纳相应税费的事实予以认定。

【涉税案情】

原公诉机关：大同市城区人民检察院

上诉人（原审被告）：甲公司、乙公司、刘某某、高某某

1. 甲公司、乙公司、丙公司均为依法登记成立的独立法人，其中，甲公司、丙公司法定代表人为刘某某；乙公司原法定代表人为刘某某，2008 年 1 月变更为李某，但公司的实际控制人仍为刘某某。三公司均依法办理了税务登记，纳税人主体为三公司。

2. 2010 年 9 月 30 日，乙公司与范某、张某某签订两份房屋租赁合同，约定乙公司将坐落于大同市 153 号某广场 1～4 层、6 层、地下 1～2 层出租给范某、张某某，租期三年，从 2010 年 11 月 20 日至 2013 年 12 月 19 日止（顺延一个月装修期），租金第一、第三年每年 1180 万元，第二年 1020 万元，范某、张某某承担消防验收及工程费 50 万元。双方还约定，原甲公司与范某、张某某签订的×购物中心租赁合同因涉及政府拆迁，某广场第三年租金由×购物中心剩余租金及政府装修补偿款一并抵减，多退少补。如遇城市建设被拆迁或自然灾害房屋损毁、灭失等情况，合同终止，双方互不承担违约责任，剩余租金应返还承租方。合同签订后，范某、张某某于 2010 年 10 月 30 日至 11 月 21 日共支付乙公司租金 2130 万元。出租所得租金由乙公司出具收据，未见完税凭证，乙公司 2010 年纳税申报为零申报。此外，某广场地下 1 层及机房初始产权归甲公司所有，地下 2 层及地上 1 层 1～6 号厅、14 号厅、16 号厅及地上 2～7 层初始产权归刘某某个人，地上 1 层 7～11 号厅产权在市产权办登记为王某梅、石某雪、王某红；合同因拆迁未履行完毕而终止，实际承租期为一年零六个月。

3. 2005 年 12 月 13 日、2006 年 4 月 30 日，甲公司与范某、张某某签订租赁合同和补充租赁合同，约定甲公司将坐落于大同市×购物中心整栋楼内营业面积出租给范某、张某某，租期从 2006 年 8 月 1 日至 2016 年 11 月 1 日止，租金 2020 万元。因×购物中心与原承租人陈某某租赁关系尚存，故甲公司与范某、张某某及×购物中心原承租人陈某某另达成三方补充协议，就解除原租赁合同及租金补偿做了约定，约定甲公司提前解除与陈某某租赁协议，补偿陈某某 640 万元，补偿款由范某、张某某支付 20 万元，抵付租金，其余 620 万元由甲公司逐月支付直至付清。范某、张某某从 2005 年 12 月 13 日至 2008 年 4 月 4 日付清租金 2020 万元，甲公司至 2008 年 4 月 5 日付清补偿款。协议履行至 2012 年 5 月，因×购物中心拆迁终止，尚有四年零六个月租期未履行。此外，×购物中心房产所有权为刘某某个人所有，租金由甲公司出具收据，未计入公司收入，无完税凭证。

4. 2006 年至 2011 年期间，丙公司开发×项目出售住宅、商铺及车库（位），

营业收入9亿多元，会计凭证对房产销售收入有记载，该公司向税务主管部门南郊地税局直属二分局上报的纳税申报表一直为零申报，但提供的纳税申报资料（会计报表）显示欠税。2008—2010年，南郊地税局直属二分局曾多次对该公司下达税务事项通知书、限期改正通知书。大同市打击偷逃税费综合整治工作领导组于2009年、2011年对×项目的税费缴纳情况进行了检查，发现该项目欠缴营业税及附加3160.77万元，偷逃外地施工单位营业税1030.18万元、印花税30.79万元，偷漏契税47.53万元，先后向该公司下达了三份税费检查决定书。2010年4月，该公司补交税款100万元，之后以愿与政府协商以房抵税为由再未缴纳税款。

5.2007年、2008年，被告人刘某某将其名下的某广场1层外围门面房4套（面积均为54平方米）以每套250万元价格分别转让给刘某恩、李某生、周某玲，共计1000万元，刘某某出具了收条。房产交易评估报告显示，买受人委托大同市泰昌房地产评估有限责任公司对房屋价格进行了评估，评估价均为37.8万元，买受人均已办理了过户手续领取了房屋所有权证。该4套房产未见完税凭证，税务机关未书面通知刘某某申报纳税。

6.甲公司与王某梅、王某红、石某雷签订合资建房协议，向大同市产权办出具落款日期为1998年的证明，将某广场1层7~11号厅共计504平方米分配给王某梅、石某雷、王某红。2001年，三买受人在市产权办登记确认了产权。2010年3月17日，石某雷通过银行转账支付了1400万元，刘某某出具了收条。

7.2012年5月9日，大同市城区地税局西街税务所向大同市公安局经侦支队出具线索移送函，称甲公司及乙公司涉嫌偷逃税款，移送经侦支队进行侦查。2012年5月29日，大同市公安局经侦支队委托大同市××会计师事务所对乙公司房屋出租、刘某某房屋出售、丙公司房屋预售的相关税费进行审计，认为以上单位及刘某某涉嫌逃避纳税，于2012年6月2日对刘某某涉嫌逃避纳税立案侦查。8月6日，大同市公安局经侦支队函告大同市地税局稽查局，要求大同市地税局稽查局对乙公司、刘某某售房及丙公司涉案税款进行稽查并出具稽查处理意见及报告。大同市地税局稽查局收到函告后，根据大同市公安局经侦支队提供的复印资料，于2012年8月10日、16日做出税务处理决定书，认定：甲公司2005年至2008年少缴营业税、城市维护建设税、教育费附加、价格调控基金、房产税共计3254000元，乙公司2010年少缴营业税、城市维护建设税、教育费附加、价格调控基金、房产税、印花税共计3776885元，刘某某2007年至2010年少缴营业税、城市维护建设税、教育费附加、价格调控基金、印花税共计1258689.28元，丙公司2006年至2011年少缴营业税、城市维护建设税、教育费附加、价格调控基金、土地增值税、印花税、土地使用税共计66466716.57元，并于8月16日、22日出具税务处罚决定书，对刘某某及三公司少缴的税款处以60%的罚款。2012年8月16日，大同市地税局稽查局在出具涉税案件移送书、税务处理决定书、税务行政处罚决定书及税务行政处罚事项告知书后案件移送回大同市公安局经侦支队。

为方便理解，笔者将相关案情归纳如下。

本案涉及的一个标的物是坐落于大同市某广场1~4层、6层、地下1~2层，相关租赁关系如图2-1所示。

图2-1　某广场1~4层、6层、地下1~2层租赁关系

1. **产权人：**地下1层及机房初始产权归甲公司所有，地下2层及地上1层1~6号厅、14号厅、16号厅及地上2~7层初始产权归刘某某个人，地上1层7~11号厅产权归王某梅、石某雷、王某红。

2. **合同要点：**租期三年，从2010年11月20日至2013年12月19日止（顺延一个月装修期），租金第一、第三年每年1180万元，第二年1020万元，范某、张某某承担消防验收及工程费50万元。双方还约定，原甲公司与范某、张某某签订的×购物中心租赁合同因涉及政府拆迁，某广场第三年租金由×购物中心剩余租金及政府装修补偿款一并抵减，多退少补。

3. **实际履行情况：**合同因拆迁未履行完毕而终止，实际承租期为一年零六个月。

本案涉及的另一个标的物是坐落于大同市大西街×购物中心整栋楼内营业面积，该中心楼内营业面积租赁关系如图2-2所示。

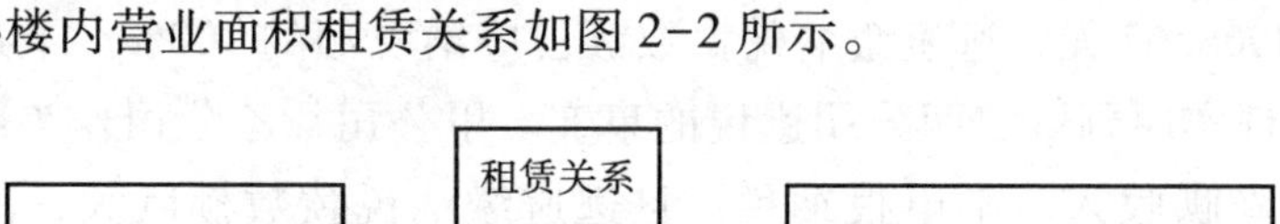

图2-2　×购物中心整栋楼内营业面积租赁关系

1. **产权人：**刘某某个人。

2. **合同要点：**租期从2006年8月1日至2016年11月1日止，租金2020万元。补偿前承租人陈某某640万元（抵付租金），补偿款由范某、张某某支付

20万元，其余620万元由甲公司逐月支付直至付清。范某、张某某从2005年12月13日至2008年4月4日付清租金2020万元，甲公司于2008年4月5日付清给前承租人陈某某的补偿款。

3. **实际履行情况：**协议履行至2012年5月，因×购物中心拆迁终止，尚有四年零六个月租期未履行。

【争议焦点】

刘某某作为甲公司和乙公司的法定代表人或实际控制人，是否应对两公司的逃税行为承担刑事责任？

【法院裁判观点】

1. 甲公司将×购物中心出租给范某、张某某，甲公司收取了租金2020万元，并出具了收据，但纳税主体甲公司只将该笔收入记入往来账，未体现收入未申报纳税，说明该公司伪造账目、虚假申报以达到不缴税的目的。根据补充协议的内容和陈某某的证言，证实甲公司补偿了陈某某620万元，此款应在收取租金中扣减，确认甲公司计税租金收入为1400万元。另合同因城市改造未能履行完毕的事实在辩护人提供的房管局文件以及范某、张某某的证言中得到证实，实际承租期为五年零九个月，未履行部分的租金应扣除。教育费附加和价格调控基金属于行政规费，不属税款，不应计入逃税数额。综上所述，共确认甲公司逃税数额为895482.93元，逃避缴纳税款数额占应纳税额的100%。

2. 乙公司将某广场部分楼层出租给范某、张某某，收取了租金2130万元，出具了相应收据。但纳税主体乙公司未申报纳税，也未有完税凭证，只将该笔收入记入往来账，说明该公司伪造账目、虚假申报以达到其不缴税的目的。另该合同因拆迁未履行完毕而终止，实际承租期为一年零六个月，未履行部分的租金按合同约定应返还，该部分应从租金收入中扣除。教育费附加和价格调控基金为行政规费，不属税款，不计入逃税数额。综上所述，共确认乙公司逃税数额为2964966.67元，逃避缴纳税款数额占应纳税额的100%。上述事实证据充分，足以证实原判认定两公司逃税的事实。甲公司、乙公司作为纳税人，不如实记账、隐瞒收入、不申报纳税，且逃避缴纳税款数额巨大，占应纳税的30%以上，甲、乙公司的行为均构成逃税罪。

3. 刘某某对公司欠税的事实明确，其主观上拖欠税款的意思表示明显，但证实其指使、授意财务人员实施逃税行为的证据仅有李某某的证言，与被告人刘某某的供述不符，且李某某证言中多次出现主观猜测的表述，在无其他证据印证的情形下，认定被告人刘某某指使、授意公司逃税的证据不足。故甲、乙公司构成逃税罪，刘某某不构成逃税罪。

4. 关于出售给刘某恩等的 4 套房产，委托评估情况、是否按低价评估，证据间均不能相互印证。被告人刘某某作为自然人没有进行纳税登记，只有在其个人出售房产后税务机关通知其申报纳税而拒不申报的情况下才能认定构成逃税犯罪。本案中没有证据证明税务机关通知被告人刘某某申报缴纳税款，认定被告人刘某某个人售房逃税的证据不足，指控不能成立。

【税务律师案例评析】

1. 产权不在房地产开发企业名下，收取的租金需要缴纳相关税费吗？

本案中，相关房屋的产权并不在乙公司和甲公司名下，甲、乙公司收取相应租金后，仅出具了相应收据，并将该笔收入记入往来账。相关款项系乙公司和甲公司收取，结合刘某某系两公司的实际控制人，两公司并未表示款项要移交给产权人刘某某。因此收取的租金分别被认定为两公司的收入，进而认定两公司对相关营业税、城建税的逃税行为。

房产税通常是对房屋所有人征收的一种税，纳税主体具体包括以下几种情形。

（1）产权属于国家所有的，其“经营管理的单位”为纳税人；产权属于集体和个人的，集体单位和个人为纳税人。

（2）产权出典的，“承典人”为纳税人。（提示：房产出租的，房产产权所有人或出租人为纳税人）

（3）产权所有人、承典人均不在房产所在地的，房产“代管人或者使用人”为纳税人。

（4）产权未确定以及租典纠纷未解决的，房产“代管人或者使用人”为纳税人。

（5）纳税单位和个人无租使用房产管理部门、免税单位及纳税单位的房产，由“使用人”（纳税单位和个人）代为缴纳房产税。

（6）对居民住宅区内业主共有的经营性房产，由实际经营（包括自营和出租）的“代管人或使用人”缴纳房产税。

本案中，乙公司和甲公司是无租使用产权人刘某某的房产，并出租给他人，根据“纳税单位和个人无租使用房产管理部门、免税单位及纳税单位的房产，由‘使用人’（纳税单位和个人）代为缴纳房产税”的规定，乙公司和甲公司应代为缴纳房产税，其是房产税的纳税主体。因此，其逃避缴纳房产税的行为构成逃税罪。

2. 个人售房通过低价评估以少缴税款，是否构成逃税罪？

刘某某个人售房，可能涉及营业税（现为增值税）、个人所得税等税款的缴纳。这些税款跟房屋的评估价格密切相关，为此税务机关要对房屋的总价值进行核定。如故意通过低价评估的方式少缴税款，在税务机关通知申报拒不申报的情况下有可能构成逃税罪。本案中，税务机关未通知刘某某缴纳税款，刘某某没有拒不缴纳的情形，故刘某某的行为不构成逃税罪。

3. 单位构成逃税罪与个人构成逃税罪量刑有什么区别?

根据《中华人民共和国刑法》第二百零一条、第二百零四条第二款、第二百一十一条的规定，纳税人犯本罪，逃避缴纳税款数额较大并且占应纳税额百分之十以上的，处三年以下有期徒刑或者拘役，并处罚金；数额巨大并且占应纳税额百分之三十以上的，处三年以上七年以下有期徒刑，并处罚金。扣缴义务人犯本罪，不缴、少缴已扣、已收税款数额较大的，处三年以下有期徒刑或者拘役，并处罚金；数额巨大的，处三年以上七年以下有期徒刑，并处罚金。单位犯本罪的，对单位判处罚金，并对其直接负责的主管人员和其他直接责任人员，依照上述规定处罚。

本案中仅对单位判处了罚金，关于被告人刘某某作为甲公司和乙公司的法定代表人或实际控制人，是否应对两公司的逃税行为承担刑事责任，法院认为，被告人刘某某对公司欠税事实是明知的，其主观上拖欠税款的意思表示明显。但证实其指使、授意财务人员实施逃税行为的证据仅有李某某的证言，与被告人刘某某的供述不符，且李某某证言中多次出现主观猜测的表述，在无其他证据印证的情形下，认定被告人刘某某指使、授意公司逃税的证据不足。由此可见，在单位犯罪的情况下，直接责任人员是指使、授意财务人员实施逃税行为的人员或者是财务人员自身。

财务人员作为逃税罪的高风险人员，其对财税知识比较了解，在单位出现税务问题时，明知的可能性比较大。因此，财务人员要提高自身的风险意识，合法合规纳税。

【风险提示】

在实践中，很多商业地产公司会通过自己的经营管理公司对其开发的商业地产收取租金，这些商业地产的产权一般不在管理公司名下；如果免费使用产权人房屋进行出租，则需要代产权人缴纳房产税等税费。

【相关条文】

1.《中华人民共和国房产税暂行条例》。

第二条 房产税由产权所有人缴纳。产权属于全民所有的，由经营管理的单位缴纳。产权出典的，由承典人缴纳。产权所有人、承典人不在房产所在地的，或者产权未确定及租典纠纷未解决的，由房产代管人或者使用人缴纳。

前款列举的产权所有人、经营管理单位、承典人、房产代管人或者使用人，统称为纳税义务人（以下简称纳税人）。

2.《财政部　国家税务总局关于房产税城镇土地使用税有关问题的通知》（财税〔2009〕128号）。

一、关于无租使用其他单位房产的房产税问题

无租使用其他单位房产的应税单位和个人，依照房产余值代缴纳房产税。

3.《中华人民共和国刑法》。

第二百零一条　【逃税罪】纳税人采取欺骗、隐瞒手段进行虚假纳税申报或者不申报，逃避缴纳税款数额较大并且占应纳税额百分之十以上的，处三年以下有期徒刑或者拘役，并处罚金；数额巨大并且占应纳税额百分之三十以上的，处三年以上七年以下有期徒刑，并处罚金。

扣缴义务人采取前款所列手段，不缴或者少缴已扣、已收税款，数额较大的，依照前款的规定处罚。

对多次实施前两款行为，未经处理的，按照累计数额计算。

有第一款行为，经税务机关依法下达追缴通知后，补缴应纳税款，缴纳滞纳金，已受行政处罚的，不予追究刑事责任；但是，五年内因逃避缴纳税款受过刑事处罚或者被税务机关给予二次以上行政处罚的除外。

第二百零四条　【骗取出口退税罪】【逃税罪】纳税人缴纳税款后，采取前款规定的欺骗方法，骗取所缴纳的税款的，依照本法第二百零一条的规定定罪处罚；骗取税款超过所缴纳的税款部分，依照前款的规定处罚。

第二百一十一条　【单位犯危害税收征管罪的处罚规定】单位犯本节第二百零一条、第二百零三条、第二百零四条、第二百零七条、第二百零八条、第二百零九条规定之罪的，对单位判处罚金，并对其直接负责的主管人员和其他直接责任人员，依照各该条的规定处罚。

判例三　房地产开发公司发生的借款费用能否在发生当期直接扣除

【裁判要旨】

北海甲地产公司与乙公司及丙银行签订的相关融资贷款合同，均约定资金用途为“××项目后续开发建设”，还约定“未经委托人事先书面同意，借款人不得改变本合同规定的贷款用途”。北海市国家税务局稽查局认定北海甲地产公司取得的3亿元贷款属于用于“××项目后续开发建设”的专门借款，因此发生

的 16675000.7 元利息支出和财务顾问费应当资本化；北海甲地产公司向北海市消防支队的捐赠支出不属于《中华人民共和国企业所得税法实施条例》第五十一条规定的公益性捐赠，在计算企业所得税应纳税所得额时，不得扣除；北海市国家税务局稽查局将应由整个工程项目共同分摊的防雷装置施工及检测验收费用、地震技术服务费、环境评估费归集到一期成本核算对象，不符合《房地产开发经营业务企业所得税处理办法》（国税发〔2009〕31 号）第二十八条第（二）项、第二十九条第（二）项的规定。

【涉税案情】

上诉人（原审原告）：北海甲地产公司（以下简称“甲公司”）

被上诉人（原审被告）：北海市国家税务局、北海市国家税务局稽查局、广西壮族自治区国家税务局

北海市国家税务局稽查局于 2015 年 4 月至 2016 年 6 月对甲公司 2012 年 1 月 1 日至 2013 年 12 月 31 日的企业所得税纳税情况进行了检查，发现存在如下问题：①2012 年向北海市消防支队捐赠不属于公益性的捐款 30000 元，在 2012 年所得税汇算清缴时已做税前扣除。②2013 年度分摊到一期成本核算对象的土地成本少分摊 2912185.93 元。③将防雷装置施工及检测验收费用 300000 元、地震技术服务费 180000 元、环境评估费 130000 元，全部作为一期成本核算对象分摊。④2013 年 8 月 16 日，甲公司与乙公司、丙银行、邱某某、蔡某某、邱某二等签订一系列业务合作协议，从丙银行取得 3 亿元的短期贷款用于“××项目后续开发建设”，并商定 3 个月后该贷款债权由乙公司收购，约定乙公司为甲公司提供债务重组顾问服务，债务重组顾问服务费为 525 万元。2013 年 12 月 11 日，甲公司与乙公司签订《财务顾问服务协议》，其中，约定乙公司为甲公司提供债务重组顾问服务，财务顾问服务费为 600 万元。至 2013 年 12 月，甲公司共向丙银行支付贷款利息 5425000.7 元。2013 年 9 月至 12 月期间，甲公司将该贷款利息归并入“开发成本——资本化利息——利息支出”科目核算。2013 年 12 月，该贷款债权被乙公司收购，乙公司共收取了甲公司 1125 万元财务顾问费。2013 年 9 月至 12 月，甲公司将该财务顾问费归并入“开发成本——资本化利息——其他费用”科目核算。2013 年 12 月，甲公司将上述贷款利息及财务顾问费共 16675000.7 元归并入一期住宅销售成本。

其中，甲公司存在的第四项税务问题的相关数据见图 2-3。

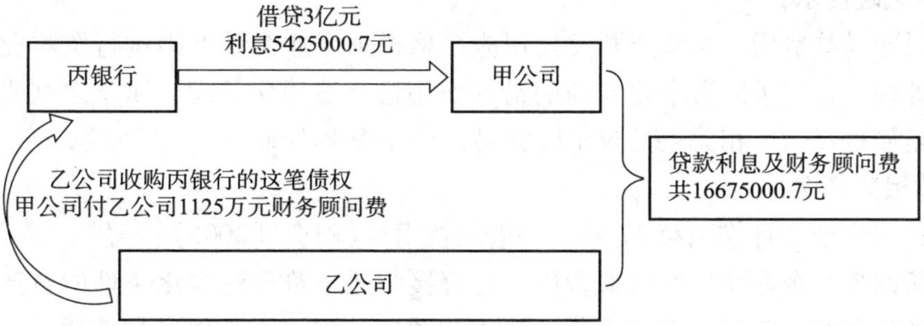

图 2-3 第四项税务问题相关数据

【争议焦点】

贷款利息及财务顾问费共 16675000.7 元应做资本化还是费用化处理?

【法院裁判观点】

从甲公司与乙公司及丙银行签订的《委托贷款借款合同》《业务合作协议》《债务重组协议》约定可以明确，其本质是融资贷款合同，而非债务重组协议。

协议约定资金用途为“××项目后续开发建设”，还约定“未经委托人事先书面同意，借款人不得改变本合同规定的贷款用途”；1125 万元的财务顾问费是为了××项目借款发生的。因此，贷款利息及财务顾问费共 16675000.7 元是因为××项目的后续开发建设发生，而××项目是必须经过 12 个月以上的购建才能达到预定可使用或者可销售状态的固定资产、投资性房地产和存货，故××项目是符合资本化条件的资产，相关支出应予以资本化。

【税务律师案例评析】

1. 借款利息资本化与费用化的财务及税务处理方式有何不同?

借款利息如果符合资本化条件，则应该进行资本化，计入相关资产的成本。比如，涉案的贷款利息及财务顾问费共 16675000.7 元应计入××项目的开发成本，待项目达到预定可使用状态或者可销售状态后，作为固定资产或存货或投资性房地产的取得成本进行处理，而不能作为当期费用直接予以扣除。

2. 本案中，甲公司的行为是否构成偷税?

甲公司在账簿上多列支出少缴税款，属于偷税行为。甲公司的财务人员均是取得执业资格的专业财会人员。2013 年 9 月至 12 月，甲公司已将相关贷款利息归并入“开发成本——资本化利息——其他费用”科目核算，年底将这些后期应进入资本化的利息全部归入一期的销售成本是违规的，属于对于一期项目多列支出，明显不是计算错误，而是故意偷税行为。

【风险提示】

对于借款费用，房地产开发公司应严格根据企业会计准则进行资本化或费用化处理。将应予以资本化处理的借款费用进行费用化处理，属于多列当期支出，是偷税行为。相关人员应予以警惕，莫存侥幸心理。

【相关条文】

1.《企业会计准则第17号——借款费用》（财会〔2006〕3号）。

第四条 企业发生的借款费用，可直接归属于符合资本化条件的资产的购建或者生产的，应当予以资本化，计入相关资产成本；其他借款费用，应当在发生时根据其发生额确认为费用，计入当期损益。

符合资本化条件的资产，是指需要经过相当长时间的购建或者生产活动才能达到预定可使用或者可销售状态的固定资产、投资性房地产和存货等资产。

2.《〈企业会计准则第17号——借款费用〉应用指南》。

一、符合借款费用资本化条件的存货

根据本准则规定，企业借款购建或者生产的存货中，符合借款费用资本化条件的，应当将符合资本化条件的借款费用予以资本化。

3.《关于企业所得税应纳税所得额若干税务处理问题的公告》（国家税务总局公告2012年第15号）。

二、关于企业融资费用支出税前扣除问题

企业通过发行债券、取得贷款、吸收保户储金等方式融资而发生的合理的费用支出，符合资本化条件的，应计入相关资产成本；不符合资本化条件的，应作为财务费用，准予在企业所得税前据实扣除。

4.《中华人民共和国税收征收管理法》。

第六十三条 纳税人伪造、变造、隐匿、擅自销毁账簿、记账凭证，或者在账簿上多列支出或者不列、少列收入，或者经税务机关通知申报而拒不申报或者进行虚假的纳税申报，不缴或者少缴应纳税款的，是偷税。对纳税人偷税的，由税务机关追缴其不缴或者少缴的税款、滞纳金，并处不缴或者少缴的税款百分之五十以上五倍以下的罚款；构成犯罪的，依法追究刑事责任。

判例四　当地政府给开发商的土地出让金返还款性质如何认定

【裁判要旨】

上诉人甲实业有限公司为逃避税款，以少列收入、多列支出等方式进行虚假纳税申报，逃避税款22845326.99元，数额巨大，占当年应纳税总额的

48.06%，经税务机关依法追缴后仍未缴纳，其行为构成逃税罪；上诉人罗某某、周某某身为甲公司直接负责人员，为单位逃税授意财务人员做虚假纳税申报，应当以逃税罪追缴二人刑事责任。

【涉税案情】

原公诉机关：安徽省铜陵市义安区人民检察院

上诉人：甲实业有限公司（以下简称“甲公司”）、罗某某、周某某

2011 年，被告人罗某某、周某某与陈某 1 共同出资注册成立了甲公司，主营范围为房地产开发、销售，房地产配套设施建设、销售业务。被告人罗某某任法定代表人兼董事长，全面负责公司的经营管理；被告人周某某任副董事长，分管财务、办公室等（2014 年 3 月之后不再分管财务，由罗某某负责）；陈某 1 任总经理，负责招商、营销等。2013 年，甲公司以少列收入、多列支出等方式进行虚假纳税申报。2014 年，铜陵市地税局稽查局对该公司下达自查自纠通知书，公司财务人员经过自查发现了相关逃税项目：甲公司以周某 2 的名义虚开了土方工程款发票总金额计 2140 万元计入了公司成本；2013 年度收到土地出让返还款共计 4015.51 万元；一号馆销售房款没有结转为收入。财务人员向被告人罗某某、周某某汇报后，二人决定对涉嫌逃税项目不做调整。2015 年，铜陵市地税局稽查局对该公司做出了税务处理及行政处罚决定，但该公司未能缴纳所欠税款及罚款等。2015 年 11 月 27 日，铜陵市地税局稽查局将甲公司涉嫌逃税犯罪案件移送公安机关，公安机关同日立案。经铜陵某税务师事务所有限责任公司（以下简称“某税务师事务所”）鉴定，甲公司 2013 年度逃避各项税款共计 24638880.22 元，占当年各税种应纳税总额的 57.28%；税务机关向甲公司下达追缴通知书进行追缴的逃税数额为 22845326.99 元，占当年应纳税总额的 48.06%。2016 年 1 月 25 日，侦查人员电话通知罗某某、周某某到铜陵市公安局义安分局执法办案中心接受传唤讯问，罗某某、周某某按时到案并如实供述了本案基本事实。

【争议焦点】

当地政府补贴给开发商的土地出让金返还款，是否作为收入？

【法院裁判观点】

上诉人甲公司、罗某某提出的土地返还款，系当地开发区依据招商时与甲公司达成的协议返还的土地出让金，系所得税法规定的补贴收入，并非返还契税收入。依据所得税法相关规定，该款项不在免交所得税范围内，应当计入企业应纳税所得额。

【税务律师案例评析】

1. 甲公司以周某2的名义虚开了土方工程款发票总金额计2140万元计入成本的行为是否构成虚开发票罪?

根据案情，甲公司以周某2名义虚开的是普通发票，虚开普通发票数额达2140万元，应该构成《中华人民共和国刑法》第二百零五条之一【虚开普通发票罪】的立案追诉标准；而本案之所以未对虚开发票罪进行处理，主要是因为检察机关公诉的罪名是逃税罪，故仅对是否构成逃税罪进行审理判决。

2. 本案中当地政府给开发商的土地出让金返还款，为什么应作为收入缴纳相关税款?

实践中，由于政府与开发商之间约定返还的条件和形式不同，企业取得的返还款被认定为财政性资金还是经营性收入，其税务处理不尽相同。税务机关对返还收入的涉税认定，本着实质重于形式原则，主要依据政府与企业签订的出让协议和补充协议的约定内容进行判定。

本案中，甲公司、罗某某提出的土地返还款，系依据招商时当地与甲公司达成的协议返还的土地出让金，应认定为补贴收入。根据《财政部、国家税务总局关于财政性资金、行政事业性收费、政府性基金有关企业所得税政策问题的通知》（财税〔2008〕151号）第二条、《财政部、国家税务总局关于专项用途财政性资金企业所得税处理问题的通知》（财税〔2011〕70号）可知，该收入不符合不征税收入的条件，应作为收入缴纳相关税费。

如果甲公司在招拍挂前先行介入拆迁、平整土地，且招商时当地与甲公司达成协议明确该款项返还系用于拆迁费用，则该费用应作为拆迁、平整土地的劳务收入进行会计处理和税务处理。但本案中并未约定该款项的用途，且未提及甲公司提前介入拆迁的费用等，因此应认定为补贴收入。

3. 逃税罪的构成要件有哪些?罗某某、周某某为什么被依据逃税罪追究刑事责任?

逃税罪的客体要件：逃税行为侵犯了我国税收征收管理秩序。客观要件表现：纳税人采取欺骗、隐瞒手段，进行虚假纳税申报或者不申报，逃避缴纳税款数额较大且占应纳税额10%以上；扣缴义务人采取欺骗、隐瞒手段不缴或者少缴已扣、已收税款，数额较大的行为。主体要件：包括纳税人和扣缴义务人，既可以是自然人，也可以是单位。主观要件表现：故意。对于确因疏忽而没有纳税申报，属于漏税，依法补缴即可，其行为不构成犯罪。

本案中，罗某某、周某某作为甲公司负责人，在铜陵市地税局稽查局对该公司下达自查自纠通知书，公司财务人员经过自查发现了相关逃税项目，向被告人罗某某、周某某汇报后，二人仍决定对涉嫌逃税项目不做调整。由此可见，两人符合故意不申报，逃避缴纳税额数额较大且占应纳税额 10%以上的逃税罪主客观要件，故作为直接责任人员以逃税罪被追究刑事责任。

【风险提示】

当地政府如果返还开发商土地出让金，一定要在相关协议中约定款项的用途；若不符合不征税收入的条件，则应根据该款项的性质进行会计处理和税务处理。

另外，企业负责人在收到稽查局的自查自纠通知时，要有强烈的风险意识，不能心存侥幸拒不交税。

【相关条文】

1.《中华人民共和国刑法》。

第二百零一条 【逃税罪】纳税人采取欺骗、隐瞒手段进行虚假纳税申报或者不申报，逃避缴纳税款数额较大并且占应纳税额百分之十以上的，处三年以下有期徒刑或者拘役，并处罚金；数额巨大并且占应纳税额百分之三十以上的，处三年以上七年以下有期徒刑，并处罚金。

扣缴义务人采取前款所列手段，不缴或者少缴已扣、已收税款，数额较大的，依照前款的规定处罚。

对多次实施前两款行为，未经处理的，按照累计数额计算。

有第一款行为，经税务机关依法下达追缴通知后，补缴应纳税款，缴纳滞纳金，已受行政处罚的，不予追究刑事责任；但是，五年内因逃避缴纳税款受过刑事处罚或者被税务机关给予二次以上行政处罚的除外。

第二百零五条之一 【虚开普通发票罪】：虚开本法第二百零五条规定以外的其他发票，情节严重的，处二年以下有期徒刑、拘役或者管制，并处罚金；情节特别严重的，处二年以上七年以下有期徒刑，并处罚金。单位犯前款罪的，对单位判处罚金，并对其直接负责的主管人员和其他直接责任人员，依照前款的规定处罚。

2.《最高人民检察院、公安部关于公安机关管辖的刑事案件立案追诉标准的规定（二）的补充规定》第二条。

在《立案追诉标准（二）》中增加第六十一条之一：［虚开发票案（刑法第二百零五条之一）］虚开刑法第二百零五条规定以外的其他发票，涉嫌下列情形之一的，应予立案追诉：

（一）虚开发票一百份以上或者虚开金额累计在四十万元以上的；

（二）虽未达到上述数额标准，但五年内因虚开发票行为受过行政处罚二次以上，又虚开发票的；

（三）其他情节严重的情形。

3.《财政部、国家税务总局关于财政性资金、行政事业性收费、政府性基金有关企业所得税政策问题的通知》（财税〔2008〕151号）规定：（二）对企业取得的由国务院财政、税务主管部门规定专项用途并经国务院批准的财政性资金，准予作为不征税收入，在计算应纳税所得额时从收入总额中减除。

4.《财政部、国家税务总局关于专项用途财政性资金企业所得税处理问题的通知》（财税〔2011〕70号）进一步明确："企业从县级以上各级人民政府财政部门及其他部门取得的应计入收入总额的财政性资金，凡同时符合以下条件的，可以作为不征税收入，在计算应纳税所得额时从收入总额中减除：（一）企业能够提供规定资金专项用途的资金拨付文件；（二）财政部门或其他拨付资金的政府部门对该资金有专门的资金管理办法或具体管理要求；（三）企业对该资金以及以该资金发生的支出单独进行核算。"

判例五　法院对房地产开发企业以房抵债的裁定能否作为税前扣除凭证

【裁判要旨】

本案系重大税务案件，国家税务总局沈阳市税务局第一稽查局作出的被诉处罚决定，需依据重大税务案件审理委员会作出的《重大税务案件审理决定》。依据相关方提交的证据及庭审查明的事实，对于重大案件审理委员会审理程序是否合法及第一稽查局作出的被诉处罚决定依据是否合法，原审法院未予查清。关于被诉处罚决定中认定上诉人辽宁甲房地产开发有限责任公司的违法事实是否正确，其中对于上诉人辽宁甲房地产开发有限责任公司主张的需在其企业所得税前扣除的开发成本是否已经实际支付履行及第一稽查局主张要求上诉人出具发票的纳税主体等问题，原审法院未予查清。

【涉税案情】

上诉人（原审原告）：辽宁甲房地产开发有限责任公司（以下简称"甲公司"）

被上诉人（原审被告）：国家税务总局沈阳市税务局第一稽查局、国家税务总局沈阳市税务局

1. 甲公司××项目已于2011年5月6日在房地产部门备案且已投入使用，符合国税发〔2009〕31号文规定的完工产品收入确认条件，但是甲公司在2011年度企业所得税汇算时没有确认计税收入和结转计税成本。截至2011年12月31日，预收账款科目贷方仍有余额1051061908.2元（其中，含有2003年1月1日起至2006年12月31日止“预收账款”科目余额513348053.7元，2003年7月至2006年12月31日已确认收入，因为在此期间所得税是核定征收），2007年度至2011年度企业所得税查实征收，在此期间“预收账款”科目贷方仍有余额537713854.5元，未按规定结转收入和成本，少缴纳2011年度企业所得税。另甲公司在开发成本财务核算中存在无发票入账问题：①2003年7月21日138号凭证。财务处理为借：开发成本——土地拆迁及补偿费22000000元；贷：其他应付款——辽宁乙房地产开发有限公司（以下简称“乙公司”）22000000元。②2009年12月31日280号凭证。财务处理为借：开发成本——土地拆迁及补偿费34625229.2元；贷：其他应付款——沈阳市丙房地产开发有限公司（以下简称“丙公司”）34625229.2元。上述两笔业务合计56625229.20元，截至目前仍没有取得发票。

2. 另查，2001年10月16日原告甲公司（乙方）与乙公司（甲方）签订项目转让合同，约定甲方同意将“××花园”一期及二期项目转让给乙方，由乙方继续开发建设；原一期和二期工程发生的债权、债务均由乙方承担。2002年9月8日，甲公司（乙方）与乙公司（甲方）签订关于“××花园”项目前期投资费用返还的协议，该协议对乙公司在“××花园”项目前期投入资金的实际数额2268万元进行确认，并就还款方式进行约定，同时约定甲公司对“××花园”重新立项，成立“甲××”项目经理部。上述协议签订后双方于2004年3月30日签订补充协议，对相应的还款进行再次约定。2004年，丙公司就其与乙公司“××花园”项目合资、合作开发房地产产生合同纠纷，以乙公司、甲公司为被告向辽宁省高级人民法院提起民事诉讼。2005年11月17日，辽宁省高级人民法院做出（2004）辽民一房初字第××号民事判决，判决甲公司承担给付丙公司相关债务。在执行过程中，甲公司与丙公司达成执行和解协议，辽宁省高级人民法院于2009年6月11日做出（2009）辽执二字第34号民事裁定。将被执行人（甲公司）所有的位于某地共42套房产给付申请执行人丙公司，抵偿本案全部债务。甲公司与丙公司就偿还债务问题，分别于2006年8月1日、2008年7月24日、2009年3月26日签订和解协议、和解协议（二）和补充协议。其中，双方在和解协议（二）中约定，申请人给被申请人出具合法的发票，双方同意按当地税务机关的意见办理。双方在补充协议中约定，甲公司抵给丙公司的42套商品房，由丙公司书面指定抵债商品房权利人的单位或个人，甲公司在接到通知后按原和解协议约定继续履行。就抵债的剩余42套商品房，丙公司无须向甲公司出具任何发票和票据。原告甲公司提供的记账凭证显示，抵债房产的购买人缴纳的购房款均由丙公司收取，原告出具的是销售不动产统一发票。

为方便分析，笔者将相关涉案数据进行了整理，见表2-3。

表2-3　本案所涉相关数据

<table>
<tr><th>科目名称</th><th>金额</th><th>备注</th></tr>
<tr><td rowspan="2">预收账款</td><td rowspan="2">1051061908.2元</td><td>513348053.7元（2003年1月1日起至2006年12月31日止数额，2003年7月至2006年12月31日已确认收入）</td></tr>
<tr><td>537713854.5元（2007年度至2011年度预收账款余额，项目已在房管局备案并投入使用）</td></tr>
<tr><td rowspan="2">开发成本——土地拆迁及补偿费</td><td>22000000元</td><td rowspan="2">乙公司“××花园”一期和二期项目转让给甲公司，甲公司须返还乙公司前期开发成本22000000元；但后丙公司起诉乙公司和甲公司，（2009）辽执二字第34号民事裁定将被执行人（甲公司）位于某地的共42套房产给付申请执行人丙公司，抵偿全部债务56625229.2元，约定丙公司无须向甲公司出具任何发票和票据。目前没有相关票据</td></tr>
<tr><td>34625229.2元</td></tr>
</table>

【争议焦点】

（2009）辽执二字第34号民事裁定将甲公司位于某地的共42套房产给付申请执行人丙公司，抵偿全部债务56625229.2元，这一裁定是否已经实际支付履行？这一开发成本能否以法院的以物抵债裁定作为税前扣除凭证？若须开发票，谁是开票主体？

【税务律师案例评析】

1. 本案中，法院的以物抵债裁定能否作为税前扣除凭证？

法院的判决书、裁定书能否作为税前扣除凭证有一定争议。《纳税人转让不动产增值税征收管理暂行办法》（国家税务总局公告2016年第14号）第八条规定的合法凭证包括法院的判决书、裁定书等；但是，《企业所得税税前扣除凭证管理办法》（国家税务总局公告2018年第28号）并未提到法院的判决。笔者认为，仅凭法院的判决书、裁定书无法看到其实际履行情况，如果作为税前扣除凭证，则可能导致虚增成本或者收入。

结合本案，甲公司在实际履行法院以物抵债的过程中并不是实际以物抵债，而是以42套房产的销售款抵扣丙公司指定的债务。因此，收取款项一方仍应履行相应的开票义务。

2. 本案以物抵债裁定在履行过程中，由丙公司书面指定抵债商品房权利人的单位或个人，并收取房屋购买人款项，甲公司与购买人签订备案合同并开具购房发票，甲公司的这部分开发成本应如何开票？

本案以物抵债在实际履行过程中，由丙公司书面指定抵债商品房权利人的单位或个人，并收取房屋购买人款项，甲公司与购买人签订备案合同并开具购房发票的行为并不是以物抵债，而是以卖房款抵扣债务。

另外，本案中乙公司将项目转让，甲公司需要给付项目转让款，乙公司应该就前期项目转让开具发票，但是在尚未支付、尚未开票前，通过法院判决，由甲公司将所有款项支付给丙公司，抵偿所有债务。如后期无须再给付乙公司项目转让款，则说明乙公司与丙公司之间又发生了债务转移，不影响22000000元的项目转让款由乙公司开票，只是该款项抵了乙公司对丙公司的债务。如后期甲公司仍须给付乙公司项目转让款，则56625229.2元只是甲公司抵扣了丙公司的债务，丙公司需要对该款项开票；而甲公司与丙公司之间不开具发票的约定，属于恶意串通损害国家利益，故该约定无效。

【风险提示】

房地产开发公司一定要做好相关发票及合法凭证的管理工作。要根据实际履行情况尽可能获取相关发票，在对方不能开具发票时，至少要保存实际履行的相关凭证，以便真实地反映收入支出情况。

【相关条文】

《纳税人转让不动产增值税征收管理暂行办法》（国家税务总局公告2016年第14号）。

第八条：纳税人按规定从取得的全部价款和价外费用中扣除不动产购置原价或者取得不动产时作价的，应当取得符合法律、行政法规和国家税务总局规定的合法有效凭证。否则，不得扣除。

上述凭证是指：

（一）税务部门监制的发票。

（二）法院判决书、裁定书、调解书，以及仲裁裁决书、公证债权文书。

（三）国家税务总局规定的其他凭证。

判例六　房地产合作项目约定的预留税费未结算能否阻却项目利润的二次分配

【裁判要旨】

异议人（被执行人）与申请执行人先期签收的民事调解书系后期相关执行案件的依据。异议人（被执行人）作为纳税人必须依法办理纳税申报和缴纳税费，由于被执行人怠于履行纳税申报和缴纳税费的义务，致使税务机关没有出具正式的税务清算报告或完税凭证，导致对预留的部分款项不能予以冲抵，申请执行人长期无法就冲抵后的结余款项作为项目利润进行第二次分配，侵害了申请执行人的合法权益。审理法院有权督促怠于履行义务的被执行人在限期内履行相关义务，是为了执行依据所附条件得以成就。

【涉税案情】

异议人（被执行人）：武汉甲农业集团有限公司（以下简称“甲公司”）

申请执行人：湖北乙房地产开发有限公司（以下简称“乙公司”）

1. 就（2014）鄂武汉中民商初字第00734号民事调解书，双方达成如下协议。

（1）双方2014年7月5日签订的《“××××”项目结算协议》约定，乙公司应获得“××××”还建项目第一次净利润分配款及补偿奖励金额共计29000096.28元。该款由甲公司于2014年11月30日前一次性向乙公司支付。

（2）经双方确认，“××××”还建项目已预留各项税费共计118514955.1元。该部分税费经税务部门做出正式税务清算报告，将“××××”项目所需缴纳的税费款予以冲抵后的结余部分，由乙公司按35%股份比例，另行进行第二次分配。

2. 2017年5月27日，乙公司以“汉阳区地方税务部门在2017年4月5日出具正式的报告，甲公司聘请的税务师事务所于同年5月25日在向甲公司出具的业务联系函中确认土地增值税和契税等所有税金总和为18016851.09元。预留税款冲抵后的结余为100498104.01元，乙公司应二次分配金额为35174336.4元，但甲公司拒绝进行第二次分配”为由申请执行，审理法院于2017年5月31日立案执行。预留税费如表2-4所示。

表 2-4　预留税费情况　　单位：元

序号	项目	结算协议确认数额	业务联系函确认数额
1	营业税	37872018.37	
2	规费	25721863.89	
3	企业所得税	23618908.48	
4	土地增值税	20840775.95	18016851.09
5	契税	7360139.04	
6	印花税	378049.37	
7	其他税种（估算）	2723200	
8	税费合计	118514955.1	
9	预留税款冲抵后的结余		100498104.01
10	乙公司应二次分配金额	29000096.28	35174336.4

3. 2017 年 9 月 22 日，审理法院做出（2017）鄂 01 执 830 号执行裁定扣划了甲公司的银行存款 1000 万元至审理法院。

4. 湖北省高级人民法院于 2018 年 12 月 28 日做出（2018）鄂执复 113 号执行裁定，撤销审理法院（2017）鄂 01 执异 1178 号执行裁定；维持审理法院（2017）鄂 01 执 830 号执行裁定及协助执行通知；驳回乙公司向审理法院提出对甲公司已预留各项税费中除经税务部门做出正式税务清算报告将“××××”项目所需缴纳的税费款予以冲抵后结余部分外，按 35%股份比例进行第二次分配的执行申请。

5. 2020 年 8 月 26 日，（2020）鄂 01 执恢 37 号《工作联系函》称，指定北京市 ZT 律师事务所律师王某某前来你处询调下列证据材料：对甲公司“××××”项目涉及的土地增值税、营业税、土地使用税、契税、印花税、企业所得税等全部税种，哪些税种属于需要清算并可出具清算报告，哪些税种不需要清算，请你局予以书面说明。

6. 2020 年 9 月 23 日，国家税务总局武汉市汉阳区税务局出具回复函称：①该企业涉及的营业税、增值税、房产税、城镇土地使用税、契税、印花税和车船税应按规定的纳税期限进行纳税申报及缴纳税款，土地增值税在达到条件时应进行清算，企业所得税按年度或清算期间汇算清缴；②“××××”项目土地增值税已按规定完成清算，后期如有成本发生重大变化，纳税人可再次申请土地增值税清算；③根据《税务登记管理办法》第三十一条的规定，“纳税人办理注销登记前，应结清应纳税款”，包括上述提到的诸税种对应的税款。案情主要事件时间轴如图 2-4 所示。

图 2-4　案情主要事件时间轴

【争议焦点】

审理法院要求异议人在限定期限内办理案涉项目各项税费申报和缴纳工作是否有事实与法律依据？

异议人（被执行人）认为：①办理案涉“××××”项目税费申报和缴纳的主管部门为税务机关，审理法院无权干涉；②异议人的税费结清与否以税务部门的认定为准，审理法院无权自行认定，包含审理法院在内的任何第三人均无权就异议人的税收“征、减、缓、免”做认定和决定。

【法院裁判观点】

1. 审理法院（2014）鄂武汉中民商初字第 00734 号民事调解书系（2020）鄂 01 执恢 37 号案的执行依据，根据上述调解书和甲公司与乙公司签订《“××××”项目结算协议》的内容，双方对结余部分的款项进行第二次分配附有前提条件，即将预留款项冲抵“税务部门作出正式税务清算报告”确定的金额作为利润进行分配。虽然双方约定以“税务部门作出正式税务清算报告”作为预留款项予以冲抵的计算依据，但双方预留各项税费的目的是在保障项目税费全部缴纳完毕的情形下，结余部分的款项作为双方合作建设汉阳四新地区“××××”还建项目的利润，按股权比例进行分配。故甲公司应向税务机关申报并缴纳税费，待“××××”项目税费全部缴纳完毕之后，双方可以对结余部分的款项按股权比例进行第二次分配。

2. 依法办理纳税申报和缴纳税费是纳税人的法定义务，本案中，甲公司、乙公司合作建设的“××××”还建项目，已于2009年底完工并交付使用，甲公司作为纳税人必须依法办理纳税申报和缴纳税费。由于甲公司怠于履行纳税申报和缴纳税费的义务，致使税务机关没有出具正式的税务清算报告或完税凭证，导致对预留的部分款项不能予以冲抵，乙公司长期无法就冲抵后的结余款项作为项目利润进行第二次分配，侵害了乙公司的合法权益。

3. 审理法院向甲公司做出（2020）鄂01执恢37号履行义务通知，督促该公司限期履行相关义务，是为了使执行依据所附条件得以成就，进而对预留款项予以冲抵后的结余部分按股权比例进行第二次分配。如甲公司在限定的期限内既不履行相关义务，又不能提供“××××”项目中尚有税费欠缴的证据，其应承担相应的法律后果。

综上所述，审理法院做出（2020）鄂01执恢37号履行义务通知，要求甲公司在限定的期限内办理“××××”项目各项税费申报和缴纳工作有事实与法律依据。最终法院驳回甲公司的异议请求。

【税务律师案例评析】

虽然人民法院不能代替税务部门对税费缴纳及清算情况进行认定，但当义务人怠于履行义务时，人民法院可根据双方的协议进行裁判，以督促义务人及时履行义务。

【风险提示】

结算时，双方应在仔细核对结算条件与结果的基础上签署协议，并明确预留款项的处理时限，当时限届满仍未处理时可提供担保先行分配，以防无休止地拖延，争取早日取得应得结算款。

【相关条文】

1.《中华人民共和国民事诉讼法》。

第二百三十二条　当事人、利害关系人认为执行行为违反法律规定的，可以向负责执行的人民法院提出书面异议。当事人、利害关系人提出书面异议的，人民法院应当自收到书面异议之日起十五日内审查，理由成立的，裁定撤销或者改正；理由不成立的，裁定驳回。当事人、利害关系人对裁定不服的，可以自裁定送达之日起十日内向上一级人民法院申请复议。

2.《中华人民共和国税收征收管理法》（2015年修正）。

第二十五条第一款　纳税人必须依照法律、行政法规规定或者税务机关依照法律、行政法规的规定确定的申报期限、申报内容如实办理纳税申报，报送纳税申报表、财务会计报表以及税务机关根据实际需要要求纳税人报送的其他纳税资料。

3.《中华人民共和国税务登记管理办法》（2019 年修订）。

第二十九条 纳税人办理注销税务登记前，应当向税务机关提交相关证明文件和资料，结清应纳税款、多退（免）税款、滞纳金和罚款，缴销发票、税务登记证件和其他税务证件，经税务机关核准后，办理注销税务登记手续。

判例七 拆迁安置补偿费由谁列支

【裁判要旨】

依据《中华人民共和国公司法》设立的有限责任公司，属于《中华人民共和国企业所得税法》规定的纳税人，依法应当独立承担纳税义务。原告实际控制人将三家企业的法律主体及权利义务混同的主张与法律规定不符，不能改变有限责任公司依法独立享有民事行为能力和承担民事义务的性质，也不能改变其应当承担的纳税义务。

原告与其他任何参与竞拍的企业一样，只要支付了土地出让金就能获得土地的开发权，无拆迁附加义务，只有将部分房屋回购给镇政府用于拆迁安置的义务。由其他民事主体负责的拆迁安置支出，原告不能在其税前列支。

【涉税案情】

原告：浙江 SZ 置业有限公司（以下简称“SZ 置业公司”）

被告：国家税务总局绍兴市税务局稽查局（以下简称“绍兴市稽查局”）、国家税务总局浙江省税务局（以下简称“浙江省国税局”）

1. 本案主要案情发生时间轴如图 2-5 所示。

2. 2015 年 3 月 4 日，被告绍兴市稽查局下达税务稽查任务通知书，于 2015 年 3 月 5 日至 2015 年 4 月 15 日对原告 2007 年 3 月 1 日至 2013 年 12 月 31 日期间的涉税情况实施了检查，案件经绍兴市国家税务局重大税务案件审理委员会审理后，被告绍兴市稽查局于 2015 年 10 月 14 日做出绍市国税稽处〔2015〕79 号税务处理决定书及绍市国税稽罚〔2015〕87 号税务行政处罚决定书，决定对原告偷税等违法行为进行处理，并处罚款 1290388.14 元。

该处罚决定书载明：被告一绍兴市稽查局于 2015 年 3 月 5 日至 4 月 15 日对原告 2007 年 3 月 1 日至 2013 年 12 月 31 日纳税情况进行了检查，原告开发的××××住宅项目实际可销售面积 44542.55 平方米，2011—2013 年已按可销售面积

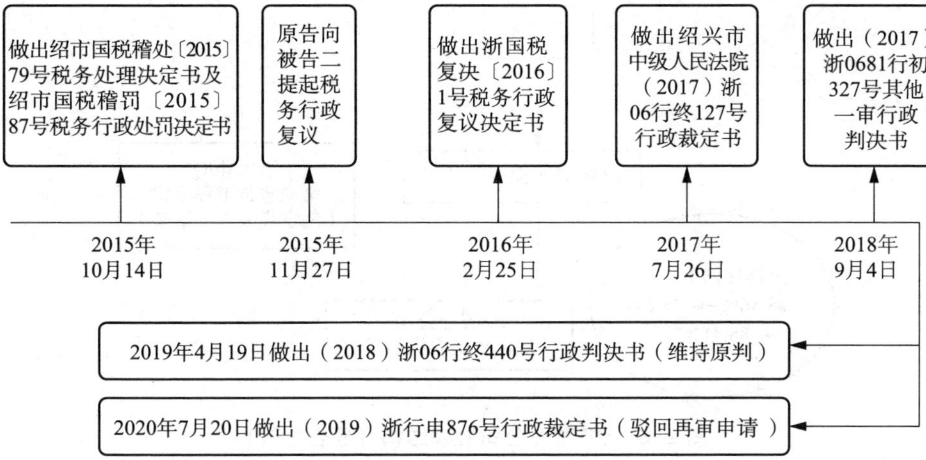

图 2-5　案情主要事件时间轴

44000.52 平方米及当期已实现销售的可售面积和可售面积单位工程成本确认结转开发产品计税成本，原告存在违法事实及处以罚款明细如表 2-5 所示。

表 2-5　原告违法事实及处以罚款明细

单位：元

序号	事项	调整金额	备注
1	2011 年在土地成本中多列支不应由本企业承担的拆迁支出	12965467.1	
2	2011 年少转销售面积少计开发产品成本	-1114039.93	实际销售 31580.91 平方米房屋
3	2012 年少转销售面积少计开发产品成本	-1629930.12	实际销售 2667.16 平方米房屋
4	2013 年多转销售面积多计开发产品成本	553122.4	实际销售 1595.11 平方米房屋
5	2008 年度向关联企业提供借款应收利息	1246637.97	
6	应补交企业所得税	2524776.27	
7	对原告应补交的企业所得税处 50%的罚款	1262388.14	
8	对原告 2013 年度编造虚假计税依据的行为罚款	28000	
9	合计罚款（9=7+8）	1290388.14	

3. 原告 SZ 置业公司股权结构（原告主张）如图 2-6 所示。

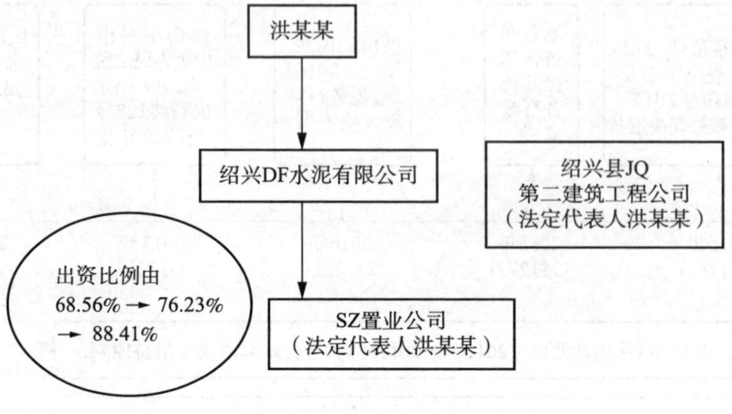

图 2-6 SZ 置业公司股权结构（原告主张）

【争议焦点】

1. 是否对拆迁实施主体存在认识上的混同问题?

2. 案涉 12965467.1 元拆迁安置补偿费应由谁列支?

原告认为：被告绍兴市稽查局在税务检查中未能尊重历史，查清 YXQ 镇杨江公路以南、XJ 公路以西地块 2007 年出让时的实际情况，原告在开发上述地块时实际支付的拆迁安置费用以及原告与绍兴 DF 水泥有限公司之间的关联关系，绍兴县[1] JQ 第二建筑工程公司与绍兴 DF 水泥有限公司之间的债权债务关系。绍兴县 JQ 第二建筑工程公司、绍兴 DF 水泥有限公司、SZ 置业公司是关联企业，实际控制人均是洪某某，导致 YXQ 镇政府甚至税务部门也会混同。

被告二认为：原告于 2007 年 3 月成立，并于 2007 年 11 月通过公开竞拍获得 DF 住商地块，同年 11 月 14 日，原告与绍兴县国土资源局签订《国有土地使用权出让合同》。2007 年 12 月 20 日，YXQ 镇政府和绍兴 DF 水泥有限公司签订《DF 住商地块拆迁补偿协议》，协议约定，DF 住商地块由 YXQ 镇政府委托绍兴 DF 水泥有限公司组织拆迁。根据上述协议及《YXQ 镇党委财经工作领导小组会议纪要》《关于 DF 地块拆迁补偿问题会议纪要》《对 DF 水泥主办会计李某某的询问笔录》等材料，受托拆迁的主体是绍兴 DF 水泥有限公司。在 YXQ 镇政府与绍兴 DF 水泥有限公司签订拆迁补偿协议之时，原告已经成立，但并未参与到受托拆迁事务中。据此，拆迁费支出的主体应该是绍兴 DF 水泥有限公司，与原告无关。

① 2013 年 10 月 13 日，撤销绍兴县，设立绍兴市柯桥区。

【法院裁判观点】

1. 关于对法律主体是否存在认识上的混同，首先，本案中 YXQ 镇政府对拆迁实施主体并不存在认识上的混同。理由为：根据有关合同可以确定案涉项目拆迁实施主体是绍兴 DF 水泥有限公司；在组织实施拆迁工作时，原告 SZ 置业公司尚未成立，受委托进行拆迁安置工作的只能是绍兴 DF 水泥有限公司，YXQ 镇政府不会混同；YXQ 镇政府从来没有委托原告 SZ 置业公司进行拆迁安置工作，也没有签订过任何协议，不存在拆迁实施主体认识错误的情形。其次，本案原告不会产生主体认识混同。理由为：①根据政府纪要及招拍挂规定，拿地企业并不需要承担拆迁安置任务，原告的法定代表人洪某某应当清楚谁是拆迁实施主体。②原告从实施拆迁工作的主体结转拆迁安置补偿费用 12562813 元，主张是镇政府支付给绍兴县 JQ 第二建筑工程公司的拆迁补偿费用无相关依据。

原告提出的 YXQ 镇政府对拆迁实施主体存在认识上的混同主张依据不足，原告提交的证据不足以证明 SZ 置业公司为《DF 住商地块拆迁补偿协议》中的实际拆迁安置主体或主体之一。

2. 对于 12965467.1 元拆迁安置补偿费应由谁列支问题，根据案涉项目土地出让合同约定，原告 SZ 置业公司并无拆迁附加义务，只有将部分房屋回购给镇政府用于拆迁安置的义务。当地政策及国有土地使用权挂牌出让公告等都证明必须做好土地上的拆迁安置工作才能进行土地的挂牌出让。根据案涉住商地块拆迁补偿协议，明确该地块由 YXQ 镇政府委托绍兴 DF 水泥有限公司组织拆迁，故拆迁补偿的收入、支出及财务处理都应由绍兴 DF 水泥有限公司负责，拆迁费的支出主体也应是绍兴 DF 水泥有限公司，与原告 SZ 置业公司无关。

故争议所涉拆迁安置补偿费应由绍兴 DF 水泥有限公司列支。据此，法院驳回原告 SZ 置业公司的诉讼请求。

【税务律师案例评析】

本案存在实际控制人将由其控制的几家企业混同情形。

依据《中华人民共和国公司法》，公司是企业法人，拥有独立的法人财产，享有法人财产权，应该独立运营、进行财务核算，不能混同。公司股东应当遵守法律、行政法规和公司章程，依法行使股东权利，不得滥用股东权利损害公司或者其他股东的利益；不得滥用公司法人独立地位和股东有限责任损害公司债权人的利益。

根据《国土资源部关于坚持和完善土地招标拍卖挂牌出让制度的意见》（国土资发〔2011〕63 号）之规定，以“限地价、竞房价”方式出让土地使用权的，市、县国土资源主管部门应在土地出让前，根据拟出让宗地的征地拆迁安置补偿费、土地前期开发成本、同一区域基准地价和市场地价水平、土地使用权转让条件、房屋销售价格和政府确定的房价控制目标等因素，综合确定拟出让宗地的出让价格。同时，应确定房价的最高控制价（应低于同区域、同条件商品住房市场价），一并纳入土地出让方案，报经政府批准后，以挂牌、拍卖方式公开出让土地使用权，按照承诺销售房价最低者（开发商售房时的最高售价）确定为土地竞得人。招拍挂成交后，竞得人承诺的销售房价、成交地价、土地使用权转让条件及违约处罚条款等，均应在成交确认书和出让合同中明确。可见，征地拆迁安置补偿费是由土地出让方承担，而不是由土地竞得人承担。

【风险提示】

1. 一人出资成立数个公司，各个公司表面上彼此独立，实际上在财产利益、盈余分配等方面形成一体，董事、监理相互兼任，且各个公司的经营决策等权力均由投资者一人掌握，从而导致数个公司人格混同。

2. 公司股东应该严格遵守公司法人制度的各项规定，这样才能充分保障公司的独立人格和股东的有限责任，实现公司制企业健康稳定发展。

3. 《国务院关于取消非行政许可审批事项的决定》（国发〔2015〕27 号）出台后，关联方成本转移或分摊应按照《国家税务总局关于规范成本分摊协议管理的公告》（国家税务总局公告 2015 年第 45 号）要求，与关联方签订（变更）成本分摊协议，并在自成本分摊协议签订之日起 30 日内向主管税务机关报送成本分摊协议副本，成本分摊协议应符合独立交易原则和成本与收益相匹配原则。

【相关条文】

1. 《中华人民共和国税收征收管理法》（2015 年修正）。

第三十二条 纳税人未按照规定期限缴纳税款的，扣缴义务人未按照规定期限解缴税款的，税务机关除责令限期缴纳外，从滞纳税款之日起，按日加收滞纳税款万分之五的滞纳金。

第五十二条 因税务机关的责任，致使纳税人、扣缴义务人未缴或者少缴税款的，税务机关在三年内可以要求纳税人、扣缴义务人补缴税款，但是不得加收滞纳金。

因纳税人、扣缴义务人计算错误等失误，未缴或者少缴税款的，税务机关在三年内可以追征税款、滞纳金；有特殊情况的，追征期可以延长到五年。

对偷税、抗税、骗税的，税务机关追征其未缴或者少缴的税款、滞纳金或者所骗取的税款，不受前款规定期限的限制。

第六十三条第一款　纳税人伪造、变造、隐匿、擅自销毁账簿、记账凭证，或者在账簿上多列支出或者不列、少列收入，或者经税务机关通知申报而拒不申报或者进行虚假的纳税申报，不缴或者少缴应纳税款的，是偷税。对纳税人偷税的，由税务机关追缴其不缴或者少缴的税款、滞纳金，并处不缴或者少缴的税款百分之五十以上五倍以下的罚款；构成犯罪的，依法追究刑事责任。

第六十四条　纳税人、扣缴义务人编造虚假计税依据的，由税务机关责令限期改正，并处五万元以下的罚款。

纳税人不进行纳税申报，不缴或者少缴应纳税款的，由税务机关追缴其不缴或者少缴的税款、滞纳金，并处不缴或者少缴的税款百分之五十以上五倍以下的罚款。

2.《中华人民共和国企业所得税法》（2018 年修正）。

第一条第一款　在中华人民共和国境内，企业和其他取得收入的组织（以下统称企业）为企业所得税的纳税人，依照本法的规定缴纳企业所得税。

第八条　企业实际发生的与取得收入有关的、合理的支出，包括成本、费用、税金、损失和其他支出，准予在计算应纳税所得额时扣除。

第十条　在计算应纳税所得额时，下列支出不得扣除：

（一）向投资者支付的股息、红利等权益性投资收益款项；

（二）企业所得税税款；

（三）税收滞纳金；

（四）罚金、罚款和被没收财物的损失；

（五）本法第九条规定以外的捐赠支出；

（六）赞助支出；

（七）未经核定的准备金支出；

（八）与取得收入无关的其他支出。

第四十一条　企业与其关联方之间的业务往来，不符合独立交易原则而减少企业或者其关联方应纳税收入或者所得额的，税务机关有权按照合理方法调整。

企业与其关联方共同开发、受让无形资产，或者共同提供、接受劳务发生的成本，在计算应纳税所得额时应当按照独立交易原则进行分摊。

第四十八条　税务机关依照本章规定作出纳税调整，需要补征税款的，应当补征税款，并按照国务院规定加收利息。

3.《中华人民共和国企业所得税法实施条例》。

第一百二十二条　企业所得税法第四十八条所称利息，应当按照税款所属纳税年度中国人民银行公布的与补税期间同期的人民币贷款基准利率加 5 个百分点计算。

企业依照企业所得税法第四十三条和本条例的规定提供有关资料的，可以只按前款规定的人民币贷款基准利率计算利息。

第一百二十三条 企业与其关联方之间的业务往来，不符合独立交易原则，或者企业实施其他不具有合理商业目的安排的，税务机关有权在该业务发生的纳税年度起 10 年内，进行纳税调整。

4.《特别纳税调整实施办法（试行）》（国税发〔2009〕2 号）。

此文件已被《国务院关于取消非行政许可审批事项的决定》（国发〔2015〕27 号）废止。

第三十条 实际税负相同的境内关联方之间的交易，只要该交易没有直接或间接导致国家总体税收收入的减少，原则上不做转让定价调查、调整。

5.《国家税务总局关于规范成本分摊协议管理的公告》（国家税务总局公告 2015 年第 45 号）。

一、企业应自与关联方签订（变更）成本分摊协议之日起 30 日内，向主管税务机关报送成本分摊协议副本，并在年度企业所得税纳税申报时，附送《中华人民共和国企业年度关联业务往来报告表》。

二、税务机关应当加强成本分摊协议的后续管理，对不符合独立交易原则和成本与收益相匹配原则的成本分摊协议，实施特别纳税调查调整。

三、企业执行成本分摊协议期间，参与方实际分享的收益与分摊的成本不配比的，应当根据实际情况做出补偿调整。参与方未做补偿调整的，税务机关应当实施特别纳税调查调整。

6.《国家税务总局关于印发〈房地产开发经营业务企业所得税处理办法〉的通知》（国税发〔2009〕31 号）。

第十四条 已销开发产品的计税成本，按当期已实现销售的可售面积和可售面积单位工程成本确认。可售面积单位工程成本和已销开发产品的计税成本按下列公式计算确定：

可售面积单位工程成本=成本对象总成本÷成本对象总可售面积

已销开发产品的计税成本=已实现销售的可售面积×可售面积单位工程成本

7.《中华人民共和国行政复议法》（2017 年修正）。

第十二条 对县级以上地方各级人民政府工作部门的具体行政行为不服的，由申请人选择，可以向该部门的本级人民政府申请行政复议，也可以向上一级主管部门申请行政复议。

对海关、金融、国税、外汇管理等实行垂直领导的行政机关和国家安全机关的具体行政行为不服的，向上一级主管部门申请行政复议。

第二十八条 行政复议机关负责法制工作的机构应当对被申请人作出的具体行政行为进行审查，提出意见，经行政复议机关的负责人同意或者集体讨论通过后，按照下列规定作出行政复议决定：

（一）具体行政行为认定事实清楚，证据确凿，适用依据正确，程序合法，内容适当的，决定维持；

（二）被申请人不履行法定职责的，决定其在一定期限内履行；

（三）具体行政行为有下列情形之一的，决定撤销、变更或者确认该具体行政行为违法；决定撤销或者确认该具体行政行为违法的，可以责令被申请人在一定期限内重新作出具体行政行为：

1. 主要事实不清、证据不足的；
2. 适用依据错误的；
3. 违反法定程序的；
4. 超越或者滥用职权的；
5. 具体行政行为明显不当的。

（四）被申请人不按照本法第二十三条的规定提出书面答复、提交当初作出具体行政行为的证据、依据和其他有关材料的，视为该具体行政行为没有证据、依据，决定撤销该具体行政行为。

行政复议机关责令被申请人重新作出具体行政行为的，被申请人不得以同一的事实和理由作出与原具体行政行为相同或者基本相同的具体行政行为。

8.《税务行政复议规则》（2015 年修正，2018 年再次修正）。

第二十九条 税务机关依照法律、法规和规章规定，经上级税务机关批准作出具体行政行为的，批准机关为被申请人。

申请人对经重大税务案件审理程序作出的决定不服的，审理委员会所在税务机关为被申请人。

第六十六条 行政复议机构决定举行听证的，应当将举行听证的时间、地点和具体要求等事项通知申请人、被申请人和第三人。

第三人不参加听证的，不影响听证的举行。

第六十七条 听证应当公开举行，但是涉及国家秘密、商业秘密或者个人隐私的除外。

第六十八条 行政复议听证人员不得少于 2 人，听证主持人由行政复议机构指定。

第六十九条 听证应当制作笔录。申请人、被申请人和第三人应当确认听证笔录内容。

行政复议听证笔录应当附卷，作为行政复议机构审理案件的依据之一。

9.《中华人民共和国行政诉讼法》（2017 年修正）。

第三十三条 证据包括：

（一）书证；

（二）物证；

（三）视听资料；

（四）电子数据；

（五）证人证言；

（六）当事人的陈述；

（七）鉴定意见；

（八）勘验笔录、现场笔录。

以上证据经法庭审查属实，才能作为认定案件事实的根据。

第三十四条 被告对作出的行政行为负有举证责任，应当提供作出该行政行为的证据和所依据的规范性文件。

被告不提供或者无正当理由逾期提供证据，视为没有相应证据。但是，被诉行政行为涉及第三人合法权益，第三人提供证据的除外。

第三十五条 在诉讼过程中，被告及其诉讼代理人不得自行向原告、第三人和证人收集证据。

第四十条 人民法院有权向有关行政机关以及其他组织、公民调取证据。但是，不得为证明行政行为的合法性调取被告作出行政行为时未收集的证据。

10.《最高人民法院关于行政诉讼证据若干问题的规定》。

第一条 根据行政诉讼法第三十二条和第四十三条的规定，被告对作出的具体行政行为负有举证责任，应当在收到起诉状副本之日起十日内，提供据以作出被诉具体行政行为的全部证据和所依据的规范性文件。被告不提供或者无正当理由逾期提供证据的，视为被诉具体行政行为没有相应的证据。

被告因不可抗力或者客观上不能控制的其他正当事由，不能在前款规定的期限内提供证据的，应当在收到起诉状副本之日起十日内向人民法院提出延期提供证据的书面申请。人民法院准许延期提供的，被告应当在正当事由消除后十日内提供证据。逾期提供的，视为被诉具体行政行为没有相应的证据。

第十三条　根据行政诉讼法第三十一条第一款第（四）项的规定，当事人向人民法院提供证人证言的，应当符合下列要求：

（一）写明证人的姓名、年龄、性别、职业、住址等基本情况；

（二）有证人的签名，不能签名的，应当以盖章等方式证明；

（三）注明出具日期；

（四）附有居民身份证复印件等证明证人身份的文件。

11.《重大税务案件审理办法》（国家税务总局令第 34 号）。

第三条　重大税务案件审理应当以事实为根据、以法律为准绳，遵循合法、合理、公平、公正、效率的原则，注重法律效果和社会效果相统一。

第十一条　本办法所称重大税务案件包括：

（一）重大税务行政处罚案件，具体标准由各省、自治区、直辖市和计划单列市税务局根据本地情况自行制定，报国家税务总局备案；

（二）根据重大税收违法案件督办管理暂行办法督办的案件；

（三）应司法、监察机关要求出具认定意见的案件；

（四）拟移送公安机关处理的案件；

（五）审理委员会成员单位认为案情重大、复杂，需要审理的案件；

（六）其他需要审理委员会审理的案件。

判例八　房地产企业替代他人炒股代收收益要交企业所得税吗

【裁判要旨】

纳税义务人与他人通过签订协议书约定盈利分配比例的行为，不能免除股票转让方负有的就全部收入进行申报纳税的法定义务。

纳税义务人取得股票转让所得和股票投资收益未入账，少缴纳企业所得税的行为，具有《中华人民共和国税收征收管理法》第六十三条规定的“纳税人伪造、变造、隐匿、擅自销毁账簿、记账凭证，或者在账簿上多列支出或者不列、少列收入，或者经税务机关通知申报而拒不申报或者进行虚假的纳税申报，不缴或者少缴应纳税款的，是偷税”情形。

【涉税案情】

上诉人（一审被告）：国家税务总局北京市税务局第四稽查局（以下简称“第四稽查局”）、国家税务总局北京市税务局（以下简称“北京市税务局”）

被上诉人（一审原告）：北京JT置业投资有限公司（以下简称“JT公司”）

第三人：LH置地房地产开发有限公司（以下简称“LH公司”）

1. 2007年1月12日，JT公司与LH公司签订协议书，约定LH公司暂付给JT公司9000万元投资国内A股市场，双方共担投资风险，投资收益按50%：50%的比例分配。2007年，案涉股票账户共取得股票转让收益51172814.9元，取得利息收入16763.16元，投资收益合计51189578.06元。

2. 2011年11月21日，证监会做出〔2011〕50号行政处罚决定，决定其没收违法所得61736851.98元（其中包含JT公司股票账户投资收益51189578.06元）。2014年6月17日，北京市第一中级人民法院以（2012）一中行初字第1335号《行政判决书》判决撤销证监会做出的〔2011〕50号行政处罚决定。

3. 2015年3月27日，第四稽查局做出《税务检查通知书》，决定对JT公司2012年1月1日至2014年12月31日期间涉税情况进行检查。2015年5月14日，第四稽查局做出《税务事项通知书》，通知JT公司将稽查所属期变更为2007年1月1日至2014年12月31日。2015年8月20日、9月1日，经履行审批程序，第四稽查局将案件审理期限延长至2015年9月15日。2015年9月6日，第四稽查局做出《税务稽查审理审批表》《稽查局集体审理案件提请书》，将案件提请进行集体审理。2015年10月9日，第四稽查局做出《税务行政处罚事项告知书》（密国税稽告〔2015〕17号），认定JT公司应补缴企业所得税14953295.32元，对JT公司2007年度补缴的企业所得税确认为偷税，处1倍的罚款。2016年1月6日，第四稽查局以公告方式向JT公司送达《税务行政处罚事项告知书》。2016年2月7日，JT公司提出陈述和申辩材料。2016年7月29日，密云税务局重大税务案件审理委员会做出《重大税务案件审理委员会审理意见书》。

4. 经密云税务局重大税务案件审理委员会审理通过，第四稽查局于2016年8月1日做出被诉处理决定和《不予税务行政处罚决定书》（密国税稽不罚〔2016〕1号），认定JT公司对2007年取得的股票收入未进行账务处理，未申报缴纳企业所得税的行为属于偷税行为，应当给予行政处罚，但该违法行为发生在距本次检查发现之日已经超过5年，故不再给予行政处罚。追缴JT公司2007年度企业所得税14953295.32元，并从滞纳税款之日起，按日加收滞纳税款万分之五的滞纳金。本案主要事件时间轴示意如图2-7所示。

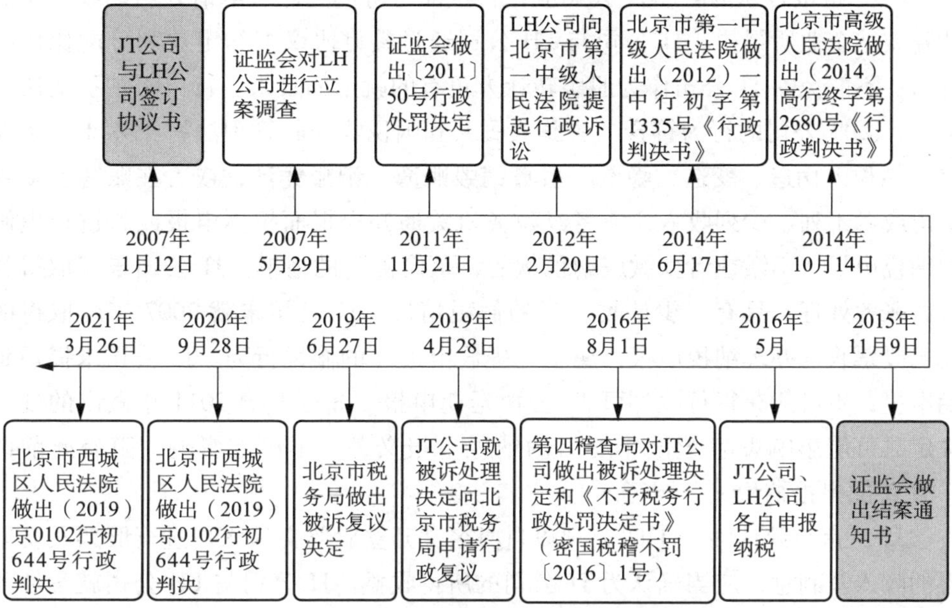

图 2-7 案情主要事件时间轴示意

【争议焦点】

本案相关方主要在两个方面存有分歧：一是纳税主体及应税所得额的确认问题；二是一审原告行为是否构成偷税问题。各方的主要观点如下：

1. 一审原告认为：①因证监会 2007 年 5 月就 LH 公司涉嫌非法利用他人账户买卖股票介入调查后，上述股票收益时刻处于被证监会罚没的可能性中，原告对该笔股票收益存在不确定性，不能确定投资收益，可不进行账务处理、不申报缴纳企业所得税。②股票收益确认时间应为 2015 年 11 月 10 日，原告和第三人按照证监会的结案通知书及双方签订的协议书对收益分配的约定，将案涉股票收益的50%确认为投资收益，分别向所属税务机关进行 2015 年度的企业所得税纳税申报，不应产生税款滞纳金。即使有税款滞纳金，依照《中华人民共和国行政强制法》的规定，滞纳金的数额也不得超过给付义务的数额。③未考虑已申报纳税的应纳税所得额，存在重复征税。股票收益确认时间应为 2015 年 11 月 10 日，JT 公司在 2015 年度的企业所得税纳税申报中对此收益已进行了申报，不应产生税款滞纳金。④税务稽查过程中，第四稽查局和密云税务局多次主体混同做出行政行为，且纳税担保程序存在违法之处。JT 公司不服处理决定，提出纳税担保申请，两年后才得到不予确认纳税担保的回复，远远超出法定时限。

2. 一审被告认为：①JT 公司应该将全部所得依法计入申请人当期收入总额计算缴纳企业所得税。JT 公司与 LH 公司通过签订协议书约定盈利分配比例的行为，不能免除 JT 公司作为股票转让方负有的就全部收入进行申报纳税的法定义务。②JT 公司的行为符合《中华人民共和国税收征收管理法》第六十三条规定“纳税人伪造、变造、隐匿、擅自销毁账簿、记账凭证，或者在账簿上多列支出或者不列、少列收入，或者经税务机关通知申报而拒不申报或者进行虚假的纳税申报，不缴或者少缴应纳税款的，是偷税”的情形。JT 公司未就取得收入做账务处理，具有“少计收入”的偷税情形。JT 公司未就 2007 年度取得的买卖股票收入办理纳税申报，属于“虚假申报”的偷税行为。JT 公司未提请延期申报，不可能获得行政许可 JT 公司延期申报。③证监会 2011 年做出的处罚决定只可能影响发生于该年度后的纳税申报义务，不可能影响、阻碍此前即 2007 年的申报纳税义务履行。

3. 一审法院认为：①JT 公司以自身名义开立股票交易账户进行股票买卖取得的收入及利息，应当确认为 JT 公司的所得收益。JT 公司与 LH 公司就案涉股票转让所得各得一半的民事约定，不能对抗税法关于纳税义务人的规定，JT 公司应当就其账户上取得的投资收益及利息承担纳税义务。②2007 年涉案投资收益在纳税申报年度已被证监会行政处罚羁束。在证监会的行政处罚被法院撤销后，JT 公司就涉案投资收益主动向税务部门进行了纳税申报。从 JT 公司申报纳税的客观行为来看，其并没有通过违法手段积极追求不缴或少缴应纳税款的目的。通过 JT 公司的客观行为，不能推断出 JT 公司有偷税的主观故意。③第四稽查局做出被诉处理决定，认定 JT 公司未在 2007 年度就涉案投资收益申报纳税的行为属于偷税，但并未明确指出属于《中华人民共和国税收征收管理法》第六十三条第一款规定的具体何种偷税情形，也未提出证据证明 JT 公司具有偷税的主观故意，存在主要证据不足，认定事实不清，依法应当予以撤销。北京市税务局做出维持的复议决定，结论错误，应当依法一并予以撤销。

综上所述，一审法院依照《中华人民共和国行政诉讼法》第七十条第（一）项、第七十九条规定，做出以下判决：①撤销第四稽查局做出密国税〔2016〕14 号《税务处理决定》。②撤销北京市税务局做出京税复决字〔2019〕10 号《行政复议决定书》。

4. 上诉人认为：①对于应当履行的法定义务拒不履行的，除纳税人能够证明有合理理由外，应当推定其有主观故意。JT 公司对不申报行为具有主观故意：一是 JT 公司并非仅在 2007 年度企业所得税汇算清缴中不申报一项违法行为，而是实施了一系列违法行为，包括将取得的收入未记账、未申报预缴税款、未在企业所得税汇算清缴程序中申报等，从而使涉案收入彻底“隐形”，实现了少纳税的目的。二是即使证监会经调查对 LH 公司与 JT 公司合作经营取得的股票转让收入予以“没收违法所得”，但“没收违法所得”恰恰以 JT 公司已经取得“所得”为前提，故取得收入在前，发生纳税义务在后，“没收”更在其后。在 2007 年度，JT 公司完全可以预见，无论证监会是否对 LH 公司与其共同买卖股票取得的收入进行处理、处罚，都不影响该企业当年度的纳税金额，也不影响其依法履行申报纳税义务。三是退一步来说，假设 JT 公司确有此担心，其应当以此为由申请延期申报许可，或者提前就该等情况与税务机关沟通、协商。②根据被诉处理决定“一、违法事实”，JT 公司“2007 年度取得股票转让所得和股票投资收益未入账，少缴纳企业所得税”。因此，《税务处理决定书》已经明确了违法行为内容。

【法院裁判观点】

1. JT 公司 2007 年度取得股票转让所得和股票投资收益未入账，少缴纳企业所得税的行为，具有《中华人民共和国税收征收管理法》第六十三条规定“纳税人伪造、变造、隐匿、擅自销毁账簿、记账凭证，或者在账簿上多列支出或者不列、少列收入，或者经税务机关通知申报而拒不申报或者进行虚假的纳税申报，不缴或者少缴应纳税款的，是偷税”的情形，被诉处理决定认定事实清楚，定性准确。

2. 一审法院判决认定事实不清，适用法律错误，依法予以改判。第四稽查局、北京市税务局的上诉意见成立，予以支持。

据此，二审法院最终裁决如下：①撤销北京市西城区人民法院（2019）京 0102 行初 644 号行政判决。②驳回 JT 公司的诉讼请求。

【税务律师案例评析】

本案中，根据《中华人民共和国会计法》（1999 年修订）第十条“下列经济业务事项，应当办理会计手续，进行会计核算：……（五）收入、支出、费用、成本的计算”，第十一条“会计年度自公历 1 月 1 日起至 12 月 31 日止”，第二十六条“公司、企业进行会计核算不得有下列行为：……（二）虚列或者隐瞒收入，推迟或者提前确认收入”的规定，JT 公司未就股票转让行为取得的收益和利息收入做账务处理，属于“少计收入”的行为。

但是，我们应该注意，JT 公司取得股票转让收益和利息收入付出了成本，JT 公司与 LH 公司约定五五分成，支付 LH 公司的分成收益应记作 JT 公司的成本，相当于 JT 公司借用 LH 公司 9000 万元资金的成本。但是，JT 公司在税务稽查、审理过程中未就此提出抗辩。

【风险提示】

财务核算应按要求进行，及时核算收入、成本，不可少计收入、漏计成本。

【相关条文】

1.《中华人民共和国会计法》（2017 年修正）。

第十条 下列经济业务事项，应当办理会计手续，进行会计核算：

（一）款项和有价证券的收付；

（二）财物的收发、增减和使用；

（三）债权债务的发生和结算；

（四）资本、基金的增减；

（五）收入、支出、费用、成本的计算；

（六）财务成果的计算和处理；

（七）需要办理会计手续、进行会计核算的其他事项。

2.《中华人民共和国企业所得税法》（2018 年修正）。

第一条第一款 在中华人民共和国境内，企业和其他取得收入的组织（以下统称企业）为企业所得税的纳税人，依照本法的规定缴纳企业所得税。

第五条 企业每一纳税年度的收入总额，减除不征税收入、免税收入、各项扣除以及允许弥补的以前年度亏损后的余额，为应纳税所得额。

第六条 企业以货币形式和非货币形式从各种来源取得的收入，为收入总额。包括：

（一）销售货物收入；

（二）提供劳务收入；

（三）转让财产收入；

（四）股息、红利等权益性投资收益；

（五）利息收入；

（六）租金收入；

（七）特许权使用费收入；

（八）接受捐赠收入；

（九）其他收入。

第八条 企业实际发生的与取得收入有关的、合理的支出，包括成本、费用、税金、损失和其他支出，准予在计算应纳税所得额时扣除。

第十条 在计算应纳税所得额时，下列支出不得扣除：

（一）向投资者支付的股息、红利等权益性投资收益款项；

（二）企业所得税税款；

（三）税收滞纳金；

（四）罚金、罚款和被没收财物的损失；

（五）本法第九条规定以外的捐赠支出；

（六）赞助支出；

（七）未经核定的准备金支出；

（八）与取得收入无关的其他支出。

3.《中华人民共和国企业所得税实施条例》。

第九条　企业应纳税所得额的计算，以权责发生制为原则，属于当期的收入和费用，不论款项是否收付，均作为当期的收入和费用；不属于当期的收入和费用，即使款项已经在当期收付，均不作为当期的收入和费用。本条例和国务院财政、税务主管部门另有规定的除外。

第十六条　企业所得税法第六条第（三）项所称转让财产收入，是指企业转让固定资产、生物资产、无形资产、股权、债权等财产取得的收入。

第十七条　企业所得税法第六条第（四）项所称股息、红利等权益性投资收益，是指企业因权益性投资从被投资方取得的收入。

股息、红利等权益性投资收益，除国务院财政、税务主管部门另有规定外，按照被投资方作出利润分配决定的日期确认收入的实现。

第十八条　企业所得税法第六条第（五）项所称利息收入，是指企业将资金提供他人使用但不构成权益性投资，或者因他人占用本企业资金取得的收入，包括存款利息、贷款利息、债券利息、欠款利息等收入。

利息收入，按照合同约定的债务人应付利息的日期确认收入的实现。

第二十七条　企业所得税法第八条所称有关的支出，是指与取得收入直接相关的支出。

企业所得税法第八条所称合理的支出，是指符合生产经营活动常规，应当计入当期损益或者有关资产成本的必要和正常的支出。

4.《中华人民共和国税收征收管理法》（2015 年修正）。

第十四条　本法所称税务机关是指各级税务局、税务分局、税务所和按照国务院规定设立的并向社会公告的税务机构。

第二十五条第一款　纳税人必须依照法律、行政法规规定或者税务机关依照法律、行政法规的规定确定的申报期限、申报内容如实办理纳税申报，报送纳税申报表、财务会计报表以及税务机关根据实际需要要求纳税人报送的其他纳税资料。

第二十七条 纳税人、扣缴义务人不能按期办理纳税申报或者报送代扣代缴、代收代缴税款报告表的，经税务机关核准，可以延期申报。

经核准延期办理前款规定的申报、报送事项的，应当在纳税期内按照上期实际缴纳的税额或者税务机关核定的税额预缴税款，并在核准的延期内办理税款结算。

第三十二条 纳税人未按照规定期限缴纳税款的，扣缴义务人未按照规定期限解缴税款的，税务机关除责令限期缴纳外，从滞纳税款之日起，按日加收滞纳税款万分之五的滞纳金。

第五十二条 因税务机关的责任，致使纳税人、扣缴义务人未缴或者少缴税款的，税务机关在三年内可以要求纳税人、扣缴义务人补缴税款，但是不得加收滞纳金。

因纳税人、扣缴义务人计算错误等失误，未缴或者少缴税款的，税务机关在三年内可以追征税款、滞纳金；有特殊情况的，追征期可以延长到五年。

对偷税、抗税、骗税的，税务机关追征其未缴或者少缴的税款、滞纳金或者所骗取的税款，不受前款规定期限的限制。

第六十三条第一款 纳税人伪造、变造、隐匿、擅自销毁账簿、记账凭证，或者在账簿上多列支出或者不列、少列收入，或者经税务机关通知申报而拒不申报或者进行虚假的纳税申报，不缴或者少缴应纳税款的，是偷税。对纳税人偷税的，由税务机关追缴其不缴或者少缴的税款、滞纳金，并处不缴或者少缴的税款百分之五十以上五倍以下的罚款；构成犯罪的，依法追究刑事责任。

5.《中华人民共和国行政强制法》。

第四十五条 行政机关依法作出金钱给付义务的行政决定，当事人逾期不履行的，行政机关可以依法加处罚款或者滞纳金。加处罚款或者滞纳金的标准应当告知当事人。

加处罚款或者滞纳金的数额不得超出金钱给付义务的数额。

6.《中华人民共和国行政处罚法》（2021 年修正）。

第七十二条 当事人逾期不履行行政处罚决定的，作出行政处罚决定的行政机关可以采取下列措施：

（一）到期不缴纳罚款的，每日按罚款数额的百分之三加处罚款，加处罚款的数额不得超出罚款的数额；

（二）根据法律规定，将查封、扣押的财物拍卖、依法处理或者将冻结的存款、汇款划拨抵缴罚款；

（三）根据法律规定，采取其他行政强制执行方式；

（四）依照《中华人民共和国行政强制法》的规定申请人民法院强制执行。

行政机关批准延期、分期缴纳罚款的，申请人民法院强制执行的期限，自暂缓或者分期缴纳罚款期限结束之日起计算。

第七十三条　当事人对行政处罚决定不服，申请行政复议或者提起行政诉讼的，行政处罚不停止执行，法律另有规定的除外。

当事人对限制人身自由的行政处罚决定不服，申请行政复议或者提起行政诉讼的，可以向作出决定的机关提出暂缓执行申请。符合法律规定情形的，应当暂缓执行。

当事人申请行政复议或者提起行政诉讼的，加处罚款的数额在行政复议或者行政诉讼期间不予计算。

7.《中华人民共和国行政复议法》（2017 年修正）。

第二十八条　行政复议机关负责法制工作的机构应当对被申请人作出的具体行政行为进行审查，提出意见，经行政复议机关的负责人同意或者集体讨论通过后，按照下列规定作出行政复议决定：

（一）具体行政行为认定事实清楚，证据确凿，适用依据正确，程序合法，内容适当的，决定维持；

（二）被申请人不履行法定职责的，决定其在一定期限内履行；

（三）具体行政行为有下列情形之一的，决定撤销、变更或者确认该具体行政行为违法；决定撤销或者确认该具体行政行为违法的，可以责令被申请人在一定期限内重新作出具体行政行为：

1. 主要事实不清、证据不足的；
2. 适用依据错误的；
3. 违反法定程序的；
4. 超越或者滥用职权的；
5. 具体行政行为明显不当的。

（四）被申请人不按照本法第二十三条的规定提出书面答复、提交当初作出具体行政行为的证据、依据和其他有关材料的，视为该具体行政行为没有证据、依据，决定撤销该具体行政行为。

行政复议机关责令被申请人重新作出具体行政行为的，被申请人不得以同一的事实和理由作出与原具体行政行为相同或者基本相同的具体行政行为。

8.《税收行政复议规则》（2018 年修正）。

第七十五条 行政复议机构应当对被申请人的具体行政行为提出审查意见，经行政复议机关负责人批准，按照下列规定作出行政复议决定：

（一）具体行政行为认定事实清楚，证据确凿，适用依据正确，程序合法，内容适当的，决定维持。

（二）被申请人不履行法定职责的，决定其在一定期限内履行。

（三）具体行政行为有下列情形之一的，决定撤销、变更或者确认该具体行政行为违法；决定撤销或者确认该具体行政行为违法的，可以责令被申请人在一定期限内重新作出具体行政行为：

1. 主要事实不清、证据不足的；

2. 适用依据错误的；

3. 违反法定程序的；

4. 超越职权或者滥用职权的；

5. 具体行政行为明显不当的。

（四）被申请人不按照本规则第六十二条的规定提出书面答复，提交当初作出具体行政行为的证据、依据和其他有关材料的，视为该具体行政行为没有证据、依据，决定撤销该具体行政行为。

9.《中华人民共和国行政诉讼法》（2017 年修正）。

第八十九条 人民法院审理上诉案件，按照下列情形，分别处理：

（一）原判决、裁定认定事实清楚，适用法律、法规正确的，判决或者裁定驳回上诉，维持原判决、裁定；

（二）原判决、裁定认定事实错误或者适用法律、法规错误的，依法改判、撤销或者变更；

（三）原判决认定基本事实不清、证据不足的，发回原审人民法院重审，或者查清事实后改判；

（四）原判决遗漏当事人或者违法缺席判决等严重违反法定程序的，裁定撤销原判决，发回原审人民法院重审。

原审人民法院对发回重审的案件作出判决后，当事人提起上诉的，第二审人民法院不得再次发回重审。

人民法院审理上诉案件，需要改变原审判决的，应当同时对被诉行政行为作出判决。

判例九　房地产企业未取得发票的利息支出可否在税前扣除

【裁判要旨】

单位、个人在购销商品、提供或者接受经营服务以及从事其他经营活动中，应当按照规定开具、使用、取得发票。所有单位和从事生产、经营活动的个人在购买商品、接受服务以及从事其他经营活动支付款项时，应当向收款方索要发票。取得发票时，不得要求变更品名和金额。吉林省 YL 房地产开发有限公司在支付利息时应当依法取得发票。在法律有明确规定的情况下，长春市国家税务局第一稽查局认定以发票作为合法有效凭证，于法有据，应予支持。

【涉税案情】

再审申请人（一审原告，二审上诉人）：吉林省 YL 房地产开发有限公司（以下简称“YL 公司”）

被申请人（一审被告，二审被上诉人）：长春市国家税务局第一稽查局（现为国家税务总局长春市税务局第一稽查局）（以下简称“市税务局稽查局”）

1. YL 公司分别于 2007 年 11 月 1 日、2014 年 11 月 2 日与张某签订借款合同，2008 年 1 月 1 日、2014 年 1 月 2 日与太原市 GY 实业集团有限公司（以下简称“GY 公司”）签订借款合同。2014 年 4 月 13 日，ZP 会计师事务所出具的（2014）72 号审计报告认定 YL 公司应支付 OS 公司、YZ 公司利息 6048000 元，应支付 GY 公司利息 21010500 元，应支付张某利息 1109250 元，上述三项应予税前扣除，金额为 28167750 元。其中，涉及 GY 公司、张某的两项利息为 22119750 元。2015 年 3 月 24 日，ZP 会计师事务所出具的（2015）21 号审计报告认定，YL 公司应支付 GY 公司利息 858666 元、应支付张某利息 37333 元，应税前扣除上述两项合计 895999 元。

2. 2017 年 8 月 18 日，市税务局稽查局做出长国税稽一处（2017）42 号《税务处理决定书》，认定违法事实第（一）项：2014 年 4 月 15 日，YL 公司将应支付 GY 公司借款利息 21010500 元计入财务费用，未取得合法有效凭据，于 2014 年度企业所得税税前扣除申报 21010500 元。违法事实第（二）项：2014 年 4 月 15 日，YL 公司将应支付张某借款利息 1109250 元计入财务费用，未取得合法有效凭据，于 2014 年度企业所得税税前扣除申报 1109250 元。违法事实第（三）项：2015 年 3 月 29 日，YL 公司计提借款利息 895999 元，计入财务费用。其中，计提支付 GY 公司借款利息 858666 元，计提支付张某借款利息

37333 元，以上均未取得合法有效凭据，于 2015 年度企业所得税税前扣除申报 845385.62 元。处理决定：（一）补缴企业所得税 5529937.5 元；同时，增调 2015 年应纳所得税额 845385.62 元后，你单位 2015 年实际亏损 134619.07 元；（二）从滞纳税款之日到缴纳税款之日止，按日加收滞纳税款（2014 年企业所得税 5529937.5 元）万分之五滞纳金。

3. 长春市朝阳区人民法院（2017）吉 0104 行初 84 号行政判决书认定，应当以发票作为唯一合法有效凭证。

4. 2019 年 4 月 11 日，长春市中级人民法院做出（2019）吉 01 行终 17 号行政判决书，认定应当以发票作为唯一合法有效凭证。

【争议焦点】

本案争议焦点是案涉利息税前扣除的合法有效凭证是否仅为发票。具体如下。

1. 再审申请人认为：①案涉利息支出有真实合法有效凭据，即项目协议书、借款合同、转账凭证、审计报告，依据《中华人民共和国企业所得税法》第八条、《中华人民共和国企业所得税法实施条例》第三十八条、《中华人民共和国税收征收管理法》第十九条规定，应当进行企业所得税税前扣除。②二审判决认定，发票是税前扣除的唯一合法有效凭证是错误的。根据现行法律规定，没有排除以其他合法有效凭证作为税前扣除凭证，发票只是证据之一，不是唯一证据。③二审判决承认本案适用《中华人民共和国企业所得税法实施条例》第三十八条税前扣除利息，但又认为，税务机关有权对合法有效凭据进行细化判断，前后矛盾。二审判决认为，案涉利息支出属于增值税项目错误，应为企业所得税。YL 公司税前扣除证据不仅有审计报告，还有其他证据。二审判决认为，YL 公司仅依据审计报告扣除是错误的。税务事项通知书只是通知 YL 公司取得票据，而不是补开发票，二审混淆概念。④一审判决、二审判决及税务处理决定适用法律错误。

2. 被申请人认为：市税务稽查局在检查过程中，发现 YL 公司仅以审计报告作为扣除凭证的情况，向 YL 公司送达了税务事项通知书，要求 YL 公司在规定时限内取得合法有效票据，但 YL 公司拒绝补开发票，也未提供拒绝补开发票的合理说明。在此情况下，YL 公司要求撤销税务机关做出长国税稽一处〔2017〕42 号税务处理决定书的诉讼请求不应支持。

【法院裁判观点】

《中华人民共和国税收征收管理法》第十九条规定：“纳税人、扣缴义务人按照有关法律、行政法规和国务院财政、税务主管部门的规定设置账簿，根据合法、有效凭证记账，进行核算。”该条规定要求纳税人、扣缴义务人根据合法、有效凭证记账，进行核算，而非税前扣除的合法有效凭证是账簿，或是YL公司所称的审计报告、借款合同等材料。YL公司的主张无法律依据，不予支持。在购买商品、接受服务以及从事其他经营活动支付款项时，应当向收款方取得发票。YL公司在支付利息时应当依法取得发票。在法律有明确规定的情况下，市税务局稽查局认定以发票作为合法有效凭证，于法有据，应予支持。

据此，二审法院最终驳回YL公司的再审申请。

【税务律师案例评析】

本案中，YL公司在支付利息时未向利息收款方取得发票，而是根据项目协议书、借款合同、转账凭证、审计报告确认财务费用并进行企业所得税税前扣除。市税务局稽查局认为只有取得发票方可扣除，从而对YL公司做出处罚，补缴2014年度企业所得税5529937.5元，从滞纳税款之日到缴纳税款之日止按日万分之五加收滞纳税款滞纳金。

本案从2016年7月接受税务调查起至2019年11月取得再审裁定书止，历经行政复议、税务机关重新做出行政处罚、一审法院管辖移送、撤诉、重新提起行政诉讼、上诉、申诉等多个阶段，最终结果仍是YL公司需补缴税款加收滞纳金。

【风险提示】

企业或个人在购买商品、接受服务以及从事其他经营活动支付款项时，应当向收款方取得发票。在取得发票时，不得要求变更品名和金额。

【相关条文】

1.《中华人民共和国企业所得税法》（2018年修正）。

第八条 企业实际发生的与取得收入有关的、合理的支出，包括成本、费用、税金、损失和其他支出，准予在计算应纳税所得额时扣除。

2.《中华人民共和国企业所得税实施条例》。

第三十八条 企业在生产经营活动中发生的下列利息支出，准予扣除：

（一）非金融企业向金融企业借款的利息支出、金融企业的各项存款利息支出和同业拆借利息支出、企业经批准发行债券的利息支出；

（二）非金融企业向非金融企业借款的利息支出，不超过按照金融企业同期同类贷款利率计算的数额的部分。

3.《中华人民共和国税收征收管理法》（2015年修正）。

第十九条 纳税人、扣缴义务人按照有关法律、行政法规和国务院财政、税务主管部门的规定设置账簿，根据合法、有效凭证记账，进行核算。

第二十一条第二款 单位、个人在购销商品、提供或者接受经营服务以及从事其他经营活动中，应当按照规定开具、使用、取得发票。

4.《国家税务总局关于印发〈进一步加强税收征管若干具体措施〉的通知》（国税发〔2009〕114 号）。①

六、加强企业所得税税前扣除项目管理。重点对与同行业投入产出水平偏离较大又无正当理由的成本项目，以及个人和家庭费用混同生产经营费用扣除进行核查。利用个人所得税和社会保险费征管、劳动用工合同等信息，分析工资支出扣除数额，确保扣除项目的准确性。未按规定取得的合法有效凭据不得在税前扣除。按规定由企业自行计算扣除的资产损失，在企业自行计算扣除后，主管税务机关要加强实地核查，进行追踪管理，不符合规定条件的，及时补缴税款。凡应审批而未审批的不得税前扣除。汇总纳税企业财产损失的税前扣除，除企业捆绑资产发生的损失外，未经分支机构主管税务机关核准的，总机构不得扣除。

5.《中华人民共和国发票管理办法》（2019 年修正）。

第十九条 销售商品、提供服务以及从事其他经营活动的单位和个人，对外发生经营业务收取款项，收款方应当向付款方开具发票；特殊情况下，由付款方向收款方开具发票。

第二十条 所有单位和从事生产、经营活动的个人在购买商品、接受服务以及从事其他经营活动支付款项，应当向收款方取得发票。取得发票时，不得要求变更品名和金额。

6.《中华人民共和国行政诉讼法》（2017 年修正）。

第九十一条 当事人的申请符合下列情形之一的，人民法院应当再审：

（一）不予立案或者驳回起诉确有错误的；

（二）有新的证据，足以推翻原判决、裁定的；

（三）原判决、裁定认定事实的主要证据不足、未经质证或者系伪造的；

（四）原判决、裁定适用法律、法规确有错误的；

（五）违反法律规定的诉讼程序，可能影响公正审判的；

（六）原判决、裁定遗漏诉讼请求的；

（七）据以作出原判决、裁定的法律文书被撤销或者变更的；

---

① 2018 年 6 月 15 日，《国家税务总局关于公布全文失效废止和部分条款失效废止的税收规范性文件目录的公告》（国家税务总局公告 2018 年第 33 号）宣布该通知全文失效废止。

（八）审判人员在审理该案件时有贪污受贿、徇私舞弊、枉法裁判行为的。

7.《最高人民法院关于适用〈中华人民共和国行政诉讼法〉的解释》(2018年)。

第一百一十六条　当事人主张的再审事由成立，且符合行政诉讼法和本解释规定的申请再审条件的，人民法院应当裁定再审。

当事人主张的再审事由不成立，或者当事人申请再审超过法定申请再审期限、超出法定再审事由范围等不符合行政诉讼法和本解释规定的申请再审条件的，人民法院应当裁定驳回再审申请。

第一百一十七条　有下列情形之一的，当事人可以向人民检察院申请抗诉或者检察建议：

（一）人民法院驳回再审申请的；

（二）人民法院逾期未对再审申请作出裁定的；

（三）再审判决、裁定有明显错误的。

人民法院基于抗诉或者检察建议作出再审判决、裁定后，当事人申请再审的，人民法院不予立案。

判例十　房地产企业是否可以账簿不全要求税务机关核定征收企业所得税

【裁判要旨】

合肥TY置业有限公司与合肥市国家税务局稽查局在涉案税收征收方式、应纳税所得额的计算等问题上的争议，属于纳税上的争议，依法属于复议前置事项，应当由上一级税务机关先行复议，在对复议决定不服提起诉讼时，人民法院再行审查。如果人民法院在税务处罚案件中对相关纳税争议进行审查，则当事人可以规避先按照税务处理决定限期缴纳税款或者提供相应担保，再对税务处理决定申请行政复议、提起行政诉讼的法律规定，直接通过起诉相关税务处罚决定，达到推翻税务处理决定认定的应缴纳税款数额之目的。因此，人民法院在根据税务处理决定做出的税务处罚案件中，对相关纳税争议，不宜深度审查，除非税务机关认定的应纳税数额存在重大、明显违法，而本案中并不存在这种情形。

【涉税案情】

再审申请人（一审原告、二审上诉人）：合肥TY置业有限公司（以下简称

“TY 公司”）

被申请人（一审被告、二审被上诉人）：合肥市国家税务局稽查局（以下简称“市国税稽查局”）、安徽省国家税务局（以下简称“省国税局”）

1. 肥东县人民检察院在办理王某某、陈某某、李某受贿罪、徇私舞弊少征税款罪一案中，发现 TY 公司涉嫌以注销税务登记方式偷逃税款。2013 年 6 月，肥东县人民检察院委托安徽 AL 会计师事务所对 TY 公司偷逃税款金额进行鉴定评估。2013 年 6 月 27 日，该会计师事务所做出鉴定结论：TY 公司自 2006 年至 2012 年期间少缴企业所得税合计 24240500 元。2013 年 9 月 27 日，合肥市国家税务局（以下简称“合肥市国税局”）做出合国税函（2013）194 号《关于 TY 公司企业所得税纳税情况的函》，说明 TY 公司应补企业所得税 22199520. 35 元。

2. 2013 年 10 月 28 日，市国税稽查局接合肥市国税局交办，对 TY 公司以“其他税收违法”进行税务稽查立案，市国税稽查局做出合国税稽检通一（2013）103 号《税务检查通知书》：决定派郁某、刘某等，自 2013 年 1 月 12 日起对 TY 公司 2011 年 1 月 1 日至 2012 年 12 月 31 日期间（如检查发现此期间以外明显的税收违法嫌疑或线索不受此限）涉税情况进行检查。

3. 2013 年 12 月 29 日，肥东县人民法院做出（2013）肥东刑初字第 00320 号刑事判决。2014 年 4 月 17 日，合肥市中级人民法院做出（2014）合刑终字第 00073 号刑事裁定：驳回上诉，维持原判。上述生效刑事裁判文书认定：TY 公司在 2006—2012 年应补缴企业所得税 22199520. 35 元。

4. 2014 年 3 月 21 日，TY 公司股东和实际控制人汪某某出具书面承诺称：因 TY 公司系由合肥 SS 房地产开发有限责任公司（以下简称“SS 房地产公司”）与另一公司联合开发合肥“FL 家园”项目成立，现 TY 公司已注销，其会计账据资料由 SS 房地产公司代为保管，2013 年 5 月，因办案交合肥市检察机关。现申请将 TY 公司财务资料归还 SS 房地产公司，该公司承诺保证退回资料真实性、完整性，若司法部门办案需要，将随时提供；如毁损，SS 房地产公司愿承担法律责任。此后，肥东县人民检察院将 TY 公司会计账册等归还。2014 年 7 月，市税务稽查局送达《调取账簿资料通知书》公告期满，TY 公司仍未向该局提供会计资料，该局以隐匿会计资料罪向合肥市公安局移送。公安机关反馈后，TY 公司报案称会计资料被盗，市国税稽查局多次要求立案调查，至今案件无进展。

5. 2014 年 12 月 12 日，市国税局稽查局做出重大税务案件审理提请书，将此案提交市国税局重大税务案件审理委员会审理。2015 年 8 月 27 日，市国税稽查局做出合国税稽罚告（2015）1016 号《税务行政处罚事项告知书》。2015 年 10 月 14 日，市国税局政策法规处做出合国税重审决字（2015）018 号重大税务案件审理委员会审理意见书：认定 TY 公司已构成偷税，对其处以少缴税款 0. 5 倍罚款。

6. 2016 年 1 月 13 日，市国税稽查局做出合国税稽罚（2016）1002 号《税务行政处罚决定书》，并于 2016 年 1 月 14 日向 TY 公司进行了送达。TY 公司不服，于 2016 年 1 月向省国税局申请行政复议。2016 年 4 月 18 日，省国税局做出皖国税复决字（2016）2 号行政复议决定：维持合国税稽罚（2016）1002 号税务处罚决定。案件主要事件时间轴如图 2-8 所示。

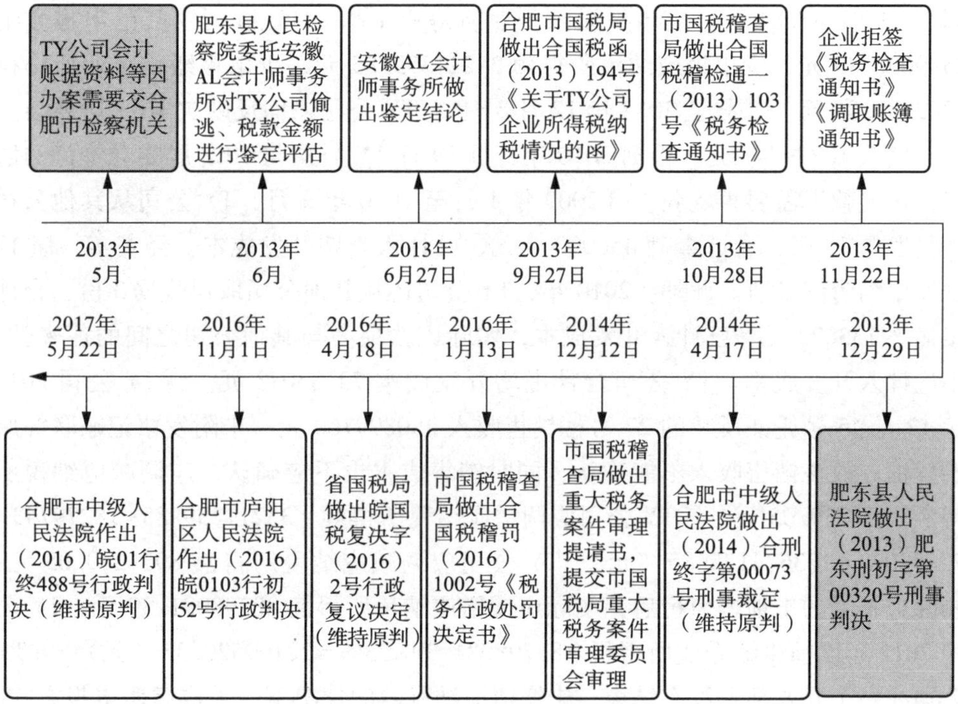

图 2-8　案情主要事件时间轴

【争议焦点】

本案各方争议焦点为税务处罚案件是否需要复议前置；税务机关的税收处罚决定事实是否清楚、程序是否合法。具体如下。

1. 再审申请人认为：①在行政复议结果尚未确定的情况下，市国税稽查局即依据《税务处理决定书》认定的少缴税款数额对申请人做出处罚，明显依据不足。②就本案具体情况和申请人实际经营状况而言，市国税稽查局应当采取核定征收的方式确定申请人应纳税所得额并最终确定应纳税款，但其既不愿意采用核定征收方式，也不承认本案所涉税收征收方式为“核定征收”。③市国税稽查局从肥东县检察院调取申请人的部分账簿资料不能作为核定申请人应纳税额的依据。市国税稽查局在调取该账簿资料时，涉案税务处罚案件尚未立案，不符合法定程序。其调取的账簿资料不具有完整性、有效性，不能作为处罚依据。④（2014）合刑终字第00073号刑事裁定将合肥市国税局认定申请人少缴企业所得税的函作为认定相关人员徇私舞弊犯罪的书证，市国税稽查局用该刑事裁定证明自己的行为正确，逻辑错误。

2. 被申请人认为：①截至2012年12月31日，TY公司账面累计实现税前利润43607745.81元，应申报缴纳企业所得税10901936.45元。其已申报缴纳2599096.49元，少申报应纳税所得额33211359.85元，少申报缴纳企业所得税8302839.96元。②截至2012年12月31日，TY公司账面反映欠HCS居委会土地补偿款18279743元，根据2010年9月19日TY公司与HCS居委会签订的协议，该欠款不需要再支付。③2009年1月至2010年3月，TY公司从其他公司开具发票12张，合计金额45000000元，已计入当期开发成本。经查实，该12张发票均为假发票。此外，2010年，TY公司还从其他公司取得收据3份，合计金额27133073元，已计入开发成本，实际该款项为与其他公司之间的往来款，不应计入开发成本。TY公司合计虚增开发成本72133073元。④TY公司2010年12月45号凭证反映的27号楼销售收入250899760元，未附发票记账联等原始凭证。故该销售收入不能确认，同时销售成本也不应确认，应调减应纳税所得额8951239.05元。⑤TY公司应调增应纳税所得额=33211359.85+18279743+72133073=123624175.85（元）；TY公司应调减应纳税所得额8951239.05元；扣除应补缴的土地增值税后，实际应调增应纳税所得额88798081.39元；TY公司2012年度前少缴企业所得税=88798081.39×25%=22199520.35（元）。⑥TY公司在整个开发项目没有结束、未缴清应纳税款的情况下，采取虚假申报方式，于2010年5月办理注销税务登记，且后期应纳税所得额也未申报，造成累计少缴企业所得税22199520.35元，其行为构成偷税，被申请人按照偷税金额的50%给予罚款，并无不当。⑦相关税收法律、法规、规章对核定征收的情形做了明确规定，本案中现有证据可清楚证明TY公司的偷税数额，故无须适用核定征收方式。

【法院裁判观点】

1. 法律并未规定税务处罚案件需要复议前置，当事人可以直接针对税务处罚决定提起行政诉讼，其是否对税务处理决定申请行政复议、提起诉讼，不影响人民法院对税务处罚决定的合法性进行审查。但是，在对税务处罚决定认定事实方面的审查，特别是涉及纳税人应缴纳的税款数额，人民法院应当尊重税务机关的专业认定。在相关税务处理决定未被依法改变之前，对其认定纳税人应缴纳的税款数额，人民法院不应轻易改变，除非当事人有充分证据推翻该认定，或者人民法院认为该认定存在重大、明显的错误。本案中，市国税稽查局认定 TY 公司少申报缴纳企业所得税，通过开具假发票、将与其他公司往来款作为其拆迁工程款、将已达成协议不需要支付的土地补偿款仍挂“其他应付款”科目等方式虚增开发成本。对该关键事实，市国税稽查局根据 TY 公司账簿、凭证、发票等资料，已分别向相关单位核实，其认定该事实主要证据充分，TY 公司并未提供相反证据推翻该认定。

2. 法律、法规并未明确规定行政处罚案件立案前行政机关不能收集证据；相反，只有在一定证据或者线索可以证明违法事实可能存在的情况下，行政机关才能立案，进而进行调查处理。没有任何违法事实存在，行政机关没有必要，也不应当随意立案。根据行政诉讼法及其司法解释的规定，严重违反法定程序收集的证据材料，以违反法律强制性规定的手段获取且侵害他人合法权益的证据材料，以利诱、欺诈、胁迫、暴力等手段获取的证据材料，属于以非法手段取得的证据，不能作为认定案件事实的根据。本案中，市国税稽查局从检察机关依法取得 TY 公司账簿资料，不属于上述情形，将该证据审查核实后作为认定案件事实的根据并无不当。

3. 涉案税务处罚立案时间为 2013 年，认定的 TY 公司主要违法事实发生在 2009 年之后，故不属于法律规定的税务违法行为五年内未被发现不再处罚的情形。涉案处罚对 TY 公司应纳税所得额适用的均是 25%的税率，并未适用原 33%的税率，故不存在未考虑税率变化而侵犯其合法权益的情形。

人民法院在根据税务处理决定做出的税务处罚案件中，对相关纳税争议不宜深度审查，除非税务机关认定的应纳税数额存在重大、明显违法，本案中并不存在这种情形。法院最终驳回 TY 公司的再审申请。

【税务律师案例评析】

1. 本案中，TY 公司认为公司账簿不齐全，税务机关不能查账征收，且 TY 公司房屋销售需备案收入可查，应按收入核定税率征收企业所得税。

2. 税务部门从检察机关调取了 90 余册账本、凭证等资料，根据已调取的资料可以查清 TY 公司应纳税所得额。TY 公司认为，税务部门从检察机关调取的账簿不齐全，在税务部门要求其提供未被检察机关查扣的资料而不提供；但是，在法院主持听证的过程中，TY 公司称其全部账簿资料均被检察机关查扣，除此之外没有其他材料了，因而税务部门、审理法院认为，其关于市国税稽查局取得的相关账簿资料不完整的理由不能成立。

3. TY 公司认为，2006 年至 2007 年期间少缴的企业所得税，依法不应再予处罚。税务部门根据稽查截止日期 TY 公司的账面累计实现税前利润，扣除已申报数，对其未申报数进行追缴，这种做法是合法的。尽管查出的违法行为不在稽查期间，但依据税收征管法规仍有权对 TY 公司进行查处。

【风险提示】

企业应及时申报缴纳税款，且需事先由税务机关核定征收。

【相关条文】

1.《中华人民共和国企业所得税法》（2018 年修正）。

第一条第一款　在中华人民共和国境内，企业和其他取得收入的组织（以下统称企业）为企业所得税的纳税人，依照本法的规定缴纳企业所得税。

第五条　企业每一纳税年度的收入总额，减除不征税收入、免税收入、各项扣除以及允许弥补的以前年度亏损后的余额，为应纳税所得额。

第五十三第一款　企业所得税按纳税年度计算。纳税年度自公历 1 月 1 日起至 12 月 31 日止。

第五十四条第三款　企业应当自年度终了之日起五个月内，向税务机关报送年度企业所得税纳税申报表，并汇算清缴，结清应缴应退税款。

2.《中华人民共和国税收征收管理法》（2015 年修正）。

第三十五条　纳税人有下列情形之一的，税务机关有权核定其应纳税额：

（一）依照法律、行政法规的规定可以不设置账簿的；

（二）依照法律、行政法规的规定应当设置账簿但未设置的；

（三）擅自销毁账簿或者拒不提供纳税资料的；

（四）虽设置账簿，但账目混乱或者成本资料、收入凭证、费用凭证残缺不全，难以查账的；

（五）发生纳税义务，未按照规定的期限办理纳税申报，经税务机关责令限期申报，逾期仍不申报的；

（六）纳税人申报的计税依据明显偏低，又无正当理由的。

税务机关核定应纳税额的具体程序和方法由国务院税务主管部门规定。

第五十二条　因税务机关的责任，致使纳税人、扣缴义务人未缴或者少缴税款的，税务机关在三年内可以要求纳税人、扣缴义务人补缴税款，但是不得加收滞纳金。

因纳税人、扣缴义务人计算错误等失误，未缴或者少缴税款的，税务机关在三年内可以追征税款、滞纳金；有特殊情况的，追征期可以延长到五年。

对偷税、抗税、骗税的，税务机关追征其未缴或者少缴的税款、滞纳金或者所骗取的税款，不受前款规定期限的限制。

第六十三条第一款 纳税人伪造、变造、隐匿、擅自销毁账簿、记账凭证，或者在账簿上多列支出或者不列、少列收入，或者经税务机关通知申报而拒不申报或者进行虚假的纳税申报，不缴或者少缴应纳税款的，是偷税。对纳税人偷税的，由税务机关追缴其不缴或者少缴的税款、滞纳金，并处不缴或者少缴的税款百分之五十以上五倍以下的罚款；构成犯罪的，依法追究刑事责任。

第六十四条 纳税人、扣缴义务人编造虚假计税依据的，由税务机关责令限期改正，并处五万元以下的罚款。

纳税人不进行纳税申报，不缴或者少缴应纳税款的，由税务机关追缴其不缴或者少缴的税款、滞纳金，并处不缴或者少缴的税款百分之五十以上五倍以下的罚款。

第八十八条 纳税人、扣缴义务人、纳税担保人同税务机关在纳税上发生争议时，必须先依照税务机关的纳税决定缴纳或者解缴税款及滞纳金或者提供相应的担保，然后可以依法申请行政复议；对行政复议决定不服的，可以依法向人民法院起诉。

当事人对税务机关的处罚决定、强制执行措施或者税收保全措施不服的，可以依法申请行政复议，也可以依法向人民法院起诉。

当事人对税务机关的处罚决定逾期不申请行政复议也不向人民法院起诉、又不履行的，作出处罚决定的税务机关可以采取本法第四十条规定的强制执行措施，或者申请人民法院强制执行。

3.《中华人民共和国税收征收管理法实施细则》。

第四十七条 纳税人有税收征管法第三十五条或者第三十七条所列情形之一的，税务机关有权采用下列任何一种方法核定其应纳税额：

（一）参照当地同类行业或者类似行业中经营规模和收入水平相近的纳税人的税负水平核定；

（二）按照营业收入或者成本加合理的费用和利润的方法核定；

（三）按照耗用的原材料、燃料、动力等推算或者测算核定；

（四）按照其他合理方法核定。

采用前款所列一种方法不足以正确核定应纳税额时，可以同时采用两种以上的方法核定。

纳税人对税务机关采取本条规定的方法核定的应纳税额有异议的，应当提供相关证据，经税务机关认定后，调整应纳税额。

第一百零六条 有下列情形之一的，税务机关可以公告送达税务文书，自公告之日起满 30 日，即视为送达：

（一）同一送达事项的受送达人众多；

（二）采用本章规定的其他送达方式无法送达。

4.《重大税务案件审理办法》。

第三十四条 稽查局应当按照重大税务案件审理意见书制作税务处理处罚决定等相关文书，加盖稽查局印章后送达执行。

文书送达后 5 日内，由稽查局送审理委员会办公室备案。

5.《中华人民共和国行政处罚法》（2021 年修正）。

第八条 公民、法人或者其他组织因违法行为受到行政处罚，其违法行为对他人造成损害的，应当依法承担民事责任。

违法行为构成犯罪，应当依法追究刑事责任的，不得以行政处罚代替刑事处罚。

6.《中华人民共和国行政诉讼法》（2017 年修正）。

第六十九条 行政行为证据确凿，适用法律、法规正确，符合法定程序的，或者原告申请被告履行法定职责或者给付义务理由不成立的，人民法院判决驳回原告的诉讼请求。

第八十九条 人民法院审理上诉案件，按照下列情形，分别处理：

（一）原判决、裁定认定事实清楚，适用法律、法规正确的，判决或者裁定驳回上诉，维持原判决、裁定；

（二）原判决、裁定认定事实错误或者适用法律、法规错误的，依法改判、撤销或者变更；

（三）原判决认定基本事实不清、证据不足的，发回原审人民法院重审，或者查清事实后改判；

（四）原判决遗漏当事人或者违法缺席判决等严重违反法定程序的，裁定撤销原判决，发回原审人民法院重审。

原审人民法院对发回重审的案件作出判决后，当事人提起上诉的，第二审人民法院不得再次发回重审。

人民法院审理上诉案件，需要改变原审判决的，应当同时对被诉行政行为作出判决。

第九十一条　当事人的申请符合下列情形之一的，人民法院应当再审：

（一）不予立案或者驳回起诉确有错误的；

（二）有新的证据，足以推翻原判决、裁定的；

（三）原判决、裁定认定事实的主要证据不足、未经质证或者系伪造的；

（四）原判决、裁定适用法律、法规确有错误的；

（五）违反法律规定的诉讼程序，可能影响公正审判的；

（六）原判决、裁定遗漏诉讼请求的；

（七）据以作出原判决、裁定的法律文书被撤销或者变更的；

（八）审判人员在审理该案件时有贪污受贿、徇私舞弊、枉法裁判行为的。

7.《最高人民法院关于适用〈中华人民共和国行政诉讼法〉若干问题的解释》（法释〔2015〕9号）。

第二十六条　2015年5月1日前起诉期限尚未届满的，适用修改后的行政诉讼法关于起诉期限的规定。

2015年5月1日前尚未审结案件的审理期限，适用修改前的行政诉讼法关于审理期限的规定。依照修改前的行政诉讼法已经完成的程序事项，仍然有效。

对2015年5月1日前发生法律效力的判决、裁定或者行政赔偿调解书不服申请再审，或者人民法院依照审判监督程序再审的，程序性规定适用修改后的行政诉讼法的规定。

8.《最高人民法院关于适用〈中华人民共和国行政诉讼法〉的解释》（法释〔2018〕1号）。

第一百一十六条　当事人主张的再审事由成立，且符合行政诉讼法和本解释规定的申请再审条件的，人民法院应当裁定再审。

当事人主张的再审事由不成立，或者当事人申请再审超过法定申请再审期限、超出法定再审事由范围等不符合行政诉讼法和本解释规定的申请再审条件的，人民法院应当裁定驳回再审申请。

判例十一　违建导致开发产品被实施权利限制，开发产品能否以此为由依据国税函［2008］875号文规定，暂不确认销售收入

【裁判要旨】

国税函〔2008〕875号文与国税发〔2009〕31号文都要求遵循权责发生制

原则。国税函〔2008〕875号文是关于确认企业所得税收入的一般性规定；国税发〔2009〕31号文是涉及房地产开发的专门性规范性文件，对房地产开发经营业务中关涉的权责发生制问题进行了具体规定，属于特别规定，规定了房地产销售收入的确认条件和时间。两份文件都是对《中华人民共和国企业所得税法》及其实施条例的进一步明确。按照特别规定优于一般规定的原则，房地产开发行业应适用国税发〔2009〕31号文。

【涉税案情】

上诉人（原审原告）：深圳市甲实业发展有限公司（以下简称“甲公司”）

被上诉人（原审被告）：国家税务总局深圳市税务局稽查局（以下简称“市税务稽查局”）、国家税务总局广东省税务局

1. 2014年4月14日，市税务稽查局向甲公司发出深地税稽查通〔2014〕00000028号《纳税自查通知书》，要求甲公司对2012年1月1日至2013年12月31日期间纳税义务（扣税义务）的履行情况进行自查。甲公司于2014年5月19日提交《纳税自查报告》，自查结果为无须补缴税费。2014年6月4日，市税务稽查局决定针对甲公司2011—2013年度的涉税情况进行税务稽查，并于次日向甲公司送达深地税稽检通一〔2014〕13号《税务检查通知书》、深地税稽调账〔2014〕13号《调取账簿资料通知书》，同时调取该期间甲公司的账簿、会计凭证、会计报表等资料进行检查。在检查过程中，市税务稽查局先后于2014年6月9日、6月25日、11月27日送达《税务事项通知书》，要求甲公司补充提供相关证据材料。2014年7月31日、10月30日，2015年2月2日、4月30日、7月30日、11月1日、11月28日，2016年2月27日、5月27日、8月24日、11月27日，市税务稽查局对审查期限进行了延长。2015年4月24日，市税务稽查局对甲公司进行询问并制作询问笔录。2015年12月7日，市税务稽查局制发深地税稽罚告〔2015〕609号《税务行政处罚告知书》，告知甲公司存在的违法事实、理由及拟做出的行政处罚，并告知甲公司具有陈述、申辩及申请听证的权利。2015年12月14日，甲公司提交《关于对税务行政处罚的听证申请》。2015年12月25日，市税务稽查局组织听证并制作听证笔录。2017年1月5日，市税务稽查局重大税务案件审理委员会做出《深圳市地方税务局重大税务案件审理委员会审理意见书》（深地税重审决字〔2017〕1号），要求市税务稽查局根据意见书制作相应法律文书并送达执行。2017年2月6日，市税务稽查局向甲公司发出《税务行政处罚告知书》（深地税稽罚告〔2017〕601号）。甲公司提交《关于对税务行政处罚的听证申请》。2017年2月23日，市税务稽查局组织听证并制作听证笔录。2017年3月23日，市税务稽查局做出

《税务行政处理决定书》（深地税稽处〔2017〕602号）、《税务行政处罚决定书》（深地税稽罚〔2017〕603号）。《税务行政处罚决定书》依据《税务行政处理决定书》确认的违法事实，对甲公司2011年1月1日至2013年12月31日期间少申报缴纳的营业税、城市维护建设税、企业所得税、印花税处以少缴税款50%的罚款，罚款合计68003406.33元。2017年4月5日，《税务行政处罚决定书》送达甲公司。

2. 甲公司对《税务行政处罚决定书》中关于少缴营业税、城市维护建设税、企业所得税、印花税的处罚不服，并向广东省地方税务局申请行政复议。广东省地方税务局于2017年5月23日收到甲公司的复议申请。2017年7月11日，广东省地方税务局做出《延长行政复议审查期限通知书》，延长复议审查期限30日。2017年8月10日，广东省地方税务局做出粤地税行复〔2017〕6号行政复议决定，维持了市税务稽查局做出的税务行政处罚决定。

3. 2013年8月13日，深圳市福田区规划土地监察局对甲公司违法加建的行为做出行政处罚。2014年12月31日，因甲公司违建状态未完全消除，深圳市福田区规划土地监察局决定对登记在甲公司名下的74套房产实施权利限制。

4. 2018年6月15日，《国家税务总局关于税务机构改革的公告》发布，根据此公告，广东省国家税务局、广东省地方税务局合并，成立国家税务总局广东省税务局；深圳市国家税务局稽查局、深圳市地方税务局稽查局合并，成立国家税务总局深圳市税务局稽查局。

【争议焦点】

2011年至2013年期间，甲公司是否按照税务管理相关规范确定的申报期限、申报内容，对营业税、城市维护建设税、企业所得税、印花税如实进行了纳税申报？甲公司是否存在税收征管上的偷税行为？市税务稽查局对甲公司处少缴税款金额50%的行政处罚是否符合法律规定？

【法院裁判观点】

1. 甲公司涉案楼盘1~5栋被暂缓登记的期间为2012年10月23日至2013年8月23日，即使因甲公司所述原因导致收入无法确认，甲公司2011年度在涉案楼盘被暂缓登记之前销售的，该年度的销售款项应确认为收入，并在法定期限进行企业所得税纳税申报；2012年度及2013年度的企业所得税在2013年8月23日被解除暂缓登记后，也应在法定期限内进行纳税申报。但甲公司不仅没有在法定期限内进行纳税申报，而且在2014年4月市税务稽查局向其发出税务自查通知后，仍称无须补缴税款。

2. 甲公司在开发房地产时，因违法加建被土地监察部门查处，但在暂缓登记期间，甲公司并未停止销售其开发的房产，仍然正常收取首付款及银行按揭。如果因为甲公司的违法行为而免除或延迟其纳税义务，就出现从违法行为获利的情形。

【税务律师案例评析】

本案中，双方当事人对少缴的税款均无异议，争议在于甲公司的行为是否涉嫌“偷税”，是否应被罚款。

首先，本案中甲公司以其适用国税函〔2008〕875号文的辩称不能成立，其在账簿上少列或不列支出的行为应被认定为偷税。其次，甲公司作为一家房地产开发企业，在日常经营活动中理应知晓且执行税务主管部门针对房地产企业税务管理方面的特别规定，即国税发〔2009〕31号文的相关规定。但甲公司未按国税发〔2009〕31号文的相关规定申报缴纳企业所得税，且未对此做出合理解释。最后，涉案楼盘1~5栋在2013年8月23日被解除暂缓登记后，甲公司未在法定期限内就2012年度及2013年度的企业所得税进行纳税申报，其主观偷税意图明显。故被认定为“偷税”，被罚款。

【风险提示】

在法律适用上，要遵循新法优于旧法、特别法优于普通法的原则。如果法律适用错误，就有可能少列或不列收入，导致“偷税”。

【相关条文】

1.《国家税务总局关于确认企业所得税收入若干问题的通知》（国税函〔2008〕875号）。

一、除企业所得税法及实施条例另有规定外，企业销售收入的确认，必须遵循权责发生制原则和实质重于形式原则。

（一）企业销售商品同时满足下列条件的，应确认收入的实现：

1. 商品销售合同已经签订，企业已将商品所有权相关的主要风险和报酬转移给购货方；

2. 企业对已售出的商品既没有保留通常与所有权相联系的继续管理权，也没有实施有效控制；

3. 收入的金额能够可靠地计量；

4. 已发生或将发生的销售方的成本能够可靠地核算。

2. 现行有效的国税发〔2009〕31号《房地产开发经营业务企业所得税处理办法》。

第六条　企业通过正式签订《房地产销售合同》或《房地产预售合同》所取得的收入，应确认为销售收入的实现，具体按以下规定确认：

（一）采取一次性全额收款方式销售开发产品的，应于实际收讫价款或取得索取价款凭据（权利）之日，确认收入的实现。

（二）采取分期收款方式销售开发产品的，应按销售合同或协议约定的价款和付款日确认收入的实现。付款方提前付款的，在实际付款日确认收入的实现。

（三）采取银行按揭方式销售开发产品的，应按销售合同或协议约定的价款确定收入额，其首付款应于实际收到日确认收入的实现，余款在银行按揭贷款办理转账之日确认收入的实现。

（四）采取委托方式销售开发产品的，应按以下原则确认收入的实现：

1. 采取支付手续费方式委托销售开发产品的，应按销售合同或协议中约定的价款于收到受托方已销开发产品清单之日确认收入的实现。

2. 采取视同买断方式委托销售开发产品的，属于企业与购买方签订销售合同或协议，或企业、受托方、购买方三方共同签订销售合同或协议的，如果销售合同或协议中约定的价格高于买断价格，则应按销售合同或协议中约定的价格计算的价款于收到受托方已销开发产品清单之日确认收入的实现；如果属于前两种情况中销售合同或协议中约定的价格低于买断价格，以及属于受托方与购买方签订销售合同或协议的，则应按买断价格计算的价款于收到受托方已销开发产品清单之日确认收入的实现。

3. 采取基价（保底价）并实行超基价双方分成方式委托销售开发产品的，属于由企业与购买方签订销售合同或协议，或企业、受托方、购买方三方共同签订销售合同或协议的，如果销售合同或协议中约定的价格高于基价，则应按销售合同或协议中约定的价格计算的价款于收到受托方已销开发产品清单之日确认收入的实现，企业按规定支付受托方的分成额，不得直接从销售收入中减除；如果销售合同或协议约定的价格低于基价的，则应按基价计算的价款于收到受托方已销开发产品清单之日确认收入的实现。属于由受托方与购买方直接签订销售合同的，则应按基价加上按规定取得的分成额于收到受托方已销开发产品清单之日确认收入的实现。

4. 采取包销方式委托销售开发产品的，包销期内可根据包销合同的有关约定，参照上述 1 至 3 项规定确认收入的实现；包销期满后尚未出售的开发产品，企业应根据包销合同或协议约定的价款和付款方式确认收入的实现。

判例十二　认购协议与商品房买卖合同签订时间不同、付款方式约定不同，如何认定涉案商铺的销售收入确认时间

【裁判要旨】

根据案涉违法行为适用的《中华人民共和国企业所得税暂行条例实施细则》第五十四条第一款的规定，纳税人应纳税所得额的计算，以权责发生制为原则。1995 年 1 月 1 日起施行的《中华人民共和国城市房地产管理法》第四十四条第二款规定，商品房预售人应当按照国家有关规定将预售合同报县级以上人民政府房产管理部门和土地管理部门登记备案。2006 年 1 月 1 日起执行的《国家税务总局关于房地产开发业务征收企业所得税问题的通知》（国税发〔2006〕31 号）第一条，对于未完工开发产品的税务问题做出规定。对于完工开发产品，该通知第二条第（五）项第三目规定："采取银行按揭方式销售开发产品的，应按销售合同或协议约定的价款确定收入额，其首付款应于实际收到日确认收入的实现，余款在银行按揭贷款办理转账之日确认收入的实现。"

【涉税案情】

上诉人（一审被告）：国家税务总局北海市税务局稽查局、国家税务总局广西壮族自治区税务局

被上诉人（一审原告）：北海甲房地产开发有限公司（以下简称"甲公司"）

1. 甲公司注册地为北海市，经营范围为房地产开发经营（凭有效资质证书经营）等。2005 年，甲公司与北海市北部湾中路某大厦第一层 L1 号、L2 号、L4~L11 号、L15 号、L16 号商铺的买受人分别于 2005 年 4 月 25 日、6 月 13 日、6 月 19 日、6 月 20 日、6 月 29 日、7 月 10 日、7 月 26 日、9 月 6 日、10 月 1 日签订认购协议，就商铺位置、面积、单价、总价、付款方式、认购条款等进行了约定。其中，第三条付款方式约定为"银行按揭付款"，并约定"第二期房款……由乙方（买受人）向银行申请办理银行按揭，甲方（出卖人甲公司）积极配合，时间另行协商，如于 2005 年 12 月 20 日前尚未办理好银行按揭，则乙方必须于 2005 年 12 月 31 日前付清余款；若乙方需要继续办理银行按揭，甲方必须配合办理。待办理好银行按揭后，再由甲方退回余款给乙方"。第四条认购条款第十项载明："本认购书在双方签订《房地产买卖合同》后，自动终止。双方的权利义务，以《商品房买卖合同》为准。"2005 年 10 月 11 日，甲公司取得包括案涉商铺在内的商品房预售许可证。2006 年 3 月 16 日，案涉商铺所在某大厦完成竣工验收备案。

2. L1 号、L2 号、L4~L11 号、L15 号、L16 号商铺买受人与甲公司签订的

《商品房买卖合同》载明的签约时间为2006年3月26日至28日。合同第六条付款方式及期限约定为“3. 其他方式”；具体内容为：“①签约当日，支付购房总价款50%……另50%购房款由买受人向银行申请按揭，但最迟不得晚于2006年5月1日。②若银行按揭或该购房全款在2006年5月1日尚未到达出卖人账号，则自2006年5月1日起，该商铺的收益金由双方按已付款比例共享，并根据商铺租金和押金进行收益金分配，属于甲方的收益金，乙方按月交付给甲方”。

3. 北海市国家税务局稽查局调取的保存在甲公司的案涉12间商铺《商品房买卖合同》，除第六条外，其余内容（包括销售价款及签订时间）与保存在北海市房地产交易中心的《商品房买卖合同》均一致。第六条付款方式及期限记载为“2. 分期付款”；具体内容为：“首付50%于签订‘某大厦会展中心’内部认购协议书十天内付清，另50%在2005年12月31日前付清”。2006年4月，中国建设银行股份有限公司北海分行向甲公司支付了上述12间商铺的按揭贷款共计10098000元。

4. 经查，2005年5月至10月，L1号、L2号、L4号、L5号、L8号、L9号、L10号、L16号商铺的买受人分别向甲公司支付了相应商铺的部分购房款。2006年4月，L1号、L2号、L4号、L5号商铺买受人继续向甲公司支付相应商铺的部分购房款，而L6号、L7号、L11号商铺的买受人在2006年6月与甲公司签订《商品房买卖合同》后，才向甲公司支付对应商铺的部分购房款。L1号、L2号、L4号、L5号、L6号、L7号、L11号7间商铺的买受人在2006年向甲公司支付的购房款共计3939188元，加上中国建设银行股份有限公司北海分行向甲公司支付的12间商铺按揭贷款10098000元，甲公司于2006年4月收到案涉商铺销售款合计14037188元。

5. 2017年5月5日，北海市国家税务稽查局对甲公司做出《税务行政处理决定书》（北市国税稽罚〔2017〕60号）（以下简称“60号处理决定”），认定其违法事实如下：“（一）甲公司对某大厦第一层L1号、L2号、L4~L11号、L15号、L16号共12户临街商铺（以下简称“该项目”）的销售，通过购销双方正式签订采用银行按揭方式销售的《房地产买卖合同》，在2006年度完成了购房按揭贷款资金的转账办理、实际交易及房产证件的办理（之前签订的该项目《内部认购协议书》约定购销双方的权利和义务以《房地产买卖合同》为准）。但甲公司把上述2006年度采取银行按揭方式销售该项目开发产品取得的主营业务收入14037188元，列入属免税期的2005年度主营业务收入并进行纳税申报，违反了《国家税务总局关于房地产开发业务征收企业所得税问题的通知》（国税发〔2006〕31号）第二条第（五）项第三目规定，造成甲公司2005年度多申报主营业务收入14037188元，2006年度少申报主营业务收入14037188元。（二）甲公司开发的该项目产品，根据《国家税务总局关于房地产开发业务征收企业所得税问题的通知》（国税发〔2006〕31号）第二条第（一）项规定，在2006年度达到应税完工条件：该项目2006年达到《中华人民共和国建筑法》第六十一条规定的交付竣工验收和交付使用的条件且该项目竣工证明文件于2006年3月16日由房地产管理部门收讫备案；该项目于2006年5月1日开始投入营业使用；该项目于2006年4—6月陆续取得房屋产权证明。但甲公司未按税收法规规定在2006年度进行该项目应税完工年度计税成本的结算，导致该项目已销开发产品计税成本申报不实，造成甲公司在向北海市海城区国家税务局进行2006年度企业所得税纳税申报时，少申报已销完工开发产品计税成本1615661.78元，未按规定进行纳税调整。此外，甲公司在向北海市海城区国家税务局报送2006年度企业所得税纳税申报表进行企业所得税年度纳税申报时，申报的销售成本为0元，但在‘纳税调整减少额’中调减了应纳税所得额1198990.97元，应核减甲公司2006年度的应纳税所得额416670.81（1615661.78-1198990.97）元。（三）上述共核增甲公司2006年度应纳税所得额13620517.19（14037188-416670.81）元。经检查计算调整，甲公司2006年度应纳税所得额为14129291.28元，2006年度的应纳企业所得税额为4662666.35元，扣除已申报缴纳企业所得税额167895.45元及2007年纳税评估时补缴的2006年度企业所得税314715.69元，少缴纳2006年度企业所得税4180055.21元。”处理决定书据此认定甲公司已构成偷税，偷税金额为4180055.21元，决定对甲公司追缴2006年度企业所得税4180055.21元，并从滞纳税款之日起每日加收万分之五滞纳金。同日，北海市国家税务稽查局对甲公司做出《税务行政处罚决定书》（北市国税稽罚〔2017〕60号）。

【争议焦点】

2005年，涉案商铺已经签订认购协议，但销售款项并未依据认购协议约定实际到账。认购协议约定“本认购书在双方签订《房地产买卖合同》后，自动终止。双方的权利义务，以《商品房买卖合同》为准”。2006年3月16日，甲公司对涉案商铺进行了竣工验收备案，正式签订《商品房买卖合同》并进行了备案，14037188元涉案商铺销售款（含按揭贷款10098000元）也在2006年4月到账。本案争议焦点是涉案商铺销售收入应在何时予以确认。

【法院裁判观点】

2005年，涉案当事人虽然已经签订认购协议，但认购协议约定双方的权利义务以《商品房买卖合同》为准。《商品房买卖合同》约定的付款方式为“首付+按揭”，另北海市国家税务局稽查局提取于北海市房地产交易中心备案的案涉12间商铺《商品房买卖合同》、中国建设银行股份有限公司北海分行关于案涉商铺按揭贷款相关材料中的商铺首付款单据、按揭款转账凭证、北海市房地产抵押登记证明，以及税务稽查期间北海市国家税务局税务稽查局对相关买受人所做调查询问笔录等证据，均能形成证据链，证实案涉12间商铺系采用按揭方式销售，而非甲公司在税务稽查、起诉时主张委托方式销售或诉讼过程中主张的分期付款方式销售。根据2006年1月1日起执行的《国家税务总局关于房地产开发业务征收企业所得税问题的通知》（国税发〔2006〕31号），甲公司在2005年应按照未完工开发产品的税务处理规定申报案涉商铺预售收入，在2006年权责发生时，按照银行按揭贷款方式销售完工开发产品的税务处理规定确认销售收入，并在当年申报和缴纳企业所得税。

【税务律师案例评析】

1. 认购协议与《商品房买卖合同》签订时间、付款方式约定都不同，应以哪一个为准？

一般情况下，认购协议签订时间在前，《商品房买卖合同》签订时间在后，关于同一事项约定不一致的，通常以签订时间在后的《商品房买卖合同》为准。

但是，如果付款方式已按照认购协议约定履行，那么应以已经履行的认购协议作为双方的真实意思表示来认定。

本案中，认购协议并未履行，且实际上双方是按照签订时间在后的《商品房买卖合同》履行的。因此，付款方式以《商品房买卖合同》中约定的“首付+按揭”方式认定。

2. 什么时候结转对应的计税成本？

开发产品完工后，开发企业应根据收入的性质和销售方式、收入确认的原则，合理地将预售收入确认为实际销售收入。同时，按规定结转其对应的计税成本，计算出该项开发产品实际毛利润。该项开发产品实际毛利润与其预计毛利润之间的差额，计入年度完工的应纳税所得额。凡已完工开发产品在完工年度未按规定结算计税成本，或未对其实际毛利润和预计毛利润之间的差额进行纳税调整的，主管税务机关有权确定或核定其计税成本，据此进行纳税调整，并按照《中华人民共和国税收征收管理法》的有关规定对其进行处理。

3. 开发产品采用不同的销售方式，收入如何确认？

本案中，如果采用认购协议约定的分期付款方式销售开发产品，应按销售合同或协议约定的价款和付款日确认收入的实现。付款方提前付款的，在实际付款日确认收入的实现。

采用银行按揭方式销售开发产品的，应按销售合同或协议约定的价款确定收入额，首付款应于实际收到日确认收入的实现，余款在银行按揭贷款办理转账之日确认收入的实现。

通过对比可以发现，分期付款是按照协议约定时间确认收入的实现，银行按揭是按照款项的到账时间确认收入的实现。

【风险提示】

本案中，甲公司试图通过认购协议将按揭方式伪装成分期付款方式销售，人为地将收入提前至免征期确认，因为认购协议并未实际履行，所以被税务部门认定为偷税。

【相关条文】

《房地产开发经营业务企业所得税处理办法》。

第三条　企业房地产开发经营业务包括土地的开发，建造、销售住宅、商业用房以及其他建筑物、附着物、配套设施等开发产品。除土地开发之外，其他开发产品符合下列条件之一的，应视为已经完工：

（一）开发产品竣工证明材料已报房地产管理部门备案。

（二）开发产品已开始投入使用。

（三）开发产品已取得了初始产权证明。

第六条　企业通过正式签订《房地产销售合同》或《房地产预售合同》所取得的收入，应确认为销售收入的实现，具体按以下规定确认：

（一）采取一次性全额收款方式销售开发产品的，应于实际收讫价款或取得索取价款凭据（权利）之日，确认收入的实现。

（二）采取分期收款方式销售开发产品的，应按销售合同或协议约定的价款和付款日确认收入的实现。付款方提前付款的，在实际付款日确认收入的实现。

（三）采取银行按揭方式销售开发产品的，应按销售合同或协议约定的价款确定收入额，其首付款应于实际收到日确认收入的实现，余款在银行按揭贷款办理转账之日确认收入的实现。

（四）采取委托方式销售开发产品的，应按以下原则确认收入的实现：

1. 采取支付手续费方式委托销售开发产品的，应按销售合同或协议中约定的价款于收到受托方已销开发产品清单之日确认收入的实现。

2. 采取视同买断方式委托销售开发产品的，属于企业与购买方签订销售合同或协议，或企业、受托方、购买方三方共同签订销售合同或协议的，如果销售合同或协议中约定的价格高于买断价格，则应按销售合同或协议中约定的价格计算的价款于收到受托方已销开发产品清单之日确认收入的实现；如果属于前两种情况中销售合同或协议中约定的价格低于买断价格，以及属于受托方与购买方签订销售合同或协议的，则应按买断价格计算的价款于收到受托方已销开发产品清单之日确认收入的实现。

3. 采取基价（保底价）并实行超基价双方分成方式委托销售开发产品的，属于由企业与购买方签订销售合同或协议，或企业、受托方、购买方三方共同签订销售合同或协议的，如果销售合同或协议中约定的价格高于基价，则应按销售合同或协议中约定的价格计算的价款于收到受托方已销开发产品清单之日确认收入的实现，企业按规定支付受托方的分成额，不得直接从销售收入中减除；如果销售合同或协议约定的价格低于基价的，则应按基价计算的价款于收到受托方已销开发产品清单之日确认收入的实现。属于由受托方与购买方直接签订销售合同的，则应按基价加上按规定取得的分成额于收到受托方已销开发产品清单之日确认收入的实现。

4. 采取包销方式委托销售开发产品的，包销期内可根据包销合同的有关约定，参照上述1至3项规定确认收入的实现；包销期满后尚未出售的开发产品，企业应根据包销合同或协议约定的价款和付款方式确认收入的实现。

第三十五条　开发产品完工以后，企业可在完工年度企业所得税汇算清缴前选择确定计税成本核算的终止日，不得滞后。凡已完工开发产品在完工年度未按规定结算计税成本，主管税务机关有权确定或核定其计税成本，据此进行纳税调整，并按《中华人民共和国税收征收管理法》的有关规定对其进行处理。

第三章 土地增值税相关判例

判例一 商铺的增值额是否要单独进行财务核算

【裁判要旨】

广西河池市甲房地产开发有限责任公司在做项目备案登记时，项目名称确定为“东方家园”，没有登记为分期开发项目，且立项后其也以东方家园项目统一核算。东方家园项目建造的房屋分为普通住宅和商用房，其成本费用在财务核算时没有分别核算。开发企业在申报土地增值税提交申报材料时对相关扣除项目成本费用是混合核算的，根据相关规定应分别以普通住宅、商用房建筑面积按比例分摊。

【涉税案情】

上诉人（一审原告）：甲房地产开发有限责任公司（以下简称“甲公司”）

被上诉人（一审被告）：河池市地方税务局直属税务分局（以下简称“直属税务分局”）

1. 甲公司的商品房开发项目“东方家园”于2006年6月12日在河池市发展和改革委员会登记备案；“东方家园”由旭日阁、东升阁、彩虹阁、朝霞阁、红运阁、吉祥阁等部分组成，均位于河池市任香路，开发情况如表3-1所示。

2. 2014年4月23日，直属税务分局向甲公司送达了河地税直税通（2014）29号《税务事项通知书》，通知甲公司，其开发的“东方家园”，“兴达家园”一期、二期房地产项目已符合土地增值税清算的条件，要求甲公司在收到通知之日起90日内提供有关清算资料，办理土地增值税清算手续。

表 3-1　“东方家园”项目开发情况

<table>
<tr><th colspan="2">项目
（登记备案）</th><th>开工时间</th><th>竣工时间</th><th>框混结构</th><th>商品房预售许可证取得时间</th><th>备注</th></tr>
<tr><td rowspan="6">“东方家园”（可售面积：29901.1 平方米）</td><td>旭日阁</td><td rowspan="2">2006 年 11 月 2 日</td><td rowspan="2">2008 年 11 月 29 日</td><td rowspan="2">商住楼地下 1 层地上 8 层</td><td rowspan="2">2007 年 5 月 20 日</td><td rowspan="6">截至 2014 年 4 月 30 日，已销售建筑面积 29622.95 平方米（99.07%）</td></tr>
<tr><td>东升阁</td></tr>
<tr><td>彩虹阁</td><td>2007 年 6 月 16 日</td><td>2008 年 10 月 20 日</td><td rowspan="4">住宅楼地上 8 层</td><td rowspan="2">2007 年 11 月 23 日</td></tr>
<tr><td>朝霞阁</td><td>2007 年 8 月 7 日</td><td>2008 年 10 月 20 日</td></tr>
<tr><td>红运阁</td><td rowspan="2">2007 年 10 月 18 日</td><td rowspan="2">2008 年 12 月 28 日</td><td rowspan="2">2008 年 7 月 7 日</td></tr>
<tr><td>吉祥阁</td></tr>
</table>

3. 2014 年 8 月 7 日，甲公司自报应补缴土地增值税为 825657.44 元。直属税务分局经对甲公司提交的“东方家园”房地产项目土地增值税清算财会资料审核，于 2014 年 9 月 22 日做出河池税直税通（2014）111 号《税务事项通知书》，将应补缴土地增值税金额和土地增值税纳税审核结果一并通知甲公司（补缴土地增值税金额为 964739.84 元）。

4. 甲公司不服，于 2014 年 11 月 18 日向河池市地方税务局提起行政复议。2015 年 2 月 17 日，河池市地方税务局做出河地税复定字（2015）1 号《行政复议决定书》，该复议决定维持了直属税务分局做出河池税直税通（2014）111 号《税务事项通知书》的行政行为。甲公司仍不服，提起行政诉讼。

5. 甲公司在 2011 年至 2013 年间曾因“东方家园”项目工程结算问题与“东方家园”项目工程施工方广西河池城市建设公司产生纠纷而提起了民事诉讼。在民事诉讼程序中，法院经法定程序指定鉴定机构对“东方家园”项目工程造价问题进行鉴定。

6. 2011 年 12 月 7 日，祥浩造字（2011）第 313 号《建筑工程结算审核报告》“建筑工程结算书”部分对“东方家园”包含的建筑工程造价做出鉴定（如表 3-2 所示）。

表3-2　祥浩造字（2011）第313号《建筑工程结算审核报告》　　单位：元

项目（鉴定）		工程造价	
“东方家园”（可售面积：29901.1平方米）	旭日阁、东升阁	负1层	1042977.42
		1层	2136208.54
		2层至8层	4175236.75
	彩虹阁	1层至8层	2448547.97
	朝霞阁		2669533.92
	红运阁		2735428.85
	吉祥阁		3575426.07
	附属工程		632488.23
	合计		19415847.75

此后，广西壮族自治区高级人民法院（2012）桂民一终字第65号民事判决书认可并采纳了上述鉴定结果。

【争议焦点】

1. 在缴纳土地增值税时，“东方家园”项目涉案商铺的建筑安装工程成本是否应作为商铺的直接成本由商铺承担？

2. 直属税务分局下达的《税务事项通知书》是否程序违法？

【法院裁判观点】

1. 根据《中华人民共和国土地增值税暂行条例》第二条的规定：“转让国有土地使用权、地上的建筑物及其附着物（以下简称转让房地产）并取得收入的单位和个人，为土地增值税的纳税义务人（以下简称纳税人），应当依照本条例缴纳土地增值税。”甲公司作为房地产开发企业，负有依法缴纳土地增值税的义务。

2. 根据《中华人民共和国土地增值税暂行条例实施细则》第八条“土地增值税以纳税人房地产成本核算的最基本的核算项目或核算对象为单位计算”以及《国家税务总局关于房地产开发企业土地增值税清算管理有关问题的通知》（国税发〔2006〕187号）第一条“土地增值税以国家有关部门审批的房地产开发项目为单位进行清算，对于分期开发的项目，以分期项目为单位清算”的规定，甲公司于2006年6月12日在河池市发展和改革委员会登记备案，备案的项目名称为“东方家园”，没有登记为分期开发项目，且立项后甲公司也是以“东方家园”项目统一核算。因此，直属税务分局将甲公司开发的“东方家园”作为一个项目进行土地增值税清算审核具有事实和法律依据。

3. 根据《广西壮族自治区地方税务局关于明确土地增值税清算若干政策问题的通知》（桂地税发〔2008〕44号）第三点的规定：“（一）开发项目同时包含普通住宅与非普通住宅以及其他用房的，应分别核算其增值额。（二）上述项目在计算时，如其成本费用混合核算的，应以不同类型的用房，分别按建筑面积进行分摊。”同时，根据《广西壮族自治区地方税务局关于土地增值税清算工作若干问题的通知》（桂地税发〔2008〕96号文）第五点的规定：“（一）项目同时涉及普通住宅、非普通住宅和其他用房的，应按照国家税务总局的规定，统一划分普通住宅、非普通住宅和商用房三大类别，分别核算其增值额；（二）在计算上述混合核算的项目时，对其成本费用，应以普通住宅、非普通住宅和商用房三大类别，分别按建筑面积进行比例分摊。”

4. 甲公司“东方家园”项目建造的房屋分为普通住宅和商用房，其成本费用在财务核算时没有分别核算，甲公司在申报土地增值税提交申报材料时对相关扣除项目成本费用也是混合核算的，根据上述规定应当以普通住宅、商用房建筑面积按比例分摊。甲公司提供的祥浩造字（2011）第313号《建筑工程结算审核报告》虽对“东方家园”项目的商铺建筑安装成本工程费进行了单独计算，但是按照《中华人民共和国土地增值税暂行条例实施细则》第七条第（二）项“开发土地和新建房及配套设施（以下简称房地产开发）的成本，是指纳税人房地产开发项目实际发生的成本（以下简称房地产开发成本），包括土地征用及拆迁补偿费、前期工程费、建筑安装工程费、基础设施费、公共配套设施费、开发间接费用”的规定，建筑安装成本工程费只是土地增值税清算扣除项目中房地产开发成本的一个组成部分，在其他成本费用无法独立核算的情况下，甲公司主张祥浩造字（2011）第313号《建筑工程结算审核报告》对“东方家园”项目的商铺建筑安装成本工程费已经计算清楚，可以作为商铺的直接成本扣除，不应当以建筑面积按比例分摊的上诉理由不能成立。

5.《国家税务总局关于房地产开发企业土地增值税清算管理有关问题的通知》（国税发〔2006〕187号）第二条第（二）项规定，已竣工验收的房地产开发项目，已转让的房地产建筑面积占整个项目可售建筑面积的比例在85%以上，或该比例虽未超过85%，但剩余的可售建筑面积已经出租或自用的，主管税务机关可要求纳税人进行土地增值税清算。《土地增值税清算管理规程》（国税发〔2009〕91号）第十条的规定与国税发〔2006〕187号文第二条第（二）项的规定一致。

6. 甲公司开发的“东方家园”项目于2008年底前完工，2009年以后一直在进行销售。截至2014年4月30日，“东方家园”项目已售建筑面积为29622.95平方米，占可售总建筑面积的99.07%，达到国税发〔2009〕91号文规定的土地增值税清算条件。直属税务分局在“东方家园”项目达到土地增值税清算条件后，适用国税发〔2009〕91号文的规定对上诉人的“东方家园”项目进行清算并无不当。甲公司认为，直属税务分局用2009

年施行的规范性文件去规范2008年度以前的账务处理，属适用法律错误的上诉理由不能成立。

7. 根据2013年6月29日实施的《中华人民共和国税收征收管理法》（2015年4月24日修正）第八条第四款的规定："纳税人、扣缴义务人对税务机关所作出的决定，享有陈述权、申辩权；依法享有申请行政复议、提起行政诉讼、请求国家赔偿等权利。"在甲公司向直属税务分局提交土地增值税清算纳税申报表后，直属税务分局对申报的材料进行审核后制作了"东方家园"项目土地增值税清算审核报告，并通过电子邮件发送甲公司，甲公司认可收到该邮件。同时，直属税务分局在2014年9月22日做出河池税直税通〔2014〕111号《税务事项通知书》时，已经告知甲公司如对通知不服可自收到通知之日起60日内依法向河池市地方税务局申请行政复议，或者自收到通知之日起3个月内依法向人民法院起诉的救济权利。

8. 在整个行政处理过程中，直属税务分局并未阻碍甲公司行使陈述、申辩以及申请行政复议和提起行政诉讼的权利。直属税务分局做出的河池税直税通〔2014〕111号《税务事项通知书》是对甲公司应缴纳税款的核定征收行为，并非行政处罚行为，《中华人民共和国税收征收管理法》也未对税务征收行为设定听证程序。因此，甲公司提出直属税务分局未给其陈述、申辩，未告知听证的权利，处理程序违法的上诉理由不成立，法院不予支持。

【税务律师案例评析】

1. 土地增值税的项目分类可采取二分法、三分法甚至四分法；分得越细，开发商的土地增值税税负可能越重。涉案企业采用统一核算方式进行税收筹划，很容易被税务局调整，并按照三分法方式进行土地增值税清算。

2. 建筑安装工程成本分摊方式，可以采取直接成本法和以建筑面积按比例分摊。如果采取直接成本法进行扣除，则要分项目进行核算。由于原告未进行正确立项，也未根据项目建立明细账分类核算，即便提供《建筑工程结算审核报告》，也无法以直接成本法进行扣除。因此，法院支持以建筑面积按比例分摊。

【风险提示】

1. 土地增值税的项目管理既是土地增值税税收筹划起点，也是最关键的一点。土地增值税清算具体办法的制定权在省、自治区、直辖市一级的地方税务局。因此，企业在进行税收筹划时，应及时收集本省的口径和规范性文件。

2. 对企业财务核算提出更高要求，要根据不同项目建立明细账，以便选择对项目有利的建筑安装工程成本分摊适用方式，如直接成本法，从而实现节税目的。

3. 企业须正确进行财务核算，并配合《建筑工程结算审核报告》等证明材料，才能按照项目直接扣除成本，从而达到税收筹划的目的。

【相关条文】

《中华人民共和国土地增值税暂行条例实施细则》。

第十六条　纳税人在项目全部竣工结算前转让房地产取得的收入，由于涉及成本确定或者其他原因，而无法据以计算土地增值税的，可以预征土地增值税，待该项目全部竣工、办理结算后再进行清算，多退少补。具体办法由各省、自治区、直辖市地方税务局根据当地情况制定。

判例二　重复列支及分摊比例调整是否会导致失去普通住宅免税资格

【裁判要旨】

税务机关认为商品房销售价格明显偏低的，可以按照本省关于增值税清算的相关规定，依法定的方法和顺序对其收入予以调整。

普通住宅和非普通住宅成本分摊的计算方法如果用于多个房地产项目共同的成本费用，则应按清算项目可售建筑面积占多个项目可售总建筑面积的比例或其他合理的方法，计算开发成本。各省适用《国家税务总局关于房地产开发企业土地增值税清算管理有关问题的通知》明确统一适用标准的，土地增值税清算义务人应按此标准分摊普通住宅和非普通住宅的成本。

【涉税案情】

上诉人（原审被告）：国家税务总局海口市税务局（以下简称“市税务局”）、国家税务总局海南省税务局（以下简称“省税务局”）

被上诉人（原审原告）：海南甲房产开发有限公司（以下简称“甲公司”）

1. 1992年5月5日，海南省农垦总局下属的海南省农垦开发公司，与香港置业有限公司经友好协商，双方同意在海口市滨海大道西段（面粉厂与台湾宾馆之间）土地使用权属海南省农垦开发公司的20亩地上共同投资兴建一座现代化综合商业大厦，成立中外合资企业共同经营。总投资2500万美元，其中，注册资本1000万美元，海南省农垦开发公司占比48%，海南省农垦开发公司出资的土地使用权作价300万美元，另现金出资180万美元；对方占比52%，现金出资520万美元，其余为借贷资本，由对方负责筹措。

1992年6月27日，经海南省工商行政管理局核准，甲公司依法注册登记成立。

2. 1992年10月6日至2009年6月10日期间，海南省农垦开发公司与甲公司完成了土地转让，由甲公司办理了土地登记手续，并于2009年6月10日取得海南省建筑工程竣工验收备案证。

3. 1992年9月15日，海南省农垦开发公司、甲公司将该项目分包，开始投入施工建设；1996年4月2日，该项目全面暂停施工。2006年1月12日，甲公司将涉案项目的续建工程和精装修工程交由海南省第二建筑工程公司承建；2011 年 8 月 1 日，该项目完工进入土地增值税清算程序，甲公司与市税务局及省税务局就土地增值税清算产生争议，进而引发诉讼。涉税案件具体情况如表 3-3 所示。

表 3-3　案件具体情况

时间	事件	主要内容
2011 年 8 月 1 日	海南省海口市××地方税务局做出龙地税清算（通）〔2011〕1013 号《土地增值税清算通知书》	认定甲公司"已符合土地增值税清算条件"，"自收到本通知之日起 90 日内"办理土地增值税清算手续
2011 年 11 月 25 日	海南省海口市××区地方税务局第一房地产税务所向甲公司做出海口地税限缴〔2011〕2087 号《限期缴纳税款通知书》	要求甲公司"在 2011 年 11 月 29 日前"缴纳土地增值税共计 7077255. 18 元
2011 年 12 月 2 日	市税务局（甲方）与海南德立税务师事务所（乙方，以下简称"德立事务所"）签订《土地增值税清算鉴证委托协议书》	委托德立事务所对涉案项目的各项情况进行涉税鉴证
2011 年 12 月 12 日	海南佳明会计师事务所向甲公司提交琼佳明税审字〔2011〕字第 003 号《土地增值税清算鉴证报告》	①土地增值税清算款申报的审核过程及主要实施情况。②鉴定结论确认截至 2011 年 11 月 30 日，涉案项目普通住宅已转让房地产的土地增值税增值额 5515122. 32 元；非普通住宅已转让房地产的土地增值税增值额 37047285. 17 元，应补缴转让房地产的土地增值税税额 2036930. 37 元
2012 年 1 月 6 日	市税务局做出海口市地税清算（受）〔2012〕001 号《土地增值税清算受理通知书》	通知甲公司涉案项目符合土地增值税清算受理条件
2012 年 1 月 31 日	德立事务所向市税务局提交琼德利税鉴字〔2012〕第 2 号《海南甲房地产开发有限公司"财富广场"项目土地增值税清算定项鉴证报告》	①经查，审核确认账面总收入为 463088953. 47 元，按同期（1 个月）、同户型平均价格调整收入 1346817. 64 元，调整后确认销售收入为 464435771. 11 元，其中，普通住宅销售收入 56070517. 3 元、非普通住宅销售收入 408365253. 81 元。②专项检查情况：转让房地产销售收入情况；项目开发成本情况，调减后开发成本为 254832889. 35 元；扣除项目情况，普通住宅扣除金额 76166130. 6 元，非普通住宅扣除金额 302289685. 46 元。③专项检查结果。截至 2012 年 1 月 6 日，甲公司应补缴税款 22749072. 84 元，其中，应补缴土地增值税 22745415. 33 元、营业税 1188. 03 元、印花税 2469. 49 元

续表

时间	事件	主要内容
2012年3月16日	甲公司向海口市××区地方税务局发出《关于延长“财富广场”项目土地增值税清算审核工作时间的申请报告》	项目历时长、资料多，时间不够
2012年3月26日	海口市××区地方税务局第一房地产税务所向甲公司送达龙地税限改〔2012〕10682号《责令限期改正通知书》	要求甲公司于2012年3月28日前报送项目土地增值税清算报告中双方存在异议的材料
2012年4月16日	甲公司再次向海口市××区地方税务局致函《继续延期报送土地增值税清算异议材料申请》	要求延长至2012年5月31日
2013年6月20日	甲公司向市税务局评估分局提交《关于确认“财富广场”项目土地增值税清算结果的报告》	已聘请中介机构做出鉴证报告申报缴纳土地增值税1111万元，恳请予以确认
2014年7月10日	市税务局向甲公司送达海口市地税评字清算（核）〔2014〕0010号《土地增值税清算核实意见书》	涉案项目已初核完毕，要求接到通知书之日起5日内对内容进行核实。甲公司当日签收并表示对意见书有异议
2014年7月30日	甲公司再次向市税务局评估分局提交《关于确认“财富广场”项目土地增值税清算结果的报告》	要求确认其聘请的中介机构出具的土地增值税清算鉴证报告结果
2014年10月8日	甲公司向市税务局纳税评估管理局提交《关于土地增值税按核定征收清算的申请》	请求“财富广场”项目清算采用核定征收的方式
2014年12月19日	市税务局向甲公司送达《土地增值税清算结论》和海口市地税清结〔2014〕030号通知书	甲公司不服
2015年5月29日	甲公司向省税务局申请行政复议	请求撤销市税务局所做的030号通知书
2015年7月23日	省税务局向甲公司送达琼地税复补字〔2015〕15号《行政复议申请补正通知书》	要求甲公司补正调增24套房产、土地面积差异及扣除成本等相关证明材料
2015年7月30日	省税务局做出15号复议决定书	维持了市税务局做出的030号通知书，甲公司对省税务局做出的复议决定不服

4. 2011年11月25日，海口地税限缴〔2011〕2087号《限期缴纳税款通知书》要求甲公司“在2011年11月29日前”缴纳土地增值税共计7077255.18元。2011年12月12日，海南佳明会计师事务所向甲公司提交琼佳明税审字

〔2011〕字第003号《土地增值税清算鉴证报告》，报告内容如下：①土地增值税清算款申报的审核过程及主要实施情况。②鉴定结论确认截至2011年11月30日，涉案项目普通住宅已转让房地产的土地增值税增值额5515122.32元；非普通住宅已转让房地产的土地增值税增值额37047285.17元，应补缴转让房地产的土地增值税税额2036930.37元。2012年1月31日德立事务所向市税务局提交琼德利税鉴字〔2012〕第2号《海南甲房地产开发有限公司"财富广场"项目土地增值税清算定项鉴证报告》，报告内容如下：①经查，审核确认账面总收入为463088953.47元，按同期（1个月）、同户型平均价格调整收入1346817.64元，调整后确认销售收入为464435771.11元，其中，普通住宅销售收入56070517.3元、非普通住宅销售收入408365253.81元。②专项检查情况：转让房地产销售收入情况；项目开发成本情况，调减后开发成本为254832889.35元；扣除项目情况，普通住宅扣除金额76166130.6元，非普通住宅扣除金额302289685.46元。③专项检查结果。截至2012年1月6日，甲公司应补缴税款22749072.84元，其中，应补缴土地增值税22745415.33元、营业税1188.02元、印花税2469.49元。

鉴证报告对比分析（如表3-4、表3-5所示）。具体内容为：

①琼德利税鉴字〔2012〕第2号与琼佳明税审字〔2011〕字第003号相比，非普通住宅的销售收入被调增69028283.18（106075568.35-37047285.17）元，相应地，适用30%的土地增值税税率，土地增值税被调增20708484.95元。②土地增值税被调增主要有以下三个原因：一是销售收入调增。经查，审核确认账面总收入为463088953.47元，按同期（1个月）、同户型平均价格调整收入1346817.64元，调整后确认销售收入为464435771.11元。二是虚增成本调增。德立事务所将甲公司申报的总计2514万元不符合税前扣除相关政策的开发成本给予调减，甲公司对德立事务所提出的成本调减项目无可辩驳，也无资料可补充。市税务局指出，海南佳明会计师事务所在鉴定中将与项目无关、价值390多万元的6部手扶电梯发票计入成本，将甲公司与总承包方签订的价值8000万元包工包料的施工合同遗漏，在甲公司取得建筑安装工程成本发票后，影响了应税额的真实性。三是普通住宅和非普通住宅成本分摊的计算方法不同，如表3-6所示。

表 3-4　土地增值税纳税申报表（二）（从事房地产开发的纳税人清算适用）

项目	琼佳明税审字〔2011〕字第 003 号			琼德利税鉴字〔2012〕第 2 号			税务局调整
	华城公司			税务局			
	普通住宅	非普通住宅	合计	普通住宅	非普通住宅	合计	
一、转让房地产收入总额（元）			463088953. 47	56070517. 3	408365253. 81	464435771. 11	1346817. 64
二、扣除项目金额合计（元）	50119229. 46	369402584. 86	419521814. 32	76166130. 6	302289685. 46	378455816. 06	-41065998. 26
三、增值额（元）	5515122. 32	37047285. 17	42562407. 49	-20095613. 3	106075568. 35	85979955. 05	
四、增值额与扣除项目金额之比（%）	11. 00	10. 03	10. 15	0	35. 09	22. 72	
五、适用税率（%）	0	30	30	30	30		
六、速算扣除系数（%）			0			0	
七、应缴土地增值税税额（元）	0	11114185. 55	11114185. 55	0	31822670. 51	31822670. 51	20708484. 96
八、减免税额（元）							
九、已缴土地增值税税额（元）			9077255. 18			9077255. 18	
十、应补（退）土地增值税税额（元）			2036930. 37			22745415. 33	20708484. 96

表 3-5　土地增值税调增原因分析

项目	行次	金额（元）	比例（%）
非普通住宅增值额调增值	1	69028283.18	
调增值对应土地增值税（2=1×30%）	2	20708484.95	
销售收入调增	3	1346817.64	2
虚增成本调增（4=5+6）	4	41065998.26	59.5
调减扣除金额	5	25140000	
施工合同重复列支工、料的发票	6	15925998.26	
分摊比例调整金额（从88%调整到80%），从普通住宅调整分配过来的成本（7=1-3-4）	7	26615467.28	38.6

表 3-6　琼佳明税审字〔2011〕字第 003 号与琼德利税鉴字〔2012〕第 2 号计算方法

报告	成本分摊计算方法	住宅分摊比例（%）	
		普通住宅	非普通住宅
琼佳明税审字〔2011〕字第 003 号	销售比例分摊法	12	88
琼德利税鉴字〔2012〕第 2 号	可售面积百分比法	20	80

5. 2013 年 6 月 20 日，《关于确认“财富广场”项目土地增值税清算结果的报告》出炉。甲公司按鉴证报告结果申报缴纳土地增值税 1111 万元。

【争议焦点】

1. 上诉人对涉案的“财富广场”项目用地面积的认定是否准确？

2. 涉案项目税务清算审核程序是否合法？

3. 市税务局采取的普通住宅和非普通住宅成本分摊的计算方法是否合法、合规？

4. 市税务局调整涉案项目售价的合法性。

【法院裁判观点】

1. 涉案的“财富广场”项目用地面积的认定。根据《国家税务总局关于印发〈土地增值税清算管理规程〉的通知》（国税发〔2009〕91 号）第二十一条第（四）项规定：“扣除项目金额中所归集的各项成本和费用必须是在清算项目开发中直接发生的或应当分摊的。”2003 年 9 月 8 日，海口市国土资源局在复函中已告知甲公司：“我局依据你公司提供市规划局出具的该宗地周边市政路网图，扣除市政规划道路所占用的土地后，应按 11019.96 平方米给你公司办理土地登记手续。”本案中，作为市政规划路的土地成本，不符合国家税务总局的以上规定，因此在土地增值税清算中不能作为本项目的成本扣除。市税务局以 11019.96 平方米作为确认项目土地成本进行清算是准确的。

2. 涉案项目税务清算审核程序的合法性问题。市税务局委托德立事务所对涉案项目进行清算鉴证，案件证据及原审查明的相关事实证明：德立事务所清算审核中采取了案头审核、实地审核的程序，一审判决认定德立事务所只采取了案头审核及“作为被告市税务局却未尽审慎的审查义务，采信德立事务所未依法向甲公司进行查账、取证情况下作出的鉴证报告并据此作出《土地增值税清算结论》《土地增值税清算税款缴纳通知书》，程序存在瑕疵，部分清算结论事实不清应予以纠正”的认定无事实依据，明显错误。至于市税务局在审核甲公司自行委托的海南佳明会计师事务所做的鉴证报告后，认为其内容缺乏真实性、准确性，对其不予采用不存在任何不当，这是税务征管部门的基本职责和权力。市税务局虽然对德立事务所的鉴证结论采信存在程序瑕疵，但对其认定甲公司所应补缴税款的结论应予支持。

3. 市税务局采取的普通住宅和非普通住宅成本分摊的计算方法是否合法、合规的问题。根据《国家税务总局关于房地产开发企业土地增值税清算管理有关问题的通知》，海南省在全省土地增值税清算中统一采用“可售面积百分比法”既有据可依，又保证了征税标准的统一。一审判决以涉案项目属单一开发项目为由认定市税务局的普通住宅和非普通住宅成本分摊的计算方法“显属错误”，明显于法无据，法院对该认定不予支持。

4. 市税务局调整涉案项目售价的合法性问题。市税务局依据《海南省地方税务局关于土地增值税清算有关问题的通知》（琼地税发〔2009〕187 号）第三条“对商品房销售价格明显偏低的，其收入按下列方法和顺序确认：（一）按本企业同期、同类商品房的平均价格确定；（二）按本企业近期、同类商品房的平均销售价格确定”的规定，在无参考价格的情况下，审核中按低于当年同季度同类型均价 20%为标准，对涉案项目整个收入重新计算调整，在中介调增 10 套商品房销售收入的基础上，增加调整 14 套商品房的售价。另甲公司分别于 2008 年 1 月 4 日和 9 月 3 日取得《批准减免税通知书》两份（海口地税免函〔2008〕32 号和海口地税免函〔2008〕2176 号），获批免征 2006 年 7 月 1 日至 12 月 31 日期间营业税合计 3275707. 6 元；需调增 24 套商品房的销售收入，其中有 7 套是 2006 年度确认的收入，不予以调整，实际调整 17 套商品房的销售收入。因此，市税务局对售价偏低的调整合法、合理。

综上所述，市税务局做出的 030 号通知书及省税务局做出的 15 号复议决定书认定事实清楚，适用法律、法规正确，应予维持；一审判决在事实认定、法律法规的适用方面存在错误，应予撤销。

依照《中华人民共和国行政诉讼法》第八十九条第一款第（二）项的规

定，判决如下：①撤销海口市美兰区人民法院（2017）琼0108行初12号行政判决；②驳回被上诉人甲公司的诉讼请求。

【税务律师案例评析】

1. 对于服务中介出具的涉税鉴证审计报告，税务机关可以行使其税务征管权力，即便在程序上有瑕疵，也可以不予采纳。税务机关可以委托服务中介辅助其开展土地增值税复核工作，履行案头审核、实地审核程序，尽到税务机关审慎的审查义务。

2. 从土地增值税计算过程来看，甲公司申请补税203.7万元，而税务机关要求其补税2274.5万元，两者相差2070.8万元，土地增值税税负从2.4%上升到6.7%，压缩了房地产开发项目的利润空间，甚至导致项目亏损。进一步分析，可以看出，除不合规发票导致扣除成本调减4107万元之外，分摊比例调整导致普通住宅的增值额由正转为负，失去普通住宅免缴土地增值税的优惠空间，使非住宅部分增值额增加近2662万元，是土地增值税大幅增加的关键所在。

【风险提示】

1. 基于本地区土地增值税的执行口径，企业要做好房地产开发项目的土地增值税模拟测算，以便充分利用普通住宅的免税政策。

2. 寻找专业第三方服务机构，做好日常涉税业务体检服务，尤其在经济合同审核方面，防止出现包工包料建筑安装合同与后期需甲方供材料的矛盾，从而被认定重复列支。

3. 为地产公司提供土地增值税清算鉴证服务的中介机构，不仅要出具专业鉴证报告，还要有沟通协调能力，以防止土地增值税报告被税务部门否决。

【相关条文】

1. 《国家税务总局关于印发〈土地增值税清算管理规程〉的通知》（国税发〔2009〕91号）。

第三十条 纳税人委托中介机构审核鉴证的清算项目，主管税务机关应当采取适当方法对有关鉴证报告的合法性、真实性进行审核。

第三十一条 对纳税人委托中介机构审核鉴证的清算项目，主管税务机关未采信或部分未采信鉴证报告的，应当告知其理由。

2. 《中华人民共和国土地增值税暂行条例》（国务院令第588号）。

第八条 有下列情形之一的，免征土地增值税：

（一）纳税人建造普通标准住宅出售，增值额未超过扣除项目金额20%的；

（二）因国家建设需要依法征收、收回的房地产。

判例三　公司的转让行为是否构成了国有土地使用权的转让，缴纳土地增值税

【裁判要旨】

苏州甲社区置业有限公司虽未办理该地块的国有土地使用证，但其实际占有并处分了土地使用权，且苏州甲社区置业有限公司通过股权转让，实现了土地增值，取得了相应的经济利益。因此，其行为实质上构成国有土地使用权转让。

【涉税案情】

再审申请人（一审原告、二审上诉人）：苏州甲社区置业有限公司（以下简称“甲公司”）

再审被申请人（一审被告、二审被上诉人）：国家税务总局苏州工业园区税务局（以下简称“工业园区税务局”）、苏州工业园区管理委员会（以下简称“工业园区管委会”）

1. 2004 年 12 月 7 日，苏州工业园区国土房产局对苏园土挂（2004）07 号国有土地使用权进行公开挂牌出让。当日，受上海乙创展实业发展有限公司（以下简称“乙公司”）、上海丙工业投资公司（以下简称“丙公司”）、上海丁置业有限公司（以下简称“丁公司”）及苏州工业园区戊发展集团有限公司（以下简称“戊公司”）四方委托，上海 A 置业（集团）有限公司（以下简称“A 置业公司”）与上海 B 投资（集团）有限公司（以下简称“B 投资公司”）通过公开拍卖竞得三宗地块（见图 3-1）。

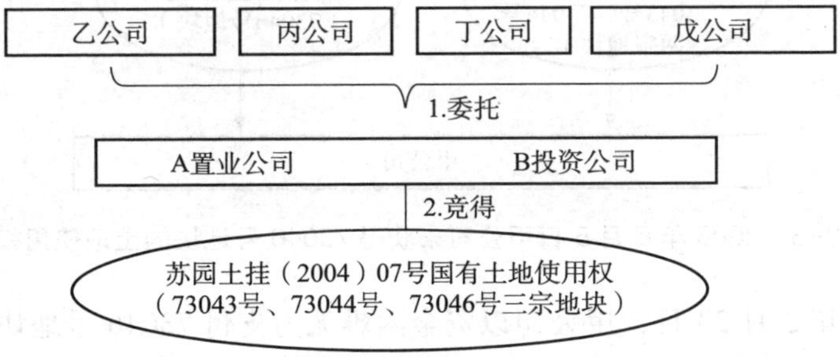

图 3-1　2004 年 12 月 7 日 A 置业公司与 B 投资公司竞得三宗地块

2. 2004 年 12 月 27 日，两竞拍人与苏州工业园区国土房产局签订了苏工园让（2004）107 号《苏州工业园区国有土地使用权出让合同》（见图 3-2）。

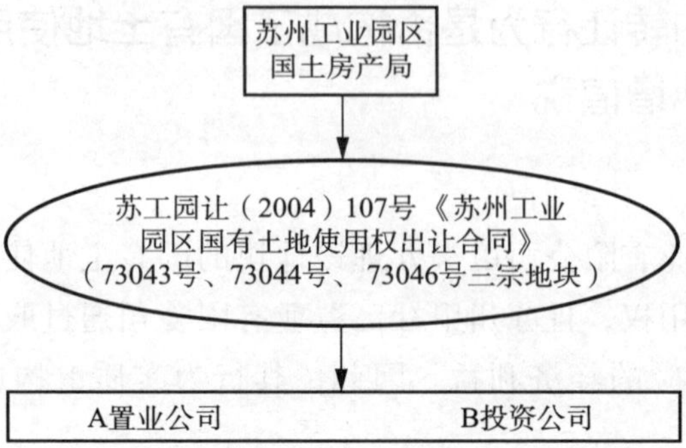

图 3-2　2004 年 12 月 27 日 A 置业公司与 B 投资公司获得该地块土地使用权

3. 2005 年 5 月 25 日，乙公司（51%）、丙公司（30%）、丁公司（14%）与戊公司（5%）共同投资成立项目公司甲公司。

2005 年 6 月 6 日，甲公司四家股东共同出具“承诺函”，四方均同意将苏园土挂（2004）07 号地块的土地使用权，从原竞拍人名下变更至甲公司名下。

4. 2005 年 6 月 8 日，甲公司向苏州工业园区国土房产局申请，以其名义对苏园土挂（2004）07 号地块进行土地登记。甲公司正常开发编号为 73043 号、73044 号两宗土地（缴纳土地出让金并办理了国有土地使用证），涉案纠纷仅涉及 73046 号地块（见图 3-3）。

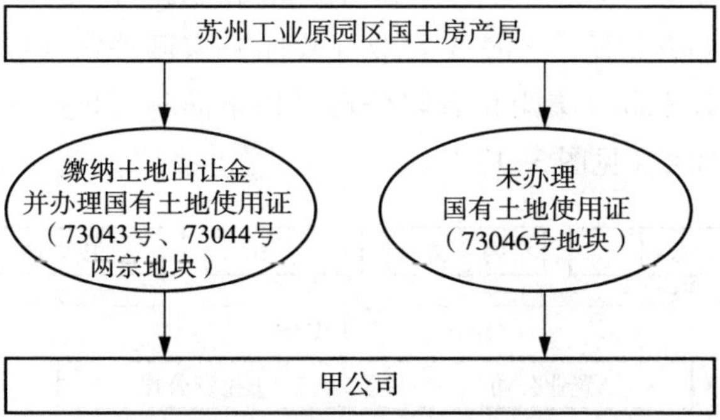

图 3-3　2005 年 6 月 8 日甲公司未获得 73046 号地块的土地使用权证

5. 2007 年 3 月 23 日，甲公司以资金困难无力支付 73046 号地块土地出让金为由，向苏州工业园区国土房产局申请，以与新加坡星狮集团成立合资公司的方式共同开发 73046 号地块。甲公司承诺，将在 2007 年 5 月 31 日前付清该地块土地出让金 12. 2561 亿元；同时，请求减免因逾期支付土地出让金产生的利息。

6. 2007 年 5 月 15 日，甲公司与同为新加坡星狮集团成员的五家公司签订

《合作协议书》，分别对合作条件、合作步骤及各方权利义务进行了约定。其中，协议 3.1 款约定，六方在苏州工业园区注册中外合资房地产开发公司（系合资公司），即××置业（苏州）有限公司（以下简称“××公司”），并以该合资公司作为翡翠国际社区三期（73046 号地块）的开发主体。3.2 款约定，为设立合资公司，通过委托五家公司的关联公司先锦公司向甲公司贷款的方式完成甲公司缴付注册资金 2.5 亿元的义务。协议 3.3.2 款约定，合资公司支付翡翠国际社区三期土地款项后，依法取得政府部门核发的国有土地使用权证，合资公司成为翡翠国际社区三期地块的唯一权属人，依法独立开发翡翠国际社区三期房地产项目。协议 3.5 款约定，合资公司取得翡翠国际社区三期完整国有土地使用权证后，甲公司将其在该公司名下 20%股权全部转让至五家公司或五家公司指定的公司。协议 4.5.3 款约定，基于合资公司股权转让，五家公司或五家公司指定的公司应付甲公司股权溢价款 133033923 元，股权溢价款的计算公式：314501 平方米（土地面积）×1.8（容积率）×235 元/平方米。合资公司股权转让完成后，甲公司不再持有合资公司的任何股权。

7.2007 年 5 月 21 日，××公司经原苏州工业园区工商行政管理局批准设立，注册资本为人民币 12.5 亿元，六股东出资情况为甲公司 2.5 亿元，占注册资本的 20%；其余五家公司各出资 2 亿元，各占 15%。甲公司 2.5 亿元的出资全部以委托先锦公司向银行贷款的方式完成，贷款期限 6 个月。在××公司章程中，甲公司同意放弃在该公司经营与管理中的决策权以及《合作协议书》之外的收益权（见图 3-4）。

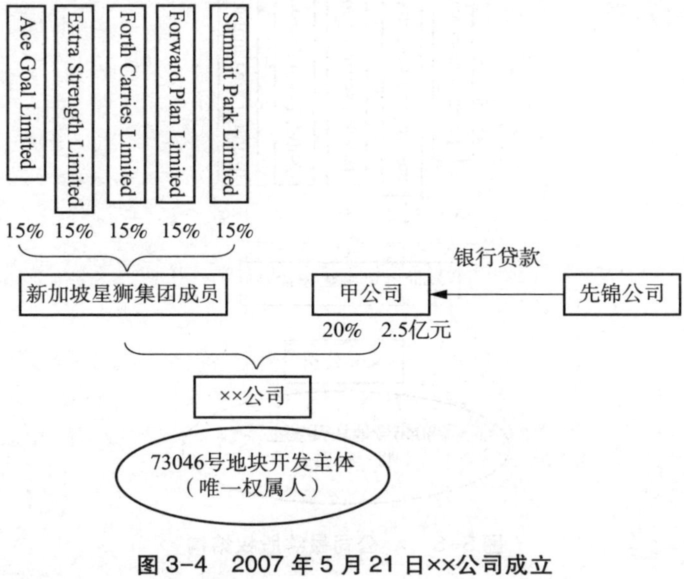

图 3-4　2007 年 5 月 21 日××公司成立

8. 2007 年 5 月 28 日，××公司支付 73046 号地块土地出让金 1225610397 元，后分别于 7 月 24 日、10 月 9 日支付该地块土地出让金利息 17759700 元及 60000000 元（见表 3-7）。

表 3-7　××公司支付土地出让金及利息　　单位：元

时间	73046 号地块	金额	结算凭证	合计
2007 年 5 月 28 日	土地出让金	1225610397	江苏省土地规费专用收据 3272738 号	1303370097
2007 年 7 月 24 日	土地出让金利息	17759700	江苏省行政事业单位结算凭证 07184358 号	
2007 年 10 月 9 日		60000000	江苏省行政事业单位结算凭证 07184398 号	

9. 2007 年 8 月 2 日，苏州市人民政府为××公司颁发了苏工园国用（2007）第 01133 号国有土地使用证，载明地号 73046，地类“住宅用地”，使用权类型为“出让”。

10. 2007 年 8 月 14 日，××公司通过董事会决议，甲公司将其持有的 20%股份转让给 Ace Goal Limited，转让价格为 305274223 元。9 月 29 日，园区管委会书面批复，同意该股权转让行为。

11. 2007 年 12 月 10 日，原苏州工业园区工商行政管理局出具（05940052）外商投资公司变更登记〔2007〕第 11300004 号通知书，对××公司的股权变更登记申请予以核准（见图 3-5）。

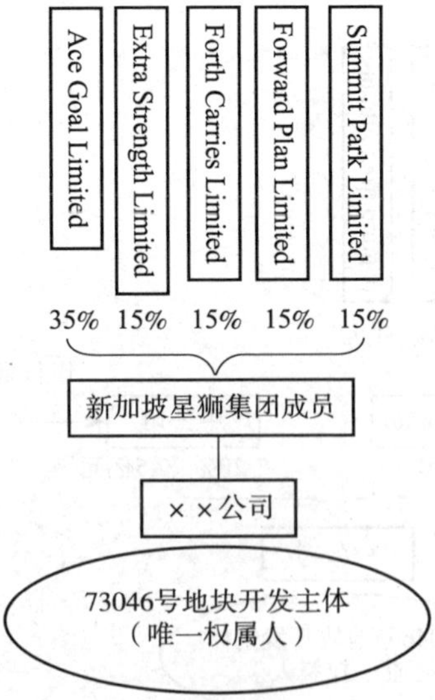

图 3-5　××公司最终股权结构

12. 2008 年 2 月 4 日，Ace Goal Limited 向甲公司缴付股权转让款时发生汇兑损失，实际结汇折合人民币 298641539. 7 元，造成汇兑损失计 6632683. 3 元。

13. 2008 年 2 月 22 日，先锦公司在出具给甲公司的书面征询意见中承诺，上述汇兑损失 6632683. 3 元将从此前支付给甲公司的定金（10000000 元）中予以扣除。2 月 25 日，甲公司将 2. 5 亿元委托贷款及 55274223 元“股权转让溢价款”分别进行了“长期投资”与“投资收益”账务处理，合计金额 305274223 元（与××公司董事会决议中约定的股权转让价格一致）（见表 3-8）。

表 3-8　甲公司将 2. 5 亿元委托贷款与“股权转让溢价款”分别进行了“长期投资”与“投资收益”处理

单位：元

项目	甲公司持有的 20%的股权	合计	甲公司入账	项目
实际结汇折合人民币	298641539. 7	305274223	250000000	长期投资
汇兑损失	6632683. 3		55274223	投资收益（股权转让溢价款）
先锦公司支付定金（抵付汇兑损失）	10000000			

14. 2012 年 11 月 14 日，原苏州工业园区地税局做出苏园地税稽检通一〔2012〕91 号税务检查通知书，并于当日决定立案稽查。××公司向原苏州工业园区地税局出具“情况说明”确认，甲公司所得的股权溢价款实为 133033923 元，因××公司除向原苏州工业园区国土部门缴纳 73046 号地块土地款 1225610397 元之外，还缴纳了利息 77759700 元，根据《合作协议书》的约定，上述利息应由甲公司承担。故最终由 Ace Goal Limited 向甲公司支付股权溢价款时将上述利息扣除，后将余额 55274223（133033923-77759700）元支付给甲公司（见表 3-9）。

表 3-9　××公司向原苏州工业园区地税局确认的甲公司所得的股权溢价款　单位：元

73046 号地块	金额	合计
土地出让金	1225610397	1303370097
土地出让金利息（甲公司承担）	77759700	
甲公司实际股权溢价款	133033923	
Ace Goal Limited 向甲公司实际支付股权溢价款	55274223	

【争议焦点】

1. 甲公司的行为实质上构成国有土地使用权转让。

2. 甲公司转让 73046 号地块国有土地使用权存在偷税情形，依法应当追缴税款。

3. 对甲公司转让 73046 号地块应追缴税款的计算。

4. 甲公司转让 73046 号地块未缴土地增值税及滞纳金。

5. 原苏州工业园区地税局税务处理程序、园区管委会行政复议程序。

【法院裁判观点】

1. 甲公司的行为实质上构成国有土地使用权转让。原苏州工业园区地税局要求甲公司缴纳土地增值税、营业税的理由是，甲公司以股权转让的名义进行国有土地使用权转让。甲公司主张其未取得 73046 号地块国有土地使用证，不可能转让国有土地使用权。双方争议焦点为甲公司的行为是否构成国有土地使用权转让。法院认为，甲公司的行为实质上构成国有土地使用权转让，主要理由如下。

（1）73046 号地块最初由原苏州工业园区国土房产局出让给 A 置业公司和 B 投资公司，后甲公司四名股东一致同意将 73046 号地块变更至甲公司名下，由甲公司进行土地登记。原苏州工业园区国土部门也确认甲公司为该地块真实受让人，实际享有国有土地使用权出让合同项下的所有权利与义务（见图 3-6）。

（2）从甲公司与新加坡星狮集团五公司签订的《合作协议书》来看，甲公司转让了土地使用权。《合作协议书》明确约定，共同设立的××公司取得 73046 号地块国有土地使用权，且保证××公司为 73046 号地块土地的唯一权属人。从该约定来看，甲公司将该土地使用权进行了处分。××公司虽然办理了国有土地使用证，但与土地行政主管部门签订国有土地使用权出让合同的主体并非××公司。××公司虽然缴纳了土地出让金并补缴了利息，但是系代替甲公司缴纳。

（3）从“股权溢价款”的计算来看，甲公司实质上构成土地使用权转让。甲公司在将其持有的××公司 20%股权转让时，获得 133033923 元，“股权溢价款”的计算方式为：314501 平方米（73046 号地块面积）×1.8（容积率）×235 元/平方米。从该计算方式可以看出，甲公司获得的“股权溢价款”是根据 73046 号地块的土地面积和容积率等进行计算的（见表 3-10）。

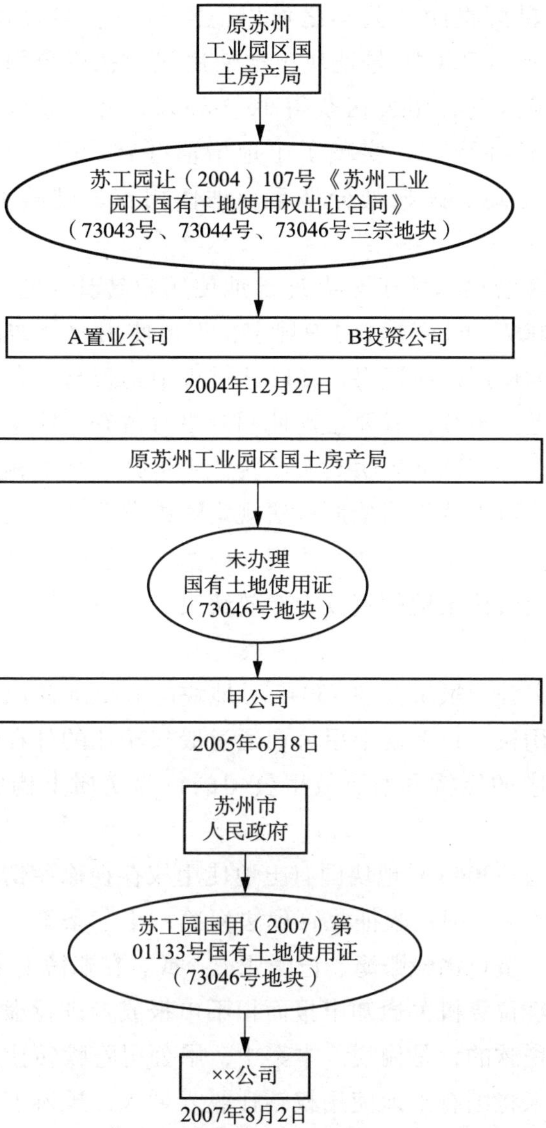

图 3-6　2004—2007 年 73046 号地块合同权属变更

表 3-10　“股权溢价款”计算方式

73046 号地块面积（平方米）	容积率	单价（元/平方米）	股权溢价款（名义上）（元）	股权溢价款（实收）（元）	73046 号地块土地出让金利息（元）
A_1	A_2	A_3	C $A_1 \times A_2 \times A_3 =$ $C = B_1 + B_2$	B_1	B_2
314501	1. 8	235	133033923	55274223	77759700

（4）新加坡星狮集团五公司之所以愿意与甲公司合作，是因为甲公司实际占有并有权处分73046号地块土地使用权。在甲公司转让股权之前，××公司实际上并未经营，甲公司获得133033923元“股权溢价款”，实际上是以股权转让的外在形式，实现了土地增值并转让了土地使用权。甲公司如果不占有涉案土地、无权处分涉案土地使用权，则其不可能获得所谓的“股权溢价款”。

（5）国家税务总局《关于未办理土地使用权转让土地有关税收问题的批复》（国税函〔2007〕645号）明确规定，土地使用权者转让土地，无论其是否取得了该土地的使用权属证书，在转让过程中是否与对方当事人办理了土地使用权证书变更登记手续，只要土地使用者享有占有、使用、收益或处分该土地的权利，且有合同等证据表明其实质转让土地并取得了相应的经济利益，土地使用者及对方当事人就应当依照税法规定缴纳营业税、土地增值税和契税等相关税费。该批复虽然不是法律、法规、规章，但系国家税务行政主管部门对未办理土地使用权转让土地的解读，有效解决了非正常转让土地使用权逃避税收的问题。

综上所述，甲公司虽未办理73046号地块国有土地使用证，但其实际占有并处分了土地使用权，且客观上甲公司通过股权转让的外在形式，实现了土地增值，取得了相应的经济利益，故甲公司的行为实质上构成国有土地使用权转让。

2. 甲公司转让73046号地块国有土地使用权存在偷税情形，依法应当追缴税款。《中华人民共和国税收征收管理法》第六十三条第一款规定，纳税人伪造、变造、隐匿、擅自销毁账簿、记账凭证，或者在账簿上多列支出或者不列、少列收入，或者经税务机关通知申报而拒不申报或者进行虚假的纳税申报，不缴或者少缴应纳税款的，是偷税。本案中，甲公司隐瞒转让国有土地使用权的事实，在账簿上未将国有土地使用权转让收入列入，规避了国有土地使用权转让过程中应缴纳的各项税款，属于在账簿上“不列收入”情形，构成偷税，原苏州工业园区地税局有权依法追缴相应的税款。

3. 对甲公司转让73046号地块应追缴税款的计算。计税依据应以甲公司获得的涉案土地使用权转让收益为准。甲公司账目虽然显示“股权转让”溢价款为55274223元，但因股权受让方Ace Goal Limited在支付过程中扣除了本应由甲公司承担的（实际由××公司垫付）73046号地块土地出让金利息77759700元，故甲公司以股权转让名义实际获得的土地使用权转让收入应为上述两项之和133033923（55274223+77759700）元（见表3-11）。

表 3-11　甲公司营业税及其他相关税费、滞纳金计算

项目	税率（%）	金额（元）	滞纳金					
			金额（元）	股权变更核准登记时间	营业税纳税期限截止日期	税务稽查立案时间	逾期（天）	比率（%）
甲公司实际股权溢价款		133033923						
营业税	5	6651696.15	5870121.85	2007 年 12 月 10 日	2008 年 1 月 15 日	2012 年 11 月 14 日	1765	0.05
城市维护建设税	5	332584.81						
教育费附加	3	199550.88						
地方教育附加	2	133033.92						
税费小计		7316865.76	5870121.85					
合计	13186987.61							

4. 甲公司转让 73046 号地块未缴土地增值税及滞纳金。根据《中华人民共和国土地增值税暂行条例》第二条、第三条、第七条的规定，转让国有土地使用权并取得收入的单位和个人，为土地增值税的纳税义务人，按照转让房地产所取得的增值额和相应税率缴纳土地增值税；纳税人转让房地产所取得的收入减除本条例第六条规定扣除项目金额后的余额，为增值额，增值额未超过扣除项目金额 50%的部分，税率为 30%。《中华人民共和国土地增值税暂行条例实施细则》第七条第（五）项规定，与转让房地产有关的税金，是指在转让房地产时缴纳的营业税、城市维护建设税、印花税。因转让房地产缴纳的教育费附加，也可视同税金予以扣除。

本案中，甲公司转让涉案土地使用权收益 133033923 元，可扣除项目为营业税、城市维护建设税、教育费附加和地方教育附加，合计 7316865.76 元，增值额 125717057.24 元，按照 30%的税率，应缴纳的土地增值税为 37715117.17 元。截至原苏州工业园区地税局税务稽查立案当天，其仍未缴纳该笔税款，滞纳天数达 2004 天，累计滞纳金已超过土地增值税本金，故以税款本金计算，甲公司应缴纳的土地增值税滞纳金为 37715117.17 元（见表 3-12）。

表 3-12　甲公司土地增值税缴纳情况

项目	数值	土地增值税起算时间	税务稽查立案时间	逾期时间（天）
转让房地产收入总额（元）	1358644320			
取得土地使用权支付的金额（元）	1225610397			
与转让房地产有关的税金等（元）	7316865.76			

续表

项目	数值	土地增值税起算时间	税务稽查立案时间	逾期时间（天）
增值额（元）	125717057. 24			
增值额与扣除项目金额之比（%）	10. 2			
适用税率（%）	30			
应缴纳土地增值税税额（元）	37715117. 17			
滞纳金（元）	37715117. 17	2007 年 5 月 21 日	2012 年 11 月 14 日	2004

5. 原苏州工业园区地税局税务处理程序合法，园区管委会行政复议程序合法。原苏州工业园区地税局做出 4 号《税务处理决定》前，已告知甲公司依法享有听证的权利，并根据甲公司的申请，举行了听证会。园区管委会收到行政复议申请后，经立案受理、通知被申请人举证、召开复议听证会及审限延长审批，后在集体讨论基础上做出 4 号《行政复议决定》，行政程序基本符合相关法律规定。

需要强调的是，企业所得税、营业税、土地增值税属于不同的税种。评判追缴的税收数额是否合法，主要审查是否有明确的法律依据。甲公司主张其已缴纳企业所得税，不应当缴纳营业税、土地增值税的理由依法不能成立。甲公司向原国税部门缴纳的企业所得税数额是否正确不属本案审查范围。

【税务律师案例评析】

1. 作为以变更合同主体的方式规避土地增值税的典型案例，本案正好发生在国税函 645 号文批复之后。批复不是新的法规，也不是新的规范性文件，而是一个问题回复，对法规应用的解答，不适用“不溯及既往”的原则，法院在具体案件判决中，可以直接引用批复解释口径。

2. 土地增值税纳税义务产生的时间节点为签订《合作协议书》，即 2007 年 5 月 15 日，滞纳金的起算起点是 5 月 21 日，符合《中华人民共和国土地增值税暂行条例》第十条规定。由于涉案企业是合资企业，股权转让需要审批，股权转让营业税的纳税义务产生的时间以外商企业股权核准登记时间为准，而不以签订《合作协议书》时间为准。因此，土地增值税和营业税的纳税义务时间不一致。

3. 甲公司采取查账征收方式计算土地增值税，增值率为 10. 2%。如果采取核定征收方式计算土地增值税，则需要缴纳更多土地增值税。

【风险提示】

1. 企业进行税收筹划，要及时关注国家税务总局文件，甚至批复文件，审查交易行为是否合规，以免后期被税务稽查否定导致补缴税款及巨额滞纳金。

2. 拍地后成立项目公司进行房地产开发的，须注意尽快将土地使用权登记在项目公司名下，切忌采取变更土地合同主体方式进行土地交易以规避土地增值税。

【相关条文】

1.《中华人民共和国土地增值税暂行条例》。

第十条 纳税人应当自转让房地产合同签订之日起 7 日内向房地产所在地主管税务机关办理纳税申报，并在税务机关核定的期限内缴纳土地增值税。

2.《国家税务总局关于未办理土地使用权证转让土地有关税收问题的批复》（国税函〔2007〕645 号）。

四川省地方税务局：

你局《关于未办理土地使用权证而转让土地有关税收问题的请示》（川地税发〔2007〕7 号）收悉，批复如下：

土地使用者转让、抵押或置换土地，无论其是否取得了该土地的使用权属证书，无论其在转让、抵押或置换土地过程中是否与对方当事人办理了土地使用权属证书变更登记手续，只要土地使用者享有占有、使用、收益或处分该土地的权利，且有合同等证据表明其实质转让、抵押或置换了土地并取得了相应的经济利益，土地使用者及其对方当事人应当依照税法规定缴纳营业税、土地增值税和契税等相关税收。

判例四 企业闲置的土地被政府收储，是否要缴纳土地增值税

【裁判要旨】

免征土地增值税适用于“因国家建设需要依法征收、收回的房地产”，按照国家征收的相关法律规定，国家建设需要征收或收回的土地价格系由征收机关按照法律规定确定补偿安置方案予以确定，该征收价格不按被征收人意志转变。案涉宗地因政府原因闲置而被收储，福安市土地收购储备中心与福安市甲有限公司基于双方协商“同意”的价格收回土地，不同于国家建设征收、收回的情形，不属于土地增值税的免征范围。

【涉税案情】

上诉人（原审原告）：福安市甲有限公司（以下简称“甲公司”）

被上诉人（原审被告）：国家税务总局福安市税务局（以下简称“福安市税务局”）

原审第三人：福安市自然资源局

1. 2014 年 2 月 10 日，原福安市国土资源局与甲公司签订《国有建设用地使用权出让合同》，将位于福安市城阳镇××地块（宗地编号为 2013-57 号，以下简称“案涉宗地”）出让给甲公司。

2. 2014 年 7 月 10 日，原福安市国土资源局与甲公司签订补充协议，约定案涉宗地的土石方场地平整工程业主由福安市土地收购储备中心改为甲公司，并由甲公司实施土石方场地平整工程。

3. 2017 年 12 月 4 日，原福安市国土资源局做出《闲置土地认定书》（安国土资〔2017〕800 号），认定政府原因导致案涉宗地地块闲置，认定案涉宗地土地为闲置土地。

4. 2018 年 1 月 17 日，福安市人民政府做出《关于收储××地块国有土地使用权的批复》（安政文〔2018〕24 号），载明“同意收储甲公司坐落城阳镇王湾村 2013-57 号地块的 64337. 9 平方米国有土地使用权，收储价格 8409. 11666 万元，土石方工程结算款 2107. 6858 万元”。

5. 2018 年 1 月 19 日，福安市土地收购储备中心与甲公司签订《国有土地使用权收储合同》，约定甲公司同意将案涉宗地的国有土地使用权由福安市土地收购储备中心按 8409. 11666 万元的价格收储。

6. 2019 年 9 月 25 日，国家税务总局福安市税务局城南分局（以下简称“城南分局”）做出《税务事项通知书》（安城南税通〔2019〕6 号），通知甲公司案涉宗地××项目应补非住宅土地增值税 4754540. 94 元。

7. 甲公司不服城南分局所做的安城南税通〔2019〕6 号《税务事项通知书》，于 2019 年 10 月 11 日向福安市税务局申请行政复议。2019 年 12 月 10 日，福安市税务局做出《行政复议决定书》（宁安税复决字〔2019〕1 号），决定撤销城南分局 2019 年 9 月 25 日做出的《税务事项通知书》（安城南税通〔2019〕6 号），责令城南分局在 60 日内重新做出具体行政行为。

8. 甲公司不服宁安税复决字〔2019〕1 号《行政复议决定书》，于 2020 年 1 月 7 日向霞浦县人民法院提起本案行政诉讼。霞浦县人民法院经审理，认为被告福安市税务局于 2019 年 12 月 10 日做出的《行政复议决定书》（宁安税复决字〔2019〕1 号）认定事实清楚，证据充分，适用法律法规正确，程序合法。为此，做出（2020）闽 0921 行初 1 号行政判决，驳回甲公司的诉讼请求。

9. 甲公司不服一审判决，上诉至福建省宁德市中级人民法院。福建省宁德市中级人民法院经审理，于 2020 年 11 月 7 日做出（2020）闽 09 行终 110 号行政判决，判决如下：“一、撤销霞浦县人民法院（2020）闽 0921 行初 1 号行政判决。二、撤销被上诉人国家税务总局福安市税务局于 2019 年 12 月 10 日所作《行政复议决定书》（宁安税复决字〔2019〕1 号）。三、被上诉人国家税务总局福安市税务局于本判决生效之日起 60 日内对上诉人甲公司的行政复议申请重新作出决定。”本案的事件时间轴如图 3-7 所示。

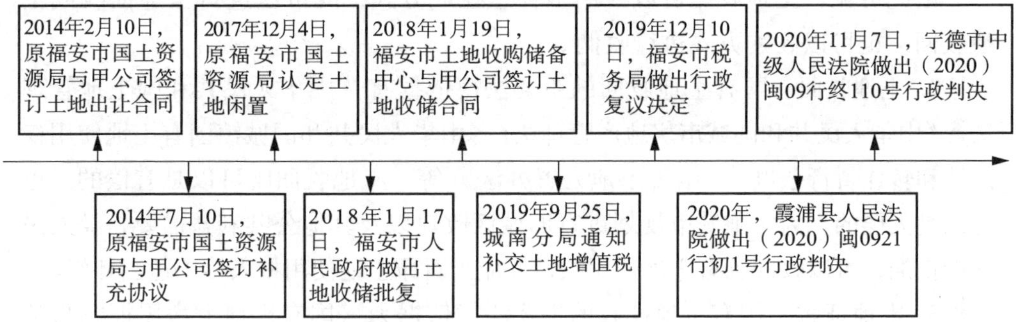

图 3-7　案件时间轴

【争议焦点】

本案是否属于免征土地增值税的情形？

【法院裁判观点】

本院认为：……本案上诉人主张其符合上述《中华人民共和国土地增值税暂行条例》第八条第（二）项规定的免征情形，但该免征土地增值税适用于“因国家建设需要依法征收、收回的房地产”，且按照国家征收的相关法律规定，国家建设需要征收或收回的土地价格系由征收机关按照法律规定确定补偿安置方案予以确定，一般不因被征收人的意志转变。涉案宗地因闲置，原福安市国土资源局于 2017 年 12 月 4 日做出《闲置土地认定书》，认定政府原因导致上述地块闲置。2018 年 1 月 19 日，福安市土地收购储备中心与甲公司签订《国有土地使用权收储合同》，约定甲公司同意将上述地块的国有土地使用权由福安市土地收购储备中心按 8409. 11666 万元的价格收储，该收回土地的价格是基于双方的协商“同意”，不同于国家建设征收、收回的情形。现有证据不足以证明涉案土地收回适用上述免征的情形。

【税务律师案例评析】

本案的争议在于免征土地增值税情形即“因国家建设需要依法征收、收回的房地产”如何理解和适用。具体分析如下。

1. 土地收储。土地收储的主要法律依据为《土地储备管理办法》，目的是“增强政府对城乡统一建设用地市场的调控和保障能力，促进土地资源的高效配置和合理利用”，更多强调政府对土地市场的管控和对土地资源的利用。

纳入储备范围的土地有：①依法收回的国有土地；②收购的土地；③行使优先购买权取得的土地；④已办理农用地转用、征收批准手续，并完成征收的土地；⑤其他依法取得的土地。

由此可见，土地收储可以采用多种途径或方式，既可以进行土地征收或土地收回，也可以收购方式进行收储。

2. 土地收回。国有土地收回的主要法律依据有《中华人民共和国土地管理法》《中华人民共和国城市房地产管理法》《中华人民共和国城镇国有土地使用权出让和转让暂行条例》《闲置土地处置办法》等。土地收回既可以是有偿的，也可以是无偿的。为实施城市规划进行旧城区改建以及其他公共利益需要，经人民政府批准，可以收回国有土地使用权，并应当对原土地使用权人给予适当补偿。

3. 土地征收。国有土地征收的主要法律依据为《国有土地上房屋征收与补偿条例》，是“为了公共利益的需要”进行征收。

以下情形进行征收均属于“为了公共利益的需要”：①国防和外交的需要；②由政府组织实施的能源、交通、水利等基础设施建设的需要；③由政府组织实施的科技、教育、文化、卫生、体育、环境和资源保护、防灾减灾、文物保护、社会福利、市政公用等公共事业的需要；④由政府组织实施的保障性安居工程建设的需要；⑤由政府依照城乡规划法有关规定，组织实施的对危房集中、基础设施落后等地段进行旧城区改建的需要；⑥法律、行政法规规定的其他公共利益的需要。

因缺少具体信息，无法确定本案是否因城市总体规划的变更或调整，导致案涉宗地原先规划土地性质和用途与现有城市总体规划不符。如案涉宗地收储系有前述原因，通过政府进行土地征收而非进行收储，则属于有充分依据适用“因国家建设需要依法征收、收回的房地产”规定，主张属于免征土地增值税的情形。

【风险提示】

1. 涉税条款规定有其特殊的含义，需结合国家税务总局以及地方税务部门发布的实施条例、通知、批复等一系列配套的规范性文件。从防范纳税风险的角度出发，企业进行纳税筹划或纳税申报前，应积极与当地税务部门沟通，进行纳税预判。

2. 关注政府收回土地的内在实质（法律行为）以及外在表象（形式或程序）的一致。

征收是一种行政法律行为，征收决定由县级以上人民政府行使。土地收回根据相关法律规定，需要经过人民政府的审批。

征收需进行征收决定公告，土地收回一般需经政府批准或批复。

【相关条文】

1.《土地储备管理办法》。

一、总体要求

（一）为贯彻落实党的十九大精神，落实加强自然资源资产管理和防范风险的要求，进一步规范土地储备管理，增强政府对城乡统一建设用地市场的调控和保障能力，促进土地资源的高效配置和合理利用……

（八）下列土地可以纳入储备范围：

1. 依法收回的国有土地；

2. 收购的土地；

3. 行使优先购买权取得的土地；

4. 已办理农用地转用、征收批准手续并完成征收的土地；

5. 其他依法取得的土地。

入库储备土地必须是产权清晰的土地。土地储备机构应对土地取得方式及程序的合规性、经济补偿、土地权利（包括用益物权和担保物权）等情况进行审核，不得为了收储而强制征收土地。对于取得方式及程序不合规、补偿不到位、土地权属不清晰、应办理相关不动产登记手续而尚未办理的土地，不得入库储备。

2.《中华人民共和国城市房地产管理法》。

第五十八条　有下列情形之一的，由有关人民政府自然资源主管部门报经原批准用地的人民政府或者有批准权的人民政府批准，可以收回国有土地使用权：

（一）为实施城市规划进行旧城区改建以及其他公共利益需要，确需使用土地的；

（二）土地出让等有偿使用合同约定的使用期限届满，土地使用者未申请续期或者申请续期未获批准的；

（三）因单位撤销、迁移等原因，停止使用原划拨的国有土地的；

（四）公路、铁路、机场、矿场等经核准报废的。

依照前款第（一）项的规定收回国有土地使用权的，对土地使用权人应当给予适当补偿。

3.《国有土地上房屋征收与补偿条例》。

第八条　为了保障国家安全、促进国民经济和社会发展等公共利益的需要，有下列情形之一，确需要征收房屋的，由市、县级人民政府作出房屋征收决定：

（一）国防和外交的需要；

（二）由政府组织实施的能源、交通、水利等基础设施建设的需要；

（三）由政府组织实施的科技、教育、文化、卫生、体育、环境和资源保护、防灾减灾、文物保护、社会福利、市政公用等公共事业的需要；

（四）由政府组织实施的保障性安居工程建设的需要；

（五）由政府依照城乡规划法有关规定组织实施的对危房集中、基础设施落后等地段进行旧城区改建的需要；

（六）法律、行政法规规定的其他公共利益的需要。

4.《闲置土地处置办法》。

第八条 有下列情形之一，属于政府、政府有关部门的行为造成动工开发延迟的，国有建设用地使用权人应当向市、县国土资源主管部门提供土地闲置原因说明材料，经审核属实的，依照本办法第十二条和第十三条规定处置：

（一）因未按照国有建设用地使用权有偿使用合同或者划拨决定书约定、规定的期限、条件将土地交付给国有建设用地使用权人，致使项目不具备动工开发条件的；

（二）因土地利用总体规划、城乡规划依法修改，造成国有建设用地使用权人不能按照国有建设用地使用权有偿使用合同或者划拨决定书约定、规定的用途、规划和建设条件开发的；

（三）因国家出台相关政策，需要对约定、规定的规划和建设条件进行修改的；

（四）因处置土地上相关群众信访事项等无法动工开发的；

（五）因军事管制、文物保护等无法动工开发的；

（六）政府、政府有关部门的其他行为。

因自然灾害等不可抗力导致土地闲置的，依照前款规定办理。

第十二条 因本办法第八条规定情形造成土地闲置的，市、县国土资源主管部门应当与国有建设用地使用权人协商，选择下列方式处置：

（一）延长动工开发期限。签订补充协议，重新约定动工开发、竣工期限和违约责任。从补充协议约定的动工开发日期起，延长动工开发期限最长不得超过一年。

（二）调整土地用途、规划条件。按照新用途或者新规划条件重新办理相关用地手续，并按照新用途或者新规划条件核算、收缴或者退还土地价款。改变用途后的土地利用必须符合土地利用总体规划和城乡规划。

（三）由政府安排临时使用。待原项目具备开发建设条件，国有建设用地使用权人重新开发建设。从安排临时使用之日起，临时使用期限最长不得超过两年。

（四）协议有偿收回国有建设用地使用权。

（五）置换土地。对已缴清土地价款、落实项目资金，且因规划依法修改造成闲置的，可以为国有建设用地使用权人置换其他价值相当、用途相同的国有建设用地进行开发建设。涉及出让土地的，应当重新签订土地出让合同，并在合同中注明为置换土地。

（六）市、县国土资源主管部门还可以根据实际情况规定其他处置方式。

除前款第（四）项规定外，动工开发时间按照新约定、规定的时间重新起算。

符合本办法第二条第二款规定情形的闲置土地，依照本条规定的方式处置。

第十三条 市、县国土资源主管部门与国有建设用地使用权人协商一致后，应当拟订闲置土地处置方案，报本级人民政府批准后实施。

闲置土地设有抵押权的，市、县国土资源主管部门在拟订闲置土地处置方案时，应当书面通知相关抵押权人。

5.《中华人民共和国土地增值税暂行条例》。

第八条 有下列情形之一的，免征土地增值税：

（一）纳税人建造普通标准住宅出售，增值额未超过扣除项目金额20%的；

（二）因国家建设需要依法征收、收回的房地产。

6.《中华人民共和国土地增值税暂行条例实施细则》。

第十一条 ……

条例第八条（二）项所称的因国家建设需要依法征用、收回的房地产，是指因城市实施规划、国家建设的需要而被政府批准征用的房产或收回的土地使用权。

因城市实施规划、国家建设的需要而搬迁，由纳税人自行转让原房地产的，比照本规定免征土地增值税。

符合上述免税规定的单位和个人，须向房地产所在地税务机关提出免税申请，经税务机关审核后，免予征收土地增值税。

7.《财政部、国家税务总局关于土地增值税若干问题的通知》。

四、关于因城市实施规划、国家建设需要而搬迁，纳税人自行转让房地产的征免税问题

《中华人民共和国土地增值税暂行条例实施细则》第十一条第四款所称：因“城市实施规划”而搬迁，是指因旧城改造或因企业污染、扰民（指产生过量废气、废水、废渣和噪声，使城市居民生活受到一定危害），而由政府或政府有关主管部门根据已审批通过的城市规划确定进行搬迁的情况；因“国家建设的需要”而搬迁，是指因实施国务院、省级人民政府、国务院有关部委批准的建设项目而进行搬迁的情况。

判例五　实物形式的拆迁补偿能否单独归集为拆迁还建面积的收入和成本

【裁判要旨】

国家税务总局恩施市税务局在清算审核中强调的是开发产品受益原则，认定恩施市甲房地产开发有限公司的房地产拆迁补偿费的受益对象为“中大御城一期”清算项目全部开发产品，在审核处理中将拆迁还建产品视同收入的同时，将拆迁补偿费列为整体项目的开发成本，按建筑面积法和层高系数法在三类产品中进行了打通计算。国家税务总局恩施土家族苗族自治州税务局（以下简称“州税务局”）认为对拆迁补偿费的归集，税法强调的是“三分法”中的受益性和合理性原则。

【涉税案情】

上诉人（一审原告）：恩施市甲房地产开发有限公司（以下简称“甲房地产公司”）

被上诉人（一审被告）：恩施市税务局

1. 甲房地产公司成立于2006年，主要从事房地产开发、销售业务，其建设的“中大御城一期”项目于2007年批准立项，分别于2011年6月、2012年4月、2013年6月进行了竣工验收备案。该项目总建筑面积152631.82平方米，可售面积118803.90平方米，已销售产品111854.74平方米，实现收入46543.26万元，取得土地使用权支出6060.78万元，其他成本支出32736.02万元。

2. 2014年9月15日，甲房地产公司向恩施市地方税务局提出申请，要求对案涉开发项目土地增值税进行清算，并提供了其委托的恩施正昌税务师事务所出具的清算报告。

3. 甲房地产公司提交资料后，又于2016年11月23日向恩施市地方税务局提出土地增值税清算申请并提供了报告，后因原报告有明显的错误和收入成本支出不完整，不能准确完整清算，甲房地产公司申请对“中大御城一期”项目的土地增值税进行二次清算，并提交了《中大御城一期土地增值税清算报告》。

4. 在对土地增值税做出清算审核通知前，甲房地产公司就土地增值税清算于2018年1月20日向恩施市地方税务局递交了《关于土地增值税清算几个事项的请示》，主要内容为：①拆迁还建面积7970.04平方米，拆迁视同销售问题；②视同销售开发产品拆迁成本归集分摊的问题，认为不同类型开发产品实际发生的拆迁费应直接归集到普通住宅、非普通住宅、其他产品相应的成本中，无须按建筑面积法先汇总后分摊，否则会违背会计制度公平合理这一基本原则。

5. 就此，恩施市地方税务局请示州地方税务局，州地方税务局又向湖北省地方税务局做出请示，2018 年 4 月 20 日，湖北省地方税务局做出鄂地税函〔2018〕42 号《关于房地产开发项目土地增值税清算拆迁补偿费扣除政策问题的批复》，内容为：根据《国家税务总局关于房地产开发企业土地增值税清算管理有关问题的通知》（国税发〔2006〕187 号）规定，湖北省在开发项目土地增值税清算时按照普通住宅、非普通住宅和其他开发产品三类分别计算增值额（以下简称“三分法”），即应当按照“三分法”分别计算应税收入和扣除项目金额，并且根据《土地增值税清算管理工作规程》（国税发〔2009〕91 号）规定，在土地增值税清算中，扣除项目金额归集时应当遵循实际发生、分别归集的原则。采取实物补偿方式的，其拆迁补偿费应当按照《国家税务总局关于土地增值税清算有关问题的通知》（国税函〔2010〕220 号）规定确定应税收入，并将实际列支的拆迁补偿费首先按照“三分法”分别归集到普通住宅、非普通住宅和其他开发产品的开发成本中，计入开发项目土地增值税扣除项目金额。如果确实无法合理、准确按照“三分法”分别归集，则可按照建筑面积法或者其他合理、合规方法进行分摊。

2018 年 7 月，恩施市地方税务局、恩施市国家税务局因国家机构改革合并为国家税务总局恩施市税务局（以下简称“市税务局”）。市税务局按照上述批复意见向甲房地产公司做出了恩地税函〔2018〕3 号《关于土地增值税清算问题的答复》。

6. 2019 年 1 月 5 日，甲房地产公司自行委托湖北恩施州银达合伙税务师事务所进行鉴定，鉴定事项为：甲房地产公司在恩施市开发“中大御城”项目时，发生的拆迁补偿费采用实物补偿方式的，其拆迁补偿费在会计核算上能否准确归集到三类不同产品即“普通住宅、非普通住宅、其他产品”。

7. 2019 年 1 月 20 日，就该鉴定事项，湖北恩施州银达合伙税务师事务所做出湖北银鉴字（2019）1 号注册税务师涉税鉴证报告，其结论为：在实物补偿其拆迁补偿费的实际还建的过程中，该项目没有住宅还建门面，也没有门面还建住宅等相互交叉情况，资料清楚、对应清晰，在会计核算上“实物补偿拆迁补偿费”能够准确完整地归集到三类不同的产品，即“普通住宅、非普通住宅、其他产品”。该鉴证报告未向市税务局和州税务局提交。

8. 2019 年 3 月 11 日，市税务局做出恩税土清字〔2019〕1 号《房地产开发项目土地增值税清算审核通知书》，内容见表 3-13。

表 3-13 恩税土清字〔2019〕1 号《房地产开发项目土地增值税清算审核通知书》内容

项目	市税务局			
	普通住宅	非普通住宅	非住宅类	合计
一、转让房地产收入总额（元）	322966526.24	40955674.53	109376407.99	473298608.76
二、扣除项目金额合计（元）	368894693.17	47246711.84	81817285.11	
三、增值额（元）	-45928166.93	-6291037.31	27559122.88	
四、增值额与扣除项目金额之比（%）			33.68	
五、适用税率（%）			30	
六、速算扣除系数（%）				
七、应缴土地增值税税额（元）			8267736.86	
八、减免税额（元）				
九、已缴土地增值税税额（元）				9351044.87
十、应补（退）土地增值税税额（元）				-1083308.01

9. 对此，甲房地产公司不服，向州税务局申请复议，2019 年 5 月 7 日，州税务局做出州税行复〔2019〕1 号行政复议决定书，撤销了恩税土清字〔2019〕1 号《房地产开发项目土地增值税清算审核通知书》，并责令市税务局 60 日内重新对甲房地产公司的土地增值税进行清算审核并出具相关文书。

10. 2019 年 6 月 14 日，甲房地产公司与市税务局就甲房地产公司提交的基础数据（如转让收入、成本支出等）进行核对签字确认，其中，甲房地产公司已预缴土地增值税 9675044.88 元。

11. 2019 年 7 月 5 日，市税务局重新做出恩税土审字〔2019〕1 号《清算审核通知书》，并于同日将恩税土审字〔2019〕1 号《清算审核通知书》送达给甲房地产公司，内容见表 3-14。

表 3-14 恩税土审字〔2019〕1 号《清算审核通知书》内容

项目	市税务局			
	普通住宅	非普通住宅	非住宅类	合计
一、转让房地产收入总额（元）	322966526.25	40955674.33	101510384.74	465432585.32
二、扣除项目金额合计（元）	368894693.17	47246711.84	81809700.01	
三、增值额（元）	-45928166.92	-6291037.51	19700684.70	
四、增值额与扣除项目金额之比（%）			24.08	
五、适用税率（%）			30	
六、速算扣除系数（%）				

续表

项目	市税务局			
	普通住宅	非普通住宅	非住宅类	合计
七、应缴土地增值税税额（元）	0	0	5910205. 41	5910205. 41
八、减免税额（元）				
九、已缴土地增值税税额（元）				9675044. 88
十、应补（退）土地增值税税额（元）				-3764839. 47

12. 甲房地产公司不服，于2019年8月30日向州税务局申请复议，请求依法撤销前述《清算审核通知书》，同时请求复议机关对甲房地产公司应缴土地增值税重新计算，做出新的处理决定。理由如下：①《清算审核通知书》及2019年5月7日做出的《行政复议决定书》计算的甲房地产公司“中大御城”项目，应缴土地增值税5910205. 41元违反了文件规定。甲房地产公司以实物补偿的拆迁补偿费按“三分法”分别归集，列为收入的同时视同成本，没有增值额；甲房地产公司的还建收入及还建成本清晰明确，应该采用分别归集的方法，而不应该在三种产品类型中按建筑面积法分摊，且企业采用何种方法核算成本应由企业自主选择，税法强调的是合理方法，并不限于建筑面积法。②支付给浙江乙平高公司建始经营部的实际发生成本5727800元应允许土地增值税的税前扣除。

州税务局收到甲房地产公司的复议申请后，维持了市税务局2019年7月5日做出的《清算审核通知书》。

【争议焦点】

1. 市税务局做出的《清算审核通知书》对拆迁补偿费的归集、分配方法是否兼具合法性与合理性，是否与湖北省原地税局的批复相一致？

2. 不符合发票管理办法开具的发票能否税前扣除？

【法院裁判观点】

1. “三分法”不是一种计算方法，而是计算增值额的原则，是指在归集实际列支的拆迁补偿费时，首先将专属成本直接归集到普通住宅、非普通住宅和其他开发产品中，其他非专属成本则按照建筑面积法或者其他合理、合规方法在普通住宅、非普通住宅和其他开发产品进行分摊。不管是专属成本还是非专属成本，在计算扣除成本时，都是按照“三分法”处理。它包括收入“三分”和扣除金额“三分”两个部分。专属成本法与建筑面积法是实现“三分法”的具体方法。专属成本法与建筑面积法是并列关系，两者都从属于“三分法”原则，在选择具体方法的过程中，应遵循受益性原则。按照受益性原则，在成本归集时，优先选择专属成本法，只有在专属成本法不具备适用条件时，才选择建筑面积法或者税务机关确定的其他方式。拆迁补偿费的分摊、归集原则，专属成本法及实物补偿方式分别如图 3-8、图 3-9、图 3-10 所示。

拆迁补偿费属于土地成本，实物拆迁补偿费计入土地成本在拆迁时点。不论拆迁协议如何约定，拆迁都是为了整片土地的进一步开发，受益的是整片土地。

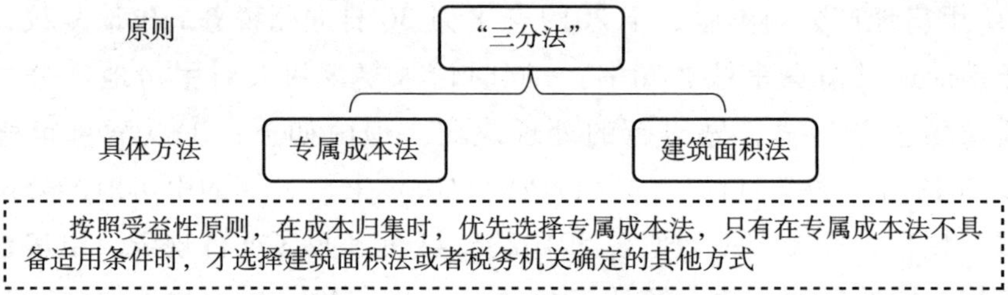

图 3-8 "三分法"的具体方法

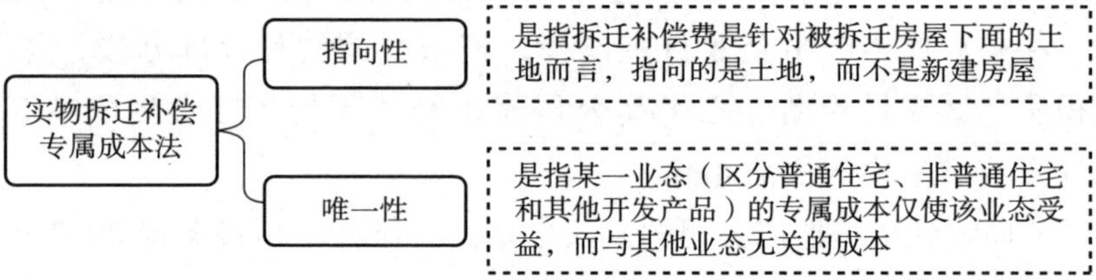

图 3-9 实物拆迁补偿专属成本法的指向性与唯一性

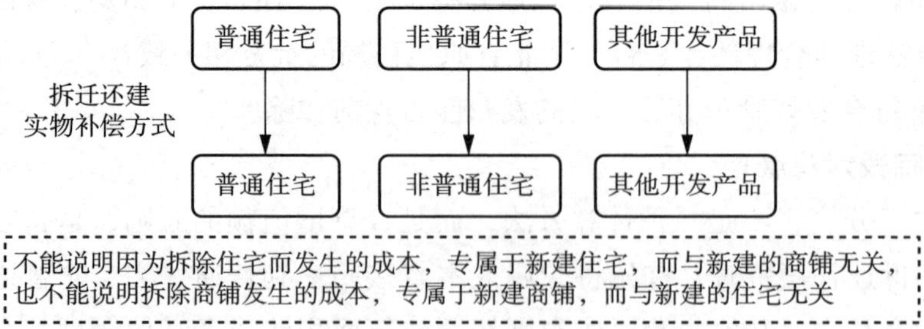

图 3-10 拆迁还建实物补偿方式

2. 关于土地增值税计算中涉及拆迁还建收入归集成本的分摊方法。在案涉项目中甲房地产公司不仅针对拆迁房屋进行了还建，还在此基础上开发了普通住宅、非普通住宅和其他类型房地产。市税务局认为，该部分成本费用的受益对象为本次清算项目的所有开发产品，甲房地产公司以实物补偿方式列支的拆迁补偿费无法合理、准确按照“三分法”分别归集，决定统一按建筑面积法在三类产品中分摊。市税务局的决定与原告主张的法律、行政法规及规范性文件不构成明显冲突，故对市税务局做出的决定予以支持。

3.《中华人民共和国土地增值税暂行条例实施细则》第九条规定，纳税人成片受让土地使用权后，分期分批开发、转让房地产的，其扣除项目金额的确定，可按转让土地使用权的面积占总面积的比例计算分摊，或按建筑面积计算分摊，也可按税务机关确认的其他方式计算分摊。如何对案涉拆迁补偿费进行分摊计税，决定权在税务机关而非房地产开发商。因此，甲房地产公司关于其核算方法正当合法的上诉理由不能成立，不予支持。

4. 根据《中华人民共和国发票管理办法》第十九条“销售商品、提供服务以及从事其他经营活动的单位和个人，对外发生经营业务收取款项，收款方应当向付款方开具发票”的规定，不管甲房地产公司与浙江乙平高公司还是浙江乙平高公司建始经营部签订购销合同，都应由对方开具增值税发票。甲房地产公司的该项购销业务支出扣除凭证是由个人在建始县国税局代开的普通发票，仅加盖浙江乙平高公司的财务专用章，开票方与购销业务主体不一致，不属于该项支出的合法有效凭证。根据《国家税务局关于房地产开发企业土地增值税清算管理有关问题的通知》（国税发〔2006〕187 号）第四条第（一）项“房地产开发企业办理土地增值税清算时计算与清算项目有关的扣除项目金额，应根据土地增值税暂行条例第六条及其实施细则第七条的规定执行。除另有规定外，扣除取得土地使用权所支付的金额、房地产开发成本、费用及与转让房地产有关税金，须提供合法有效凭证；不能提供合法有效凭证的，不予扣除”的规定，申请人不能提供合法有效凭证的支付，在土地增值税清算时不予扣除。因此，州税务局的行政复议结论正确，可予支持。

【税务律师案例评析】

本案有关拆迁补偿款的论述，特别是针对拆迁补偿款在土地增值税清算中的界定，值得从事土地增值税清算的税务人员学习。判决指出“三分法”是计算增值额的原则，同时对专属成本法和建筑面积法进行了精辟论述。

【风险提示】

1. 如何书面沟通土地增值税清算中的疑难问题，可以借鉴本案相关方的方式，经基层税务部门提交，逐级向上请示，以解决争议问题：①二次清算审核结论出来之前，2018 年 1 月 20 日甲房地产公司向主管税务局递交了《关于土地增值税清算几个事项的请示》。②原恩施市地方税务局请示原州地方税务局，原州地方税务局又向湖北省原地方税务局做出请示。2018 年 4 月 20 日，湖北省地方税务局做出鄂地税函〔2018〕42 号《关于房地产开发项目土地增值税清算拆迁补偿费扣除政策问题的批复》。③2018 年 7 月，恩施市地方税务局、恩施市国家税务局因国家机构改革合并为市税务局。市税务局按照上述批复意见向甲房地产公司做出了恩地税函〔2018〕3 号《关于土地增值税清算问题的答复》。

2. 房地产企业聘请税务师事务所出具涉税鉴证报告后，要及时提交主管税务局。

3. 要重视合规发票的取得，做到三流一致和合同双方主体一致，以免被调整。

【相关条文】

1.《中华人民共和国土地增值税暂行条例实施细则》。

第九条 纳税人成片受让土地使用权后，分期分批开发、转让房地产的，其扣除项目金额的确定，可按转让土地使用权的面积占总面积的比例计算分摊，或按建筑面积计算分摊，也可按税务机关确认的其他方式计算分摊。

2.《国家税务总局关于印发〈土地增值税清算管理规程〉的通知》（国税发〔2009〕91 号）。

第二十一条第（五）项 纳税人分期开发项目或同时开发多个项目的，或者同一项目中建造不同类型房地产的，应按照受益对象，采取合理的分配方法，分摊共同的成本费用。

3.《国家税务总局关于土地增值税清算有关问题的通知》（国税函〔2010〕220 号）。

第六条 房地产企业用建造的本项目房地产安置回迁户的，安置用房视同销售处理，同时将此确认为房地产开发项目的拆迁补偿费。

判例六　土地增值税清算时计算土地成本扣除金额，能否按占地面积法或建筑面积法之外的其他方法进行分摊

【裁判要旨】

土地增值税清算应依照税收法律、法规及土地增值税有关政策规定，计算房地产开发项目应缴纳的土地增值税税额。……影响最终应纳税额的各个因素的计算方法，属于税收要素，应以法律规定为客观标准。《中华人民共和国土地增值税暂行条例实施细则》第九条对土地增值税扣除项目的确定及计算方法做出了规定：“纳税人成片受让土地使用权后，分期分批开发、转让房地产的，其

扣除项目金额的确定，可按转让土地使用权的面积占总面积的比例计算分摊，或按建筑面积计算分摊，也可按税务机关确认的其他方式计算分摊。”税务机关有权依据上述规定确定计算分摊的方法，并据此计算应纳税额。安顺市平坝区地方税务局对《土地增值税汇算清缴鉴证报告》（以下简称“《鉴证报告》”中“土地出让金及拆迁补偿费按土地级别和基准地价为权重进行成本分摊计算”不予采纳，适用《中华人民共和国土地增值税暂行条例实施细则》第九条规定的按建筑面积计算分摊的方法，适用法律正确。

【涉税案情】

上诉人（原审原告）：贵州甲房地产开发有限公司（以下简称“甲公司”）

被上诉人（原审被告）：安顺市平坝区地方税务局（以下简称“平坝地税局”）、安顺市地方税务局（以下简称“安顺市地税局”）

1. “××名门”项目（以下称“案涉项目”）由甲公司开发。2016 年 1 月 5 日，甲公司向平坝地税局申报案涉项目土地增值税清算，在申报之同时，甲公司提交其委托贵州乙税务师事务有限公司对案涉项目土地增值税清算所做的《鉴证报告》。该报告对土地增值税清算扣除项目土地出让金及拆迁补偿费按项目所在地政府公布的土地级别和基准地价为权重进行分摊计算，鉴证结论为甲公司应缴纳土地增值税 4534217.67 元。

2. 2016 年 2 月 2 日，平坝地税局受理甲公司的案涉项目土地增值税清算申报。2016 年 3 月 18 日，平坝地税局审核，做出平地税通（2016）01 号《税务事项通知书》，对《鉴证报告》中“土地出让金及拆迁补偿费按土地级别和基准地价为权重进行成本分摊计算”不予采纳，并根据《中华人民共和国土地增值税暂行条例实施细则》第九条的规定，决定在本次土地增值税清算审核中，对土地成本按建筑面积法进行分摊计算。同时，做出平地税清税（结）（2016）01 号《土地增值税清算结论通知书》，审核结论为甲公司案涉项目应缴纳土地增值税 6165280.46 元。甲公司不服，向安顺市地税局申请复议；2016 年 8 月 12 日，安顺市地税局做出安地税行复决字（2016）1 号行政复议决定，维持原行政行为。

3. 甲公司不服，遂向一审法院安顺市西秀区人民法院起诉。一审法院安顺市西秀区人民法院经审理，做出（2016）黔 0402 行初 72 号行政判决，认定平坝地税局做出的平地税通（2016）01 号《税务事项通知书》和平地税清税（结）（2016）01 号《土地增值税清算结论通知书》，以及安顺市地税局做出的安地税行复决字（2016）1 号行政复议决定认定事实清楚、证据确凿，符合法定程序，适用法律正确，驳回甲公司的诉讼请求。甲公司不服上诉，2017 年 5

月25日，二审法院贵州省安顺市中级人民法院做出（2017）黔04行终24号二审行政判决，判决驳回上诉，维持原判。

【争议焦点】

案涉项目土地增值税清算计算扣除项目金额时，项目土地出让金及拆迁补偿费能否按项目所在地政府公布的土地级别和基准地价为权重进行分摊计算？平坝地税局决定在本次土地增值税清算审核中，对土地成本按建筑面积法进行分摊计算是否正确？

【法院裁判观点】

1. 一审法院认为：本案土地增值税清算应依照税收法律、法规及土地增值税有关政策规定，计算房地产开发项目应缴纳的土地增值税税额。……影响最终应纳税额的各个因素的计算方法，属于税收要素，应以法律规定为客观标准。《中华人民共和国土地增值税暂行条例实施细则》第九条对土地增值税扣除项目的确定及计算方法做出了规定："纳税人成片受让土地使用权后，分期分批开发、转让房地产的，其扣除项目金额的确定，可按转让土地使用权的面积占总面积的比例计算分摊，或按建筑面积计算分摊，也可按税务机关确认的其他方式计算分摊。"税务机关有权依据上述规定确定计算分摊的方法，并据此计算应纳税额。本案中，平坝地税局作为甲公司"××名门"房地产开发项目的征税机关，依法审核原告申报土地增值税清算资料后，适用《中华人民共和国土地增值税暂行条例实施细则》第九条规定的按建筑面积计算分摊的方法，审定甲公司应缴纳土地增值税税额，符合税收法定原则和《中华人民共和国土地增值税暂行条例》规定"合理调节土地增值收益，维护国家利益"的要求及本案实际情况，适用法律正确。

2. 二审法院认为：依据《中华人民共和国土地增值税暂行条例实施细则》第九条的规定，纳税人成片受让土地使用权后，分期分批开发、转让房地产的，其扣除项目金额的确定，可按转让土地使用权的面积占总面积的比例计算分摊，或按建筑面积计算分摊，也可按税务机关确认的其他方式计算分摊。税务机关有权依据上述规定确定计算分摊的方法，并据此计算应纳税额。本案中，被上诉人平坝地税局作为法定征税机关，在依法审核上诉人申报土地增值税清算资料后，适用《中华人民共和国土地增值税暂行条例实施细则》第九条规定的按建筑面积计算分摊的方法，审定上诉人甲公司应缴纳土地增值税税额，符合法律规定。

【税务律师案例评析】

1. 本案中，在案涉项目土地增值税清算时，纳税人及其委托的中介机构适用"受益原则"，对"采用合理的分配方法"的理解和适用错误。《中华人民共和国土地增值税暂行条例实施细则》第九条规定的占地面积法、建筑面积法，均是分摊成本的合理分配方法，且适用时还有适用顺序的问题，如实际中能采用占地面积法明确分摊土地成本的，纳税人可优先适用占地面积法，其次是建筑面积法，而采用占地面积法、建筑面积法之外的其他分摊计算方法，前提是取得税务部门的同意，得到“税务机关确认”。

2. 税务部门在税收征管中，其往往是“照章办事”，严格按税收文件和税收政策规定、操作规程等进行征税。在没有明文规定的情况下，突破法律规定的税务处理实务，通常不被税务机关接受。

3. 甲公司在进行土地增值税清算中，“土地出让金及拆迁补偿费按土地级别和基准地价为权重进行成本分摊计算”不被税务部门采纳，并在诉讼中败诉。根据“税收法定”原则，该结果是可以预见的。

【风险提示】

1. 企业应采用税收法律法规、规章或规范性文件等规定的税务处理方法，并据此进行申报和纳税；否则将有可能不被税务部门接受和采纳，产生涉税风险。

2. 企业财会人员或涉税岗位人员在适用税收条文规定时，尤其是有适用顺序的，要严格按顺序适用。

例如，《财政部　国家税务总局关于全面推开营业税改征增值税试点的通知》（财税〔2016〕36 号）第四十四条规定，纳税人发生应税行为价格明显偏低或者偏高且不具有合理商业目的的，或者发生本办法第十四条所列行为而无销售额的，主管税务机关有权按照下列顺序确定销售额。

（一）按照纳税人最近时期销售同类服务、无形资产或者不动产的平均价格确定。

（二）按照其他纳税人最近时期销售同类服务、无形资产或者不动产的平均价格确定。

（三）按照组成计税价格确定。组成计税价格的公式为：

组成计税价格＝成本×（1+成本利润率）

成本利润率由国家税务总局确定。

前述条文明确规定了主管税务机关确定销售额的顺序，如在税务核定中违反前述规定顺序进行销售额核定，则存在较大风险。

【相关条文】

1.《中华人民共和国土地增值税暂行条例实施细则》。

第九条　纳税人成片受让土地使用权后，分期分批开发、转让房地产的，其扣除项目金额的确定，可按转让土地使用权的面积占总面积的比例计算分摊，或按建筑面积计算分摊，也可按税务机关确认的其他方式计算分摊。

2.《国家税务总局关于印发〈土地增值税清算管理规程〉的通知》（国税发〔2009〕91号）。

第二十一条 审核扣除项目是否符合下列要求：

…………

（五）纳税人分期开发项目或者同时开发多个项目的，或者同一项目中建造不同类型房地产的，应按照受益对象，采用合理的分配方法，分摊共同的成本费用。

判例七 房地产公司未按规定逾期申报以及提交土地增值税清算资料，能否适用土地增值税核定征收？被司法拍卖的房地产项目约定由买受人承担相关税费，税务局能否向房地产公司追税

【裁判要旨】

根据《土地增值税清算管理规程》，房地产项目应进行土地增值税的清算，甲实业集团有限公司未按原中山市地方税务局税务分局（以下简称“城区地税分局”）规定办理纳税申报及提供土地增值税清算资料，原城区地税分局遂进行有关税费的核定，并无不当。

拍卖成交确认书虽约定由受让人缴纳税费，但并不能以此否定甲实业集团有限公司是上述税费的法定缴纳义务人。拍卖文件对税费承担的约定不能用以否定甲实业集团有限公司作为纳税人的法定义务。

【涉税案情】

上诉人（原审原告）：甲实业集团有限公司（以下简称“甲公司”）

被上诉人（原审被告）：国家税务总局中山市税务局石岐区税务分局（以下简称“石岐税务分局”）、国家税务总局中山市税务局（以下简称“中山市税务局”）

1.2011年10月24日，广东省中山市中级人民法院（以下简称“中山市中院”）做出（2010）中中法执字第115-3号执行裁定，裁定将甲公司名下位于中山市石岐区青溪路的“江××苑”项目除已在中山市国土资源局办理了商品房销售登记备案并已出售的33套房地产以及已实际入住的拆迁户5套房产之外的房产［含土地使用权，土地证号：中府国用（2008）字第230871号］，按拍卖

成交价人民币 93834944 元拍卖给买受人中山乙房地产有限公司。

2. 2016 年 10 月 11 日至 2017 年 5 月 11 日，城区地税分局分别做出中山地税城区土清（2016）2500004 号土地增值税清算通知书、中山地税城区通〔2016〕30001 号税务事项通知书、中山地税（城区）限提字（2017）30002 号限期提供资料通知书，要求甲公司限期办理纳税申报及提供土地增值税清算资料，但甲公司逾期未进行纳税申报，也未提供土地增值税清算资料。

3. 2017 年 3 月 7 日，中山市中院向广东省中山市地方税务局（以下简称“中山市地税局”）出具（2010）中中法执字第 115 号之二函，载明：“本院（2010）中中法执字第 115-3 号执行裁定已发生法律效力，你局所述被执行人甲公司的执行异议以及申诉不影响该裁定的法律效力。”

4. 2017 年 8 月 16 日，中山市中院再行向中山市地税局出具（2010）中中法执字第 115 号之三函，载明：“买受人中山乙房地产有限公司于 2017 年 8 月 14 日向本院书面确认，同意按照上述拍卖成交确认书中的约定履行应承担的缴税义务。故本案拍卖所涉税费由买受人中山乙房地产有限公司承担事项，在本案当事人及利害关系人之间并无异议。”

5. 2017 年 9 月 30 日，城区地税分局做出中山地税城区征核字（2017）30001 号土地增值税核定征收税务事项告知书，认为甲公司开发的“江××苑”项目符合土地增值税项目清算条件，但未按照规定的期限办理项目清算手续，经税务机关责令限期清算，逾期仍不清算，遂决定对该项目采取核定征收方式进行土地增值税清算。同时，做出中山地税城区清税（核）（2017）30001 号土地增值税核定征收通知书，决定对“江××苑”项目按确定的销售收入 106488675 元和按 5.5%的核定征收率核定征收土地增值税 5856877.13 元；做出城区地税土办（2017）30003 号土地增值税清算决定书，责令甲公司收到决定书后 15 日内补缴土地增值税 5856877.13 元；做出中山地税城区通〔2017〕30009 号税务事项通知书，核定甲公司应缴纳营业税 4691747.2 元、城市维护建设税 328422.3 元、教育费附加 140752.42 元、地方教育附加 93834.94 元、堤围防护费 93834.94 元、企业所得税 3284223.04 元，并责令甲公司自通知书送达之日起 15 日内缴纳税款。

6. 甲公司不服，向中山市地税局申请行政复议。2018 年 1 月 25 日，中山市地税局做出中山地税行复〔2017〕8 号行政复议决定，维持城区地税分局对甲公司做出的征收行为。甲公司不服中山市地税局行政复议决定，向一审法院广东省中山市第一人民法院起诉，请求撤销城区地税分局的征税行为和撤销中山市地税局的行政复议决定。

7. 一审法院广东省中山市第一人民法院经审理，做出（2018）粤2071行初139号行政判决，认为甲公司要求撤销城区地税分局征税行为的依据不足，原中山市地税局的行政复议决定程序合法，结果正确。为此，驳回甲公司的诉讼请求。甲公司不服一审判决，提起上诉。二审法院中山市中院经开庭审理，于2018年12月10日做出（2018）粤20行终1024号行政判决，驳回上诉，维持原判。

【争议焦点】

1. 甲公司是否应进行“江××苑”项目土地增值税清算？

2. 甲公司未按城区地税分局规定办理纳税申报及提供土地增值税清算资料，城区地税分局是否有权核定征收“江××苑”项目土地增值税税额？

3. 拍卖成交确认书约定由受让人缴纳税费，城区地税分局是否可以向甲公司征税？

【法院裁判观点】

1. 《中华人民共和国民法典》第二百二十九条规定：“因人民法院、仲裁机构的法律文书或者人民政府的征收决定等，导致物权设立、变更、转让或者消灭的，自法律文书或者征收决定等生效时发生效力。”《国家税务总局关于房地产开发企业土地增值税清算管理有关问题的通知》（国税发〔2006〕187号）第三条第（一）项规定：“房地产开发企业将开发产品用于职工福利、奖励、对外投资、分配给股东或投资人、抵偿债务、换取其他单位和个人的非货币性资产等，发生所有权转移时应视同销售房地产。”根据上述规定，结合（2010）中中法执字第115-3号执行裁定书以及广东省中山市中级人民法院向中山市地税局出具的（2010）中中法执字第115号之二函的内容，应当将甲公司开发的“江××苑”项目（不含已在中山市国土资源局办理了商品房销售登记备案且已出售的33套房地产以及已实际入住的拆迁户5套房地产）经司法拍卖给受让人中山乙房地产有限公司的行为视为甲公司销售房地产的行为。因此，根据《中华人民共和国土地增值税暂行条例》第二条的规定，甲公司是土地增值税的法定纳税义务人。拍卖成交确认书虽约定由受让人缴纳税费，但并不能以此否定甲公司是上述税费的法定缴纳义务人。

2. 根据《土地增值税清算管理规程》（国税发〔2009〕91号）第三条的规定，土地增值税清算是指纳税人在符合土地增值税清算条件后，依照税收法律、法规及土地增值税有关政策规定，计算房地产开发项目应缴纳的土地增值税税额。第九条规定，纳税人整体转让未竣工决算房地产开发项目的，应进行土地增值税的清算。

3. 基于甲公司未按照城区地税分局出具的中山地税城区土清（2016）2500004号土地增值税清算通知书、中山地税城区通〔2016〕30001号税务事项通知书、中山地税（城区）限提字（2017）30002号限期提供资料通知书内容办理纳税申报及提供土地增值税清算资料，城区地税分局遂进行有关税费的核定，并无不当。

【税务律师案例评析】

1. 纵观本案的裁判内容，一审、二审法院均遗漏了没有查明“江××苑”项目是否竣工验收的事实。案涉“江××苑”项目房产，存在以下三种房产销售：①为偿还债务，经司法拍卖给中山乙房地产有限公司；②甲公司自行对外出售房产33套；③用于拆迁安置，安置拆迁户5套房。虽然“江××苑”项目房产经过前述三种方式处置，100%销售房产，但并不符合《土地增值税清算管理规程》第九条规定的“纳税人整体转让未竣工决算房地产开发项目的，应进行土地增值税的清算”的情形。甲公司在城区税务分局限期办理纳税申报及提供土地增值税清算资料的阶段，未采用积极手段进行救济，而“逾期未进行纳税申报，也未提供土地增值税清算资料”，最终导致其丧失了最佳救济时机。

2. 司法拍卖约定由受让人缴纳税费，并不能改变法律、行政法规规定的纳税义务主体。

【风险提示】

司法拍卖约定由受让人缴纳税费，属于税负转移约定，并非无效条款。但需要注意以下几点。

1. 按现行税法规定，买受人承担的税费不能作为取得资产的成本或者费用，无形中增加了买受人取得资产的负担。

2. 买受人并非法律上的纳税主体，当买受人面临涉税风险时，不能以行政相对方的主体资格寻求法律救济，这将导致买受人的后续权益无法得到保障。

【相关条文】

1.《国家税务总局关于房地产开发企业土地增值税清算管理有关问题的通知》(国税发〔2006〕187号)。

三、非直接销售和自用房地产的收入确定

（一）房地产开发企业将开发产品用于职工福利、奖励、对外投资、分配给股东或投资人、抵偿债务、换取其他单位和个人的非货币性资产等，发生所有权转移时应视同销售房地产……

2.《土地增值税清算管理规程》（国税发〔2009〕91号）。

第九条 纳税人符合下列条件之一的，应进行土地增值税的清算。

（一）房地产开发项目全部竣工、完成销售的；

（二）整体转让未竣工决算房地产开发项目的；

（三）直接转让土地使用权的。

第十条 对符合以下条件之一的，主管税务机关可要求纳税人进行土地增值税清算。

（一）已竣工验收的房地产开发项目，已转让的房地产建筑面积占整个项目可售建筑面积的比例在85%以上，或该比例虽未超过85%，但剩余的可售建筑面积已经出租或自用的；

（二）取得销售（预售）许可证满三年仍未销售完毕的；

（三）纳税人申请注销税务登记但未办理土地增值税清算手续的；

（四）省（自治区、直辖市、计划单列市）税务机关规定的其他情况。

对前款所列第（三）项情形，应在办理注销登记前进行土地增值税清算。

第三十四条 在土地增值税清算中符合以下条件之一的，可实行核定征收。

（一）依照法律、行政法规的规定应当设置但未设置账簿的；

（二）擅自销毁账簿或者拒不提供纳税资料的；

（三）虽设置账簿，但账目混乱或者成本资料、收入凭证、费用凭证残缺不全，难以确定转让收入或扣除项目金额的；

（四）符合土地增值税清算条件，企业未按照规定的期限办理清算手续，经税务机关责令限期清算，逾期仍不清算的；

（五）申报的计税依据明显偏低，又无正当理由的。

3.《中华人民共和国税收征收管理法》。

第三十五条 纳税人有下列情形之一的，税务机关有权核定其应纳税额：

（一）依照法律、行政法规的规定可以不设置账簿的；

（二）依照法律、行政法规的规定应当设置账簿但未设置的；

（三）擅自销毁账簿或者拒不提供纳税资料的；

（四）虽设置账簿，但账目混乱或者成本资料、收入凭证、费用凭证残缺不全，难以查账的；

（五）发生纳税义务，未按照规定的期限办理纳税申报，经税务机关责令限期申报，逾期仍不申报的；

（六）纳税人申报的计税依据明显偏低，又无正当理由的。

税务机关核定应纳税额的具体程序和方法由国务院税务主管部门规定。

判例八　房地产开发项目地块中包含居住用地、酒店用地、防护绿地用地，能否依据其中的居住用地容积率来界定项目中住宅为普通住宅

【裁判要旨】

“博××郡”项目系统一规划、整体报建，海南省琼海市规划建设局（以下简称“琼海市规建局”）对整个项目颁发了建设工程规划临时许可证，国家税务总局海南省税务局稽查局以整体项目为单位预征土地增值税，并无不当。因“博××郡”项目容积率低于1.0，故该项目内的房屋均不符合74号文规定的普通住房标准。国家税务总局海南省税务局稽查局做出琼地税稽处〔2017〕8001号税务处理决定，将“博××郡”项目按照非普通住宅预征土地增值税，符合法律规定。

甲房地产开发有限公司主张“博××郡”项目包含居住用地、酒店用地、防护绿地用地，税务部门应当分别计算容积率并确定房屋是否为普通标准住宅。因“博××郡”项目为整体报建并取得规划许可，税务部门以项目整体确定容积率并预征土地增值税，符合187号文的规定。甲房地产开发有限公司主张不能成立。

【涉税案情】

再审申请人（一审原告、二审上诉人）：甲房地产开发有限公司（以下简称“甲公司”）

被申请人（一审被告、二审被上诉人）：国家税务总局海南省税务局稽查局（以下简称“海南省税务稽查局”）、国家税务总局海南省税务局（以下简称“海南省税务局”）

1. “博××郡”项目由甲公司开发，项目土地性质为旅游、商住用地。2010年6月11日，琼海市规建局核发296号《建设工程规划临时许可证》，核准“博××郡”项目土地使用面积118400平方米，计容面积94719平方米。2013年，琼海市规建局向琼海市国土环境资源局做出《琼海市规建局关于博××郡项目的规划意见》（海规建函〔2013〕25号）。该规划意见中，居住用地容积率为1.067，酒店用地容积率为0.92。

2. 2015年11月30日，海南省税务稽查局对甲公司立案检查。2016年6月13日，海南省税务稽查局做出《国家税务总局海南省税务局稽查局税务处理决定书》（琼地税稽处〔2016〕4号）。

3. 甲公司收到后向海南省税务局申请行政复议，2017年1月17日，海南省税务局做出琼地税复决字〔2016〕13号《行政复议决定书》，认为海南省税务稽查局做出的原处理决定认定容积率问题事实不清、证据不足，撤销了《国

家税务总局海南省税务局稽查局税务处理决定书》（琼地税稽处〔2016〕4号），并责令海南省税务稽查局重新做出行政行为。

4. 2017年1月23日，海南省税务稽查局向琼海市规建局发出琼地税稽函〔2017〕12号（以下简称“12号函”）；2017年1月24日，琼海市规建局做出《关于博××郡项目容积率的复函》（海规建函〔2017〕87号），回函确认涉案项目容积率为0.8。

5. 2017年3月9日，海南省税务稽查局对甲公司做出琼地税稽处〔2017〕8001号《国家税务总局海南省税务局稽查局税务处理决定书》，要求甲公司补缴土地增值税3734320.08元。甲公司不服，向海南省税务局申请行政复议，2018年5月15日，海南省税务局做出《国家税务总局海南省税务局行政复议决定书》（琼地税复决字〔2017〕9号），维持海南省税务稽查局《国家税务总局海南省税务局稽查局税务处理决定书》（琼地税稽处〔2017〕8001号）。

6. 甲公司为此提起行政诉讼，一审法院海南省海口市中级人民法院经审理，做出（2018）琼01行初139号行政判决，认为甲公司的诉请没有事实与法律依据，不予支持，判决驳回甲公司的诉讼请求。甲公司不服上诉，2018年12月28日，海南省高级人民法院做出（2018）琼行终1078号二审行政判决，判决驳回上诉，维持原判。

7. 甲公司不服海南省高级人民法院（2018）琼行终1078号行政判决，申请再审。2020年8月31日，最高人民法院做出（2019）最高法行申7713号行政裁定书，驳回甲公司的再审申请。

【争议焦点】

海南省税务稽查局所做的《国家税务总局海南省税务局稽查局税务处理决定书》（琼地税稽处〔2017〕8001号），要求甲公司补缴土地增值税3734320.08元，是否合法？“博××郡”项目住宅是普通住宅还是非普通住宅？

【法院裁判观点】

1. 一审法院认为：容积率可由国家主管部门核发的建设工程规划许可证或建设用地规划许可证上标明的容积率确认，但本案琼海市规建局给甲公司核发的296号建设工程规划临时许可证和建设用地规划许可证均未标明容积率。海南省税务稽查局向琼海市规建局去函，并按琼海市规建局回函中明确的甲公司项目的容积率为0.8来确定土地增值税清算率，该确认方式合理，并未违反法律法规的规定。

甲公司开发的“博××郡”项目作为一个容积率为0.8的整体房地产开发项目，不满足普通住房的标准，不属于普通住宅。因此，海南省税务稽查局按该项目为非普通住宅而预征土地增值税，符合相关规定。

2. 二审法院认为：本案中，琼海市规建局于 2010 年 6 月 11 日给甲公司核发 296 号建设工程规划临时许可证，核准甲公司开发的涉案房地产开发项目为“博××郡”项目，土地使用面积 118400 平方米，计容面积 94719 平方米。根据上述规定，涉案“博××郡”项目土地增值税应作为一整体房地产开发项目进行清算。琼海市规建局虽未在 296 号建设工程规划临时许可证和建设用地规划许可证中标明容积率，但在 296 号建设工程规划临时许可证中已对土地使用面积和计容面积进行了核定，已实际实施建筑容积率控制。琼海市规建局后又明确“博××郡”项目的容积率为 0. 8，实际上是根据 296 号建设工程规划临时许可证中核定的计容面积和土地使用面积对该许可证容积率的明确，该确认符合客观事实，未违反法律法规的规定。

“博××郡”项目整体容积率为 0. 8，该项目住房不符合普通住房标准，不属于普通住宅。由此可见，海南省税务稽查局以“博××郡”项目为单位进行清算，认定该项目为非普通住宅，进而做出琼地税稽处〔2017〕8001 号《国家税务总局海南省税务局稽查局税务处理决定书》，要求甲公司补缴土地增值税，认定事实清楚，证据确凿，适用法律、法规正确。

3. 再审法院认为：本案中，甲公司“博××郡”项目的土地用途为旅游、商住用地，项目建设包括住宅、酒店等，规划指标为：容积率 0. 8，建筑密度 19. 8%，绿地率 51. 8%。“博××郡”项目系统一规划、整体报建，琼海市规建局也对整个项目颁发了建设工程规划临时许可证，海南省税务稽查局以整体项目为单位预征土地增值税，并无不当。因“博××郡”项目容积率低于 1. 0，故该项目内的房屋均不符合 74 号文规定的普通住房标准。海南省税务稽查局做出琼地税稽处〔2017〕8001 号，将“博××郡”项目按照非普通住宅预征土地增值税，符合法律规定。

甲公司主张“博××郡”项目包含居住用地、酒店用地、防护绿地用地，税务部门应当分别计算容积率并确定房屋是否为普通标准住宅的问题。因“博××郡”项目为整体报建并取得规划许可，税务部门以项目整体确定容积率并预征土地增值税，符合国税发〔2006〕187 号文的规定。甲公司主张的再审事由不能成立，本院不予支持。

【税务律师案例评析】

1. 容积率对项目住宅认定意义重大，目前，项目住宅性质的认定一般以“小区容积率+住宅建筑面积”为标准来判断是普通住宅还是非普通住宅，只要其中一项不满足，即不能认定为普通住宅。

2. 各地税务部门在预征土地增值税时，对普通住宅和非普通住宅规定了不同的预征率，普通住宅土地增值税预征率低于非普通住宅。不仅如此，普通住宅还涉及土地增值税问题，普通标准住宅增值额未超过《中华人民共和国土地增值税暂行条例实施细则》规定的依法可扣除项目金额的20%的，免征土地增值税。

3. 本案项目住宅性质认定牵涉利益重大，是否认定为普通住宅，不仅关涉甲公司是否需要补缴土地增值税3734320.08元，而且涉及该部分住宅是否适用免征土地增值税。

【风险提示】

1. 建设相关部门审批核发的建设用地规划许可证和建设工程规划许可证，通常只载明用地面积和计容建筑面积。为此，房地产公司可提供项目其他补充资料，如经规划部门批准核准的项目总体方案、项目修建性详细规划方案或者《项目选址意见书》等，来佐证并作为认定项目容积率的依据。

2. 对于一次拿地、分期开发的项目，需要注意项目建设工程规划许可证的办理，是整个地块办理一本整体的建设工程规划许可证，还是根据分期建设情况，分期各地块办理建设工程规划许可证。建设工程规划许可证的办理，对项目普通住宅认定牵涉重大。《国家税务总局关于房地产开发企业土地增值税清算管理有关问题的通知》（国税发〔2006〕187号）规定，土地增值税以国家有关部门审批的房地产开发项目为单位进行清算，对于分期开发的项目，以分期项目为单位清算。项目土地增值税清算单位对应的容积率，是作为该清算单位住宅是普通住宅还是非普通住宅的认定依据。

通常，税务部门在管理房地产企业过程中，根据规定要求企业在房地产企业信息系统中填报项目相关资料。为此，房地产企业需要根据实际开发情况准确填报建设工程规划许可证，尤其是分期开发的项目。

3.《中华人民共和国土地增值税暂行条例实施细则》授权普通标准住宅与其他住宅的具体划分界限由各省、自治区、直辖市人民政府规定。因此，在认定项目住宅性质时，应根据项目所在地省一级人民政府颁布的关于普通住宅认定标准来认定。同时，我们注意到，省一级人民政府对于普通住宅认定标准并非一成不变，往往会根据中央政府以及本省对房地产市场调控的不同考虑择期进行调整。为此，房地产开发企业日常需要注意收集当地房地产调控政策，做出相应预判。同时，及时收集当地省一级人民政府出台的相关政策文件，以便在纳税处理中准确适用，减少企业涉税风险。

【相关条文】

《中华人民共和国土地增值税暂行条例实施细则》。

第十一条　条例第八条（一）项所称的普通标准住宅，是指按所在地一般民用住宅标准建造的居住用住宅。高级公寓、别墅、度假村等不属于普通标准住宅。普通标准住宅与其他住宅的具体划分界限由各省、自治区、直辖市人民政府规定。

纳税人建造普通标准住宅出售，增值额未超过本细则第七条（一）、（二）、（三）、（五）、（六）项扣除项目金额之和百分之二十的，免征土地增值税；增值额超过扣除项目金额之和百分之二十的，应就其全部增值额按规定计税。

判例九　以不动产对外投资在土地增值税清算中计税价格如何确认？政府支付的土地出让金奖励在税务上如何处理

【裁判要旨】

《国家税务总局关于房地产开发企业土地增值税清算管理有关问题的通知》第三条规定："非直接销售和自用房地产的收入确定：房地产开发企业将开发产品用于……非货币性资产等，发生所有权转移时应视同销售房地产，其收入按下列方法和顺序确认：1. 按本企业在同一地区、同一年度销售的同类房地产的平均价格确定；2. 由主管税务机关参照当地当年、同类房地产的市场价格或评估价值确定。"本案中，甲公司在同一地区、同一年度无同类房地产销售平均价格，当地也无同类房地产的市场价格。因此，宿迁地方税务局稽查局在清算时只能按评估价值确认收入。原告称应以协议价格确认收入，无法律依据。

【涉税案情】

原告：甲公司

被告：宿迁地方税务局稽查局

1. 甲公司于2007年4月成立，在某地以出让方式取得国有建设用地50.99亩开发××项目。甲公司向××县国土资源局支付158300万元出让金。2009年12月和2010年1月，××县财政局两次共给予甲公司奖励资金1600万元。该项目建筑面积114936.73平方米，2008年12月取得预售许可证，截至2013年12月31日，对外销售27237.97平方米，以房地产对外投资入股42415.75平方米；××项目地下部分由H01和H02两部分构成，总建筑面积为26791.54平方米，其中，H01面积为18826.26平方米，已办理房产证，且已被用以向金融机构抵押贷款，但甲公司称建设项目竣工规划验收合格证中地下一层可办理产权面积为

10613.08平方米，其余属于不可办理产权的公共设施。

2. 甲公司因开发××项目，从2009年至2013年分别向乙公司和丙公司借款，共支付利息39514117元；甲公司在××项目建成后，以其中42415.75平方米房屋对外投资入股，房屋协议作价155941715元，但稽查局聘请的价格认证机构对该房屋的评估价格为165998286元。另甲公司在2009年和2010年与毛某某等四户签订了商品房买卖合同，购买人支付首付款后，原告开具了预收款发票并将房屋交付给购买方使用，但截至清算时尚有368万元余款未支付。

2014年3月10日至6月10日，稽查局对甲公司2010年1月1日至2013年12月31日期间的涉税情况进行了检查，认定甲公司在营业税、城市维护建设税、教育费附加、地方教育附加、印花税、城镇土地使用税、房产税、个人所得税、土地增值税等九种税费申缴中存在违法事实，并做出宿地税稽处〔2014〕60号税务处理决定书，要求甲公司补缴或者调整相关税款，其中，应补缴土地增值税19282778.61元。对该处理决定中关于营业税、城市维护建设税、教育费附加、地方教育附加、印花税、城镇土地使用税、房产税、个人所得税等八项处理结果，甲公司无异议，并按照要求履行了相关义务。但对处理决定中关于土地增值税清算认定的事实和处理结果有异议，并向宿迁市地方税务局申请复议。2014年12月1日，宿迁市地方税务局做出宿地税复决〔2014〕1号行政复议决定，维持了稽查局做出的土地增值税清算处理决定。甲公司不服，向法院提起诉讼，请求撤销宿地税稽处〔2014〕60号税务处理决定书中关于土地增值税清算的处理决定。

【争议焦点】

稽查局对甲公司有关土地增值税清算的处理决定是否合法？具体包括五个方面：①在确认地价款时，是否应当从实际支付的出让金中减去政府奖励给甲公司的1600万元？②地下一层可售面积如何确定？③甲公司向非金融机构借款利息能否直接计入开发费用？④甲公司以不动产对外投资计税价格如何确认？⑤应收未收的款项是否应当确认为销售收入？

【法院裁判观点】

1. 《江苏省地方税务局关于土地增值税有关业务问题的公告》（苏地税规〔2012〕1号）第五条第四款规定：纳税人为取得土地使用权所支付的地价款，在计算土地增值税时，应以纳税人实际支付土地出让金（包括后期补缴的土地出让金），减去因受让该宗土地政府以各种形式支付给纳税人的经济利益后予以确认。因此，在确认地价款时应当从实际支付的出让金中减去政府奖励给甲公司的1600万元。

2. ××县房地产管理处系房屋产权确认登记的法定机构，其出具的房屋登记信息能够证明××项目地下一层 H01 部分的面积为 18826.26 平方米，所有权人为甲公司。因此，地下一层可售面积为 18826.26 平方米。

3. 财务费用中的利息支出，凡不能按转让房地产项目计算分摊利息支出或不能提供金融机构证明的，房地产开发费用按取得土地使用权支付的金额与房地产开发成本金额之和的 10%计算扣除，而不能据实计入开发费用进行扣除。

4.《国家税务总局关于房地产开发企业土地增值税清算管理有关问题的通知》（国税发〔2006〕187 号）第三条规定："（一）房地产开发企业将开发产品用于职工福利、奖励、对外投资、分配给股东或投资人、抵偿债务、换取其他单位和个人的非货币性资产等，发生所有权转移时应视同销售房地产，其收入按下列方法和顺序确认：1. 按本企业在同一地区、同一年度销售的同类房地产的平均价格确定；2. 由主管税务机关参照当地当年、同类房地产的市场价格或评估价值确定。"本案中，原告在同一地区、同一年度无同类房地产销售平均价格，当地当年也无同类房地产的市场价格。因此，被告在清算时只能按评估价值确认收入。原告称应以协议价格确认收入，无法律依据。

5.《国家税务总局关于土地增值税清算有关问题的通知》（国税函〔2010〕220 号）第一条规定了关于土地增值税清算时收入的确认。土地增值税清算时，已全额开具商品房销售发票的，按照发票所载金额确认收入；未开具发票或未全额开具发票的，以交易双方签订的销售合同所载的售房金额及其他收益确认收入。销售合同所载商品房面积与有关部门实际测量面积不一致，在清算前已发生补、退房款的，应在计算土地增值税时予以调整。因此，本案中稽查局按商品房买卖合同约定的售房价款全额确认收入，有法律依据，并无不当。

【税务律师案例评析】

1. 对于政府返还的土地出让金，在税务上如何处理？

《江苏省地方税务局关于土地增值税有关业务问题的公告》（苏地税规〔2012〕1 号）明确规定：在计算土地增值税时，政府以各种形式支付给纳税人的经济利益要从土地出让金中予以扣除。

但是在（2017）皖 07 刑终 92 号案件中，铜陵市地税局稽查局和法院都认为，该款项应纳入企业应纳税所得额缴纳企业所得税，而不是从土地出让金中予以扣除。

本案中，稽查局提供的情况说明证明××县财政局支付给甲公司的 1600 万元是根据县委 2007 年 11 月 2 日的会议纪要精神，给予甲公司××项目的土地出让金奖励。因此，根据《江苏省地方税务局关于土地增值税有关业务问题的公告》(苏地税规〔2012〕1号)第五条第四款规定，该款项应从土地出让金中予以扣除。

如果案发地苏州没有明确规定，则这部分款项应按照相关政府文件认定其性质，并进行相应的税务处理。

2. 非金融机构借款利息费用如何扣除?

本案中，甲公司从2009年至2013年分别向乙公司和丙公司借款，共支付利息39514117元，这些借款利息并非金融机构的借款利息费用，无法提供金融机构证明。因此，只能按照取得土地使用权支付的金额和开发土地与新建房及配套设施成本的10%以内计算扣除。

【风险提示】

政府部门给予的各种经济利益要根据相关文件，并结合不同地方的相关规定，做出相应处理。

【相关条文】

1.《江苏省地方税务局关于土地增值税有关业务问题的公告》(苏地税规〔2012〕1号)。

五、关于房地产开发成本、费用的扣除

(一) 房地产开发成本核定扣除

纳税人在办理土地增值税清算申报时所附送房地产开发成本凭证或资料不符合清算要求或不实的，税务机关可参照当地建设工程造价管理部门公布的造价定额资料，结合房屋结构、用途、区位等因素，核定开发成本的单位面积金额标准，并据以计算扣除。……

(四) 取得土地使用权所支付费用的扣除

纳税人为取得土地使用权所支付的地价款，在计算土地增值税时，应以纳税人实际支付土地出让金(包括后期补缴的土地出让金)，减去因受让该宗土地政府以各种形式支付给纳税人的经济利益后予以确认。房地产开发企业支付的土地闲置费不得扣除。

(五) 相关费用、基金的扣除

1. 房地产开发企业代收费用，应当按照《财政部国家税务总局关于土地增值税一些具体问题规定的通知》(财税字〔1995〕48号)第六条的规定进行处理。市政公用基础设施配套费、人防工程异地建设费不得加计扣除，也不作为房地产开发费用扣除的计算基数。

2. 政府性基金和行政事业性收费按照以下原则处理：

(1) 企业建造房屋建筑物时特有的费用和基金，按其是否与开发建造活动相关的原则进行划分。凡与开发活动直接相关，且可直接计入或分配计入开发对象的，允许计入开发成本；反之，则应计入开发费用。对企业非建造房屋建筑物时特有的费用和基金，应计入开发费用。

（2）允许计入开发成本的费用、基金，如果是在开发项目竣工验收之后发生的，则也应计入开发费用。

2.《中华人民共和国土地增值税暂行条例实施细则》。

第七条第（三）项　开发土地和新建房及配套设施的费用（以下简称房地产开发费用），是指与房地产开发项目有关的销售费用、管理费用、财务费用。

财务费用中的利息支出，凡能够按转让房地产项目计算分摊并提供金融机构证明的，允许据实扣除，但最高不能超过按商业银行同类同期贷款利率计算的金额。其他房地产开发费用，按本条（一）、（二）项规定计算的金额之和的百分之五以内计算扣除。

凡不能按转让房地产项目计算分摊利息支出或不能提供金融机构证明的，房地产开发费用按本条（一）、（二）项规定计算的金额之和的百分之十以内计算扣除。

判例十　房产销售合同解除后可否退还预征土地增值税

【裁判要旨】

根据《中华人民共和国土地增值税暂行条例实施细则》第十六条的规定，纳税人在项目全部竣工结算前转让房地产取得的收入，由于涉及成本确定或其他原因，而无法据以计算土地增值税的，可以预征土地增值税，待该项目全部竣工、办理结算后再进行清算，多退少补。本案结算缴纳税款之日，应为协议解除后营口甲房地产开发有限公司的最后一笔退款发生之日即2016年8月19日，营口甲房地产开发有限公司于2016年11月10日向被申请人国家税务总局营口经济技术开发区（鲅鱼圈区）税务局提出退税申请，并未超过规定期限。

鉴于再审申请人取消交易发生销售退款，其原有的纳税义务已不复存在，被申请人国家税务总局营口经济技术开发区（鲅鱼圈区）税务局继续要求再审申请人缴纳税款于法无据。

【涉税案情】

再审申请人（一审原告、二审上诉人）：营口甲房地产开发有限公司（以下简称“甲公司”）

被申请人（一审被告、二审上诉人）：国家税务总局营口经济技术开发区（鲅鱼圈区）税务局（以下简称“鲅鱼圈税务局”）、国家税务总局营口市税务局（以下简称“营口市税务局”）

1. 2011 年 5 月 25 日，甲公司与东方伟业（中国）投资控股有限公司（以下简称“东方伟业公司”）签订《营口粮贸大厦裙房合作协议》。《营口粮贸大厦裙房合作协议》签订后，甲公司收到了东方伟业公司预收转让款 8256 万元，分别于 2013 年 3 月 13 日、6 月 24 日分两次按照销售收入 8256 万元申报并按规定全额预缴了包括营业税、土地增值税、城建税、教育费附加、地方教育附加在内的税款共计 7100160 元。

2. 2016 年 5 月 14 日，因《营口粮贸大厦裙房合作协议》约定的所附条件未能成就，经双方协商一致并经甲公司上级主管单位同意，甲公司与东方伟业公司签订了解除协议，解除之前双方签订的《营口粮贸大厦裙房合作协议》，并按解除协议约定退还收到的相关购房款项。2016 年 8 月 19 日，甲公司向东方伟业公司退还所有的购房款项。

3. 2016 年 11 月 10 日，甲公司书面向鲅鱼圈税务局提出退税申请，申请退回已经缴纳的 7100160 元。2016 年 12 月 26 日，鲅鱼圈税务局依申请将税款 7100160 元退回甲公司账户。2016 年 12 月 29 日，鲅鱼圈税务局向营口市税务局提交《关于营口甲公司申请退税的请示》。2017 年 7 月 10 日，营口市税务局做出《营口市地方税务局关于营口甲公司申请退税的批复》（营地税函〔2017〕44 号），批复意见：根据《中华人民共和国税收征收管理法》第五十一条规定，纳税人（甲公司）提出退回该笔税款申请，自结算纳税款之日起已经超过三年，不应予以退税，并要求鲅鱼圈税务局核实解除协议的交易行为真实性，核实结果上报。

4. 2017 年 8 月 2 日，鲅鱼圈税务局做出《营口经济技术开发区地方税务局税务事项通知书》（营开地税通〔2017〕3 号），通知内容：“现将《营口市地方税务局关于营口甲公司申请退税的批复》送达给你公司（甲公司），请你公司在本月申报期内将税款 7100160 元进行纳税申报缴纳，逾期不缴纳按《中华人民共和国税收征管理法》有关规定处理。”甲公司收到《营口经济技术开发区地方税务局税务事项通知书》（营开地税通〔2017〕3 号）后，于 2017 年 11 月 30 日向营口市税务局申请行政复议。营口市税务局接到复议申请后，于当日受理了甲公司提出的行政复议。2017 年 12 月 4 日，营口市税务局向鲅鱼圈税务局做出营口市地方税务局行政复议答复通知书，并于 2017 年 12 月 6 日送达。

5. 2017 年 12 月 22 日，因案件涉及法律适用问题中止，营口市税务局向甲公司送达中止行政复议通知书。2018 年 3 月 1 日，营口市税务局做出行政复议恢复审理通知书，并于同年 3 月 5 日送达。2018 年 4 月 2 日，营口市税务局做出营地税复决〔2018〕1 号行政复议决定书，维持《营口经济技术开发区地方税务局税务事项通知书》（营开地税通〔2017〕3 号）的具体行政行为。

6. 甲公司不服营口市税务局所做的“维持《营口经济技术开发区地方税务局税务事项通知书》（营开地税通〔2017〕3 号）的具体行政行为”的营地税复决〔2018〕1 号行政复议决定书，向营口市站前区人民法院起诉，请求撤销《营口经济技术开发区地方税务局税务事项通知书》（营开地税通〔2017〕3 号）。2018 年 10 月 30 日，营口市站前区人民法院做出（2018）辽 0802 行初 29 号行政判决，判决：“一、撤销被告国家税务局营口经济技术开发区（鲅鱼圈）税务局于 2017 年 8 月 2 日作出营开地税通〔2017〕3 号《营口经济技术开发区地方税务局税务事项通知书》，并于判决生效后二个月内重新作出行政行为；二、撤销被告国家税务总局营口市税务局于 2018 年 4 月 2 日作出的营地税复决〔2018〕1 号行政复议决定书。”

7. 甲公司、鲅鱼圈税务局、营口市税务局均不服一审法院判决，提起上诉，上诉至辽宁省营口市中级人民法院。甲公司上诉称：请求依法撤销原审判决第一项中“于判决生效后二个月内重新作出行政行为”的内容，甲公司认为，鲅鱼圈税务局做出的营开地税通〔2017〕3 号税务事项通知书未载明纳税申报事实、理由及法律依据，不符合相关法律规定，应予撤销。但原审判决又认定，鲅鱼圈税务局于 2016 年 12 月 26 日将相关税款退回甲公司账户，违反了《中华人民共和国税收征收管理法》第五十一条的规定，该笔款项应追回，鲅鱼圈税务局应重新做出追缴税款的行政行为，该认定错误。甲公司主张其申请退税具有充分的事实依据和法律依据，鲅鱼圈税务局应予退税。根据《中华人民共和国营业税暂行条例实施细则》第十四条和《财政部、国家税务总局关于营业税若干政策问题的通知》第三条第一款的规定，鲅鱼圈税务局应将甲公司已缴纳的营业税全额退还。根据《中华人民共和国土地增值税暂行条例实施细则》第十六条的规定，纳税人在项目全部竣工结算前转让房地产取得的收入，由于涉及成本确定或其他原因，而无法据以计算土地增值税的，可以预征土地增值税，待该项目全部竣工、办理结算后再进行清算，多退少补。本案所涉甲公司缴纳的土地增值税系预征，预征的税款是非确定性的应纳税款，在未进行土地增值税清算确定应退或应补前，是纳税人对税务机关的一项债权。后因发生销售退款，相关交易取消，则征收土地增值税的基础即增值额已不存在，故纳税人潜在的土地增值税纳税义务也就不存在了，土地增值税应无条件退还纳税人。

鲅鱼圈税务局和营口市税务局上诉称：请求撤销原审判决，改判驳回原审原告的诉讼请求，认为做出营开地税通〔2017〕3号税务事项通知书，已充分告知其纳税申报事实、理由以及法律依据。由于本案原审原告不符合退还税款的法定条件，该笔款项依法不应予以退还，上诉人做出的通知书是因原审原告不符合退税条件，为了避免国有资产损失对其退税款进行追索的正确行为。

8. 2018年12月3日，辽宁省营口市中级人民法院受理该案。经审理，2018年12月21日，辽宁省营口市中级人民法院做出（2018）辽08行终265号行政判决书，认为原审判决认定事实清楚，程序合法，适用法律正确，判决驳回上诉，维持原判。

9. 甲公司不服辽宁省营口市中级人民法院（2018）辽08行终265号行政判决内容，申请再审。2019年12月25日，辽宁省高级人民法院做出（2019）辽行申815号行政裁定书，认为甲公司申请再审理由成立，裁定“一、指令营口市中级人民法院再审本案；二、再审期间，中止原判决的执行”。

【争议焦点】

1. 本案甲公司申请退税是否属于《中华人民共和国税收征收管理法》第五十一条规定“超过三年申请退税期限不应予以退税”的情形？

2. 本案是否属于应征土地增值税的情形？

【法院裁判观点】

本院认为：……根据《中华人民共和国税收征收管理法释义》第五十一条的适用情形，限于因理解税法错误、计算错误、错用税率、调高税额或财务技术处理失当等各种原因出现多征多缴税款的情况，本规定适用税款缴纳之初就存在错误情形，而本案再审申请人因后期解除协议发生销售退款才导致多缴税款情形，故不适用该规定。本案中，再审申请人实际缴纳最后一笔税款之时即2013年6月24日，并不存在多缴税款的情形，因而也不存在退税事由，后由于发生销售退款，才导致退税事由的发生。因此，将最后一笔销售退款发生的时间2016年8月19日作为申请退税的起算点符合法律规定。根据《中华人民共和国土地增值税暂行条例》第三条的规定，土地增值税按照纳税人转让房地产所取得的增值额和本条例第七条规定的税率计算征收。根据《中华人民共和国土地增值税暂行条例实施细则》第十六条的规定，纳税人在项目全部竣工结算前转让房地产取得的收入，由于涉及成本确定或其他原因，而无法据以计算土地增值税的，可以预征土地增值税，待该项目全部竣工、办理结算后再进行清算，多退少补。本案结算缴纳税款之日，应为协议解除后再审申请人的最后一笔退款发生之日，即2016年8月19日。再审申请人于2016年11月10日向被申请人鲅鱼圈税务局提出退税申请，并未超过规定期限。鉴于再审申请人取消交易发生销售退款，其原有的纳税义务已不复存在，被申请人鲅鱼圈税务局继续要求再审申请人缴纳税款于法无据。营口市税务局做出的复议决定也无事实法律依据，应予撤销。

【税务律师案例评析】

本案争议并非《中华人民共和国税收征收管理法》第五十一条的适用问题。一审、二审法院围绕《中华人民共和国税收征收管理法》第五十一条的适用问题进行审理，并没有触及本案需退税的实质问题。再审法院抓住了本案的实质，即应税行为被撤销或交易合同被解除的退税与《中华人民共和国税收征收管理法》第五十一条规定的退税存在本质上的区别：《中华人民共和国税收征收管理法》第五十一条规定的退税系理解税法错误、计算错误、错用税率、调高税额或财务技术处理失当等导致多征税款而退税；而应税行为被撤销或交易合同被解除，系由于应税行为被撤销或交易合同被解除，纳税义务不复存在而退回之前缴纳的税款。再审法院认定后期解除协议发生销售退款才导致多缴税款情形，故不适用《中华人民共和国税收征收管理法》第五十一条规定，再审法院认定符合维护税收公平、实现税收正义的原则。

从后续的辽宁省营口市中级人民法院（2020）辽08行再2号行政裁定书，可以看出本案中税务部门最终认可了甲公司的退税要求。

【风险提示】

1. 纳税人遭遇应税行为被撤销或交易合同被解除的，一定要尽早申请退税，切勿迟延。

2. 现行《中华人民共和国税收征收管理法》有关退税申请条款的规定，过于宽泛，现实中易导致纳税人在应税行为被撤销或交易合同被解除时退税申请与税务部门产生争议，需谨慎处理并加强与税务部门的沟通。

【相关条文】

《中华人民共和国税收征收管理法释义》。

第五十一条　纳税人超过应纳税额缴纳的税款，税务机关发现后应当立即退还；纳税人自结算缴纳税款之日起三年内发现的，可以向税务机关要求退还多缴的税款并加算银行同期存款利息，税务机关及时查实后应当立即退还；涉及从国库中退库的，依照法律、行政法规有关国库管理的规定退还。

判例十一　纳税期内计提但未实际申报缴纳的土地增值税能否在计算应纳税所得额时扣除

【裁判要旨】

税金与企业经营性成本、费用性质迥异。依法在法定期限内缴纳税款是企业刚性、法定的义务，逾期欠缴税款属违法行为，不受法律保护，对纳税期内已发生但未申报缴纳的税金，不能视为《中华人民共和国企业所得税法》第八条定义的“合理”的支出而准予税前扣除；否则，纳税人按时纳税的强制性与严肃性便无从体现。

【涉税案情】

上诉人（一审原告）：甲置地（上海）有限公司（以下简称“甲公司”）

被上诉人（一审被告）：上海市国家税务局第五稽查局（以下简称“市国税稽查五局”）

1. 被告市国税稽查五局通过人工选案，于2013年5月10日对原告甲公司立案实施税务检查。向原告送达税务检查通知书后，被告市国税稽查五局调取了2010年1月1日至2012年12月31日期间原告的经营和财务数据；因案情复杂，又延长了检查期限，并制作了《询问（调查）笔录》及税务稽查工作底稿。查明原告于2012年12月通过“管理费用”“销售费用”科目计提当月的工资1149538.87元，实际于2013年1月发放，于当年企业所得税汇算清缴时全额税前列支，未做纳税调整，少调增2012年企业所得税应纳税所得额1149538.87元；原告于2011年12月通过“营业税金及附加”计提“外滩九里苑”项目的土地增值税517046665元，于2012年6月通过“营业税金及附加”计提“外滩九里苑”项目的土地增值税57668838.66元，均在当年企业所得税汇算清缴时全额税前列支。另查明，原告在2009—2012年按预征方式实际申报缴纳“外滩九里苑”项目土地增值税分别为（按税款所属期）10864806.99元、15497526.07元、29703336.18元、21736844.44元。

2. 被告市国税稽查五局认定原告未按规定调增2011年、2012年企业所得税应纳税所得额460980995.76元、35931994.22元。鉴于案情重大，被告市国税稽查五局召开了重大案件审理会，再提请被告上海市国家税务局（以下简称“市国税局”）重大案件审理委员会进行审理。2015年2月11日，被告市国税稽查五局做出沪国税五稽处（2015）6号税务处理决定书，依据《中华人民共和国企业所得税法》第八条、《中华人民共和国企业所得税法实施条例》第三十四条、《中华人民共和国税收征收管理法》第三十二条的规定，决定原告补缴 2011 年企业所得税 115245248.94 元，加收滞纳金 20398409.06 元；补缴 2012 年企业所得税 9270383.27 元。

3. 税务处理决定书于 2 月 16 日送达原告。原告收悉后不服，在确定公司对其所涉全部欠税款与滞纳金提供连带责任担保并经被告市国税稽查五局认可后，原告于同年 3 月 16 日向被告市国税局申请行政复议，被告市国税局于同月 18 日受理后向被告市国税稽查五局发出答复通知书。被告市国税局审查了被告市国税稽查五局提交的税务行政复议答复书及其做出行政行为的证据和依据，并准许原告予以查阅。后因案情复杂，被告市国税局于 5 月 7 日决定延长行政复议审理期限 30 日。2015 年 6 月 11 日，被告市国税局做出被诉的行政复议决定，维持了税务处理决定，并将沪国税复决（2015）2 号税务行政复议决定书邮寄送达原告。原告仍不服，向法院提起行政诉讼。

【争议焦点】

甲公司认为：原告开发的“外滩九里苑”房产项目自 2009 年开始预售，2011 年竣工交付确认收入，尚未经土地增值税清算。根据《中华人民共和国企业所得税法实施条例》第九条的规定，企业应纳税所得额的计算，以权责发生制为原则，现行企业所得税法没有规定未实际缴纳的税金不能在计算应纳税所得额时扣除。原告根据《中华人民共和国土地增值税暂行条例》以及《中华人民共和国土地增值税暂行条例实施细则》的有关规定，在计算企业所得税应纳税所得额时扣除实际发生的土地增值税金额，完全符合法律规定，不需要做纳税调整。另外，被诉税务处理决定认定原告 2012 年实际缴纳“外滩九里苑”项目土地增值税 21736844.44 元金额有误，遗漏了 2013 年补缴的所属期为 2012 年度的土地增值税 27713457.83 元。

2. 市国税稽查五局认为：基于税会差异，《中华人民共和国企业所得税法》第八条所指实际发生的土地增值税金，应为当期实际以预征方式缴纳入库的土地增值税金额，不应按照企业会计处理确认。

【法院裁判观点】

税金与企业经营性成本、费用性质迥异。依法在法定期限内缴纳税款是企业刚性、法定的义务，逾期欠缴税款属违法行为，不受法律保护，对纳税期内已发生但未申报缴纳的税金，不能视为《中华人民共和国企业所得税法》第八条定义的“合理”的支出而准予税前扣除；否则，纳税人按时纳税的强制性与严肃性便无从体现。原告在 2012 年度未缴足土地增值税，直至 2013 年 5 月遭税务检查，税金仍处于欠缴状态，被告市国税稽查五局未准予原告将 2012 年度欠缴的土地增值税做税前扣除，并无不当。至于原告认为该笔税金的欠缴非基于主观原因而应给予责任豁免的意见，因本案被诉的是纳税调整的税务处理行政行为，不涉及对纳税义务人是否存在主观故意的审查，故对原告的上述异议，本院不予采纳。当然，上述欠缴税金已于2013年11月补缴入库，原告仍可另行进行纳税调整，对该笔补缴税金做所得税税前扣除。换言之，就总体税负水平而言，被告市国税稽查五局的税务处理并未增加原告的负担。

【税务律师案例评析】

1.《中华人民共和国企业所得税实施条例》第九条规定："企业应纳税所得额的计算，以权责发生制为原则，属于当期的收入和费用，不论款项是否收付，均作为当期的收入和费用；不属于当期的收入和费用，即使款项已经在当期收付，均不作为当期的收入和费用。本条例和国务院财政、税务主管部门另有规定的除外。"对于收入和费用而言，以权责发生制为原则，另有规定例外。土地增值税属于税金，不宜适用权责发生制原则，应属于"另有规定"情况。

2. 土地增值税的征管有其特殊性。根据《中华人民共和国土地增值税暂行条例》和《中华人民共和国土地增值税暂行条例事实细则》的规定，土地增值税普遍采用预征的方式，无法按照权责发生制来处理，只能以"预征"的金额认定为当期发生的金额。纳税人对计提的土地增值税在实际缴纳入库期间进行纳税调整，就总体税负水平而言，并不会增加纳税人的负担。

【风险提示】

由于土地增值税普遍采用"预征"模式，房地产开发企业将土地增值税计入企业所得税成本时，要注意其属于《中华人民共和国企业所得税法实施条例》第九条规定的例外情况，不适用权责发生制。

【相关条文】

1.《中华人民共和国企业所得税法》。

第八条　企业实际发生的与取得收入有关的、合理的支出，包括成本、费用、税金、损失和其他支出，准予在计算应纳税所得额时扣除。

2.《中华人民共和国企业所得税法实施条例》。

第九条　企业应纳税所得额的计算，以权责发生制为原则，属于当期的收入和费用，不论款项是否收付，均作为当期的收入和费用；不属于当期的收入和费用，即使款项已经在当期收付，均不作为当期的收入和费用。本条例和国务院财政、税务主管部门另有规定的除外。

判例十二　一方出资另一方出地并以出地方的名义立项进行“联合开发”，是否属于土地使用权转让

【裁判要旨】

国家税务总局信阳市平桥区税务局认定事实的证据主要是信阳甲置业公司与乙公司签订的《合作开发建设协议》复印件及对乙公司项目经理的调查笔录。但信阳甲置业公司在信阳市平桥区人民法院请求确认《合作开发建设协议》无效、返还财产并赔偿损失的民事诉讼尚未结案，上诉人以被上诉人法定代表人涉嫌犯罪为由将此案移送追究被上诉人法定代表人的刑事责任，信阳市平桥区人民检察院以事实不清、证据不足为由做出了《不批准逮捕决定书》。上诉人调取的现有证据不足以证明被上诉人存在私自转让国有建设用地使用权而未缴纳国家税款的违法事实。

【涉税案情】

上诉人（一审被告）：国家税务总局信阳市平桥区税务局（以下简称“平桥税务局”）

被上诉人（一审原告）：信阳甲置业公司（以下简称“甲公司”）

1. 2016 年 11 月 16 日，信阳市平桥区地方税务局稽查局（以下简称“稽查局”）根据上级案件交办意见，开始对甲公司 2010 年 1 月 1 日至 2015 年 12 月 31 日纳税情况进行检查。稽查局认为，2011 年 6 月 14 日，甲公司与乙公司签订《合作开发建设协议》，由乙公司向甲公司支付 1 亿元实际支付 8000 万元的开发费用开发甲公司所属的 A5 地块，甲公司该行为名为“借款”实为“土地使用权转让”，应缴纳营业税、城市建设税、教育费附加、地方教育附加、印花税、土地增值税、企业所得税（预征）等七项税款合计 1836. 71161 万元。2017 年 9 月 30 日，稽查局向甲公司送达《税务行政处理决定书》和《税务行政处罚事项告知书》。2017 年 10 月 27 日，平桥区税务局依据甲公司申请举行了听证会。2017 年 10 月 30 日，稽查局做出信平地税稽罚（2017）2 号行政处罚决定书，对甲公司偷税违法行为处不缴或少缴税款 0. 5 倍罚款。2017 年 11 月 21 日，甲公司对上述税务处理决定和处罚决定不服，向被告平桥区政府提出复议申请。2018 年 1 月 29 日，被告平桥区政府做出了信平政复决字（2018）1 号行政复议决定书，维持上述两决定。

2. 落款日期为“2011 年 6 月 13 日”的甲公司（甲方）与乙公司（乙方）签订的借款协议约定，乙方向甲方出借资金共 8000 万元，借款期限自 2011 年 6 月 13 日起至 2015 年 6 月 12 日止，借款用途为甲方用于××项目工程建设，借款

利息以甲方到账日1%的利息支付给乙方。落款日期为“2011年6月14日”的甲公司与乙公司签订的《合作开发建设协议》复印件显示，××项目位于信阳中心大道交会处，为加快建设进度，甲公司（甲方）同意将本项目A5地块与乙公司（乙方）合作开发，乙公司（乙方）向甲公司（甲方）支付总款项1亿元的合作费用，付款方式为：①合同签订后七日内乙方向甲方支付总款项的70%作为履约保证金，计7000万元整；②提供国有土地使用证、建设用地规划许可证、立项报告、环境评价报告、水土保持方案及相关图纸手续后七日内乙公司（乙方）向甲公司（甲方）支付总款项的10%，计1000万元整，约定国有土地使用证由乙公司（乙方）负责保管，建设用地规划许可证由甲公司（甲方）负责保管，两证双方共用；③“三通一平”及拆迁完成，交给乙公司（乙方）净地后七日内再付总款项的15%，计1500万元整；④余款5%，计500万元整，在项目竣工备案后十日内一次性付清。

3.（2019）豫15行终81号行政裁定书认定以下事实：①平桥税务局做出税务处理决定、税务行政处罚决定后，以甲公司偷逃税款涉嫌犯罪为由移送公安机关侦查。2018年6月7日，信阳市平桥区人民检察院以提请批准逮捕犯罪嫌疑人梁某某的事实不清、证据不足为由，对信阳市公安局平桥分局做出信平检侦监督不批捕（2018）138号《不批准逮捕决定书》。2018年6月8日，信阳市第一看守所做出平公（案）释字（2018）10042号《释放证明书》：“梁某某因逃避追缴欠税案于2018年5月25日被拘留，现因取保候审，经平桥分局决定予以释放。”②2018年4月23日，平桥税务局出具情况说明，载明：稽查局对甲公司做出税务处理决定及税务行政处罚决定。目前，甲公司已缴纳部分税款，虽然甲公司针对该决定的行政诉讼尚在进行中，但甲公司考虑先服从决定缴纳税款；因甲公司暂无力以货币形式支付决定书中的相关税款和罚款，公司于2017年12月26日向稽查局提供了资产（两处商铺）用于缴纳税款，目前正在拍卖变现程序中；2018年3月29日，甲公司愿意再提供另一商铺供拍卖变现，以上资产均可变现缴纳税款。平桥税务局签署“情况属实”并加盖了公章。③2018年8月6日，甲公司对乙公司提起民事诉讼，请求确认《合作开发建设协议》无效、返还财产并赔偿损失，信阳市平桥区人民法院目前尚未结案。

【争议焦点】

甲公司与乙公司签订的《合作开发建设协议》，是否名为“借款”实为“土地使用权转让”？

【法院裁判观点】

甲公司账簿记载8000万元为借款，A5地块的开发建设、房屋销售、缴纳税费皆以甲公司名义办理，并没有办理相关土地使用权的更名手续。因此，没有证据显示甲公司与乙公司之间发生了土地使用权转让行为。

【税务律师案例评析】

1. 本案中，一方出资、另一方出地并以出地方的名义立项进行联合开发，属于土地使用权转让吗？

本案中，双方以合同方式约定合作开发，如果出资方不承担风险、只收取利息，则其实质为借款，不构成合作建房。

真正的联合开发一般以成立项目公司进行，如果以合同方式联合开发应满足：共分利润、共担风险且双方必须共同拥有土地使用权；否则在法律上难以认定为合作建房。

2. 如果出地方和出资方约定分配房屋，土地增值税如何处理？

《财政部、国家税务总局关于土地增值税一些具体问题规定的通知》（财税字〔1995〕48号）第二条规定，对于一方出地、一方出资金合作建房，建成后双方按比例分房自用的，暂免征收土地增值税；建成后转让的，应征收土地增值税。

【风险提示】

一方出地一方出资金进行建房，因合同约定不同，税务处理及法律认定也不同。因此，这样的合作有一定的税务筹划空间，但是有很大的税务风险，需谨慎操作。

【相关条文】

1. 财政部、国家税务总局《关于土地增值税一些具体问题规定的通知》（财税〔1995〕48号）第二条中的合作建房，是指拥有土地使用权的一方当事人提供土地使用权，另一方提供资金，以双方名义共同立项开发，按照双方约定比例进行分配、使用或销售的一种房地产开发形式。

2. 《最高人民法院关于审理涉及国有土地使用权合同纠纷案件适用法律问题的解释》（法释〔2005〕5号）。

第二十四条　合作开发房地产合同约定提供土地使用权的当事人不承担经营风险，只收取固定利益的，应当认定为土地使用权转让合同。

第二十五条　合作开发房地产合同约定提供资金的当事人不承担经营风险，只分配固定数量房屋的，应当认定为房屋买卖合同。

第二十六条　合作开发房地产合同约定提供资金的当事人不承担经营风险，只收取固定数额货币的，应当认定为借款合同。

第二十七条　合作开发房地产合同约定提供资金的当事人不承担经营风险，只以租赁或者其他形式使用房屋的，应当认定为房屋租赁合同。

判例十三　以转让股权方式转让土地使用权行为的法律效力如何认定

【裁判要旨】

对于股权转让涉及公司土地使用权份额变更，是否界定为土地使用权转让行为，相关法律法规没有明确规定。基于股权转让是《中华人民共和国公司法》保护的民事法律行为，股权转让并不导致土地使用权权属的转移和变更。因此，此类性质的股权转让行为应属于《中华人民共和国公司法》调整范围，而不属于国家土地转让的相关法律、法规调整范畴。股权转让并不导致土地使用权的转让，不需要缴纳土地增值税和契税。

【涉税案情】

上诉人（一审原告）：江苏甲房地产开发有限公司（以下简称“甲公司”）

被上诉人（一审被告）：丙资产管理有限公司（以下简称“丙公司”）

1. 2010年12月24日，丙公司作为甲方与作为乙方的甲公司签订合作协议，协议载明：丁公司、戊公司的两大股东国浩公司、乙公司正式委托己拍卖公司，将其在项目公司中100%的股权及项目公司的全部权益进行拍卖。甲方于2010年11月23日，通过竞拍获得了项目的权益，11月24日与国浩公司正式签订了南京顾家营地块合作框架协议，并于11月30日与乙公司、己拍卖公司正式签订了乙、丙、己拍卖公司股权转让三方协议。甲乙双方确认在甲方成功拍卖标的基础上，各出资13亿元完成对南京顾家营项目全部权益的收购。乙方认可甲方与国浩公司、乙公司签订的框架协议及股权转让协议的基本内容。协议还对双方合作条件做了约定。

2. 2010年12月31日，乙公司（甲方）与丙公司（乙方）签订股权转让协议，做出以下约定。交易标的为甲方合法持有的项目公司（丁公司、戊公司，下同）的1%股权及对应的本地块（NO. 2005G36地块，下同）1%权益。乙方承诺以3.7亿元价格收购甲方1%股权及对应的本地块全部权益。交易价格：乙方收购甲方合法持有的项目公司的1%股权及对应的本地块1%权益的总对价为3.7亿元。同时，双方共同签署资金共管协议，并设立由甲方指定银行、以乙方名义开设账户的银行共管账户，按照约定对本协议所涉资金进行共管。乙方将交易价款余款3.1亿元汇入共管账户后，甲方保证配合乙方与国浩公司共同将01号、02号、03号地块土地使用权证的使用权人更名为丁公司，并办理股权变更的批准及工商登记手续。

3. 2011年1月4日，甲公司委托甲投资集团公司向乙公司支付6000万元。

2011 年 3 月 14 日，乙公司与丙公司签订股权转让补充协议，将丙公司的付款期限延迟于 2011 年 3 月 25 日前，丙公司自愿一次性额外补偿甲方 500 万元整。2011 年 4 月 2 日，乙公司（甲方）、丙公司及甲公司（共同的乙方）签订股权转让补充协议二，约定：鉴于乙方丙公司申请其合作方甲公司作为“股权转让协议”“补充协议（一）”及本协议中与其组成共同的乙方，甲方对此予以确认。协议补充约定：乙方最迟于 2011 年 4 月 2 日将交易价款余款 3.1 亿元人民币或等值美元的 50%之款项（1.55 亿元人民币或等值美元）汇入共管账户。甲方保证配合乙方与国浩公司共同将 01 号、02 号、03 号地块土地使用权证的使用权人更名为丁公司。土地使用权证变更到项目公司前二日内，乙方也须将交易价款余款 3.1 亿元人民币或等值美元的另 50%之款项（1.55 亿元人民币或等值美元）汇入共管账户。乙方将交易价款余款 3.1 亿元人民币或等值美元已全部汇入共管账户后二日内，双方办理土地使用权证变更到项目公司之手续。经甲方与乙方中的双方一致同意，共同与监管银行签订补充协议，就增加甲公司作为监管协议的乙方中的一方以及监管资金退还等内容做出约定，共同向银行申请增加监管账户之乙方的甲公司提供人名章一枚，作为监管账户预留印鉴章，未经甲方及乙方中的双方一致同意并向银行提供书面申请，不得变更印鉴。甲、乙双方一致确认：本补充协议约定共同监管资金，以及此前甲方收取的首期 6000 万元资金、500 万元逾期补偿款，均由乙方中的甲公司支付。

4. 甲公司于 2012 年 5 月 3 日向法院提起诉讼，请求解除甲公司与乙公司及丙公司之间签订的股权转让协议、股权转让补充协议及股权转让补充协议二，返还已付款项 6500 万元。

【争议焦点】

1. 甲公司认为：股权转让协议名为股权转让，实际上是土地使用权转让，违反了《中华人民共和国土地管理法》《中华人民共和国房地产管理法》及《中华人民共和国城镇国有土地使用权出让和转让暂行条例》等法律、行政法规禁止性规定，且涉嫌以合法形式掩盖非法目的及逃避国家土地增值税，损害国家利益，应确认无效。

2. 乙公司认为：股权转让协议是个框架性协议，成立时即生效，甲公司应该先付款；甲公司未付款，不享有合同解除权。

【法院裁判观点】

1. 股权转让合同明确约定丙公司收购乙公司持有的丁公司、戊公司 1%股权及对应的地块 1%权益，即合同转让的标的是股权而非土地使用权，公司的股东虽发生了变更，但土地使用权并未发生流转，仍属公司所有。案件性质属股权转让合同纠纷而非土地使用权转让纠纷。

2. 涉案股权转让协议不违反《中华人民共和国公司法》和《中华人民共和国土地管理法》的相关规定，也不违反有关房地产法律法规的禁止性规定。股权可以依法自由转让，法律、法规并未禁止涉及土地使用权的股权转让。以股权转让形式控制公司名下的土地使用权，公司股东虽发生了变化，但土地使用权并未发生流转，仍登记在原公司名下，在性质上仍属于股权转让，并非土地使用权转让。该股权转让行为，并未违反《中华人民共和国公司法》的规定，既不涉及《中华人民共和国土地管理法》有关土地买卖和转让的相关规定，也不涉及《中华人民共和国城市房地产管理法》《中华人民共和国城镇国有土地使用权出让和转让暂行条例》关于土地使用权不得转让的相关规定。

3. 涉案股权转让形式并未逃避国家土地增值税和契税的征收。土地使用权转让涉及的纳税种类包括增值税及附加税费、土地增值税、契税、印花税和所得税。股权转让的纳税种类只涉及印花税、所得税，不征收增值税及附加税费。由于股权转让并不导致土地使用权的转让，因而不需要缴纳土地增值税和契税。根据税收法定主义，税法未规定需要纳税的，当事人即可不交税；且在股权转让时，土地增值税最终并未流失，因为股权转让只是股东的变换，土地使用权权属没有变化；股权无论经过多少次转让，土地无论如何增值，公司初始受让土地支付对价的成本都不变。但是，只要房地产发生了权属流转，公司就需要按最终的实际房地产销售价与最初的房地产成本价之间的增值部分缴纳土地增值税。

【税务律师案例评析】

1. 以股权转让方式转让土地使用权的背后原因。

土地使用权转让作为一种商事活动，有不同的交易模式和交易结构，商事主体主要通过资产转让、股权转让、投资入股等方式实现土地使用权的转让。商事主体根据自身成本与效率、风险与偏好选择不同的交易模式和交易结构。商事主体采取股权转让的方式转让土地使用权主要基于以下考虑：①绕开对土地转让的法律限制。我国相关法律法规（如《中华人民共和国城市房地产管理法》《中华人民共和国城镇国有土地使用权出让和转让暂行条例》）对土地使用权的转让做出了严格限制，导致一些土地因不具备出让条件而无法出让。②降低交易的税负。我国法律法规对于股权转让和土地使用权转让设定了不同的课税规则，两者在税种、税率等方面均有明显区别（见表3-15）。

表 3-15　土地使用权转让与股权转让课税情况

交易结构	增值税及附加	土地增值税	契税	印花税	所得税
土地使用权转让	√	√	√	√	√
股权转让				√	√

2. 以股权转让方式转让土地使用权行为效力的认定。

通过检索相关裁判文书，在评价以股权转让方式转让土地使用权行为效力层面上，一些法院对此持否定态度，而一些法院则持肯定态度。

对股权转让合同效力给予否定态度的相关案例：在陈某某、沈某、沈某某诉被告韩某建设用地使用权转让合同纠纷一案中①，杭州市萧山区人民法院认为，“双方之间的协议因违反了物权法②、土地管理法等关于国有土地使用权出让、转让等相关法律法规的规定而无效”；在方某某与黄山××新材料科技有限公司、盛某某合同纠纷一案中③，杭州市富阳区人民法院认为，“该行为并非合法之行为，系以合法形式掩盖非法目的”。

对股权转让合同效力给予肯定态度的相关案例：在马某某 1、马某某 2 与湖北××置业有限公司股权转让纠纷一案中④，最高人民法院认为，“马某某 1、马某某 2 与××公司签订的《股权转让协议》《股权转让补充协议一》《股权转让补充协议二》不存在《中华人民共和国合同法》⑤ 第五十二条规定的法定无效情形”；在付某某、沙某某等与周某某、营口××房地产开发有限公司等股权转让纠纷一案中⑥，最高人民法院认为，“沙某某欲通过控制××公司的方式开发使用涉案土地，此行为属于商事交易中投资者对目标公司的投资行为……不应纳入土地管理法律法规的审查范畴，而应依据《中华人民共和国公司法》中有关股权转让的规定对该协议进行审查”。

司法裁判对此类股权转让合同效力的主流观点：最高人民法院在多个案件中肯定了此类合同的法律效力⑦，虽然对此问题的认识还存在一定争议，但司

① 杭州市萧山区人民法院民事判决书（2015）杭萧民初字第 4087 号。

② 《中华人民共和国民法典》自 2021 年 1 月 1 日起施行，《中华人民共和国物权法》同时废止。

③ 杭州市富阳区人民法院民事判决书（2015）杭富商初字第 3183 号。

④ 最高人民法院民事判决书（2014）民二终字第 264 号。

⑤ 《中华人民共和国民法典》自 2021 年 1 月 1 日起施行，《中华人民共和国合同法》同时废止。

⑥ 最高人民法院民事判决书（2016）最高法民终 222 号。

⑦ 除了上文提到的裁判案例，对此做出肯定评价的案例还有（2012）民二终字第 22 号、（2012）民二终字第 23 号、（2013）民一终字第 138 号。

法裁判的主流观点是认可此类股权转让合同的效力。①

肯定此类股权转让合同效力的裁判理由包括如下几点：①我国现行法律并无效力性强制性规定禁止以转让股权的形式实现土地使用权的转让。②土地使用权的权属并未发生流转未逃避土地增值税和契税。③土地使用权的股权转让并未触犯刑法。在这一点上，陈兴良教授认为："不能刺破股权转让的面纱而认定为非法转让、倒卖土地使用权罪"，"在通过转让公司股权的方式实质上转让土地使用权的情况下，虽然从形式上看似乎发生了土地使用权的转让，但其实发生流转的是公司的股权，而土地使用权并未变更，土地使用权仍然归属于同一公司所有"。②

3. 以股权转让方式转让土地使用权行为税务问题分析。

国家税务总局曾以《国家税务总局关于以转让股权名义转让房地产行为征收土地增值税问题的批复》（国税函〔2000〕687 号）、《国家税务总局关于土地增值税相关政策问题的批复》（国税函〔2009〕387 号）、《国家税务总局关于天津泰达恒生转让土地使用权土地增值税征缴问题的批复》（国税函〔2011〕415 号）等个案批复的形式答复，认为应当征收土地增值税的情形包括：①一次性转让 100%的股权；②房地产作价入股后短时间内转让股权，且股权转让金额等同于房地产的评估值。税务机关实质是按照"实质课税原则"，认为以上行为在法律形式上是股权转让，在经济实质上则是土地使用权权属的变更，应该征收土地增值税。

《中华人民共和国土地增值税暂行条例》规定："转让国有土地使用权、地上的建筑物及其附着物并取得收入的单位和个人，为土地增值税的纳税义务人，应当依照本条例缴纳土地增值税。"转让股权并不属于土地增值税应税范围，当事人不应承担土地增值税纳税义务。《税收个案批复工作规程（试行）》第四条规定："税收个案拟明确的事项需要普遍适用的，应当按照《税收规范性文件制定管理办法》制定税收规范性文件。"国家税务总局针对特定税务行政相对人的特定事项如何适用税收法律、法规、规章或规范性文件所做的批复，不具有普遍适用性。税务机关能否根据实质课税原则独立认定交易实质是以股权转让形式实质转移土地使用权的行为？在"陈某某、福建省地方税务局税务行政管理（税务）再审审查与审判监督案"中，最高人民法院认为："税务机关

① 除了上文提到的裁判案例，对此做出肯定评价的案例还有（2010）常商初字第 18 号、（2013）金民二（商）初字第 463 号、（2015）杭萧商初字第 1103 号、（2016）辽 01 民终 3666 号、（2019）沪 02 民终 4397 号。

② 陈兴良．刑民交叉案件的刑法适用［J］．法律科学，2019（2）．

依据税收征收法律等对民事法律关系的认定，仅在税务行政管理、税额确定和税款征缴程序等专门领域有既决力，而当事人仍可依据民事法律规范通过仲裁或民事诉讼等方式另行确认民事法律关系。因而，在坚持税务机关对实质民事交易关系认定负举证责任的前提下，允许税务机关基于确切让人信服之理由自行认定民事法律关系，对民事交易秩序的稳定性和当事人权益并不构成重大威胁。当然，税务机关对实质民事交易关系的认定应当符合事实与税收征收法律规范，税务机关认为其他机关对相应民事法律关系的认定与其认定明显抵触的，宜先考虑通过法定渠道解决，而不宜径行作出相冲突的认定。”

【风险提示】

民商事主体在进行相关民商事行为时，需要注意税务机关对相关行为性质的认定，可以在做出具体行为之前主动与主管税务机关进行交流确认。同时，如果与税务机关在某些问题上存在不同意见，应积极采用听证、行政复议、行政诉讼等有效途径维护自身合法权益。

【相关条文】

1. 原《中华人民共和国合同法》。①

第五十二条 有下列情形之一的，合同无效：

（一）一方以欺诈、胁迫的手段订立合同，损害国家利益；

（二）恶意串通，损害国家、集体或者第三人利益；

（三）以合法形式掩盖非法目的；

（四）损害社会公共利益；

（五）违反法律、行政法规的强制性规定。

2. 《中华人民共和国土地增值税暂行条例》。

第二条 转让国有土地使用权，地上的建筑物及其附着物（以下简称转让房地产）并取得收入的单位和个人，为土地增值税的纳税义务人（以下简称纳税人），应当依照本条例缴纳土地增值税。

判例十四 税务类规范性文件，是以税务总局文件为主还是以“财税字”文件为主

【裁判要旨】

我国的税务行政规范文件赋予各省、市税务机关视自身的经济发展状况和条件，确定“其扣除项目金额”和具体划分普通住宅与其他住宅的界限的权力。

① 《中华人民共和国民法典》自2021年1月1日起施行，《中华人民共和国合同法》同时废止。

【涉税案情】

原告：海南甲实业开发有限公司（以下简称“甲公司”）

被告：海口市地方税务局（以下简称“市地税局”）、海南省地方税务局（以下简称“省地税局”）

1. 2007 年 10 月 22 日，市地税局龙华分局向甲公司送达《土地增值税清算通知书》，通知其办理土地增值税清算。后甲公司委托海南如虹税务师事务所对“南方明珠”项目进行土地增值税清算鉴证事宜，但一直未出具相应鉴证报告。

2. 2009 年 7 月 6 日，省地税局委托海南省审计厅（以下简称“省审计厅”）对甲公司“南方明珠”项目进行土地增值税专项检查。2011 年 4 月 20 日，省审计厅出具琼审函〔2011〕67 号《关于甲公司“南方明珠”项目土地增值税专项检查结果的函》及其附件。该函第四部分“其他事项说明”之“关于普通住宅与非普通住宅划分说明”：“根据海南省地方税务局琼地税发〔2004〕122 号、琼地税发〔2005〕77 号和琼地税发〔2009〕104 号等文件的规定，2005 年 6 月 1 日以前销售的房产，除高级公寓、别墅、度假村以外的住宅，其每平方米单位面积售价，海口、三亚地区，不超过 4000 元，其他市县，不超过 2000 元的，为普通住宅；2005 年 6 月 1 日以后销售的房产，住宅小区建筑容积率在 1.0 以上，单套建筑面积在 144 平方米以下的为普通住宅。本次清算按上述标准划分普通住宅和非普通住宅。”

3. 2011 年 10 月 9 日，省地税局做出琼地税函〔2011〕474 号《关于对海南甲实业开发有限公司“南方明珠”项目出具清算审核结论的通知》，要求市地税局根据省审计厅出具的清算审核结果，“按照海南省地方税务局转发《国家税务总局关于印发土地增值税清算管理规程的通知》（琼地税发〔2009〕102 号）的有关规定，对甲公司出具相关的清算审核结论及缴纳税款通知书”。

4. 2011 年 10 月 17 日，被告市地税局对甲公司做出《关于南方明珠项目土地增值税清算结果的通知》、《土地增值税清算税款通知书》（海口市地税清缴〔2011〕31-1 号）及《海口市地方税务局限期纳税通知书》（海口市地税清缴〔2011〕31-2 号），限甲公司于 2011 年 10 月 30 日前缴清税款。甲公司于 2011 年 10 月 28 日缴纳了税款。

5. 2011 年 12 月 27 日，甲公司认为市地税局的以上通知认定存在以下问题：①项目销售收入有误；②应缴的土地增值税税额有误，不应分普通住宅和非普通住宅清算；③营业税及附加计算有误。后甲公司向省地税局申请行政复议，请求撤销市地税局做出的以上通知及退还其项目所缴的土地增值税 11515507.07 元、营业税及附加 1061719.34 元。省地税局受理后，撤销了市地税局的以上行政行为，并责令其重新做出清算结论。

6. 2012 年 12 月 29 日，省地税局函复省地税局稽查局《关于房地产开发中对会所、架空层、地下室（含人防）等设施成本扣除问题的批复》（琼地税函〔2013〕第 2 号）称，“公共配套设施费，是指在房地产开发中必须建造，但又不能有偿转让的公共配套设施所发生的支出。在土地增值税清算时……将该设施实际提供全体业主共同使用的，其成本支出可作为公共配套设施费，予以扣除。否则，将该设施建筑面积视为可售建筑面积处理”。

7. 2014 年 12 月 15 日，市地税局做出海口市地税清结〔2014〕025 号《土地增值税清算结论》和海口市地税清结〔2014〕025-1 号《土地增值税清算税款缴纳通知书》。《土地增值税清算结论》第三、第四项基本内容如下：“三、销售收入确认。截至 2013 年 10 月 9 日，申报销售收入：582137733. 3 元。根据海南省相关文件的规定，2005 年 5 月 31 日以前销售的房产，除高级公寓、别墅、度假村以外的住宅，其每平方米单位面积售价，海口、三亚地区，不超过 4000 元，其他市县，不超过 2000 元的，为普通标准住宅；2005 年 6 月 1 日以后销售的房产，住宅小区建筑容积率在 1. 0 以上，单套建筑面积在 144 平方米以下的为普通标准住宅。审定的普通住宅销售收入为 295893681. 3 元、非普通住宅销售收入为 286244052 元……四、应补缴税款情况”，如表 3-16 所示。

表 3-16　土地增值税纳税申报表（二）（从事房地产开发的纳税人清算适用）

项目	海口市地税清结〔2014〕025 号《土地增值税清算结论》	
	市地税局	
	普通住宅	非普通住宅
一、转让房地产收入总额（元）	295, 893, 681. 30	286, 244, 052. 00
二、扣除项目金额合计（元）	335, 254, 535. 52	133, 532, 674. 31
三、增值额（元）	-39, 360, 854. 22	152, 711, 377. 69
四、增值额与扣除项目金额之比（%）	/	114. 36%
五、适用税率（%）	/	50%
六、速算扣除系数（%）	/	15%
七、应缴土地增值税税额（元）	0. 00	56, 325, 787. 70
八、减免税额（元）		
九、已缴土地增值税税额（元）		11, 515, 507. 07
十、应补（退）土地增值税税额（元）		44, 810, 280. 63

8. 通知书要求甲公司于 2014 年 12 月 29 日前补缴土地增值税。对此，甲公司认为，被告市地税局清算结论中确认“已缴”的增值税额计算有误，应补缴的税额未将甲公司于 2011 年 5 月 5 日预征的土地增值税 16800 元计算在内。

2014年12月18日，海口市地税评估局函告海口市地税第一分局，告知“由于计算遗漏，未将该公司于2011年5月5日预征的土地增值税16800元进行抵扣，请在该公司补缴清算的土地增值税44810280.63元时，允许抵缴”。

9. 2015年6月15日，市地税局做出海口市地税税二更〔2015〕001号《税务事项更正通知书》。2015年6月18日，省地税局做出琼地税复决字〔2015〕12号《行政复议决定书》，认为市地税局做出的行政行为事实清楚，证据确凿，适用依据正确，程序合法，内容适当，决定维持其做出的海口市地税清结〔2014〕025-1号《土地增值税清算税款缴纳通知书》。甲公司不服，遂提起行政诉讼。

【争议焦点】

1. 《行政复议决定书》和《土地增值税清算税款缴纳通知书》中“关于项目清算”的问题。

2. 关于以2005年6月1日作为分段时点，确定“南方明珠”项目的普通住宅和非普通住宅的法律依据问题。

3. 通知书确认的应补缴纳税额计算有误，应否重新做出？

【法院裁判观点】

1. 关于《行政复议决定书》认定“关于项目架空层计税问题”是否清楚的问题。

琼地税函〔2013〕第2号是对会所、架空层及地下室等设施成本问题进行的函复，架空层仅是该复函内容的一部分，甲公司不能以该复函推定2012年之前，税务行政规范性文件对架空层的计算方法规定不明确。

2. 关于项目清算的计算方式，原告是否有选择权的问题。

（1）行政规范性文件的效力问题。财税字〔1995〕48号文第十三条的规定，虽然赋予纳税人既可以“分别核算增值税”，也可以“不分别核算增值税”的权利，但是国税发〔2006〕187号文第一条第二款规定“开发项目中同时包含普通住宅和非普通住宅的，应分别计算增值额”。此条款对于是否分开清算做出了明确规定。国税发〔2006〕187号文是国家税务总局对于我国房地产开发企业土地增值税清算管理征收方式的进一步确认，是一项具体的税务行政管理措施，并未改变财税字〔1995〕48号文的规定。

（2）清算项目的选择权问题。“南方明珠”项目属于商住综合项目，原告有权选择普通住宅与其他商品房合并清算，确定增值额。《中华人民共和国土地增值税暂行条例实施细则》第九条规定，“纳税人成片受让土地使用权后，分期分批开发、转让房地产的，其扣除项目金额的确定，可按转让土地使用权的面积占总面积的比例计算分摊，或按建筑面积计算分摊，也可按税务机关确认的其他方式计算分摊”。第十一条第一款规定，“……普通标准住宅与其他住宅的具体划分界限由各省、自治区、直辖市人民政府规定”。国税发〔2006〕187号文第八条规定，“各省税务机关可依据本通知的规定并结合当地实际情况制定具体的清算管理办法”。据以上条款，我国的税务行政规范文件赋予各省、市税务机关视自身的经济发展状况和条件，确定“其扣除项目金额”和具体划分普通住宅与其他住宅的界限的权力。

因此，海南省地方税务局发布《关于土地增值税有关问题的通知》（琼地税发〔2009〕104 号），正是据以上行政规范性文件，依职权对土地增值额的清算方式做出明确规定。甲公司和市地税局应依照琼地税发〔2009〕104 号文履行自身义务。

3. 关于项目清算的法律适用问题。

2009 年 1 月 16 日，琼地税发〔2009〕9 号文确定了 2005 年 6 月 1 日前已受理未办结的纳税业务中关于普通住宅的标准的执行时间。2009 年 6 月 29 日，海南省地方税务局发布的琼地税发〔2009〕104 号文第三条规定，“纳税人开发的房地产项目，同时包含普通住宅和非普通住宅的，在申报土地增值税清算时，应按普通住宅和非普通住宅的面积分别计算增值额”，“普通住宅的认定按琼地税发〔2009〕9 号文执行”，以上规范性文件已明确规定了增值额的清算方式和时间。

《关于土地增值税有关问题的通知》（琼地税发〔2009〕104 号）、《海南省地方税务局关于土地增值税有关问题的通知》（琼地税发〔2009〕187 号）均确定自发文之日尚未做出清算结论或其他税务处理的，必须按通知执行，否则不再按通知调整。因此，2011 年 4 月 20 日，省审计厅对原告“南方明珠”项目土地增值税专项检查结果以普通住宅和非普通住宅划分清算是正确的。

4. 关于以 2005 年 6 月 1 日作为分段时点，分段确定“南方明珠”项目的普通住宅和非普通住宅的法律依据问题。

（1）关于土地增值税清算单位的问题。国家税务总局 2006 年 6 月 28 日颁布的《关于房地产开发企业土地增值税清算管理有关问题的通知》（国税发〔2006〕187 号）第一条规定，开发项目中同时包含普通住宅和非普通住宅的，应分别计算。可以看出，如果分期开发的项目，存在不同的开发单位，则应以分期开发项目为单位清算。本案涉案的项目虽属分期开发，但项目开发单位均为甲公司，故市地税局以甲公司作为清算单位正确。

但是，同一单位开发同一项目并不能以此认为只能以同一时段开发的时间节点进行清算并适用法律法规。《土地增值税清算管理规程》第十七条规定，“清算审核时，应审核房地产开发项目是否以国家有关部门审批、备案的项目为单位进行清算；对于分期开发的项目，是否以分期项目为单位清算；对不同类型房地产是否分别计算增值额、增值率，缴纳土地增值税”。因此，本案涉案项目为分期开发完成的项目，市地税局根据项目的具体情况，按规定将其划分为两个属期清算，适用法律依据准确，程序合法。

（2）关于土地增值税征收方式的问题。《中华人民共和国土地增值税暂行条例实施细则》第十六条规定，“纳税人在项目全部竣工结算前转让房地产取得的收入，由于涉及成本确定或其他原因，而无法据以计算土地增值税的，可以预征土地增值税，待该项目全部竣工、办理结算后再进行清算，多退少补。具体办法由各省、自治区、直辖市地方税务局根据当地情况制定”。《海南省地方税务局关于明确土地增值税若干政策问题的通知》（琼地税发〔2004〕122号）第一条规定，土地增值税征收方式有：①预征和清算相结合的办法；②据实计征的办法。以上规定均是对纳税人纳税方式的规定，并不是对税率的定性，而是“预征”“清算”或是“预征与清算”相结合缴纳征税，由纳税人自己确定。但是项目具体实施过程中土地增值税的核定标准须依据国家颁布的相关行政规范性文件确定。市地税局按甲公司销售“南方明珠”项目房地产土地增值税纳税义务发生时的税收行政规范性文件计征土地增值税，符合法律规定。

5. 关于通知书确认的应补缴纳税额有误，应否重新计算的问题。

从海口市地税清结〔2004〕025号《土地增值税清算结论》的内容来看，只是土地增值税数据计算有所遗漏，即数据的增加或减少，并不存在计算方式、方法或适用行政规范性文件错误。海口市地税清结〔2014〕025-1号《土地增值税清算税款缴纳通知书》，是被告市地税局将其做出的具体行政行为以书面的方式告知原告应履行其纳税人义务的一种形式，是被告市地税局履行其行政行为措施的一部分。海口市地税税二更〔2015〕001号《税务事项更正通知书》，虽与以上两份通知书的发文编号及内容有所不同，但它是同一行政行为的不同表现形式，是海口市地税清结〔2004〕025号文和地税清缴〔2014〕025-1号文的补充，是被告市地税局对原告“南方明珠”项目进行清算实施的行政行为的一部分。因此，被告省地税局做出的琼地税复决字〔2015〕12号《行政复议决定书》维持了地税清结〔2014〕025-1号文程序上并无不妥。

【税务律师案例评析】

1. 新法优于旧法，国家税务总局和财政部联合发文的“财税”文件效力并不高于国家税务总局发文的文件。国家税务总局制定规范性文件只是一项具体税务行政管理措施，并不会改变“财税”文件的行政。

2. 应补缴纳税额计算有误，并不必然导致重新做出税务行政文书。土地增值税数据计算有所遗漏，即数据的增加或减少，并不存在计算方式、方法或适用行政规范性文件错误而影响该土地增值税清算的性质，后期可以通过更正文书形式予以纠正，不构成重新做出的证据。

【风险提示】

1. 房地产企业要及时进行土地增值税清算，以便顺利享受土地增值税的优惠政策，如合并清算。

2. 房地产企业聘请税务师事务所咨询专项问题，切忌采取口头方式。向税务局咨询相关问题，要有书面材料，便于后期维权。

【相关条文】

1.《财政部、国家税务总局关于土地增值税一些具体问题规定的通知》（财税字〔1995〕48 号）。

十三、关于既建普通标准住宅又搞其他类型房地产开发的如何计税的问题

对纳税人既建普通标准住宅又搞其他房地产开发的，应分别核算增值额。不分别核算增值额或不能准确核算增值额的，其建造的普通标准住宅不能适用条例第八条（一）项的免税规定。

2.《国家税务总局关于房地产开发企业土地增值税清算管理有关问题的通知》（国税发〔2006〕187 号）。

一、土地增值税的清算单位

土地增值税以国家有关部门审批的房地产开发项目为单位进行清算，对于分期开发的项目，以分期项目为单位清算。

开发项目中同时包含普通住宅和非普通住宅的，应分别计算增值额。

八、清算后再转让房地产的处理

在土地增值税清算时未转让的房地产，清算后销售或有偿转让的，纳税人应按规定进行土地增值税的纳税申报，扣除项目金额按清算时的单位建筑面积成本费用乘以销售或转让面积计算。

单位建筑面积成本费用=清算时的扣除项目总金额÷清算的总建筑面积

本通知自 2007 年 2 月 1 日起执行。各省税务机关可依据本通知的规定并结合当地实际情况制定具体清算管理办法。

3.《国家税务总局关于印发〈土地增值税清算管理规程〉的通知》（国税发〔2009〕91 号）。

第十七条　清算审核时，应审核房地产开发项目是否以国家有关部门审批、备案的项目为单位进行清算；对于分期开发的项目，是否以分期项目为单位清算；对不同类型房地产是否分别计算增值额、增值率，缴纳土地增值税。

判例十五　房地产开发项目中包含普通住宅和非普通住宅，土地增值税清算能否合并清算

【裁判要旨】

1. 依据2009年12月23日发布的琼地税发（2009）187号《关于土地增值税清算有关问题通知》，对同一清算单位的房地产项目中同时包含普通住房和非普通住房的，应该分别计算普通住房和非普通住房的增值额、增值率，征收土地增值税。海南省海口市地方税务局对海南实业投资有限公司开发项目中同时包含普通住宅和非普通住宅，分别计算土地增值税，并无不当之处。海南省海口市地方税务局于2012年2月7日做出海口市地税清缴（2012）2-1号《土地增值税清算税款缴纳通知书》，认定事实清楚，适用法律法规正确，程序合法。

2.《土地增值税清算管理规程》第十七条规定，“清算审核时，应审核……对不同类型房地产是否分别计算增值额、增值率，缴纳土地增值税”。海南省海口市地方税务局作为主管税务机关在审核甲公司提交的《土地增值税款鉴证报告》时，认为上诉人申报的合并计算土地增值额的鉴定报告不符合第十七条规定，对普通住宅和非普通住宅分别计算增值额、增值率，缴纳土地增值税后，计算出上诉人应缴纳土地增值额为3212908.80元。海南省海口市地方税务局依据《中华人民共和国土地增值税暂行条例》及其实施细则与相关政策规定做出的具体行政行为，认定的事实清楚，适用法律、法规正确。

【涉税案情】

上诉人（原审原告）：海南实业投资有限公司（以下简称“甲公司”）

被上诉人（原审被告）：海南省海口市地方税务局（以下简称“海口市地税局”）

1.“××心园”项目（以下简称“案涉项目”）由甲公司开发。2007年1月，案涉项目开工建设。2009年1月，案涉项目竣工。在进行土地增值税清算申报前，甲公司自行申报：截至2009年9月10日，包括普通住宅和非普通住宅在内的销售收入为144662585元，增值额为-5557920.27元，应缴土地增值税税额为零，已缴土地增值税税额为2210299.96元，应退土地增值税税额为2210299.96元。

2.2009年9月，甲公司聘请海南乙税务师事务所有限责任公司对案涉项目进行土地增值税鉴证审核，并于10月22日向海口市地税局进行土地增值税清算申报，将普通住宅和非普通住宅合并清算，申报应缴、补缴土地增值税为零。

3. 海口市地税局不认同甲公司2009年10月22日的土地增值税清算申报，认为对同一清算单位的房地产项目中同时包含普通住宅和非普通住宅的，应分

别计算普通住宅和非普通住宅的增值额、增值率，征收土地增值税。2012 年 2 月 7 日，海口市地税局向甲公司做出《土地增值税清算税款缴纳通知书》[海口市地税清缴（2012）2-1 号]，认定甲公司开发的案涉项目清算应缴土地增值税 3212908.80 元，已缴 2893751.70 元，应补 319657.10 元，限于 2012 年 2 月 20 日到税务机关缴纳。

4. 甲公司不服，向海南省地方税务局申请复议，海南省地方税务局做出琼地税复决字（2012）2 号《行政复议决定书》，维持海口市地税局的决定。甲公司不服，遂向海南省海口市龙华区人民法院起诉。

5. 2012 年 6 月 20 日，一审法院海南省海口市龙华区人民法院经审理，做出（2012）龙行初字第 73 号行政判决，认定海口市地税局于 2012 年 2 月 7 日做出的《土地增值税清算税款缴纳通知书》[海口市地税清缴（2012）2-1 号]，认定事实清楚，适用法律法规正确，程序合法，应予以维持，判决驳回甲公司的诉讼请求。甲公司不服上诉，2012 年 10 月 8 日，二审法院海南省海口市中级人民法院做出（2012）海中法行终第 85 号二审行政判决，判决驳回上诉，维持原判。

【争议焦点】

房地产项目中包含普通住宅和非普通住宅的，土地增值税清算是否可以合并清算，还是必须分别计算普通住宅和非普通住宅的增值额、增值率，征收土地增值税？

【法院裁判观点】

1. 一审法院认为：海南省地方税务局 2008 年 9 月 23 日发布的《关于明确商住综合楼土地增值税清算问题的通知》[琼地税函（2008）305 号] 第二条第二款规定："普通住宅与其他商品房混合建设的，在土地增值税清算中是分开清算还是合并清算，由纳税人自行决定。"海南省地方税务局 2009 年 6 月 29 日发布的《关于土地增值税有关问题的通知》[琼地税发（2009）104 号] 已将《关于明确商住综合楼土地增值税清算问题的通知》[琼地税函（2008）305 号] 废止。依据 2009 年 12 月 23 日颁布的《关于土地增值税清算有关问题通知》[琼地税发（2009）187 号] 第二条规定："关于同一清算单位的房地产项目中包含不同类型房地产应如何计算土地增值税的问题，根据《国家税务总局关于房地产开发企业土地增值税清算管理有关问题的通知》（国税发〔2006〕187 号）第一条和《国家税务总局关于印发〈土地增值税清算管理规程〉的通知》（国税发〔2009〕91 号）第十七条的规定，对同一清算单位的房地产项目中同时包含普通住宅和非普通住宅的，应该分别计算普通住宅和非普通住宅的增值额、增值率，征收土地增值税。……"以及第六条规定："本通知自发文之日起执行。本通知下发前税务机关已作清算结论或其他税务处理的，不再按本通知调整。”海口市地税局对甲公司开发项目中同时包含普通住宅和非普通住宅，分别计算土地增值税，并无不当之处。海口市地税局于2012年2月7日做出《土地增值税清算税款缴纳通知书》［海口市地税清缴（2012）2-1号］，认定事实清楚，适用法律法规正确，程序合法，应予以维持。甲公司的诉请无理，应予以驳回。

2. 二审法院认为：《土地增值税清算管理规程》第十七条规定，“清算审核时，应审核……对不同类型房地产是否分别计算增值额、增值率，缴纳土地增值税”。被上诉人（海口市地税局）作为主管税务机关在审核上诉人（甲公司）提交的《土地增值税款鉴证报告》时，认为上诉人申报的合并计算土地增值额的鉴定报告不符合第十七条规定，经委托鉴定部门鉴定，对普通住宅和非普通住宅分别计算增值额、增值率，缴纳土地增值税后，计算出上诉人应缴纳土地增值额为3212908.80元。被上诉人依据《中华人民共和国土地增值税暂行条例》及其实施细则与相关政策规定，向上诉人发出税款缴纳通知，并告知了相关权利义务。被上诉人做出的具体行政行为认定的事实清楚，适用法律、法规正确，程序合法。上诉人要求二审撤销被上诉人做出的上述税款缴纳通知，并退还上诉人多缴纳税款3212908.80元的上诉请求，没有法律依据，本院不予支持。

【税务律师案例评析】

1. 本案争议，归根结底，涉及如何理解税收法律上“可以”与“应”和法律适用的问题。

对于税收规定“可以”的内容，纳税人在税收法律实务中具有选择权，但税收政策往往规定在一定期限内不能变更。比如，关于增值税简易征税，规定“一般纳税人选择适用简易计税方法计税的，一经选择，36个月内不得变更”。又如，关于放弃增值税减税、免税，规定“纳税人提供应税服务适用免税、减税规定的，可以放弃免税、减税，依照规定缴纳增值税。放弃免税、减税后，36个月内不得再申请免税、减税”。对于税收规定“应”的内容，税收法律实务中只能或必须按税收文件规定执行。

2. 同时，我们注意到，本案中甲公司主张合并清算，但没有注意海南省地方税务局关于房地产项目中包含不同类型房地产应如何计算土地增值税的问题，前后颁发了几个规范性文件，对此做出了不同规定，尤其是时间在后的规范性文件废止了时间在前的规范性文件规定的内容。“新法优于旧法”，甲公司的主张失去了法律依据，导致其主张得不到人民法院的认可，最终败诉。

【风险提示】

1. 法律效力较低的税收规范性文件在基层税务部门适用税法时有重要地位

和作用。为避免企业日常涉税风险，企业在处理具体税务事项时，优先选择适用与上一级税收政策不冲突的地方税务规范性文件。

目前，我国税收政策文件可划分为法律、法规、规章和规范性文件，法律效力等级为税收法律>税收法规>税收规章>税收规范性文件。但在地方基层税务部门日常管理中，税收政策适用正好与前述法律效力等级相反，首先考虑税收规范性文件规定，其次考虑税收规章规定，再次考虑税收法规规定，最后考虑税收法律规定。在具体适用税收规范性文件时，县一级税收规范性文件>市一级税收规范性文件>省一级税收规范性文件>国家税务总局（或财政部）税收规范性文件。因而，企业在具体处理税务过程中，要特别注意并熟悉地方性税务规范性文件规定，层级低的地方性税务规范性文件通常规定了企业日常纳税操作规范和具体适用条件，如不按规定执行，则很可能给企业带来不必要的涉税风险。

2. 鉴于税收政策信息的不对称，企业不可能全面、完整、系统地掌握所有涉税政策文件规定，为避免税收风险，首先，企业税务管理人员有必要收集、更新当地税务部门制定的税收规范性文件，熟悉并吃透税收规范性文件内容含义，以提高实务中税收法律遵从度，保证企业税收合规；其次，本着谦抑的原则，在日常税务实务中，在事前，或事中，或事后，与当地税务部门多沟通，审慎地进行税务事项处理。

3.《安徽省土地增值税清算管理办法》第五十二条规定："纳税人按照本办法第二十一条规定办理清算申报时，对同一开发项目或同一分期项目中既建有普通标准住宅又建有非普通标准住宅（其他类型房地产）的，如纳税人在清算报告中就其普通标准住宅申请免征土地增值税，应分别计算增值额、增值率以及应缴的土地增值税；如纳税人在清算报告提出放弃申请免征普通标准住宅土地增值税权利的，应以整个开发项目为对象，统一计算增值额、增值率以及应缴的土地增值税。纳税人在清算申报时未明确是否就其普通标准住宅申请免征土地增值税的，主管地税机关应告知纳税人相关政策，并将清算报告退还纳税人，待纳税人明确后予以受理。"因此，房地产项目中同时包含普通住宅和非普通住宅，能否在土地增值税清算中合并清算，还需要看当地省一级税务部门的税收政策如何规定，以当地省一级税务部门的税收政策规定为准。

【相关条文】

1.《国家税务总局关于房地产开发企业土地增值税清算管理有关问题的通知》（国税发〔2006〕187号）。

一、土地增值税的清算单位

土地增值税以国家有关部门审批的房地产开发项目为单位进行清算，对于分期开发的项目，以分期项目为单位清算。

开发项目中同时包含普通住宅和非普通住宅的，应分别计算增值额。

2.《国家税务总局关于印发〈土地增值税清算管理规程〉的通知》（国税发〔2009〕91号）。

第十七条 清算审核时，应审核房地产开发项目是否以国家有关部门审批、备案的项目为单位进行清算；对于分期开发的项目，是否以分期项目为单位清算；对不同类型房地产是否分别计算增值额、增值率，缴纳土地增值税。

判例十六 下达缴税通知书之前，税务部门通知申报土地增值税的行政行为，是否可诉

【裁判要旨】

九县地税二土增税清申〔2016〕1号《土地增值税清算申报通知》仅明确了应纳税额，而被上诉人之后做出的九县地税二通〔2016〕18号《税务事项通知书》不仅重复明确了应纳税额，并且按照相关法律规定告知了纳税期限及相关诉权的行使方式和期限，完善了征税行为，充分保障了当事人的诉权。从具体内容来看，前者显然是征税过程中的阶段性行为，不对上诉人的权利义务产生实际影响，也不是税务机关随后采取强制措施的依据，不具可诉性。

【涉税案情】

上诉人（原审原告）：九江乙房地产开发有限公司（以下简称“乙公司”），九江县（2017年8月21日，撤销九江县，设立九江市柴桑区）甲房地产开发有限公司（以下简称“甲公司”）

被上诉人（原审被告）：九江市柴桑区地方税务局，2017年12月，九江县地方税务局变更名称为“九江市柴桑区地方税务局”（以下简称“区税务局”）

1. 2015年8月3日，原告将土地增值税申报资料报告给被上诉人。之后，九江县地方税务局管理一分局做出《土地增值税清算申报纳税通知书》（九县地税管一清缴〔2015〕1号），土地增值税申报资料已审核完成。但是，同年九江县地方税务局做出关于撤销管理一分局《土地增值税清算申报纳税通知书》的决定（九县地税函〔2015〕1号）。

2. 2016年4月27日，九江县地方税务局二分局做出《土地增值税清算申报通知书》（九县地税二土增税清申〔2016〕1号），并于当日送达，要求九江县甲房地产开发有限公司（以下简称“甲公司”）在收到该通知书之日起15日内到主管税务机关办理土地增值税清算申报。2016年6月12日，九江县地方税务局二分局做出《税务事项通知书》（九县地税二通〔2016〕18号），并于

当日送达。该通知的内容为："你单位申报办理开发经营的'沙河名城'项目土地增值税清算，我局已审核完毕，并于2016年4月27日对你单位下达了土地增值税清算申报通知书，你单位至今未到我局申报缴纳税款，限你单位于2016年6月27日前到九江县地方税务局纳税服务分局缴清土地增值税11437103.23元，如你单位2016年6月27日前未向九江县地方税务局纳税服务分局缴清土地增值税，我分局将依照《中华人民共和国税收征收管理法》第四十条规定办理。如对本通知不服，必须先依照本决定的期限缴纳税款及滞纳金或者提供相应的担保，然后可自上述款项缴清或者提供相应担保被税务机关确认之日起六十日内依法向九江县地方税务局申请行政复议。"

3. 2016年6月16日，甲公司回函给九江县地方税务局二分局，称《土地增值税清算申报通知书》（九县地税二土增税清申〔2016〕1号）、《税务事项通知书》（九县地税二通〔2016〕18号）未告知原告享有陈述权、申辩权、申请行政复议、提起行政诉讼、请求国家赔偿等权利。

4. 2016年8月12日，九江县地方税务局二分局做出《税务事项通知书》（九县地税二通〔2016〕20号），并于当日送达，通知甲公司对该局做出的《土地增值税清算申报通知书》（九县地税二土增税清申〔2016〕1号）享有陈述权、申辩权，要求甲公司在2016年8月19日前到该局进行陈述、申辩或自行提供陈述、申辩材料。

2016年8月18日，九江县地方税务局二分局收到甲公司对《土地增值税清算申报通知书》（九县地税二土增税清申〔2016〕1号）的书面申述材料。2016年9月14日，九江县地方税务局二分局做出《税务事项通知书》（九县地税二通〔2016〕32号），通知原告提出的申述理由不能成立。

5. 以下是原告的救济维权程序。

（1）对于通知申报行为维权之路。

2017年12月6日，甲公司向九江县地方税务局申请行政复议，要求撤销《土地增值税清算申报通知书》（九县地税二土增税清申〔2016〕1号）。

2017年12月12日，九江县地方税务局做出《行政复议不予受理决定书》（九县地税复不受〔2017〕1号），决定对甲公司行政复议申请不予受理。甲公司不服，诉至法院。

2017年12月27日，乙公司向庐山人民法院提起行政诉讼。庐山人民法院于2018年6月28日做出（2018）赣0491行初6号判决，不予支持原告诉讼请求。乙公司上诉，二审法院于2018年9月29日做出维持原判的判决［（2018）赣04行终118号］。原告到江西省最高人民法院申请再审，江西省最高人民法院于2020年1月9日做出驳回再审申请的裁定［（2019）赣行申342号］。

乙公司认为，九江县地方税务局二分局送达的九县地税二土增税清申〔2016〕1号文与九县地税二通〔2016〕18号文两者是具有职能独立、性质不同、因果关系不同的两个行政行为。九县地税二土增税清申〔2016〕1号文是确认并告知甲公司应补缴土地增值税的行政行为，是对纳税人权利义务产生实际影响的实体性告知事项，属于行政复议法规定的行政复议受案范围。

被告九江市柴桑区地方税务局辩称，九江县地方税务局做出的《土地增值税清算申报通知书》（九县地税二土增税清申〔2016〕1号）是主管税务机关依法履行土地增值税清算申报的通知行为。通知书附发的审核及说明，是依照《土地增值税清算管理规程》告知税务机关的审核意见，引导纳税人依规申报，不具有限缴税款法律文书具有的确定力、拘束力和执行力，对原告权利义务不产生不利影响，不属于行政复议法规定的受案范围。

一审法院判决认为，九江县地方税务局二分局做出《土地增值税清算申报通知书》（九县地税二土增税清申〔2016〕1号），是通知甲公司到主管税务机关办理土地增值税清算申报，并不是通知甲公司在规定期限内缴纳税款，系对甲公司权利义务不产生实际影响的程序性告知事项，不属于行政复议法规定的行政复议受案范围。

（2）对于税务局做出土地增值税的应缴税款的通知的维权之路。

2019年3月7日，对《税务事项通知书》（九县地税二通〔2016〕18号）提起行政复议。

2019年3月12日，区税务局做出《行政复议不予受理决定书》（九柴税复不受〔2019〕1号）。

2019年3月27日，乙公司向法院提起行政诉讼；2019年5月29日，一审法院做出驳回乙公司的诉讼请求。

【争议焦点】

涉诉的《土地增值税清算申报通知》（九县地税二土增税清申〔2016〕1号）是否属于行政复议的受案范围？

【法院裁判观点】

《土地增值税清算申报通知》（九县地税二土增税清申〔2016〕1号）仅明确了应纳税额，而被上诉人之后做出的《税务事项通知书》（九县地税二通〔2016〕18号）不仅重复明确了应纳税额，并且按照相关法律规定告知了纳税期限及相关诉权的行使方式和期限，完善了征税行为，也充分保障了当事人的诉权。上诉人在收到《税务事项通知书》（九县地税二通〔2016〕18号）后，认为其内容侵犯了上诉人相关权益，可以按照法律规定，在缴纳相应税款或提供相应担保后，及时向上级税务机关申请行政复议。由此，结合上述《土地增值税清算申报通知》（九县地税二土增税清申〔2016〕1号）和《税务事项通知书》（九县地税二通〔2016〕18号）具体内容来看，前者显然是征税过程中的阶段性行为，不对上诉人的权利义务产生实际影响，也不是税务机关随后采取强制措施的依据，不具可诉性。

【税务律师案例评析】

1. 税务机关向纳税人做出通知申报的行为，本质是督促纳税人履行纳税申报义务。通知书后附审核及说明，类似行政指导行为。两种行为对原告权利义务不产生不利影响，不具有可诉性。

2. 《税务事项通知书》（九县地税二通〔2016〕18号），类似土地增值税审核结论报告，是一种核定税款的行为，属于行政处理行为，应该充分保障纳税人的陈述申辩权；否则将因重大程序违法被撤销。此外，该通知书具有可诉性，应按照纳税争议处理方式，履行缴税前置义务后，才能提起行政复议。

【风险提示】

房地产企业在进行纳税争议维权时，应聘请专业税务律师，区分可诉行为和非可诉行为，积极履行缴税前置义务，从而保障合法救济权利。

【相关条文】

1. 《中华人民共和国行政诉讼法》（2017修正）。

第十二条　人民法院受理公民、法人或者其他组织提起的下列诉讼：

（一）对行政拘留、暂扣或者吊销许可证和执照、责令停产停业、没收违法所得、没收非法财物、罚款、警告等行政处罚不服的；

（二）对限制人身自由或者对财产的查封、扣押、冻结等行政强制措施和行政强制执行不服的；

（三）申请行政许可，行政机关拒绝或者在法定期限内不予答复，或者对行政机关作出的有关行政许可的其他决定不服的；

（四）对行政机关作出的关于确认土地、矿藏、水流、森林、山岭、草原、荒地、滩涂、海域等自然资源的所有权或者使用权的决定不服的；

（五）对征收、征用决定及其补偿决定不服的；

（六）申请行政机关履行保护人身权、财产权等合法权益的法定职责，行政机关拒绝履行或者不予答复的；

（七）认为行政机关侵犯其经营自主权或者农村土地承包经营权、农村土地经营权的；

（八）认为行政机关滥用行政权力排除或者限制竞争的；

（九）认为行政机关违法集资、摊派费用或者违法要求履行其他义务的；

（十）认为行政机关没有依法支付抚恤金、最低生活保障待遇或者社会保险待遇的；

（十一）认为行政机关不依法履行、未按照约定履行或者违法变更、解除政府特许经营协议、土地房屋征收补偿协议等协议的；

（十二）认为行政机关侵犯其他人身权、财产权等合法权益的。

除前款规定外，人民法院受理法律、法规规定可以提起诉讼的其他行政案件。

2.《最高人民法院关于适用〈中华人民共和国行政诉讼法〉的解释》（法释〔2018〕1号）。

第一条 公民、法人或者其他组织对行政机关及其工作人员的行政行为不服，依法提起诉讼的，属于人民法院行政诉讼的受案范围。

下列行为不属于人民法院行政诉讼的受案范围：

（一）公安、国家安全等机关依照刑事诉讼法的明确授权实施的行为；

（二）调解行为以及法律规定的仲裁行为；

（三）行政指导行为；

（四）驳回当事人对行政行为提起申诉的重复处理行为；

（五）行政机关作出的不产生外部法律效力的行为；

（六）行政机关为作出行政行为而实施的准备、论证、研究、层报、咨询等过程性行为；

（七）行政机关根据人民法院的生效裁判、协助执行通知书作出的执行行为，但行政机关扩大执行范围或者采取违法方式实施的除外；

（八）上级行政机关基于内部层级监督关系对下级行政机关作出的听取报告、执法检查、督促履责等行为；

（九）行政机关针对信访事项作出的登记、受理、交办、转送、复查、复核意见等行为；

（十）对公民、法人或者其他组织权利义务不产生实际影响的行为。

判例十七 普通住宅和普通标准住宅是否都可以享受免征并退还土地增值税的优惠政策，二者如何区分

【裁判要旨】

普通住宅不等于普通标准住宅，普通标准住宅认定标准是为安排住房困难户、解决中低档收入者住房而建造的经济适用房、微利房、解困解危房、拆迁

安置房、落实私改房等。上诉人开发的“金诺墨香苑”项目建设的住宅属于普通住宅而不是普通标准住宅，因此不能免征并退还土地增值税。

【涉税案情】

上诉人（原审原告）：江苏甲置业有限公司金湖分公司（以下简称“甲公司”）

被上诉人（原审被告）：国家税务总局金湖县税务局戴楼税务分局（以下简称“戴楼税务分局”）、国家税务总局金湖县税务局（以下简称“金湖税务局”）

1. 原告甲公司成立于2008年3月4日，经营范围是房地产开发、经营。“金诺墨香苑”由原告甲公司开发销售，项目立项时间为2009年。2014年7月13日，淮安市三得利税务师事务所金湖分公司出具淮三金土鉴字〔2014〕第3号《土地增值税自行清算申报鉴证报告》，确认“金诺墨香苑”项目已具备土地增值税清算条件，截至2014年5月30日，转让房地产收入总额、扣除金额、土地增值税税额等分别如下：①收入总额：住宅232081855元、商铺9456349元。②扣除项目金额：住宅220045411.62元、商铺2204405.59元。③增值额：住宅12036443.38元、商铺7251943.41元。④增值率：住宅5.47%、商铺328.98%。⑤适用税率：住宅30%、商铺60%。⑥应缴土地增值税税额：住宅3610933.01元、商铺3579624.09元。

2. 2014年7月22日，淮安市金湖地方税务局第二税务分局向原告做出《土地增值税清算结论通知书》。2014年9月23日，原告甲公司全部税款缴纳入库。2019年5月28日，被告戴楼税务分局向原告做出《税务检查通知书》（金税戴检通一〔2019〕014号），自2019年5月28日起对原告甲公司2014年1月1日至2017年12月31日期间涉税情况进行检查。2019年6月16日，原告向金湖税务局提交《关于申请土地增值税退税的申请报告》，其中写道：“2014年7月22日金湖县地税局向我公司下达清算结论通知书，其中普通住宅应缴土地增值税3619608.19元，普通住宅增值率5.47%，清算税款已经按通知要求按时交纳……根据《中华人民共和国土地增值税暂行条例实施细则》第十一条规定，普通住宅增值额未超过其扣除项目20%的免征土地增值税……我公司再次向国家税务总局金湖县税务局申请要求根据《中华人民共和国土地增值税暂行条例实施细则》第十一条规定给予退税。”

3. 2019年9月5日，被告戴楼税务分局做出税务事项通知书（金税戴通〔2019〕58号），对原告要求给予退税的申请回复如下：“你公司2014年7月22日《土地增值税清算结论通知书》中提及的应交（已交）土地增值税3619608.19元（增值率5.47%）是普通住宅应缴纳的税款，《土地增值税清算结论通知书》中的‘普通住宅’不是‘普通标准住宅’，不在免税范围内，不予退税。”

4. 原告甲公司对上述通知不服，于 2019 年 9 月 27 日向被告金湖税务局提出行政复议申请。2019 年 12 月 6 日，被告金湖税务局做出金税复决字〔2019〕001 号税务行政复议决定，维持了戴楼税务分局做出的金税戴通（2019）58 号税务事项通知书。原告甲公司仍不服，提起行政诉讼。

5. 一审法院判决驳回原告甲公司的诉讼请求；二审法院驳回上诉，维持原判。

【争议焦点】

上诉人甲公司已经开发的住宅是否属于普通标准住宅，是否应予免征土地增值税？

【法院裁判观点】

上诉人甲公司关于 2014 年清算结论中已经缴纳的土地增值税，因其开发的住宅不属于普通标准住宅，故不在免征的范围，被上诉人戴楼税务分局未予支持上诉人的退税申请，并不违反法律规定。具体分析如下：

1. 《中华人民共和国土地增值税暂行条例》第八条规定，纳税人建造普通标准住宅出售，增值额未超过扣除项目金额 20%的免征土地增值税。《中华人民共和国土地增值税暂行条例实施细则》第十一条已经明确普通标准住宅与其他住宅的具体划分界限由各省、自治区、直辖市人民政府制定。故普通标准住宅的认定具体标准，行政规章已经授权具体标准由省级政府规定。

2. 苏地税发〔1995〕103 号文系经江苏省政府同意，做出的关于普通标准住宅的补充规定，即省级地方政府具体贯彻执行的认定标准。该文件普通标准住宅的认定已经明确为“暂定为按当地政府部门规定和建筑标准建造，按商品房住宅价格管理的要求实行国家定价或限价，为安排住房困难户、解决中低档收入者住房而建造的经济适用房、微利房、解困解危房、拆迁安置房、落实私改房等”。上诉人甲公司经营范围是房地产开发、普通商品房销售，其开发的“金诺墨香苑”项目面向市场公开定价，不属于该文件规定的普通标准住宅。

3. 虽然国办发〔2005〕26 号、苏政办发〔2005〕55 号、财税〔2006〕21 号、财税〔2006〕141 号等文件对享受优惠政策的住房须具备的原则条件进行了规定，但相关文件均明确普通标准住宅的认定需要在国办发〔2005〕26 号文制定的普通标准范围内从严掌握。苏政办发〔2005〕55 号文又进一步明确，各市要根据实际情况，制定本地区享受优惠政策普通住房的具体标准，报省建设厅、财政厅、地税局备案，淮安并未制定本地区享受优惠政策普通住房的具体标准，故无市级层面的地方认定标准。因此，苏地税发〔1995〕103 号文又系省政府同意的地方认定标准，在没有新的规定出台情况下，本案普通标准住宅的认定仍应当严格按照苏地税发〔1995〕103 号文确定的标准执行。

4. 关于上诉人主张不应适用苏地税发〔1995〕103 号文的问题，从土地增值税暂行条例及实施细则确定的具体规则来看，省级人民政府有权对普通标准住宅做进一步明确规范。苏地税发〔1995〕103 号文即江苏省执行的具体标准。虽然 2005 年以后，国家对普通标准住宅做了一定的放宽，但并非系全国统一执行的标准，仍然赋予了省级人民政府根据当地情况具体落实的权限。苏地税发〔1995〕103 号文在没有新的文件出台而明确废止、不予适用前，仍应得到执行。故被上诉人戴楼税务分局做出的上诉人开发的住宅不属于普通标准住宅而不予退税的认定，并不违反上位法的规定。上诉人主张不应执行苏地税发〔1995〕103 号文而应执行国办发〔2005〕26 号文等文件规定的上诉理由不能成立。

5. 上诉人开发的"金诺墨香苑"项目建设的住宅不属于苏地税发〔1995〕103 号文确定的普通标准住宅。项目的土地增值税清算已经于 2014 年 7 月 22 日完成，其并不能适用之后发布的苏地税规〔2015〕8 号文规定。故上诉人要求免征并退还土地增值税的要求没有法律依据，被上诉人戴楼税务分局做出该项的答复并不违反法律规定。

【税务律师案例评析】

1. 土地增值税增值率未超过 20%免税政策仅适用于建造普通标准住宅出售，普通标准住宅与普通住宅并非同一概念。《中华人民共和国土地增值税暂行条例实施细则》（财法字〔1995〕6 号）第十一条第（一）项规定，普通标准住宅，是指按所在地一般民用住宅标准建造的居住用住宅。高级公寓、别墅、度假村等不属于普通标准住宅。普通标准住宅与其他住宅的具体划分界限，《中华人民共和国土地增值税暂行条例实施细则》已经授权由各省、自治区、直辖市人民政府做出具体规定。

2. 本案中，甲公司的"金诺墨香苑"项目由于不符合其所在地江苏省对普通标准住宅的认定标准，所以不属于普通标准住宅，不能享受普通标准住宅的免税政策。

3. 由本案可知，房地产开发企业在申请普通住宅增值额未超过其扣除项目 20%的免征土地增值税优惠政策时，一定要分清普通住宅和普通标准住宅的具体划分标准，查找项目所在地的省级政府发布的规定，只有普通标准住宅可享受免税优惠政策。

【风险提示】

房地产开发企业在确定普通标准住宅的标准时，应当及时收集本地区的文件规定，特别本市正式发布的规范性文件，并且要求该文件予以公开。切记以总局层面或是财税文件作为标准，从而防范不必要的涉税行政纠纷。

【相关条文】

1.《中华人民共和国土地增值税暂行条例》（国务院令第138号）。

第八条 有下列情形之一的，免征土地增值税：

（一）纳税人建造普通标准住宅出售，增值额未超过扣除项目金额20%的；

（二）因国家建设需要依法征收、收回的房地产。

2.《中华人民共和国土地增值税暂行条例实施细则》（财法字〔1995〕6号）。

第十一条 条例第八条（一）项所称的普通标准住宅，是指按所在地一般民用住宅标准建造的居住用住宅。高级公寓、别墅、度假村等不属于普通标准住宅。普通标准住宅与其他住宅的具体划分界限由各省、自治区、直辖市人民政府规定。

3.《国务院办公厅转发建设部等部门关于做好稳定住房价格工作意见的通知》（国办发〔2005〕26号）。

五、明确享受优惠政策普通住房标准，合理引导住房建设与消费

为了合理引导住房建设与消费，大力发展省地型住房，在规划审批、土地供应以及信贷、税收等方面，对中小套型、中低价位普通住房给予优惠政策支持。享受优惠政策的住房原则上应同时满足以下条件：住宅小区建筑容积率在1.0以上、单套建筑面积在120平方米以下、实际成交价格低于同级别土地上住房平均交易价格1.2倍以下。各省、自治区、直辖市要根据实际情况，制定本地区享受优惠政策普通住房的具体标准。允许单套建筑面积和价格标准适当浮动，但向上浮动的比例不得超过上述标准的20%。各直辖市和省会城市的具体标准要报建设部、财政部、税务总局备案后，在2005年5月31日前公布。

4.《财政部 国家税务总局关于土地增值税普通标准住宅有关政策的通知》（财税〔2006〕141号）。

"普通标准住宅"的认定，可在各省、自治区、直辖市人民政府根据《国务院办公厅转发建设部等部门关于做好稳定住房价格工作意见的通知》（国办发〔2005〕26号）制定的"普通住房标准"的范围内从严掌握。

5.《江苏省财政厅 江苏省国家税务局 江苏省地方税务局转发〈关于印发《中华人民共和国土地增值税暂行条例实施细则》的通知〉的通知》（苏地税发〔1995〕103号）。

第二条 《细则》第十一条所称的"普通标准住宅"，暂定为按当地政府部门规定和建筑标准建造，按商品房住宅价格管理的要求实行国家定价或限价，为安排住房困难户、解决中低档收入者住房而建造的经济适用房、微利房、解困解危房、拆迁安置住房、落实私改房等。高级公寓、别墅、度假村等不属于普通标准住宅。

第四章 财产行为税及非税收入相关判例

判例一 房地产开发企业开发产品转投资性房地产是否缴纳房产税

【裁判要旨】

房产税实行普遍征收原则，对房产税的缴纳只做个别减免。投资性房地产，是指为赚取租金或资本增值，或两者兼有而持有的房地产。纳税人将商业房地产由库存商品、开发成本转入投资性房地产成本、投资性房地产公允价值变动会计科目，按投资性房地产进行管理和核算，且房地产价值随市场发生损益变化，纳税人的行为已构成对房地产的实际使用，出租部分房地产已获取经济利益，房地产用途、状态、目的已发生变化，纳税人持有的商业房地产，属于投资性房地产。纳税人声称系会计账目处理错误理由不成立，未出租部分商品房应当缴纳房产税。

【涉税案情】

上诉人（一审原告）：A 房地产开发有限公司（以下简称“A 公司”）

被上诉人（一审被告）：重庆市地方税务局第二稽查局（以下简称“市地税二稽查局”）、重庆市人民政府（以下简称“市政府”）

1. 2009 年，A 公司建成位于××的海洋广场项目，将商业房地产相继出租，但有部分未出租。根据会计师事务所有限公司出具的《A 公司 2009 年度审计报告》，A 公司于 2010 年 6 月 30 日将其开发建设的海洋广场商业房地产由“库存商品——开发产品”“生产成本——开发成本”转入“投资性房地产——成本”“投资性房地产——公允价值变动”会计科目，其中，开发成本为 367126653. 36 元，公允价值变动为 180805946. 64 元。

2. 2011 年 6 月 27 日，重庆市国土资源和房屋管理局就上述项目的商业房地产向 A 公司颁发 103 房地证 2011 字第 022208 号房地产权证，载明房屋用途非住宅，楼层物理层 3~7 层，房屋建筑面积 71856.28 平方米。

3. 2014 年 8 月，市地税二稽查局根据工作指派，对 A 公司 2010 年 6 月 1 日至 2013 年 12 月 31 日期间涉税情况进行检查。市地税二稽查局经过检查，根据税务稽查工作底稿及相关资料，制作了税务稽查报告，经集体审理后，以重大税务案件提请重庆市地方税务局（以下简称“市地税局”）审理。经市地税局审理后，市地税二稽查局于 2016 年 1 月 26 日做出税务处理决定书，认为 A 公司于 2010 年 6 月将开发成本 367126653.36 元转入投资性房产，2010 年 6 月至 2013 年 12 月期间对投资性房地产出租部分按取得的租金收入缴纳了相关税费，但对投资性房地产未出租部分未按规定申报缴纳房产税。根据《中华人民共和国房产税暂行条例》《重庆市房产税实施细则》规定，该公司投资性房地产未出租部分应按账面原值计算缴纳房产税：2010 年 6 月 1 日至 2013 年 12 月 31 日期间，该公司投资性房地产未出租部分共计少缴房产税 8860410.87 元，其中，2010 年 6 月 1 日至 12 月 31 日期间少缴 1500087.83 元、2011 年度少缴 2857267.89 元、2012 年度少缴 2703828.63 元、2013 年度少缴 1799226.52 元。根据《中华人民共和国税收征收管理法》第三十二条，《中华人民共和国房产税暂行条例》第一条、第二条、第四条及《重庆市房产税实施细则》第四条规定，追缴 A 公司 2010 年 6 月 1 日至 2013 年 12 月 31 日期间少缴的房产税 8860410.87 元，并于 2016 年 2 月 25 日向 A 公司送达该税务处理决定。

4. A 公司对该税务处理决定不服，向市政府申请行政复议。市政府经审理后，做出行政复议决定书，维持市地税二稽查局做出的税务处理决定书，并邮寄送达。A 公司仍不服，向一审法院提起诉讼，请求撤销市地税二稽查局做出的税务处理决定书和市政府做出的行政复议决定书。在庭审中，A 公司主张系会计账目处理错误，涉案房产不属于投资性房地产，不应缴纳房产税。

【争议焦点】

A 公司开发建设的海洋广场项目商业房地产未出租部分是否应征收房产税？

【法院裁判观点】

1.《中华人民共和国房产税暂行条例》第一条规定，房产税在城市、县城、建制镇和工矿区征收。《重庆市房产税实施细则》第二条规定，凡坐落在本市城市（包括郊区，下同）、县城、建制镇和工矿区范围内的房产，均应按照本细则的规定在本市缴纳房产税。国家和本市另有规定的除外。城市、县城、建制镇征收房产税的范围为城市、县城、建制镇的行政区域。房产税实行普遍征收原则，本案涉案房产位于重庆市，属于应税房产的范围。同时，根据《关于房产税、城镇土地使用税有关政策规定的通知》（国税发〔2003〕89 号）第一条关于“房地产开发企业开发的商品房在出售前，对房地产开发企业而言是一种产品，因此，对房地产开发企业建造的商品房，在售出前，不征收房产税；但对售出前房地产开发企业已使用或出租、出借的商品房应按规定征收房产税”的规定，对房产税的缴纳只做个别减免。

本案中，根据市地税二稽查局举示的《A公司2009年审计报告》、投资性房地产房屋评估明细表、结转房地产记账凭证、2011—2013年度资产负债表及利润表、承诺书、询问笔录、房地产权证和商铺租赁合同等证据，能够证明A公司将其开发建设的海洋广场项目中包括未出租部分在内的商业房地产于2010年6月30日从“库存商品——开发产品”“生产成本——开发成本”，转入了“投资性房地产——成本”“投资性房地产——公允价值变动”会计科目。会计上载明开发成本为367126653.36元，公允价值变动为180805946.64元，且上诉人已持有上述商业房地产，并已就相继出租部分房产获取租金等。

2. 结合《企业会计准则第3号——投资性房地产》第二条第一款关于“投资性房地产，是指为赚取租金或资本增值，或两者兼有而持有的房地产”的规定，A公司对其拥有的涉案房产作为投资性房地产进行管理和核算，该部分房地产的价值随市场发生损益变化，其性质为投资性房地产，因而A公司的这一行为已构成对未出租部分房产的实际使用。故未出租部分房产不属于《关于房产税、城镇土地使用税有关政策规定的通知》（国税发〔2003〕89号）第一条规定免征房产税的产品。

3. 市地税二稽查局认定涉案房产应当缴纳房产税的事实清楚，证据充分，适用法律、法规正确。A公司认为，将未出租部分房产转为投资性房地产系会计账目处理错误，该房产实际不是投资性房地产，不应缴纳房产税的上诉理由缺乏证据支撑，不予支持。

【税务律师案例评析】

1. 征税对象。投资性房地产是指为赚取租金或资本增值，或两者兼有而持有、能够单独计量和出售的房地产，包括已出租的土地使用权、房产、持有并准备增值后转让的土地使用权，不包括企业计划但尚未出租的土地使用权、闲置土地以及转租的房产建筑物、房产企业持有以备出售的商品房等。从会计上看，“投资性房地产”科目是2006年会计准则规定的，划分为固定资产、存货、投资性房地产三类，其中，固定资产是指企业为生产商品、提供劳务或者经营管理而持有的房地产，存货是指房地产公司开发待售的房地产商品。从税法上看，《中华人民共和国房产税暂行条例》第五十七条规定，《中华人民共和国企业所得税法》第十一条所称固定资产，是指企业为生产产品、提供劳务、出租或者经营管理而持有的、使用时间超过12个月的非货币性资产，包括房屋、建筑物、机器、机械、运输工具以及其他与生产经营活动有关的设备、器具、工具等。因此，企业房地产存货转成的投资性房地产具有固定资产性质，即使尚未签订租赁协议，也应视为应税房地产。

2. 征税金额。根据《中华人民共和国房产税暂行条例》第三条规定，房产税依照房产原值一次减除10%~30%后的余值计算缴纳。具体减除幅度，由省、自治区、直辖市人民政府规定。没有房产原值作为依据的，由房产所在地税务机关参考同类房产核定。房产出租的，以房产租金收入为房产税的计税依据。第四条规定，房产税的税率，依照房产余值计算缴纳的，税率为1.2%；依照房产租金收入计算缴纳的，税率为12%。本案以公允价值模式进行后续计量的投资性房地产，其账面价值反映为公允价值。因此，投资性房地产按历史成本即开发成本作为房产税的房屋原值并减除规定比例后的余值计算缴纳房产税。

3. 征税减免。房产税实行普遍征收原则，根据《中华人民共和国房产税暂行条例》，坐落在城市、县城、建制镇和工矿区的房产应征收房产税。《中华人民共和国房产税暂行条例》第五条规定，下列房产免纳房产税：一是国家机关、人民团体、军队自用的房产；二是由国家财政部门拨付事业经费的单位自用的房产；三是宗教寺庙、公园、名胜古迹自用的房产；四是个人所有非营业用的房产；五是经财政部门批准免税的其他房产。另外，第六条还规定，除本条例第五条规定者外，纳税人纳税确有困难的，可由省、自治区、直辖市人民政府确定，定期减征或者免征房产税。《国家税务总局关于房产税、城镇土地使用税有关政策规定的通知》第一条规定，鉴于房地产开发企业开发的商品房在出售前，对房地产开发企业而言是一种产品。因此，对房地产开发企业建造的商品房，在售出前，不征收房产税；但对售出前房地产开发企业已使用或出租、出借的商品房应按规定征收房产税。第二条第（四）项规定，房地产开发企业自用、出租、出借本企业建造的商品房，自房屋使用或交付之次月起计征房产税。房地产公司实际上构成对房产的实际使用，进一步证实对投资性房地产未出租部分应缴纳房产税，且不具有减免情形。

【风险提示】

1. 需要厘清会税之间的差异。会计处理和税务，两者相辅相成、相互影响，但是由于会计处理与税务的目标、目的、意义、作用等各不相同，其承载的法律法规必然存在差异。房地产公司将其持有的商业房地产在会计账目上从库存商品、开发成本转入投资性房地产，税务机关并非简单以会计处理结果征税，而是核实相关证据，证实房地产公司将其按照投资性房地产进行管理，因此按照税法规定计征房产税。

2. 企业应加强税务规划。房地产企业在把自有开发商品转为投资性房地产时，应考虑税收因素，对后续出租、出借业务的发生概率进行判断。在不能取得出租、出借等收入的情况下，从税收角度不应将其转为投资性房地产，而仍应作为开发商品进行管理。

【相关条文】

1.《中华人民共和国房产税暂行条例》。

第一条　房产税在城市、县城、建制镇和工矿区征收。

第二条　房产税由产权所有人缴纳。产权属于全民所有的，由经营管理的单位缴纳。产权出典的，由承典人缴纳。产权所有人、承典人不在房产所在地的，或者产权未确定及租典纠纷未解决的，由房产代管人或者使用人缴纳。

前款列举的产权所有人、经营管理单位、承典人、房产代管人或者使用人，统称为纳税义务人（以下简称纳税人）。

第四条　房产税的税率，依照房产余值计算缴纳的，税率为1.2%；依照房产租金收入计算缴纳的，税率为12%。

2.《重庆市人民政府关于印发〈重庆市房产税实施细则〉的通知》（渝府发〔2009〕44号）。

第二条　凡坐落在本市城市（包括郊区，下同）、县城、建制镇和工矿区范围内的房产，均应按照本细则的规定在本市缴纳房产税。国家和本市另有规定的除外。

城市、县城、建制镇征收房产税的范围为城市、县城、建制镇的行政区域。

第四条　房产税依照房产原值一次减除30%后的余值计算缴纳。房产原值包括以房屋为载体，不可随意移动的附属设备和配套设施。没有房产原值或原值明显不合理的，由当地税务机关按照房产的评估值进行核定。

出租的房产，以房产租金收入为房产税的计税依据。租金明显偏低的，按照不低于以房产余值计算的房产税金额进行核定征收。

3.《国家税务总局关于房产税、城镇土地使用税有关政策规定的通知》（国税发〔2003〕89号）。

第一条　关于房地产开发企业开发的商品房征免房产税问题

鉴于房地产开发企业开发的商品房在出售前，对房地产开发企业而言是一种产品，因此，对房地产开发企业建造的商品房，在售出前，不征收房产税；但对售出前房地产开发企业已使用或出租、出借的商品房应按规定征收房产税。

4.《企业会计准则第 3 号——投资性房地产》（财会〔2006〕3 号）。

第二条 投资性房地产，是指为赚取租金或资本增值，或两者兼有而持有的房地产。

5.《税务行政复议规则》。

第二十九条第二款 申请人对经重大税务案件审理程序作出的决定不服的，审理委员会所在税务机关为被申请人。

6.《中华人民共和国税收征收管理法》。

第三十二条 纳税人未按照规定期限缴纳税款的，扣缴义务人未按照规定期限解缴税款的，税务机关除责令限期缴纳外，从滞纳税款之日起，按日加收滞纳税款万分之五的滞纳金。

判例二 土地出让合同解除，能否退还已缴纳的契税、土地使用税

【裁判要旨】

二审法院认为，因涉案土地使用权已完成权属登记变更，权属已经转移，土地出让合同解除不构成退还契税和城镇土地使用税的法定情形。根据税收法定原则，结合《中华人民共和国契税暂行条例》[①]《中华人民共和国城镇土地使用税暂行条例》《财政部、国家税务总局关于房产税、城镇土地使用税有关政策的通知》（财税〔2006〕186 号）等文件精神，被上诉人宁波市地方税务局不退还契税并无不妥。上诉人缴纳土地使用税期间为涉案土地的实际使用权人，上诉人主张退还已缴纳的土地使用税于法无据，法院不予支持。

【涉税案情】

上诉人（一审原告）： A 投资有限公司（以下简称“A 公司”）

被上诉人（一审被告）： 宁波市地方税务局（以下简称“市地税局”）、宁波市人民政府

1. 2010 年 8 月 17 日，宁波市国土资源局（以下简称“市国土局”）发布《宁波市国土资源局国有建设用地使用权挂牌出让公告》，决定以挂牌方式出让宁波市书城东侧 1#地块，出让面积为 10676 平方米。

2. 2010 年 9 月 20 日，A 公司竞得上述地块的国有建设用地使用权，成交总价为 249818400 元。同日，A 公司与市国土局签订出让合同，市国土局交付了

① 2021 年 9 月 1 日，《中华人民共和国契税法》施行，《中华人民共和国契税暂行条例》同时废止。

上述土地，A 公司取得了该地块土地使用权。2010 年 11 月 4 日，A 公司注册成立全资子公司 B 公司。2010 年 11 月 18 日，市国土局与 B 公司签订了改签合同，将上述土地的受让方变更为 B 公司。此后，B 公司向市地税局缴纳了契税 7494552 元、土地使用税 627215 元。

3. 2011 年 4 月，因宁波市整体规划等，对受让地块规划条件造成影响。2014 年 12 月 4 日，B 公司向宁波市仲裁委员会提出仲裁申请，要求解除与市国土局签订的出让合同，返还全部土地出让金 249818400 元、契税 7494552 元、土地使用税 627215 元。2014 年 12 月 5 日，宁波市仲裁委员会做出裁决书，裁决支持 B 公司的请求，由 B 公司向市地税局申请办理退税，市国土局予以协助。

4. 2015 年 1 月 12 日，B 公司向市地税局书面申请退回已缴纳的土地使用税、契税。2015 年 1 月 20 日，市地税局对 B 公司做出《关于 B 公司退税申请的答复》（以下简称《答复》），认定解除出让合同不影响合同解除前纳税义务的发生与履行，不属于退税事由。因此，决定不予退还 B 公司已缴纳的宁波市书城东侧 1#地块土地使用税和土地出让契税。

5. B 公司不服《答复》，于 2015 年 3 月 4 日向被告宁波市下属某区政府申请行政复议，复议机关决定予以维持《答复》。B 公司不服，向宁波市海曙区人民法院提起行政诉讼，请求判决撤销《答复》，并判令市地税局退还土地出让契税以及土地使用税。经审理，法院判决驳回 B 公司的诉讼请求。B 公司不服，向浙江省宁波市中级人民法院上诉。经审理，宁波市中级人民法院判决驳回上诉，维持原判。

【争议焦点】

在完成土地权属转移后，解除土地出让合同是否适用《浙江省实施〈中华人民共和国契税暂行条例〉办法》第十一条规定的“纳税人缴纳契税后，因所签订的土地、房屋权属转移合同无法履行申请退税的，经县级以上人民政府契税征收机关审核批准，准予退税”的退税范畴。

【法院裁判观点】

1.《中华人民共和国契税暂行条例》第九条规定：“契税的纳税义务发生时间，为纳税人签订土地、房屋权属转移合同的当天，或者纳税人取得其他具有土地、房屋权属转移合同性质凭证的当天。”B 公司于 2010 年 9 月 20 日受让涉案地块国有土地使用权，并依法缴纳相关契税。

2. 关于契税的退税问题，本案 B 公司与市国土局通过市仲裁委员会解除土地出让合同，并不符合《中华人民共和国契税暂行条例》中“减征或者免征契税”的条件，不予退还契税。

3.《中华人民共和国城镇土地使用税暂行条例》第二条规定："在城市、县城、建制镇、工矿区范围内使用土地的单位和个人，为城镇土地使用税（以下简称土地使用税）的纳税人，应当依照本条例的规定缴纳土地使用税。"《财政部、国家税务总局关于房产税、城镇土地使用税有关政策的通知》（财税〔2006〕186号）第二条规定："以出让或转让方式有偿取得土地使用权的，应由受让方从合同约定交付土地时间的次月起缴纳城镇土地使用税；合同未约定交付土地时间的，由受让方从合同签订的次月起缴纳城镇土地使用税。"据此，原告于2010年9月20日取得涉案地块国有土地使用权后，应依法缴纳土地使用税。

4. 关于城镇土地使用税的退税问题，本案不存在原告多缴或被告误征土地使用税之情形，B公司与市国土局依法解除出让合同，不属于《中华人民共和国城镇土地使用税暂行条例》中"免缴土地使用税"或"减免土地使用税"之情形，不予退还城镇土地使用税。

【税务律师案例评析】

1.《中华人民共和国契税法》明确，办理权属登记前，权属转移合同被解除的，纳税人可以向税务机关申请退税。

在国家税务总局和地方税务局的一些批复中，对《中华人民共和国契税法》中的退税权规定有所解释。例如，财政部、国家税务总局《关于购房人办理退房有关契税问题的通知》（财税〔2011〕32号）规定："对已缴纳契税的购房单位和个人，在未办理房屋权属变更登记前退房的，退还已缴纳的契税；在办理房屋权属变更登记后退房的，不予退还已纳契税。"《广西壮族自治区地方税务局关于契税退税问题的批复》就玉林市名城置业投资有限公司申请契税退税的问题给予批复，名城置业投资有限公司与玉林市国土局签订《国有建设用地使用权出让合同》，并按合同缴纳了相关契税，后因玉东新区管理委员会未能解决受让土地的拆迁问题而解除合同，纳税人由于土地拆迁问题一直没有取得有效的土地权属证书，属于尚未取得土地权属的行为，因而做出办理退税的批复。

同时，《中华人民共和国契税法》第十二条规定："在依法办理土地、房屋权属登记前，权属转移合同、权属转移合同性质凭证不生效、无效、被撤销或者被解除的，纳税人可以向税务机关申请退还已缴纳的税款，税务机关应当依法办理。"该条款强调，在土地、房屋权属登记前，合同解除可以退还已纳的契税。本案中B公司是在办理了土地、房屋权属登记之后，与市国土局解除了土地出让合同。法院裁判是基于土地权属登记已发生改变，因而不属于退税的情形。

2. 判定契税的纳税义务核心在于受让物权的效力。

纳税人承担契税纳税义务的正当性在于纳税人为土地权属的承受人，在纳税人尚未取得土地权属的情况下，不负有纳税义务，因而合同被解除时理应退还已缴纳的契税。财政部、税务总局《关于贯彻实施契税法若干事项执行口径的公告》（财政部、税务总局公告2021年第23号）第五条第（四）项第一目规定，因人民法院判决或者仲裁委员会裁决导致土地、房屋权属转移行为无效、被撤销或者被解除，且土地、房屋权属变更至原权利人的可依照法律法规申请退税。该公告解决了纳税人对于已经取得了土地权属的物权行为而后被法院或仲裁委员会判定为自始无效的情况下，纳税人便不再负有纳税义务问题。

因此，在判断因合同解除能否退还契税时，主要从两个方面考虑：①受让方与出让方自始至终都未完成不动产权属变更，适用《中华人民共和国契税法》第十二条规定；②受让方取得了不动产权属，但因法院或仲裁委员会判定不动产权属行为自始无效，适用财政部、税务总局公告2021年第23号第五条。同时，应该注意如果是当事人协同解除合同，合同解除之前有效，合同解除之后不再有效，因而不能主张退税。

【风险提示】

实务中，判断纳税人能否退还契税，可以从以下几个方面考虑：①纳税人承担契税纳税义务的正当性在于纳税人为土地权属的承受人，在依法办理土地、房屋权属登记前，权属转移合同不生效、无效、被撤销或者被解除的，且变更至原权利人的，纳税人可以向税务机关申请退还已缴纳的税款。②如果受让方取得了不动产权属，但因法院或仲裁委员会判定不动产权属转让行为自始无效、被撤销或者被解除，可以申请退还契税。③当事人在土地权属变更之后，协商解除合同，因合同在解除之前有效，不能主张退税。

【相关条文】

1.《财政部、国家税务总局关于房产税、城镇土地使用税有关政策的通知》（财税〔2006〕186号）。

第二条　以出让或转让方式有偿取得土地使用权的，应由受让方从合同约定交付土地时间的次月起缴纳城镇土地使用税；合同未约定交付土地时间的，由受让方从合同签订的次月起缴纳城镇土地使用税。

2.《中华人民共和国契税法》。

第九条　契税的纳税义务发生时间，为纳税人签订土地、房屋权属转移合同的当日，或者纳税人取得其他具有土地、房屋权属转移合同性质凭证的当日。

3.《关于贯彻实施契税法若干事项执行口径的公告》（财政部　税务总局公告 2021 年第 23 号）。

第五条第（四）项　纳税人缴纳契税后发生下列情形，可依照有关法律法规申请退税：1. 因人民法院判决或者仲裁委员会裁决导致土地、房屋权属转移行为无效、被撤销或者被解除，且土地、房屋权属变更至原权利人的；2. 在出让土地使用权交付时，因容积率调整或实际交付面积小于合同约定面积需退还土地出让价款的；3. 在新建商品房交付时，因实际交付面积小于合同约定面积需返还房价款的。

判例三　城市基础设施配套费是否应作为计缴契税的计税依据

【裁判要旨】

《财政部关于城市基础设施配套费性质的批复》（财综函〔2002〕3 号）规定，“各地征收的市政基础设施配套费应统一归并为城市基础设施配套费”；《财政部、国家税务总局关于国有土地使用权出让等有关契税问题的通知》（财税〔2004〕134 号）规定，“出让国有土地使用权的，其契税计税价格为承受人为取得该土地使用权而支付的全部经济利益”，“以协议方式出让的，其契税计税价格为成交价格，成交价格包括土地出让金、土地补偿费、安置补偿费、地上附着物和青苗补偿费、市政建设配套费等承受者应交付的货币、实物、无形资产或者其他经济利益”；《海南省地方税务局关于土地契税缴纳事宜的复函》（琼地税函〔2013〕431 号）规定，通过“招、拍、挂”程序取得的出让土地，在立项报建环节才发生的城市规划部门和建设管理部门收取的费用，如市政建设配套费等应作为契税计税依据依法征收契税。根据上述规定，二审法院判决维持一审判决，即认为立项报建环节缴纳的城市基础设施配套费应作为计缴契税的计税依据。

【涉税案情】

上诉人（一审原告）： A 房地产开发有限公司（以下简称“A 公司”）

被上诉人（一审被告）： 海口市秀英区税务局、海口市税务局

1. 2009 年，A 公司通过“招、拍、挂”的程序取得海口市国土资源局出让的四宗国有土地使用权（面积共计 104640. 54 平方米，成交单价：4810 元/平方米），该土地系已经“五通一平”的净地，即土地已完成土地补偿、安置补偿、地上附属物和青苗补偿，且市政设施已配套，净地出让。

2. A 公司根据《海口市国有建设用地使用权挂牌出让成交确认书》《海口

市国有建设用地使用权出让合同》《国有建设用地使用权出让合同补充合同》确定的成交价格支付了土地出让金503320997.4元，以上述土地出让金为计税金额，以3%税率自行申报缴纳了契税15099629.92元。2014年至2017年期间，A公司陆续向海口市规划局缴纳城市基础设施配套费共计67791334.5元，但尚未申报缴纳契税。

3. 2018年6月14日，海南省海口市税务局对2017年度税收征管情况进行审计，审计抽查了本案上诉人A公司取得土地使用权缴纳契税的情况，认为根据《财政部、国家税务总局关于国有土地使用权出让等有关契税问题的通知》（财税〔2004〕134号）及《海南省地方税务局关于土地契税缴纳事宜的复函》（琼地税函〔2013〕431号）的规定，在立项报建环节发生的市政建设配套费应作为契税的计税依据依法征收契税，要求国家税务总局海口市秀英区税务局（以下简称“秀英区税务局”）及时追缴入库。秀英区税务局根据审计报告的整改要求，核实上诉人缴纳的城市基础设施配套费共计67791334.5元，按照3%税率于2018年5月11日向上诉人做出本案被诉的1135号通知书，对上诉人取得土地使用权支付的城市基础设施配套费申报缴纳契税的情况进行核查，依据财税〔2014〕134号文第一条的规定，上诉人支付的城市基础设施配套费共计67791334.5元，应缴纳契税2033740.04元。

4. 上诉人A公司不服，在缴纳上述税款后依法向国家税务总局海口市税务局（以下简称“市税务局”）申请行政复议，对行政复议结果不服又申请了行政诉讼，海口市秀英区人民法院做出行政判决书，判令A公司缴纳契税。A公司不服一审判决，遂提起二审诉讼。

【争议焦点】

上诉人A公司在办理国有土地使用权证以后，在后续规划报建过程中缴纳的城市基础设施配套费是否应作为计缴契税的计税依据？

1. 当地税务局主张，依据《财政部、国家税务总局关于国有土地使用权出让等有关契税问题的通知》（财税〔2004〕134号）第一条规定，“出让国有土地使用权的，其契税计税价格为承受人为取得该土地使用权而支付的全部经济利益。……（二）以竞价方式出让的，其契税计税价格，一般应确定为竞价的成交价格，土地出让金、市政建设配套费以及各种补偿费用应包括在内”。

2. A公司认为，通过“招、拍、挂”的程序取得的土地使用权系已经“五通一平”的净地，该土地已完成土地补偿、安置补偿、地上附属物和青苗补偿，且市政实施已配套，土地成交价格已包含了市政设施配套费。取得土地使用权证后，办理建设工程规划许可证之前缴纳的城市基础设施配套费，是在规划报建过程中产生的，计费依据是项目的报建面积，而市政建设配套费是在取得土地使用权时支付的经济利益，两者不是同一概念，不应就后续缴纳的城市基础设施配套费再计征契税。

【法院裁判观点】

1. 法院基于《财政部关于城市基础设施配套费性质的批复》（财综函〔2002〕3 号）“各地征收的市政基础设施配套费应统一归并为城市基础设施配套费”规定，尽管在财税〔2004〕134 号文中出现了“市政配套建设费”的表述，但基于财综函〔2002〕3 号文，法院认为市政配套建设费与城市基础设施配套费并无实质差异。

2.《财政部、国家税务总局关于国有土地使用权出让等有关契税问题的通知》（财税〔2004〕134 号）规定，“出让国有土地使用权的，其契税计税价格为承受人为取得该土地使用权而支付的全部经济利益”，同时，《海南省地方税务局关于土地契税缴纳事宜的复函》（琼地税函〔2013〕431 号）规定，通过“招、拍、挂”程序取得的出让土地，在立项报建环节才发生的城市规划部门和建设管理部门收取的费用，如市政建设配套费等应作为契税计税依据依法征收契税。

上诉人 A 公司向海口市规划局缴纳的城市基础设施配套费是在立项报建环节才发生的，是城市规划部门和建设管理部门收取的费用。因此，根据上述规定，城市基础设施配套费应作为契税计税依据依法征收契税。

【税务律师案例评析】

1. 城市基础设施配套费和市政建设配套费的区别。城市基础设施配套费是指按城市总体规划要求，为筹集城市市政公用基础设施建设资金收取的费用，按建设项目的建筑面积计征，其专项用于城市基础设施和城市公用设施建设，包括城市道路、桥梁、公共交通、供水、燃气、污水处理、集中供热、园林、绿化、路灯、环境卫生等设施的建设，从性质和用途来看，城市基础设施配套费与受让前的土地成交价格并不存在必然关系。

市政建设配套费是出让土地时必要的配套费用，是指要完成地块内的道路、供水、供电、供气、排水、通信、围挡等基础设施并进行土地平整，满足必要的通平要求的市政公用基础建设项目资金，即“七通一平”费用，该项收费通常包含在土地价款中。通过“招、拍、挂”净地出让模式，土地出让成本中已经包括了出让土地必要的基础设施配套费，即通平的费用。

城市基础设施配套费和市政建设配套费的区别如表 4-1 所示。

表 4-1 城市基础设施配套费和市政建设配套费的区别

项目	城市基础设施配套费	市政建设配套费
费用性质	政府性基金	费用
征收单位	财政部门	国土部门
征收时间	办理建筑工程施工许可证前交付，立项报批环节	土地使用证以前
征收目的	针对新建、改建、扩建各类房屋建筑工程项目收取的，是为了改变居住环境、提高城市品质缴纳的，不包含在土地价款中	满足“七通一平”的费用，包含在土地成交价款中

2. 财税〔2004〕134 号文的效力问题。《财政部、国家税务总局关于土地使用权出让等有关契税问题的通知》（财税〔2004〕134 号）规定出让国有土地使用权的，其契税计税价格为承受人为取得该土地使用权而支付的全部经济利益。同时，列举了协议方式出让、竞价方式出让的情形，其契税计税价格为成交价格，同时附属包含了拆迁补偿费、市政建设配套费。该文件明确了出让土地的契税计税依据，除了成交价格以外，还附属包含了市政建设配套费。财综函〔2002〕3 号文规定，“各地征收的市政基础设施配套费应统一归并为城市基础设施配套费”，是税务机关对城市基础设施配套费计征契税的主要政策依据。如果按照财税〔2004〕134 号文理解：契税成交价格=合同价+合同外市政建设配套费、补偿费，就有违《中华人民共和国契税暂行条例》及其实施细则规定的契税计税依据成交价格或合同价格的原理。同时，《中华人民共和国契税法》第四条规定：“土地使用权出让、出售，房屋买卖，为土地、房屋权属转移合同确定的成交价格。”财税〔2004〕134 号文作为税收规范性文件，是对《中华人民共和国契税暂行条例》及其实施细则的进一步解释，不应偏离上位法对土地出让环节契税计税依据的解释。因此，财税〔2004〕134 号文对出让环节的契税计税价格的依据仍然应当是合同价格，不能随意扩大至：计税价格=合同价格+合同外市政建设配套费、补偿费。财税〔2004〕134 号文在实践中争议较大，确实存在与上位法规定相冲突的效力性问题。

本案中 A 公司通过净地出让模式取得该块土地使用权，后续立项报建环节缴纳的城市基础设施配套费属于向政府缴纳的政府性基金，并非土地价款的组成部分，与土地出让价格无关。

同时，《海南省地方税务局关于土地契税缴纳事宜的复函》（琼地税函〔2013〕431 号）规定，国家税务总局在答复中也提到：“如果在现实情况中，有的地方在土地还未平整情形下进行‘招、拍、挂’，此时房地产开发企业承受土地权属签订合同时成交价中仅包含国土部门收取的费用，没有包括城市规划部门和建设监管部门收取的费用，如市政建设配套费等，虽然这笔费用是在办理土地证之后，在立项报建环节才发生，也应作为契税计税依据依法征收契税。”但是该种情况有个前提条件，答复中针对的是毛地出让环节，且此时市政建设配套费是土地价款的组成部分。本案是净地出让，立项报批环节缴纳的城市基础设施配套费并不是合同价格的组成部分。对于净地出让的，立项报批环节计征契税的情形并不适用。

3. 城市基础设施配套费通过建造房屋买卖转移给购房者，契税计征一次，对房地产开发企业缴纳的城市基础设施配套费先行计征契税有重复缴税之嫌。

企业取得土地之后，后续立项报批建设环节缴纳的城市基础设施配套费并非土地成本价款的组成部分。企业大多将城市基础设施配套费作为商品房的成本组成部分，通过先行垫付的方式，最终通过商品房的销售转嫁给购房者。根据《中华人民共和国契税法》第九条契税的纳税义务发生时间，为纳税人签订土地、房屋权属转移合同的当日，或者纳税人取得其他具有土地、房屋权属转移合同性质凭证的当日。购房者在购买环节为商品房价格组成部分中的城市基础设施配套费缴纳过契税，如果对城市基础设施配套费再计征一次契税，有重复纳税之嫌。

【风险提示】

市政配套费包含于土地价格之中，《中华人民共和国契税法》《关于贯彻实施契税法若干事项执行口径的公告》已经明确，城市基础设施配套费应作为计缴契税的计税依据。

【相关条文】

1.《中华人民共和国契税法》。

第一条　在中华人民共和国境内转移土地、房屋权属，承受的单位和个人为契税的纳税人，应当依照本法规定缴纳契税。

第二条　本法所称转移土地、房屋权属，是指下列行为：

（一）土地使用权出让；

（二）土地使用权转让，包括出售、赠与、互换；

（三）房屋买卖、赠与、互换。

前款第二项土地使用权转让，不包括土地承包经营权和土地经营权的转移。

以作价投资（入股）、偿还债务、划转、奖励等方式转移土地、房屋权属的，应当依照本法规定征收契税。

第四条　契税的计税依据：

（一）土地使用权出让、出售，房屋买卖，为土地、房屋权属转移合同确定的成交价格，包括应交付的货币以及实物、其他经济利益对应的价款。

2.《财政部关于城市基础设施配套费性质的批复》（财综函〔2002〕3号）。

一、按照《国家计委、财政部关于全面整顿住房建设收费取消部分收费项目的通知》（计价格〔2001〕585号）规定，各省、自治区、直辖市财政、价格主管部门要对各类（市政建设）专项配套费进行整顿，将其统一归并为城市基础设施配套费，取消与城市基础设施配套费重复收取的水、电、气、热、道路以及其他各种名目的专项配套费。因此，各地征收的市政基础设施配套费应统一归并为城市基础设施配套费。

3.《海南省地方税务局关于土地契税缴纳事宜的复函》（琼地税函〔2013〕431号）。

……通过“招、拍、挂”程序取得的出让土地，在立项报建环节发生的市政建设配套费应该作为契税的计税依据依法征收契税。

判例四　房地产公司逾期代缴契税是否应承担不能享受税收优惠的责任

【裁判要旨】

二审法院根据《中华人民共和国合同法》[①] 第一百零七条规定，当事人一方不履行合同义务或者履行合同义务不符合约定的，应当承担继续履行、采取补救措施或者赔偿损失等违约责任。A房地产开发有限公司因违反《委托办理权属登记协议书》代为缴纳契税的延期缴纳而导致陈某出售房屋未满两年，被征收营业税，判决A房地产开发有限公司承担赔偿损失。

【涉税案情】

上诉人：陈某

被上诉人：A房地产开发有限公司（以下简称“A公司”）

1. 2011年5月24日，自然人陈某与A公司签订了一份《商品房买卖合同》，购买预售商品房，建筑面积共69.65平方米，该商品房单价为3727.08元/平方米，总金额259591元。

2. 买受人陈某与出卖人A公司达成协议，于陈某付清全部款项之日起的

① 《中华人民共和国民法典》2021年1月1日起施行，《中华人民共和国合同法》同时废止。

210 日内由 A 公司代缴相关税费。合同签订后，陈某依照合同约定付清了全部房款 259591 元。2012 年 12 月 1 日，A 公司将符合合同约定的房产交付给陈某。当日，A 公司代收了陈某缴纳的契税、所有权登记费、房地产权证印花税、交易服务费等共计 7270. 64 元。按照约定，A 公司最迟应于 2013 年 6 月 29 日代为缴纳相应的税款。

3. 2014 年 4 月 22 日，A 公司将代收的契税 6887. 64 元缴纳给 H 地方税务局，H 地方税务局于次日出具《税收完税证明》。2014 年 5 月 19 日，房地产交易中心为陈某办理了房地产权证。

4. 2015 年 7 月 3 日，陈某将涉案房屋转让给案外人黄某。从完税时间及取得产权证的时间来看，陈某出卖该房屋时尚未满两年，因此 H 地方税务局计征了陈某的营业税 13500 元。现该房屋已完成过户，登记所有权人为黄某。陈某认为，税务机关计征了营业税是因为 A 公司未按合同的约定及时将税费代缴，遂提起诉讼。

【争议焦点】

是否为 A 公司违反合同约定，迟延代缴税费，导致房屋购买人对外销售房屋时间不满两年，被计征营业税？A 公司是否应承担赔偿责任？

【法院裁判观点】

1. 陈某与 A 公司签订的《委托办理权属登记协议书》为双方签订的《商品房买卖合同》的附件，属商品房买卖合同的一部分，该纠纷为商品房买卖合同纠纷。针对 A 公司主张的《委托办理权属登记协议书》为无偿委托关系，法院不予认可。

2. 根据《中华人民共和国合同法》第一百零七条规定：“当事人一方不履行合同义务或者履行合同义务不符合约定的，应当承担继续履行、采取补救措施或者赔偿损失等违约责任。”陈某于 2012 年 12 月 1 日将契税款交予 A 公司，按合同约定应在 210 日内即 2013 年 6 月 29 日前完成代缴义务。A 公司违反合同约定，于 2014 年 4 月 22 日才缴纳税款，致使陈某转让涉案房屋因不满两年而被计征营业税 13500 元，A 公司因其过错，应向陈某赔偿 13500 元。

【税务律师案例评析】

1. 房地产企业受购房者委托代缴契税，到期应及时取得相应的契税完税凭证和办理房屋产权证。

陈某出售房屋，因房屋完税时间不满两年，导致出售时被计征营业税。根据《国家税务总局　财政部　建设部关于加强房地产税收管理的通知》（国税发〔2005〕89 号），个人购买住房以取得的房屋产权证或契税完税证明上注明的时间作为其购买房屋的时间。房屋产权证和契税完税证明二者注明的时间不一致的，按照“孰先”的原则确定购买房屋的时间。本案中购房者委托房地产企业代为缴纳契税，因房地产企业延期缴纳契税，导致购房者出售房屋时不满两年被计征营业税，因而法院基于违约赔偿责任，判决房地产企业赔偿相应的损失。本案中，陈某多次主张获取契税缴纳完税凭证，积极履行了相应的义务。

实务中，普遍存在由房地产企业代为办理契税申报、缴纳事宜，房地产企业通过购房者的委托授权书，代为办理契税申报，这个不必然免除纳税人的纳税义务；若未能按时申报和缴纳税款，纳税人仍需自行承担税法规定的法律责任和相应的法律风险。因此，购房者应及时取得相应的契税完税凭证和房产证书，以维护自己的权益。购房者还需要注意的是，对于逾期代缴契税，应做合同约定。

2. 房地产企业变代征契税为代缴契税，虽有无息占用资金的好处，但法律风险不可小觑。

《国家税务总局关于征收机关直接征收契税的通知》（国税发〔2004〕137号）明确规定，各级征收机关一律不得委托其他单位代征契税。为规避此规定，房地产企业通过取得购房者的委托授权书，代为办理契税申报和缴纳事宜。房地产企业为延长无偿占用资金的时间，可能会延期申报缴纳契税，但存在以下法律风险：①购房者主张基于违约责任，让受托方承担违约赔偿责任；②代收期间的银行利息系法定孳息，与侵占无关。对于房地产企业而言属不当得利，理应从代收之日起计算，退还利息。

3. 针对实务中房地产企业将代缴契税和住宅专项维修基金作为交房的前置条件，有关部门应出台相关规范整顿。

房地产企业代缴契税可能存在超标准多收、滞留、挪用代收款以及进行虚假申报、逾期申报的情形，甚至发生携款失踪或破产倒闭的情形，增加了购房者的风险。为保护购房者的合法权益，应禁止房地产企业违规收取契税，更不得作为交房的前置条件。针对此问题，《北京市住房和城乡建设委员会关于禁止房地产开发企业违规收取契税和住宅专项维修基金有关问题的通知》明文规定：新建商品房交易，应由购房人自行缴纳契税和住宅专项维修基金，房地产开发企业不得代收、代缴；房地产开发企业不得将代收契税和住宅专项维修基金作为交房的前置条件；购房人缴纳契税或住宅专项维修基金，确需要代办的，可委托开发企业或第三方办理，但相应款项不得转入开发企业或其他第三方账户。

【风险提示】

对于购房者而言，委托房地产企业代缴契税，应作合同约定；同时应及时向房地产企业索取相应的契税完税凭证，以办理房屋产权证，维护自身权益。

对于房地产开发企业而言，代缴契税虽可无息占用资金，但须注意相关法律风险。

【相关条文】

1.《中华人民共和国民法典》。

第五百七十七条 当事人一方不履行合同义务或者履行合同义务不符合约定的，应当承担继续履行、采取补救措施或者赔偿损失等违约责任。

2.《财政部、国家税务总局关于调整个人住房转让营业税政策的通知》（财税〔2015〕39号）。

一、个人将购买不足2年的住房对外销售的，全额征收营业税；个人将购买2年以上（含2年）的非普通住房对外销售的，按照其销售收入减去购买房屋的价款后的差额征收营业税；个人将购买2年以上（含2年）的普通住房对外销售的，免征营业税。

3.《国家税务总局　财政部　建设部关于加强房地产税收管理的通知》（国税发〔2005〕89号）。

第三条第（四）项 个人购买住房以取得的房屋产权证或契税完税证明上注明的时间作为其购买房屋的时间。

4.《北京市住房和城乡建设委员会关于禁止房地产开发企业违规收取契税和住宅专项维修基金有关问题的通知》（京建发〔2021〕96号）。

一、在新建商品房交易过程中，应由购房人缴纳的契税和住宅专项维修基金，购房人应自行缴纳，房地产开发企业不得代收、代缴。

二、房地产开发企业不得将代收购房人应缴契税或住宅专项维修基金，作为商品房销售和交付的前置条件。

三、购房人缴纳契税或住宅专项维修基金，确需要代办的，可委托开发企业或第三方办理，但相应款项不得转入开发企业或其他第三方账户。

判例五　土地使用权未按合同约定过户，土地使用税应由谁承担

【裁判要旨】

《中华人民共和国城镇土地使用税暂行条例》第二条规定："在城市、县城、建制镇、工矿区范围内使用土地的单位和个人，为城镇土地使用税（以下简称土地使用税）的纳税人，应当依照本条例的规定缴纳土地使用税。"国家税务总局《关于土地使用税若干具体问题的解释和暂行规定》第四条规定：

“……拥有土地使用权的纳税人不在土地所在地的，由代管人或实际使用人纳税；土地使用权未确定或权属纠纷未解决的，由实际使用人纳税。”××广联房地产开发有限公司与××嘉信房地产开发有限公司为2009-20号土地的联合竞买人，竞买成功后土地使用权登记在××广联房地产开发有限公司名下。二审法院认为，虽然实际权利人为××广联房地产开发有限公司和××嘉信房地产开发有限公司，但××广联房地产开发有限公司是在延期数年之后于2017年7月经人民法院强制执行才将“C”地块过户到××嘉信房地产开发有限公司名下，在此之前案涉土地既未过户也未实际交付，土地的实际使用人为××广联房地产开发有限公司。因此，案涉地块在2012年8月至2016年12月期间的土地使用税理应由××广联房地产开发有限公司缴纳。撤销四川省仁寿县人民法院（2018）川1421民初160号民事判决，改由××广联房地产开发有限公司负担土地使用税。

【涉税案情】

上诉人（原审被告）：××广联房地产开发有限公司（以下简称“广联公司”）

被上诉人（原审原告）：××嘉信房地产开发有限公司（以下简称“嘉信公司”）

案情的发展时间线索如图4-1所示。

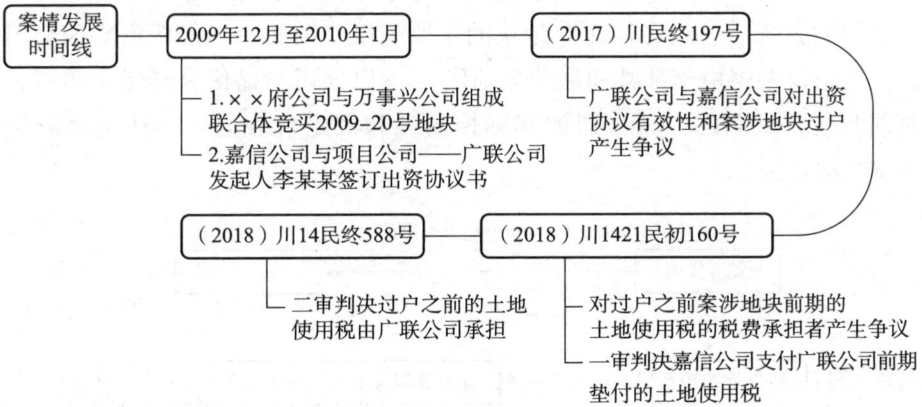

图4-1 案情发展时间线索

1. 2009年12月10日，××府公司与四川省×市万事兴房地产开发有限公司（以下简称“万事兴公司”）签订《联合竞买协议书》，约定双方组成联合体，参与仁寿县国有建设用地使用权拍卖，如果联合体竞买成功，则资产受让方为双方注册的广联公司。之后，联合体竞拍成功，拿下了2009-20号地块。2010年1月5日，双方注册成立广联公司并取得工商登记，初始股东为李某某及其配偶蒋某。广联公司的股权架构如图 4-2 所示。

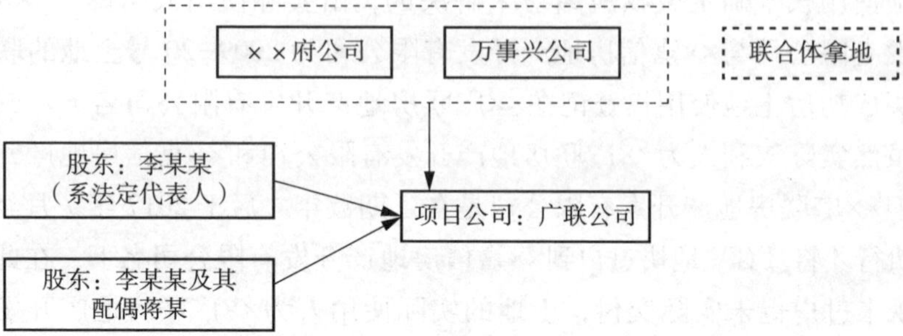

图 4-2　广联公司股权结构

2. 2009 年 12 月 20 日，××府公司和嘉信公司签订《2009-20 号土地出资协议书》。该协议约定如下：①双方共同出资竞买 2009-20 号地块，并附图将该地块划分成“A、B、C”三块。若竞买成功，则按出资比例划分地块，××府公司占出资比例 76. 674%，拥有 A 地块和 B 地块，土地面积 146. 6 亩；嘉信公司占出资比例 23. 326%，拥有 C 地块，土地面积 44. 6 亩。②约定违约责任，未如期足额缴纳的，应向已如期足额缴纳的出资人承担违约责任，违约金为 C 地块总金额的 20%；同时，××府公司按约定交付地块，如违约，违约金同样为 C 地块总金额的 20%。③约定转让 C 地块的土地产权产生的一切税费由嘉信公司承担。出资协议末尾由李某某和远智分别代表××府公司与嘉信公司签字盖章，李某某同时是新成立的广联公司的实际控制人和法定代表人。上述交易结构如图 4-3所示。

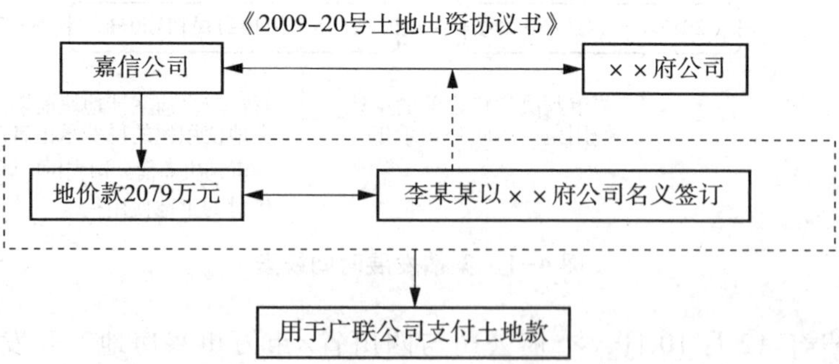

图 4-3　嘉信公司与广联公司交易结构

3. 广联公司于 2010 年 1 月 5 日进行工商登记，初始股东为李某某及其配偶蒋某，××府公司和万事兴公司不是广联公司的股东，该出资协议系广联公司的发起人、实际控制人李某某以××府公司的名义与嘉信公司签订。

4. 2009 年 12 月 23 日，联合体以 9400 万元的价格成功竞得 2009-20 号地块。2010 年 1 月 6 日，嘉信公司通过银行转账的方式向李某某个人账户转款 2079 万元，银行回单载明用途为“土地出让金”，广联公司支付给国土部门的首次土地款的票据附注栏也载明“（成都××府实业有限公司）此款由××广联房地产开发有限公司缴纳”，广联公司认可李某某收到的 2079 万元用于购买目标地块。此后，广联公司前后一共支付土地价款 9400 万元，支付交易费 654000 元，佣金 436000 元，印花税和契税分别为 35250 元、2820000 元，并从 2013 年开始缴纳土地使用税（包含 C 地块）和房产税，截至 2016 年 5 月 20 日，共交纳土地使用税 4330618. 82 元，房产税 2197705. 3 元（见表 4-2）。

表 4-2　截至 2016 年 5 月 20 日广联公司支付的相关税费　　单位：万元

费用项目	金额	税种	金额
土地价款	9400	印花税	3. 52
交易费	65. 4	契税	282
佣金	43. 6	土地使用税	433. 06
		房产税	219. 77

5. 广联公司以该协议系××府公司与嘉信公司签订，与本公司无关为由，否认该出资协议的有效性，未履行将目标地块过户给嘉信公司名下的约定，嘉信公司遂向人民法院提起诉讼。四川省高级人民法院于 2017 年 3 月 29 日做出（2017）川民终 197 号生效民事判决，判决该出资协议书合法、有效，该出资协议的实际合同权利义务主体为广联公司与嘉信公司。因此，判决被告嘉信公司取得 C 地块，并应向原告广联公司支付剩余的土地出让金 21966108. 79 元及相应税费，但该判决并未明确 2016 年 5 月 20 日之前土地使用税的负担对象。

6. 广联公司不服上述关于出资协议认定有效性的决议，向最高人民法院申请再审，最高人民法院于 2017 年 9 月 11 日做出（2017）最高法民申 2855 号，维持了一审、二审做出关于认定出资协议的有效性判决，驳回了广联公司的再审申请。

7. 经人民法院强制执行，广联公司将 C 地块过户给嘉信公司，根据出资协议的约定，如嘉信公司需要分割土地产权，则产生的一切税费将由嘉信公司承担。过户时双方就当时出资协议未曾约定竞买成功后土地使用税的负担问题出现了争议，广联公司于 2018 年 1 月 4 日向人民法院提起诉讼，请求判令嘉信公司向广联公司支付垫付的案涉地块 C 地块土地使用税。嘉信公司则主张依据谁使用谁缴税相关法律规定，被告应只从 2017 年 8 月开始缴纳 C 地块的土地使用税。

8. 四川省仁寿县人民法院于2018年6月19日做出（2018）川1421民初160号判决书，判决嘉信公司支付给广联公司为其垫付的土地使用税1290762.01元。一审法院认为，属于嘉信公司的土地使用权对应的部分税负，应当由嘉信公司按比例承担，与此前嘉信公司根据出资协议的合同约定，自愿按比例给付相应的交易费、佣金、契税同理，嘉信公司应当支付广联公司垫付的该期间的土地使用税。

9. 嘉信公司因不服上述判决，提起上诉称：①广联公司在2012年8月至2016年12月期间是涉案土地的登记使用权人和实际使用人；②嘉信公司系土地二次受让方，土地使用税的起算期间应自土地使用权受让转移之日起算；③根据《中华人民共和国城镇土地使用税暂行条例》第二条，应以土地使用人为纳税人。国家税务总局印发的《关于土地使用税若干具体问题的解释和暂行规定》第四条规定：拥有土地使用权的纳税人不在土地所在地的，由代管人或实际使用人纳税；土地使用权未确定或权属纠纷未解决的，由实际使用人纳税。因此，广联公司缴纳土地税款符合法律规定。

【争议焦点】

广联公司和嘉信公司争议的C地块44.6亩土地在2012年8月至2016年12月期间的土地使用税税款1290762.01元，应由广联公司负担还是嘉信公司负担?

【法院裁判观点】

根据《关于土地使用税若干具体问题的解释和暂行规定》第四条："土地使用税由拥有土地使用权的单位或个人缴纳。拥有土地使用权的纳税人不在土地所在地的，由代管人或实际使用人纳税；土地使用权未确定或权属纠纷未解决的，由实际使用人纳税；土地使用权共有的，由共有各方分别纳税。"二审法院认为，虽然名义上广联公司与嘉信公司是目标地块的实际权利人，但广联公司是在延期数年之后于2017年7月经人民法院强制执行才将案涉地块过户给嘉信公司名下的，之前的土地实际使用人为广联公司。因此，案涉地块的土地使用税理应由广联公司缴纳，因而撤销了四川省仁寿县人民法院（2018）川1421民初160号民事判决，改由广联公司负担案涉地块的土地使用税。

【税务律师案例评析】

1. 土地使用税的纳税义务人。《关于土地使用税若干具体问题的解释和暂行规定》第四条规定："土地使用税由拥有土地使用权的单位或个人缴纳。拥有土地使用权的纳税人不在土地所在地的，由代管人或实际使用人纳税；土地使用权未确定或权属纠纷未解决的，由实际使用人纳税；土地使用权共有的，由共有各方分别纳税。”土地使用税理应谁使用谁纳税，本案中，广联公司未履行《2009-20 号土地出资协议书》，2017 年 7 月，经人民法院强制执行才将案涉地块转让给嘉信公司。二审法院认为从实际过户之日起，土地使用税的纳税义务人才变更为嘉信公司。

2. 出资协议的效力。广联公司以公司发起人、实际控制人个人名义与嘉信公司签订《2009-20 号土地出资协议书》，公司尚未成立为由，否认该出资协议的有效性。《最高人民法院关于适用〈中华人民共和国公司法〉若干问题的规定（三）》第三条第一款规定，“发起人以设立中公司名义对外签订合同，公司成立后合同相对人请求公司承担合同责任的，人民法院应予支持”，以设立中的公司名义签订合同是有效的。广联公司虽不是出资协议的签订主体，也没有参与其法人资格取得前发生的涉案土地竞拍和出让过程，但事实上取得了目标地块的土地使用权并进行开发，且嘉信公司通过实际转款并用于支付土地出让金的行为，已实际履行义务。因此，广联公司系该出资协议的实际承担者。

3. 对于广联公司来说，经验教训在于未重视合同签订的税务风险。该出资协议签订时，仅约定过户产生的全部税费由承受土地一方承担，却未约定企业在取得土地之后、过户以前，持有阶段的土地需缴纳的相关税费归属问题，导致其损失巨额的土地使用税税费（土地使用税 129 万元和违约金 438 万元）。因此，企业在签订合同时，务必重视涉税条款。

4. 对嘉信公司来说，经验教训在于以下两点；①合同履行（款项支付）应通过对公账户，私人账户转款一定备注清楚用途。②应关注合同签订后的履行情况，及时跟进确保合同正常履行。

【风险提示】

对于纳税人而言，要重视税务风险。纳税人在签订合同时，除了需约定过户时产生的税费，还应考虑企业持有土地涉及的税费问题。对于包税条款，纳税人应关注之前的税费归属，并引起足够重视。

【相关条文】

1.《中华人民共和国城镇土地使用税暂行条例》。

第二条　在城市、县城、建制镇、工矿区范围内使用土地的单位和个人，为城镇土地使用税（以下简称土地使用税）的纳税义务人，应当依照本条例的规定缴纳土地使用税。

2.《国家税务总局关于土地使用税若干具体问题的解释和暂行规定》。

第四条　拥有土地使用权的纳税人不在土地所在地的，由代管人或实际使用人纳税；土地使用权未确定或权属纠纷未解决的，由实际使用人纳税。

判例六　房地产开发企业经多次催缴仍未申报缴纳契税构成欠税还是逃税

【裁判要旨】

被告单位A房地产开发有限公司和H县B房地产开发有限公司违反国家相关税收管理规定，采取欺骗、隐瞒手段进行虚假纳税申报，经税务机关依法下达书面追缴通知后，仍未补缴税款，并继续进行虚假零申报，逃避缴纳税款数额巨大，已构成逃税罪。被告人罗某作为A房地产开发有限公司和H县B房地产开发有限公司的时任法定代表人与直接负责的主管人员，授意并安排财务人员进行虚假申报，经税务机关催缴后仍继续授意财务人员进行虚假申报，意图逃避缴纳税款，数额巨大，已构成逃税罪。

【涉税案情】

公诉机关：H县人民检察院

被告单位：A房地产开发有限公司（以下简称“A公司”）、H县B房地产开发有限公司（以下简称“B公司”）

2013年6月9日，被告A公司与H县国土资源局签订了《土地使用权出让合同》，H县国土资源局将位于H县某广场北侧宗地出让给被告A公司开发，并于2014年3月6日取得建设用地规划许可证。之后，该宗地由被告人罗某在H县成立的被告单位B公司进行开发建设。在取得上述宗地的过程中，A公司应当缴纳土地契税300余万元，但该公司不申报或零申报。后经税务局多次催告后，该公司补缴税款25万元，尚欠税款270余万元，占应纳税额的91.6%。被告B公司在取得商品房预售许可证后开始对外销售。B公司在其法定代表人罗某的授意和安排下，一直采取不申报或者隐瞒等虚假手段进行零申报，共计欠缴营业税12581440.55元、土地增值税6123866.97元、土地契税及印花税3009112元等，共计22972563.58元。经地税局工作人员多次书面通知和催缴责令限期改正等，被告B公司仍然拒不如实申报和缴纳税款。

检察机关指控认为，被告B公司和A公司及其法定代表人罗某采取隐瞒手段进行虚假纳税申报与不申报的方式，逃避缴纳税款共计22972563.58元和2729112元，数额巨大，且分别占应纳税额100%和91.6%，触犯了《中华人民共和国刑法》第二百零一条的规定，应当以逃税罪追究其刑事责任。被告人罗某在案发以后，主动投案，并如实供述所犯罪行，根据《中华人民共和国刑法》第六十七条的规定，系自首，依法可以从轻或者减轻处罚。A公司提出B公司办理并取得土地使用权证后进行房地产开发，系案涉土地税款的纳税人，

A 公司不是纳税主体，不应构成逃税罪。B 公司辩称，公司目前因资金困难暂时无法缴纳税款，其仅仅是欠税，没有逃税的故意。

【争议焦点】

1. 本案契税纳税主体是 A 公司还是 B 公司？

2. B 公司未缴税款构成欠税还是逃税罪？

【法院裁判观点】

被告单位 B 公司和 A 公司违反国家相关税收管理规定，采取欺骗、隐瞒手段进行虚假纳税申报，经税务机关依法下达书面追缴通知后，仍未补缴税款，并继续进行虚假零申报，逃避缴纳税款数额巨大，均已构成逃税罪。被告人罗某作为 A 公司和 B 公司的时任法定代表人与直接负责的主管人员，授意并安排财务人员进行虚假申报，经税务机关催缴后仍继续授意财务人员进行虚假申报，意图逃避缴纳税款，数额巨大，已构成逃税罪。但公诉机关指控的 A 公司因购买土地产生的土地契税和印花税 2729112 元，公诉机关在追加起诉被告单位 A 公司并将上述税额认定为 A 公司的逃税犯罪金额后，应当将该笔税款从 B 公司的逃税犯罪总金额中予以扣除。综上所述，公诉机关指控被告 B 公司和被告人罗某的逃税金额不当，本院予以纠正。

【税务律师案例评析】

1. 关于契税的纳税主体。

实务中母公司拿地子公司开发较常见，当地政府为了保证税源以及监管需要，往往要求在项目所在地成立项目公司进行开发。由于项目公司成立和资质办理需要时间，从而出现母公司先签署协议缴纳出让金，后向项目公司转移的情况，如果操作不当，则会产生巨大的涉税风险。

本案中，母公司 A 公司参与拿地，应当地政府要求，在项目所在地成立 B 项目公司负责开发，A 公司与 H 县国土资源局签订土地使用权出让合同，B 公司为上述受让土地办理了建设用地规划许可证。针对契税的纳税义务人问题，二审法院认为，国有土地使用权出让合同系 A 公司签订，因而契税的纳税义务人为 A 公司。如果税务机关认定案涉土地是 A 公司转让给了 B 公司，则面临二次征收契税的问题。由于本案中相关方未有证据表明两家公司之间签订了土地转让合同或办理了土地转让等手续，法院认定 A 公司为契税纳税主体，并将契税税款从 B 公司逃税犯罪总金额中予以扣除。

实务中，母公司拿地子公司开发项目如何避免二次纳税？2006 年，国土资源部出台的《招标拍卖挂牌出让国有土地使用权规范（试行）》（国土资发〔2006〕114 号）第 10.2.6 条规定：“申请人竞得土地后，拟成立新公司进行开发建设的，应在申请书中明确新公司的出资构成、成立时间等内容。出让人可以根据招标拍卖挂牌出让结果，先与竞得人签订《国有土地使用权出让合同》，在竞得人按约定办理完新公司注册登记手续后，再与新公司签订《国有土地使用权出让合同变更协议》；也可按约定直接与新公司签订《国有土地使用权出让合同》。”根据该文件规定，纳税人应预先设计、按照文件进行操作；一旦转移处理不当，就可能形成母公司向子公司转让土地使用权的既成事实，税务机关将依法要求其缴纳土地增值税、契税等税费。

2. 欠税、逃税罪的区别与联系。

欠税是指纳税人、扣缴义务人未按照法律、行政法规规定或者税务机关依照法律、行政法规的规定确定的期限缴纳或者解缴税款的行为。《中华人民共和国税收征收管理法》第三十一条第二款规定：纳税人因有特殊困难，不能按期缴纳税款的，经省、自治区、直辖市国家税务局、地方税务局批准，可以延期缴纳税款，但最长不得超过三个月。

《中华人民共和国刑法》第二百零一条规定的逃税罪，是指纳税人采取欺骗、隐瞒手段进行虚假纳税申报或者不申报，逃避缴纳税款数额较大并且占应纳税额百分之十以上的行为。适用该款有个前提条件，即经税务机关依法下达追缴通知后，补缴应纳税款、缴纳滞纳金、已受行政处罚的，不予追究刑事责任；但是，五年内因逃避缴纳税款受过刑事处罚或者被税务机关给予二次以上行政处罚的除外。逃税罪的构成要件有：①行为主体。逃税罪的主体为特殊主体，只有纳税人和扣缴义务人符合主体条件，属于身份犯。②主观要件。逃税罪的主观要件必须是故意，即明知自己的行为会发生逃避缴纳税款的结果，且希望或者放任这种结果发生。③行为方式。根据《最高人民法院关于审理偷税抗税刑事案件具体应用法律若干问题的解释》（法释〔2002〕33号）第一条规定，逃税罪的行为方式有：①伪造、变造、隐匿、擅自销毁账簿、记账凭证；②在账簿上多列支出或者不列、少列收入；③经税务机关通知申报而拒不申报纳税；④进行虚假纳税申报；⑤缴纳税款后，以谎报出口或者其他欺骗手段，骗取所缴纳的税款。

欠税与逃税罪存在关联性：①从客观方面来看，两者均未按照规定缴纳税款。②从主观心态来看，逃税具有非法占有国家税款的故意，追求少缴、不缴税款的结果；而欠税虽然产生了少缴、不缴税款的结果，但是主观方面可能为过失，或者以拖延纳税为目的，并不具有非法占有应当缴纳税款的目的。因此，在对逃税行为做出行政处罚，或者对逃税罪定罪量刑时，应考量行为人的主观目的，避免客观归罪。

本案中，A 公司陈述其因资金困难暂未解缴税款，属于欠税行为，但其并未向税务机关申请延期缴纳税款，其主管人员罗某反而授意财务人员采取零申报的方式欲偷逃税款，已具备逃税的主观故意，实质上是逃税行为，且在税务机关多次催缴的情况下，仍不更正申报缴纳税款，欠税数额达应纳税额的91.6%，已具备逃税罪构成要件。

3. 逃税罪“首罚不入刑”条款的适用。

刑法规定了逃税罪的但书条款，即纳税人存在逃税行为，经税务机关依法下达追缴通知后，补缴应纳税款、缴纳滞纳金、已受行政处罚的，不予追究刑事责任；但是，五年内因逃避缴纳税款受过刑事处罚或者被税务机关给予二次以上行政处罚的除外。为何本案未援引该条款？对此，需要分析上述条款的适用范围。

不追究刑事责任的前提是纳税人经过了税务机关的处理，即税务机关依法下达追缴通知后，行为人缴纳了税款滞纳金，且已受行政处罚的，才不追究其刑事责任。如税务机关要求纳税人补缴应纳税款，缴纳滞纳金，而没有给予行政处罚的，只要纳税人补缴应纳税款和缴纳滞纳金，就不应追究其刑事责任。也就是说，只要纳税人接受了税务机关的处理，就不应追究其刑事责任。至于税务机关的处理是否全面，不影响处罚阻却事由的成立。但如果行为人在接到税务机关通知要求其补缴税款及滞纳金后仍拒不申报或进行虚假的纳税申报，则不再适用该条款。本案中，经 H 县地税局工作人员多次书面通知和催缴责令限期改正等，被告单位 A 公司和 B 公司在其法定代表人罗某的授意下仍然采取不申报或隐瞒等虚假手段进行零申报，逃避缴纳税款，其行为不符合上述违法阻却事由的相关规定，已构成逃税罪。如果其接到通知后积极应对，选择如实申报或者缴纳税款及滞纳金，结果会截然不同。

4. 纳税人应当正确理解欠税，注意其中的法律风险。

《中华人民共和国税收征收管理法》第三十一条第二款规定，纳税人因有特殊困难，不能按期缴纳税款的，经省、自治区、直辖市国家税务局、地方税务局批准，可以延期缴纳税款，但最长不得超过三个月。部分纳税人对该条款存在误解，认为欠税不会犯法，还可以减少贷款利息，能欠尽量欠，存侥幸心理。殊不知，适用该款有严格的限制条件：①纳税人需向税务机关申请延期并提交证据证明确有困难不能够按期缴纳税款；②需经过省、自治区、直辖市国家税务局、地方税务局批准。如未申请延期或者延期未获得批准，而欠缴税款的，从税款滞纳之日起按日征收万分之五的滞纳金，直至缴清为止。除此之外，欠税人还将面临其他限制，如处分财产受到限制、人身出境受到限制、欠税情况向社会公布等。因此，当发生应税行为时，应当如实申报缴纳税款，即便因资金原因无法足额缴清税款，也应如实申报并依法取得税务机关批准形成合法欠税，切莫进行虚假纳税申报。

【风险提示】

1. 实践中，母公司拿地子公司开发较常见，为保证地方税源，地方政府往往要求企业在当地成立项目公司，由此就会出现母公司先签署协议缴纳出让金，再向项目公司转移的情况，若操作不当则会给企业带来巨大的涉税风险。如何避免二次纳税，国土资发〔2006〕114号文件对此有明确规定，申请人竞得土地后，先与竞得人签订《国有土地使用权出让合同》，按约定竞得人在办理完新公司注册登记手续后，再与之签订《国有土地使用权出让合同变更协议》；也可按约定直接与新公司签订《国有土地使用权出让合同》。纳税人对此应预先设计，避免出现母公司向子公司转让土地使用权的情形。

2. 纳税人应注意区分欠税和逃税，其可向主管税务机关申请延期缴纳税款，切不可采取零申报方式逃避缴纳税款。

【相关条文】

1.《最高人民法院关于审理偷税抗税刑事案件具体应用法律若干问题的解释》（法释〔2002〕33号）。

第一条 纳税人实施下列行为之一，不缴或者少缴应纳税款，偷税数额占应纳税额的百分之十以上且偷税数额在一万元以上的，依照刑法第二百零一条第一款的规定定罪处罚：

（一）伪造、变造、隐匿、擅自销毁账簿、记账凭证；

（二）在账簿上多列支出或者不列、少列收入；

（三）经税务机关通知申报而拒不申报纳税；

（四）进行虚假纳税申报；

（五）缴纳税款后，以假报出口或者其他欺骗手段，骗取所缴纳的税款。

2.《中华人民共和国税收征收管理法》。

第三十一条第二款 纳税人因有特殊困难，不能按期缴纳税款的，经省、自治区、直辖市国家税务局、地方税务局批准，可以延期缴纳税款，但是最长不得超过三个月。

3.《中华人民共和国刑法》。

第二百零一条 【逃税罪】纳税人采取欺骗、隐瞒手段进行虚假纳税申报或者不申报，逃避缴纳税款数额较大并且占应纳税额百分之十以上的，处三年以下有期徒刑或者拘役，并处罚金；数额巨大并且占应纳税额百分之三十以上的，处三年以上七年以下有期徒刑，并处罚金。

判例七 受让土地被查封，未能办理过户被强制执行，已纳契税能否退还

【裁判要旨】

江苏A投资发展集团有限责任公司未能办理国有土地使用权登记是人民法院对其所涉民事纠纷采取诉讼保全及执行措施所致，不影响其占有、使用土地和土地财产权的归属，常州市迎宾路39号国有土地使用权所得收益部分用于偿还江苏A投资发展集团有限责任公司债务，说明原告江苏A投资发展集团有限责任公司是该宗土地使用权的实际受益人，契税的纳税义务人为江苏A投资发展集团有限责任公司，对江苏A投资发展集团有限责任公司主张退还契税不予支持。

【涉税案情】

上诉人（一审原告）： 江苏A投资发展集团有限责任公司（以下简称“A公司”）

被上诉人（一审被告）： 江苏省常州市地方税务局、江苏省地税局

1. 2006年6月，A公司以政府出让方式竞拍取得常州市迎宾路39号国有土地使用权，并签订了《国有土地使用权出让合同》，于2006年8月缴纳了土地出让金1.3亿元，11月缴纳了契税3940942.52元，并取得契税完税证明。

2. 2006年11月，江苏省常州市中级人民法院就A公司所涉借款合同纠纷案件，查封迎宾路39号国有土地使用权，国土资源局因该土地被查封，终止了A公司的土地登记办理。2009年10月，江苏省常州市中级人民法院裁定将位于常州市迎宾路39号的房产等所有权及土地使用权归B公司所有，并于当年12月将该土地登记到B公司名下。

3. 2014年12月，A公司向常州地方税务局提出对该宗土地已缴纳契税的退税申请，理由是未取得土地使用权，不是契税的纳税义务人。案情具体如表4-3所示。

表4-3 案件具体情况

时间	事件	详情
2006年6月18日	签订《国有土地使用权出让合同》	将常州市迎宾路39号土地转让给A公司
2006年11月4日	案涉土地被法院查封	A公司因借款合同纠纷，涉案土地使用权被法院查封，未能办理土地过户手续
2009年10月26日	（2008）盐执字第×××号民事裁定书	涉案土地使用权被司法拍卖，B公司竞拍成功
2014年12月	提交《退税申请书》及相关材料	A公司向常州地方税务局申请退还缴纳的契税

2015年4月，常州地方税务局回复称：缴纳契税应以纳税人签订土地、房屋权属转移合同或取得其他具有土地、房屋权属转移合同性质凭证为依据，将查封的国有土地使用权进行评估、拍卖，并将拍卖土地使用权的所得用于偿还生效民事判决书确定的A公司债务，是否领取土地使用权证，并不影响A公司履行缴纳契税的法定义务。

A公司不服常州地方税务局的回复，于2015年5月向江苏省地方税务局（以下简称"省地税局"）提起行政复议申请。省地税局于2015年7月24日做出维持不予退税的决定。2015年8月10日，A公司就申请退还契税问题向人民法院提起对省地税局和常州地方税务局的行政诉讼。

【争议焦点】

A公司已缴纳的契税能否退回？A公司是否是常州市迎宾路39号国有土地权契税的纳税主体？

1. A公司的观点。

（1）该公司没有取得迎宾路39号国有土地使用权，故不是该宗土地权属转移的承受人。理由如下：

一是原审法院认为，"因人民法院的生效法律文书载明的被执行人既有A公司，亦有江南某宾馆，相关生效民事裁定书虽然直接裁定注销江南某宾馆名下的国有土地使用权证，并将常州市迎宾路39号国有土地使用权直接裁定归B公司所有，是基于2006年对该国有土地使用权采取诉讼保全措施及之后的执行措施情形，并不当然得出该国有土地使用权不是A公司的财产"。

二是常州市中院拍卖迎宾路39号国有土地使用权后的收益分配不明。A公司在二审中指出，即使根据人民法院生效的法律文书，也无法得出"常州市迎宾路39号国有土地使用权就是A公司的财产"这一结论。

（2）依据《中华人民共和国契税暂行条例》[①] 第一条规定，契税纳税义务人应该是转移土地权属的承受人，以转移的财产为征税对象。签订土地出让合同不等于国有土地使用权权属的承受，一审法院将基于合同享有的债权等同于物权属于事实认定错误。A公司主张对"转移土地权属"的认定应该按照物权法的规定，即物权权利人是契税的纳税义务人。

2. 税务局的观点。

（1）A公司是迎宾路39号国有土地使用权的实际承受人，虽未办理土地权属变更登记，但拍卖土地使用权的收益用于偿还A公司的债务，A公司是实际

① 2021年9月1日，《中华人民共和国契税法》施行，《中华人民共和国契税暂行条例》同时废止。

受益人。理由如下：

一是常州市中级人民法院针对原告提出的财产保全异议出具的通知书明确认定了A公司虽未办理土地房屋过户手续，但并不影响其所有权的实际归属。因此，原告是否领取迎宾路39号的国有土地使用证，不影响其作为土地权属转移承受人应当履行缴纳契税的法定义务。

二是常州市中级人民法院拍卖迎宾路39号国有土地使用权所得收益部分用于偿还A公司债务，说明原告是该宗土地使用权的实际受益人。

（2）依据《中华人民共和国契税暂行条例》第八条和第十一条的规定，缴纳契税并不以不动产权属变更登记为前提，而是以纳税人签订土地、房屋权属转移合同或取得其他具有土地、房屋权属转移合同性质凭证为课税要件。合同签订当日，契税的课税要件就已经成就，纳税人就应当缴纳契税，A公司申请退还契税于法无据。

【法院裁判观点】

1. 原审法院认为，A公司未能办理国有土地使用权登记是人民法院对其所涉民事纠纷采取诉讼保全及执行措施所致，不影响其占用、使用土地和土地财产权的归属，不能否定其为常州市迎宾路39号国有土地使用权承受人的身份。根据《中华人民共和国物权法》[①]第九条、第二十八条的规定，转移土地、房屋权属的承受人不以取得土地、房屋权属登记为必要条件，依法享有对土地、房屋的占有、使用、收益、处分的职能，即可认定其为土地、房屋权属的承受人。

2. A公司是缴纳契税的义务人。《中华人民共和国契税暂行条例》第八条规定，“契税的纳税义务发生时间，为纳税人签订土地、房屋权属转移合同的当天，或者纳税人取得其他具有土地、房屋权属转移合同性质凭证的当天”。本案中，A公司与常州市国土资源局于2006年8月25日签订《国有土地使用权出让合同》。此时，A公司即成为契税的纳税义务人，理应缴纳契税。

3. A公司不符合退税的三种情形：①《国家税务总局关于办理期房退房手续后应退还已征契税的批复》（国税函〔2002〕622号）的核心内容是“未能完成交易”应当退还契税。本案中，A公司自签订转让合同后即缴纳了相应的1.3亿元契税，合同已履行完毕，不存在未能完成交易的情形。②《国家税务总局关于无效产权转移征收契税的批复》（国税函〔2008〕438号）的核心内容是“法院判决无效产权转移行为或法院撤销房屋所有权证”应当退还契税。

---

① 《中华人民共和国民法典》自2021年1月1日起施行，《中华人民共和国物权法》同时废止。

本案中不存在法院判决无效或撤销产权转移行为的情形。③《财政部、国家税务总局关于购房人办理退房有关契税问题的通知》（财税〔2011〕32 号）的核心内容是“未办理房屋权属变更登记前退房的”应当退还契税。本案也不存在上述规定的情形。故对上诉人 A 公司提出的应当退税的主张，本院不予采纳。

【税务律师案例评析】

1. 契税的构成要件争议，契税的课税对象是物权行为还是债权行为？

本案中，A 公司认为契税的性质为财产税，依照《中华人民共和国契税暂行条例》第一条的规定，土地、房屋权属转移的承受人为契税纳税人，而不动产“权属转移”应与《中华人民共和国民法典》相关规定做一致性理解，契税的课税对象是物权行为，故契税实为不动产取得税。

常州地方税务局则认为，契税的性质为行为税，依据《中华人民共和国契税暂行条例》第八条、第十一条的规定，认为缴纳契税并不以不动产权属变更登记为前提，而以纳税人签订土地、房屋权属转移合同或取得其他具有土地、房屋权属转移合同性质凭证为课税要件。省地税局也认为，契税纳税主体物权的取得以合同订立并履行完毕为标准，不以不动产登记为标准。

2020 年颁布的《中华人民共和国契税法》明确了不动产权属转移承受人为契税纳税人，第九条规定了纳税义务发生时间，第十条、第十一条规定了纳税人应当持契税完税凭证向不动产登记部门办理权属变更登记，即“先税后证”。契税的纳税对象是不动产权属转移承受人，第九条是根据契税的特点对纳税发生时间做出了规定，税务局以纳税发生时间解释纳税主体容易引起认识错误，也与规范性文件的本意相矛盾。

对于“权属转移”的标志，国税函〔2007〕645 号批复指出，“土地使用者转让、抵押或置换土地，无论其是否取得了该土地的使用权属证书，无论其在转让、抵押或置换土地过程中是否与对方当事人办理了土地使用权属证书变更登记手续，只要土地使用者享有占有、使用、收益或处分该土地的权利，且有合同等证据表明其实质转让、抵押或置换了土地并取得了相应的经济利益，土地使用者及其对方当事人应当依照税法规定缴纳营业税、土地增值税和契税等相关税收”，与《中华人民共和国民法典》规定的转移土地、房屋权属的承受人不以取得土地、房屋权属登记为必要条件，如果依法享有对土地、房屋的占有、使用、收益、处分的职能，即可认定其为土地、房屋权属的承受人的规定是一致的。本案中，A 公司对案涉土地虽未进行权属登记，但已然实际享有该土地使用权的收益，因而是契税的纳税义务人。

2. 契税的法定退税情形。

在《中华人民共和国契税法》颁布之前，退还契税主要存在三种法定情形，分别是未能完成交易（国税函〔2002〕622号）、法院判决无效产权转移行为或法院撤销产权转移行为（国税函〔2008〕438号）、未办理房屋权属变更登记前退房的（财税〔2011〕32号）。《中华人民共和国契税法》第十二条规定：“在依法办理土地、房屋权属登记前，权属转移合同、权属转移合同性质凭证不生效、无效、被撤销或者被解除的，纳税人可以向税务机关申请退还已缴纳的税款，税务机关应当依法办理。”

《关于贯彻实施契税法若干事项执行口径的公告》第五条第（四）项规定了办理土地、房屋权属登记后可以申请退税的情形：“1. 因人民法院判决或者仲裁委员会裁决导致土地、房屋权属转移行为无效、被撤销或者被解除，且土地、房屋权属变更至原权利人的；2. 在出让土地使用权交付时，因容积率调整或实际交付面积小于合同约定面积需退还土地出让价款的；3. 在新建商品房交付时，因实际交付面积小于合同约定面积需返还房价款的。”但在适用该规定时需关注退税的必要条件：一是认定无效的途径，即应为人民法院判决或者仲裁委员会裁决导致土地、房屋权属转移行为无效、被撤销或者被解除；二是没有新增权利人，土地、房屋权属应变更至原权利人。

【风险提示】

企业在判断其是否属于契税的纳税主体时，应考虑契税属于财产行为税，只要土地使用者享有占有、使用、收益或处分该土地的权利，就应当缴纳契税。即使没有进行权属登记，只要实际享有占有、使用、收益或处分土地的权利，即是契税的纳税义务人。

【相关条文】

1.《中华人民共和国契税法》。

第一条 在中华人民共和国境内转移土地、房屋权属，承受的单位和个人为契税的纳税人，应当依照本法规定缴纳契税。

第九条 契税的纳税义务发生时间，为纳税人签订土地、房屋权属转移合同的当日，或者纳税人取得其他具有土地、房屋权属转移合同性质凭证的当日。

2.《关于贯彻实施契税法若干事项执行口径的公告》（财政部 税务总局公告2021年第23号）。

五、关于纳税凭证、纳税信息和退税

……

（四）纳税人缴纳契税后发生下列情形，可依照有关法律法规申请退税：

1. 因人民法院判决或者仲裁委员会裁决导致土地、房屋权属转移行为无效、被撤销或者被解除，且土地、房屋权属变更至原权利人的；

2. 在出让土地使用权交付时，因容积率调整或实际交付面积小于合同约定面积需退还土地出让价款的；

3. 在新建商品房交付时，因实际交付面积小于合同约定面积需返还房价款的。

3.《国家税务总局关于未办理土地使用权证转让土地有关税收问题的批复》（国税函〔2007〕645号）。

土地使用者转让、抵押或置换土地，无论其是否取得了该土地的使用权属证书，无论其在转让、抵押或置换土地过程中是否与对方当事人办理了土地使用权属证书变更登记手续，只要土地使用者享有占有、使用、收益或处分该土地的权利，且有合同等证据表明其实质转让、抵押或置换了土地并取得了相应的经济利益，土地使用者及其对方当事人应当依照税法规定缴纳营业税、土地增值税和契税等相关税收。

判例八　行政机关收缴土地闲置费是行政处罚，还是追究民事违约责任

【裁判要旨】

1. 行政机关应按照法定的程序做出行政处罚决定，且应给予行政相对人相应的救济途径（依法申请行政复议或者提起行政诉讼），待做出行政处罚决定后才能向破产管理人申报债权。

2. 行政机关收缴土地闲置费，如属于追究民事违约责任，则应按破产债权确认之诉处理。

3. 行政机关只有对其做出的行为性质及责任后果具有明确认识，才能依法做出行政行为，不得要求法院对其行为性质进行认定。

【涉税案情】

原告：杭州市国土资源局临安分局

被告：浙江XGF置业有限公司

1. 原告杭州市国土资源局临安分局与临安HD房地产开发有限公司于2002年签订《国有土地使用权出让合同》1份，约定如下：①原告出让宗地位于杭州市临安区青山湖风景区北侧百家岭，面积为305333平方米，用途为住宅用地，出让年期为70年，出让金为每平方米163.92元，总金额为50050000元。②受让人应当在本合同签订后1年内动工建设。③受让人应当按照合同约定进

行开发建设，超过合同约定的动工开发日期满 1 年未动工开发的，出让人可以向受让人征收相当于土地使用权出让金 20%以下的土地闲置费。

土地出让金 = 163. 92×305333 = 50050000（元）

土地闲置费 = 50050000×20% = 10010000（元）

案涉国有土地使用权所有人变更情况，如图 4-4 所示。

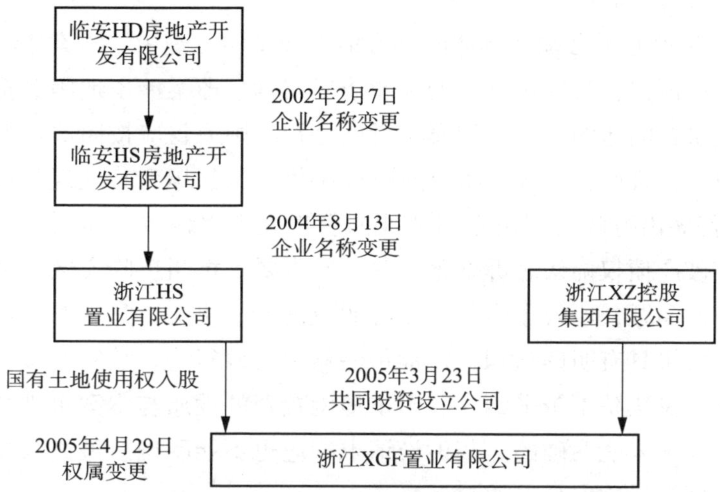

图 4-4　案涉国有土地使用权所有人变更

2. 2017 年 3 月 2 日，杭州市临安区人民法院裁定受理申请人浙江 WL 建设工程有限公司对被申请人浙江 XGF 置业有限公司的破产重整申请。2017 年 11 月 20 日，原告以收缴 20%闲置费 10010000 元为由，向浙江 XGF 置业有限公司管理人申报普通债权。原告认定，案涉土地应开工时间为 2003 年 12 月 30 日，实际开工时间为 2007 年 4 月 19 日。2017 年 12 月 14 日，原告向被告浙江 XGF 置业有限公司送达《闲置土地处置情况告知书》，要求收缴前述土地闲置费。2018 年 1 月 25 日，原告应被告要求听证，向被告送达听证告知书。

3. 2018 年 2 月 9 日，浙江 XGF 置业有限公司管理人向原告送达《债权审核结果通知书》，告知原告申报的债权属于行政处罚，不属于破产债权，认定债权为零，并告知如对审核结果有异议的，于 2018 年 2 月 25 日前提出异议或向杭州市临安区人民法院提起诉讼。

4. 2018 年 3 月 1 日，原告向杭州市临安区人民法院提起诉讼。

【争议焦点】

行政机关收缴土地闲置费是行政处罚，还是追究民事违约责任？

原告（国土资源局临安分局）认为被告管理人对原告申报的破产债权的审

核结果有误，收缴土地闲置费是违约责任，不属于罚款、罚金，属于破产债权。被告（破产企业的诉讼代表人、破产管理人）认为，原告申报的债权属行政处罚，不属于破产债权。

【法院裁判观点】

1. 债权人对管理人编制的债权表记载的债权有异议的，可以向受理破产申请的人民法院提起诉讼。

2. 民事诉讼起诉必须有具体的诉讼请求和事实、理由。本案中，原告起诉要求确认破产债权，其应对债权的性质予以明确，即案涉土地闲置费属于行政处罚还是民事合同违约责任。如属于行政处罚，则原告应按照法定的程序做出行政处罚决定，且应给予被告相应的救济途径（依法申请行政复议或者提起行政诉讼），待做出行政处罚决定后才能向管理人申报债权。如属于民事违约责任，则应按破产债权确认之诉处理。关于原告要求杭州市临安区人民法院认定其行为性质的问题，原告作为具有相应职权的行政机关，只有对其做出的行为性质及责任后果具有明确认识，才能依法做出行政行为，故对其该项意见，杭州市临安区人民法院不予采纳。鉴于土地闲置费的性质与本案审理结果具有实质关联性，原告未能明确的，其诉讼请求相应也不能明确。最终法院驳回原告杭州市国土资源局临安分局的起诉。

【税务律师案例评析】

本案涉及的主要问题为收缴土地闲置费是行政处罚，还是追究民事违约责任。

原告按照被告的要求，发出了听证告知书，实际上已按照《中华人民共和国行政处罚法》规定的程序进行，而不是按照《中华人民共和国破产法》的要求对违约责任的争议提起债权确认之诉。原告对被告做出收缴土地闲置费的行为性质及责任后果缺乏明确认识，依据如下：

1. 从《中华人民共和国行政处罚法》《国土资源行政处罚办法》（2014 年国土资源部令第 60 号，2020 年修正）列举的行政处罚种类来看，处罚的种类不包括收缴土地闲置费。

2. 从法定程序来看，本案不履行行政处罚必经的法制审核程序，不应认定为行政处罚。《中华人民共和国行政处罚法》第五十八条规定，直接关系当事人或者第三人重大权益，经过听证程序的，在行政机关负责人做出行政处罚的决定之前，应当由从事行政处罚决定法制审核的人员进行法制审核；未经法制审核或者审核未通过的，不得做出决定。《国土资源行政处罚办法》要求从事行政处罚的工作人员必须取得执法证件。按照原国土资源主管部门内部职责分工，土地闲置认定、征缴土地闲置费的工作主要由土地利用处（科、股）负责，对这些机构工作人员没有要求取得相应的职业资格，他们大多没有行政执法资格证件或者执法监察证件；而持有执法证件的执法监察处（科、股、队）工作人员，又没有承担这项工作。如果将征缴土地闲置费归类为行政处罚，有关人员没有执法资格、未取得执法证件而开展相关的执法活动，则存在行政行为的合法性问题。

3. 从原国土资源行政主管部门早期发布的文件来看，将征收土地闲置费和罚款（行政处罚）并列。《国家土地管理局关于切实做好非农业建设闲置土地利用工作的通知》（〔1996〕国土〔建〕字第 40 号）第二条规定："……土地闲置满二年的，依法应收回土地使用权的，要坚决收回；对开发建设前期工作准备就绪，投资落实，已具备开工建设条件，且所建项目符合土地利用规划和国家现行产业政策的，经原审批机关批准可允许继续使用土地，但要明确开发建设期限，并要收取土地闲置费或处以相应的罚款……"

根据行政审批制度改革的要求，行政行为可以分为行政许可、行政处罚、行政确认、行政征收等类别，《财政部关于公布行政事业性收费和政府性基金目录清单的公告》（2014 年第 80 号）将土地闲置费列入行政事业性收费目录清单。

【风险提示】

1. 土地不可闲置，未动工开发满一年的国有建设用地、已动工开发但开发建设用地面积占应动工开发建设用地总面积不足三分之一或者投资额占总投资额不足百分之二十五且中止开发建设满一年的国有建设用地，根据《闲置土地处置办法》（2012 年修订）第十二条之规定，将面临被调整土地用途、规划条件或由政府安排临时使用的风险；根据《闲置土地处置办法》（2012 年修订）第十四条之规定，还将面临按照土地出让或者划拨价款的百分之二十征缴土地闲置费风险，闲置满两年的，面临被无偿收回的风险。

2. 土地闲置还可能影响企业贷款和上市融资。《国务院关于促进节约集约用地的通知》（国发〔2008〕3 号）第二十二条规定，国土资源部（2018 年 3 月，组建中华人民共和国自然资源部，不再保留国土资源部）要会同监察部等有关部门持续开展用地情况的执法检查，重点查处严重破坏、浪费、闲置土地资源的违法违规案件，依法依纪追究有关人员的责任。要将企业违法用地、闲置土地等信息纳入有关部门信用信息基础数据库。金融机构对房地产项目超过土地出让合同约定的动工开发日期满一年，完成土地开发面积不足 1/3 或投资不足 1/4 的企业，应审慎贷款和核准融资，从严控制展期贷款或滚动授信；对违法用地项目不得提供贷款和上市融资，违规提供贷款和核准融资的，要追究相关责任人的责任。

3. 依据《国家税务总局关于土地增值税清算有关问题的通知》（国税函〔2010〕220号）第四条的规定，房地产开发企业逾期开发缴纳的土地闲置费不得扣除。

【相关条文】

1.《中华人民共和国行政处罚法》（2021年修订）。

第二条 行政处罚是指行政机关依法对违反行政管理秩序的公民、法人或者其他组织，以减损权益或者增加义务的方式予以惩戒的行为。

第九条 行政处罚的种类：

（一）警告、通报批评；

（二）罚款、没收违法所得、没收非法财物；

（三）暂扣许可证件、降低资质等级、吊销许可证件；

（四）限制开展生产经营活动、责令停产停业、责令关闭、限制从业；

（五）行政拘留；

（六）法律、行政法规规定的其他行政处罚。

第三十六条 违法行为在二年内未被发现的，不再给予行政处罚；涉及公民生命健康安全、金融安全且有危害后果的，上述期限延长至五年。法律另有规定的除外。

前款规定的期限，从违法行为发生之日起计算；违法行为有连续或者继续状态的，从行为终了之日起计算。

第四十四条 行政机关在作出行政处罚决定之前，应当告知当事人拟作出的行政处罚内容及事实、理由、依据，并告知当事人依法享有的陈述、申辩、要求听证等权利。

2.《自然资源行政处罚办法》（国土资源部令第60号，2020年修正）。

第四条 自然资源行政处罚包括：（一）警告；（二）罚款；（三）没收违法所得、没收非法财物；（四）限期拆除；（五）吊销勘查许可证和采矿许可证；（六）法律法规规定的其他行政处罚。

3.《中华人民共和国企业破产法》。

第五十八条 依照本法第五十七条规定编制的债权表，应当提交第一次债权人会议核查。

债务人、债权人对债权表记载的债权无异议的，由人民法院裁定确认。

债务人、债权人对债权表记载的债权有异议的，可以向受理破产申请的人民法院提起诉讼。

4.《中华人民共和国土地管理法》（2019年第三次修正）。

第三十八条 禁止任何单位和个人闲置、荒芜耕地。已经办理审批手续的非农业建设占用耕地，一年内不用而又可以耕种并收获的，应当由原耕种该幅耕地的集体或者个人恢复耕种，也可以由用地单位组织耕种；一年以上未动工建设的，应当按照省、自治区、直辖市的规定缴纳闲置费；连续二年未使用的，经原批准机关批准，由县级以上人民政府无偿收回用地单位的土地使用权；该幅土地原为农民集体所有的，应当交由原农村集体经济组织恢复耕种。

在城市规划区范围内，以出让方式取得土地使用权进行房地产开发的闲置土地，依照《中华人民共和国城市房地产管理法》的有关规定办理。

5.《中华人民共和国城市房地产管理法》（2019 年第三次修正）。

第二十六条 以出让方式取得土地使用权进行房地产开发的，必须按照土地使用权出让合同约定的土地用途、动工开发期限开发土地。超过出让合同约定的动工开发日期满一年未动工开发的，可以征收相当于土地使用权出让金百分之二十以下的土地闲置费；满二年未动工开发的，可以无偿收回土地使用权；但是，因不可抗力或者政府、政府有关部门的行为或者动工开发必需的前期工作造成动工开发迟延的除外。

6.《浙江省城镇国有土地使用权出让和转让实施办法》（省政府令第 19 号，1992 年 3 月 12 日起施行）。

第五十三条第一款 土地使用者不按出让合同规定开发、利用、经营土地的，土地管理部门有权责令其限期纠正，直至按出让合同规定追究违约责任。

7.《财政部关于土地闲置费、城镇垃圾处理费划转税务部门征收的通知》（财税〔2021〕8 号，2021 年 3 月 26 日）。

一、自 2021 年 7 月 1 日起，将自然资源部门负责征收的土地闲置费、住房城乡建设等部门负责征收的按行政事业性收费管理的城镇垃圾处理费划转至税务部门征收。征期在 2021 年 7 月 1 日以后（含）、所属期为 2021 年 7 月 1 日以前的上述收入，收缴及汇算清缴工作继续由原执收（监缴）单位负责。

二、缴纳义务人或代征单位应当按规定的期限和程序，向税务部门申报和缴纳土地闲置费、城镇垃圾处理费。其中，土地闲置费根据自然资源部门出具的《征缴土地闲置费决定书》申报缴纳，税务部门为缴纳义务人开具缴费凭证，受理后要实时与自然资源部门推送的信息进行比对，并负责通过涉税渠道及时追缴。

三、税务部门应按照国库集中收缴制度等有关规定，依法依规开展收入征管工作，确保非税收入及时足额入库。土地闲置费、城镇垃圾处理费划转税务部门征收以前欠缴的收入，由税务部门负责征缴入库。

……

七、除本通知规定外，土地闲置费、城镇垃圾处理费的征收范围、对象、标准、分成、使用等政策继续按照现行规定执行。

判例九　代付土地闲置费是否可以扣减股权转让款

【裁判要旨】

浙江ZJ置业有限公司于2017年11月27日向杭州市国土资源局临安分局缴纳北区部分20%闲置费12942633.80元以及开竣工违约金18889477.15元（合计31832110.95元），该款可否相应扣减浙江BGY投资管理有限公司涉税应付的股权转让款？因该问题与原审中杭州TMYA集团有限公司的诉讼请求无直接关联性，故二审法院不做认定。

【涉税案情】

上诉人（原审原告）：杭州TMYA集团有限公司（以下简称“TMYA公司”）

被上诉人（原审被告）：浙江BGY投资管理有限公司（以下简称“BGY公司”）

原审第三人：浙江ZJ置业有限公司（以下简称“ZJ置业”）

本案主要事件时间轴如图4-5所示。

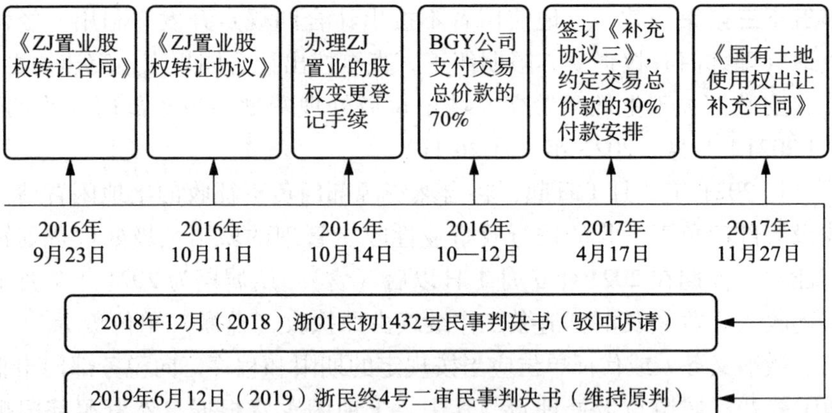

图4-5　本案主要事件时间轴

1. 股权转让合同约定：浙江省ZJ投资有限公司将其持有的66.16%股权、TMYA公司将其持有的31%股权、宁波某房地产总公司将其持有的2.84%股权同时转让给BGY公司，股权转让后的ZJ置业由BGY公司100%持股。股权转让合同还约定：ZJ置业存在土地闲置、逾期未动工、逾期未竣工等违规行为，可能存在被政府罚款、土地收回等问题，转让方承诺，因土地闲置、逾期未动工、逾期未竣工产生的罚款等支出均由转让方承担，可直接在股权转让款中扣减等。BGY 公司逾期支付转让价款的，每逾期一天应按 1 万元计付违约金给转让方；逾期达 30 天的，转让方有权解除合同，并向 BGY 公司主张 1000 万元的违约金。违约方赔付守约方的一切损失，包括守约方追究违约责任支付的相关费用，包括但不限于各项诉讼费、差旅费、律师费、评估费、审计费等。

2. 杭州市国土资源局临安分局与 ZJ 置业签订《国有土地使用权出让补充合同》，约定对 ZJ 置业存在违约和闲置情形的宗地做如下处置：北区部分征缴 20%闲置费 12942633. 80 元及开竣工违约金 18889477. 15 元。BGY 公司于 2017 年 12 月 7 日缴纳了上述款项并向 TMYA 公司发函，告知杭州市国土资源局临安分局对 ZJ 置业的处置情况。

【争议焦点】

ZJ 置业于 2017 年 11 月 27 日以《国有土地使用权出让补充合同》方式向杭州市国土资源局临安分局缴纳北区部分 20%闲置费 12942633. 80 元以及开竣工违约金 18889477. 15 元（合计 31832110. 95 元），该款可否相应扣减 BGY 公司应付的股权转让款?

1. 上诉人认为：原审判决查明 ZJ 置业于 2017 年 11 月 27 日以《国有土地使用权出让补充合同》方式向杭州市国土资源局临安分局缴纳“北区部分 20%闲置费 12942633. 80 元以及开竣工违约金 18889477. 15 元（合计 31832110. 95 元）”，但对该款项的性质未做认定。TMYA 公司认为，该笔款项不能认定为可相应扣减 BGY 公司应付股权转让款。

2. 被上诉人认为：TMYA 公司在转让合同中对于项目土地能够正常开发做了保证和承诺，如 TMYA 公司的先履行义务未履行，BGY 公司有权暂停支付股权转让款，且明确由于土地闲置、延期竣工产生的费用由 TMYA 公司承担，BGY 公司可据实扣除。

【法院裁判观点】

与原审中 TMYA 公司的诉讼请求无直接关联性，二审法院对其不做认定。驳回上诉，维持原判。

【税务律师案例评析】

本案中双方签订的股权转让合同约定较为清晰，上诉人的上诉理由并不合理。

如果原审原告在原审中提出闲置费以及开竣工违约金等不可以相应扣减 BGY 公司应付股权转让款，那么在认定和判决上可能会是另外一种结果。因为股权转让合同虽约定，“若因土地闲置、逾期未动工、逾期未竣工而产生的罚款等支出均由转让方承担，可直接在股权转让款中扣减等”，但闲置费以及开竣工违约金难以认定为罚款，因而也可不由转让方承担。

【风险提示】

在股权转让合同中，应充分考虑可能出现的情形。结合本案，可适当修改相应条款为“若因土地闲置、逾期未动工、逾期未竣工而缴纳土地闲置费、违约金或罚款等支出均由转让方承担，可直接在股权转让款中扣减；如土地被收回，则本合同解除”，并约定合同解除后双方的责任。

【相关条文】

1.《最高人民法院关于民事诉讼证据的若干规定》（法释〔2019〕19 号）。

第五十三条 诉讼过程中，当事人主张的法律关系性质或者民事行为效力与人民法院根据案件事实作出的认定不一致的，人民法院应当将法律关系性质或者民事行为效力作为焦点问题进行审理。但法律关系性质对裁判理由及结果没有影响，或者有关问题已经当事人充分辩论的除外。

2.《最高人民法院关于民事诉讼证据的若干规定》（法释〔2001〕33 号，法释〔2008〕18 号进行了修改）。

第三十四条 当事人应当在举证期限内向人民法院提交证据材料，当事人在举证期限内不提交的，视为放弃举证权利。

对于当事人逾期提交的证据材料，人民法院审理时不组织质证。但对方当事人同意质证的除外。

当事人增加、变更诉讼请求或者提起反诉的，应当在举证期限届满前提出。

第三十五条 诉讼过程中，当事人主张的法律关系的性质或者民事行为的效力与人民法院根据案件事实作出的认定不一致的，不受本规定第三十四条规定的限制，人民法院应当告知当事人可以变更诉讼请求。

当事人变更诉讼请求的，人民法院应当重新指定举证期限。

3.《中华人民共和国民事诉讼法》。

第一百七十七条 第二审人民法院对上诉案件，经过审理，按照下列情形，分别处理：

（一）原判决、裁定认定事实清楚，适用法律正确的，以判决、裁定方式驳回上诉，维持原判决、裁定；

（二）原判决、裁定认定事实错误或者适用法律错误的，以判决、裁定方式依法改判、撤销或者变更；

（三）原判决认定基本事实不清的，裁定撤销原判决，发回原审人民法院重审，或者查清事实后改判；

（四）原判决遗漏当事人或者违法缺席判决等严重违反法定程序的，裁定撤销原判决，发回原审人民法院重审。

原审人民法院对发回重审的案件作出判决后，当事人提起上诉的，第二审人民法院不得再次发回重审。

4.《中华人民共和国城市房地产管理法》（2019 年第三次修正）。

第二十六条　以出让方式取得土地使用权进行房地产开发的，必须按照土地使用权出让合同约定的土地用途、动工开发期限开发土地。超过出让合同约定的动工开发日期满一年未动工开发的，可以征收相当于土地使用权出让金百分之二十以下的土地闲置费；满二年未动工开发的，可以无偿收回土地使用权；但是，因不可抗力或者政府、政府有关部门的行为或者动工开发必需的前期工作造成动工开发迟延的除外。

判例十　未办理产权证房产税的纳税义务人确认争议

【裁判要旨】

房屋的产权是指房屋的所有权，参照《国家税务总局关于房屋产权未确定如何征收房产税问题的批复》（大地税一转〔1999〕第 16 号）以及《房产税暂行条例》的规定，在产权未确定的情况下，由使用人缴纳房产税。涉案房屋无产权证，应由使用人普洱市 N 商贸有限公司缴纳房产税。同时，该公司实际经营管理涉案房产，以公司名义对外出租房屋、收取租金等，税务机关按其收取租金的一定比例征收税款，有相应的事实依据。

【涉税案情】

上诉人（原审原告）：普洱市 N 商贸有限公司（以下简称“N 公司”）

被上诉人（原审被告）：云南省普洱市地方税务局稽查局（以下简称“稽查局”）、云南省普洱市地方税务局（以下简称“地税局”）

1. 2016 年 1 月 13 日，稽查局对 N 公司 2013—2015 年应缴地方各税费的情况立案检查，发现 N 公司存在取得房屋租赁收入少缴应纳税款，少缴包括营业税、城市维护建设税、印花税、房屋租赁从租计征房产税以及多缴城镇土地使用税的情况。2014—2015 年，取得房屋租赁收入少缴应纳税款 294017. 35 元，其中，服务业（房屋租赁）营业税 77180. 6 元、城市维护建设税 5402. 65 元、财产租赁合同印花税 1647. 7 元、从租计征房产税 209786. 4 元，属于纳税人不进行纳税申报，少缴应纳税款的行为。

2. 2017 年 3 月 28 日，稽查局做出地税稽罚〔2017〕2 号《税务行政处罚决定书》，并于 2017 年 3 月 29 日向 N 公司送达《税务处理决定书》和《税务行政处罚决定书》。

3. 2017 年 5 月 24 日，N 公司向地税局提出行政复议申请，请求撤销稽查局

《税务处理决定书》对补缴从租计征房产税 209786.4 元及从滞纳税款之日起至实际缴纳之日止按日加收滞纳税款万分之五滞纳金的处理决定，退还已缴房产税 209786.4 元、滞纳金 80589.32 元。地税局受理后做出《行政复议决定书》，维持稽查局的处理决定。

4. 2008 年平原村民委员会第一小组（以下简称“平原一组”）（甲方）与 M 公司（乙方）就该土地签订了一份土地入股经营合同，合同约定：甲方土地入股供乙方投资建设经营，由乙方按甲、乙双方确认的规划出资建盖。2010 年，甲方、乙方、N 公司（丙方）签订一份土地入股经营合同转让协议，约定：甲方、乙方同意将双方于 2008 年 6 月 20 日签订的土地入股经营合同及其补充协议中乙方的全部权利、义务转让给丙方（N 公司）。涉案房产没有办理产权登记。

5. N 公司不服地税局的复议决定，向法院提起诉讼，称稽查局适用法律错误，涉案房产产权明确为平原一组，不应由 N 公司缴纳房产税，应由产权人缴纳房产税。请求撤销《税务处理决定书》和《行政复议决定书》，并退还已交房产税及滞纳金。本案主要事件详情如表 4-4 所示。

表 4-4　本案主要事件详情

时间	事件	详情
2008 年	签订《土地入股经营合同》	平原一组（甲方）与 M 公司（乙方）签订合同，甲方出土地、乙方出资建造
2010 年	签订土地入股经营合同的转让协议	M 公司将相关的权利、义务转让给 N 公司
2017 年	《税务行政处罚决定书》	发现 N 公司租赁房屋收入未缴纳相应税收，应补缴相应的房产税、营业税、印花税、城市维护建设税
2018 年	N 公司提起行政复议、行政诉讼	N 公司请求撤销《税务处理决定书》和《行政复议决定书》，并退还已交房产税及滞纳金
2018 年	二审行政判决	驳回 N 公司撤销《税务处理决定书》《行政复议决定书》并退还已交房产税和滞纳金的请求

【争议焦点】

本案双方当事人争议的焦点：N 公司是不是房产税的纳税义务人，以及地税局的复议决定是否合法？

1. 产生争议的主要原因是上诉人、被上诉人对《中华人民共和国房产税暂行条例》第二条第一款的理解不同，该条款规定：“房产税由产权所有人缴纳。产权属于全民所有的，由经营管理的单位缴纳。产权出典的，由承典人缴纳。产权所有人、承典人不在房产所在地的，或者产权未确定及租典纠纷未解决的，由房产代管人或者使用人缴纳。”上诉人N公司认为，房产税的纳税义务人是产权所有人，该公司不是涉案房产的产权人，不是房产税的纳税义务人，理由如下：①房产税的纳税义务人是产权所有人，涉案房产项目的建设批文、平原一组证明、不动产登记中心告知书等证据，均证明涉案房产的所有权为平原一组。被告人以产权不明认定本案房产纳税义务人为行使租赁权的上诉人，属适用法律错误。②N公司与平原一组签订的土地入股经营合同虽名为入股经营，但实为租赁合同，在40年的租赁期内，N公司虽然对涉案房产享有使用权，但这种使用权不是物权意义上的使用权，故N公司不是房产税的纳税义务人。

2. 稽查局、地税局认为，N公司投资、建设、占有、使用、出租涉案房产，在房产未办理产权登记的情况下，理应由房产使用人缴纳房产税，故N公司是本案适格的纳税义务人。理由如下：①涉案房产的建设用地批准、建设工程规划许可等事项申请人与房屋产权所有人是不同概念，并不能将申请人等同于产权人；根据《中华人民共和国民法典》第二百零九条，不动产物权的设立、变更、转让和消灭，经依法登记，发生效力，未经登记，不发生效力，但法律另有规定的除外。平原一组产权属平原一组，但不能证明房产产权属平原一组。②本案中，上诉人与平原一组、M公司签订转让协议及《土地入股经营合同》，协议约定上诉人对涉案房产及其配套设施享有处置权，但对房屋产权未做出明确约定，也没有其他任何证据显示房屋产权归属。《中华人民共和国房产税暂行条例》第二条规定，产权未确定及租典纠纷未解决的，由房产代管人或者使用人缴纳。因而本案的使用人上诉人即房产税的纳税义务人。

【法院裁判观点】

1. 法院认为，房屋的产权是指房屋的所有权。《中华人民共和国民法典》第二百零九条规定，不动产物权的设立、变更、转让和消灭，经依法登记，发生效力。在平原一组与N公司签订的合同中，虽然含有平原一组保留对涉案房屋的所有权等意思表示，但是由于没有办理房产登记，仅停留在合同层面的权利上，没有变成物权意义上的不动产所有权。因此，平原一组不能成为《中华人民共和国房产税暂行条例》第二条中规定的“产权所有人”。

2. 参照《国家税务总局关于房屋产权未确定如何征收房产税问题的批复》（大地税一转〔1999〕第16号）中关于“对于房屋开发公司售出的房屋，不再在其会计账簿中记载及核算，而购买该房屋的单位未取得产权的，可按产权未确定，由使用人缴纳房产税”的批复规定，税务机关确定房产税纳税义务人，在房屋没有产权证的情况下，一般按“产权未确定”处理，由“使用人缴纳房产税”。据此，稽查局认定涉案房屋没有产权证，属于产权未确定的意见，于法有据。

结合N公司实际经营管理涉案房产，以公司名义对外出租房屋、收取租金等案件事实，税务机关按其收取租金的一定比例征收税款，有相应的事实依据。

【税务律师案例评析】

1. 在房屋产权未确定的情况下，由房屋代管人或使用人缴纳房产税。

《中华人民共和国房产税暂行条例》明确的纳税人有五类，分别是产权所有人、经营管理单位、承典人、房产代管人、使用人。原则上房产税应由产权所有人缴纳，仅在产权所有人不可能实施房产税应税行为时，才由房产的其他受益人缴纳。如本案，房产税的产权在未确定的情况下，由实际使用人缴纳相应的房产税。

国家税务总局《关于未取得房屋产权证书期间如何确定房产税纳税人的批复》（国税函〔2002〕284号）、《关于房屋产权未确定如何征收房产税问题的批复》（大地税一转〔1999〕第16号）等税收文件也进一步印证了税收行政法规确立的这一原则，即未取得产权证书期间。根据《中华人民共和国房产税暂行条例》第二条“房屋产权未确定的，由房产代管人或者使用人缴纳”的规定，应确定房屋的实际使用人为房产税的纳税义务人，缴纳房产税。

2. 本案属于在农地上建房，未考虑是否需要缴纳房产税的情形，即房产税的征税范围是征收房产税的前提条件。

在本案审理过程中，双方均没有对涉案房屋是否属于房产税的征税范围提出异议，但征收房产税的征税对象和征税范围是确认征收房产税的逻辑前提。

《中华人民共和国房产税暂行条例》第一条规定，房产税在城市、县城、建制镇和工矿区征收。财政部、国家税务总局在《关于房产税若干具体问题的解释和暂行规定》中明确，“城市的征税范围为市区、郊区和市辖县县城，不包括农村；建制镇的征税范围为镇人民政府所在地，不包括所辖的行政村”。1999年，《国家税务总局关于调整房产税和土地使用税具体征税范围解释规定的通知》（国税发〔1999〕44号）规定：“对农、林、牧、渔业用地和农民居住房屋及土地不征收房产税和土地使用税。”从文义来看，平原村属于农村，而农村不属于建制镇房产税的征税范围。实践中，由于农村与镇的界限划分模糊，不免出现对农村经营性房产征收房产税的情况。

【风险提示】

在房屋产权未确定的情况下，由房屋实际使用人缴纳房产税。由于申报房产税需要填报房屋产权的相关信息，在房屋产权未确定的情况下，会出现无人缴纳房产税的情形，对于实际使用人而言，纳税风险较大，应及早明确房屋的产权以及相应的纳税义务人。

【相关条文】

1.《中华人民共和国房产税暂行条例》。

第二条 房产税由产权所有人缴纳。产权属于全民所有的，由经营管理的单位缴纳。产权出典的，由承典人缴纳。产权所有人、承典人不在房产所在地的，或者产权未确定及租典纠纷未解决的，由房产代管人或者使用人缴纳。

2.《国家税务总局关于未取得房屋产权证书期间如何确定房产税纳税人的批复》(国税函〔2002〕284号)。

根据《中华人民共和国房产税暂行条例》第二条中“房屋产权未确定及租典纠纷未解决的，由房产代管人或者使用人缴纳”的规定，凡以分期付款方式购买使用商品房，且购销双方均未取得房屋产权证书期间，应确定房屋的实际使用人为房产税的纳税义务人，缴纳房产税。

3.《国家税务总局关于房屋产权未确定如何征收房产税问题的批复》(大地税一转〔1999〕第16号)。

房产税原则上应由房屋的产权所有人缴纳。对于房屋开发公司售出的房屋，不再在其会计账簿中记载及核算，而购买该房屋的单位未取得产权的，可暂按《中华人民共和国房产税暂行条例》第二条“产权未确定的，由使用人缴纳房产税”的规定，确定房产税的纳税人。

判例十一 项目部是否为印花税的纳税义务人

【裁判要旨】

原告甲置业有限公司于2014年6月13日以股东会决议，将公司位于孝感市的房产作为投资，以账面价值3700万元为注册资本设立乙公司，并于2014年9月25日书立产权转移协议书，2014年9月28日和10月23日将房屋所有权与土地使用权分别变更到乙公司名下，已经发生了资产权属的转移，该产权转移协议书即产权转移的书据，应对其课征印花税，故原告甲置业有限公司应补交印花税18500元。

【涉税案情】

原告：甲置业有限公司（以下简称“甲公司”）

被告：国家税务总局孝感市税务局稽查局、国家税务总局湖北省税务局

1. 原告甲公司于2010年承接孝感市“东方家园”开发项目，并分割为A、B两个区，A区由公司直接开发，B区由王某某负责开发，该公司分别于2010年5月20日和2011年4月22日向王某某出具授权书与授权委托书，由王某某

全权负责B区房地产开发项目，自主经营，自行结算，由此产生的一切经济责任和法律后果均由王某某承担。B区项目取名甲公司东方家园B区项目部，该项目部未在工商行政管理机关登记注册，公司和项目部分别于2010年8月30日与2012年6月27日在孝感市地方税务局（以下简称“孝感市地税局”）办理了税务登记证，A区和B区都在孝感市税务机关纳入年度汇算清缴系统，并进行了年度汇算清缴。该公司的营业税及其附加税费均在孝感市地税局缴纳，企业所得税应回注册地缴纳，但孝感市地税局依据政府相关政策，要求纳税人企业所得税在项目地缴纳。

2. 2014年6月13日，原告甲公司以公司股东会决议形式同意公司资产重组分立，以公司位于孝感市××、××栋的房地产作价投资成立乙公司，完成注册后过户房产。乙公司正式成立日期为2014年7月22日，股东为甲公司，注册资本为3700万元，出资方式为以实物（房产）出资，出资比例为100%。2014年9月25日，甲公司与乙公司签订产权转移协议书，甲公司将东方家园B区1~3层商铺的产权转移到乙公司，B区相关的债权债务及劳动力一并转到乙公司，并于9月28日和10月23日将商铺的房屋所有权与土地使用权分别变更到乙公司名下。2014年10月10日，甲公司将持有的乙公司100%的股权以1元的价格转让给C公司，双方签订了股权转让协议。当日乙公司变更章程，将股东由原告甲公司变更为C公司，将法定代表人陈某某变更为王某某。变更后乙公司的实际控制人为C公司。

3. 国家税务总局孝感市税务局稽查局于2016年4月起对原告转让资产的行为及相关事项进行初步调查。2018年1月22日，向原告下达《税务处理决定书》，并于同日下达《税务行政处罚事项告知书》。2018年2月9日，依原告申请举行听证；2018年4月3日，做出孝地税稽罚（2018）3号《税务行政处罚决定书》。

【争议焦点】

本案争议焦点：①税务行政处罚相对人资格问题，即稽查局处罚主体对象是否错误问题；②少申报缴纳印花税18500元的事实认定以及法律适用问题；③少申报缴纳企业所得税7773543.245元的事实认定以及法律适用问题；④少申报缴纳印花税和企业所得税的定性问题，即是否应定性为偷税，处以一倍罚款的法律适用问题；⑤以其他凭证代替发票使用的事实认定和法律适用问题；⑥稽查局和湖北省税务局行政处罚及行政复议程序是否合法的问题。

1. 甲公司观点。

（1）被诉税务行政处罚以原告为税务行政处罚的相对人不符合法律规定。

《中华人民共和国税收征收管理法》明确规定税务行政处罚的相对人是“纳税人”。本案中，由王某某等投资者挂靠于原告名下，单独办理税务登记和纳税申报的“东方家园B区项目部”是独立的“纳税人”与“使用发票的单位”，就本案争议的主要税种企业所得税而言，该独立纳税人于2014年至2016年向孝感市地税局独立申报缴纳，从未与原告以总、分支机构的名义备案汇总纳税。故B区项目部构成税法上独立的行政相对人，稽查局应当以“东方家园B区项目部”而非原告为税务行政处罚的相对人。

（2）被诉税务行政处罚认定事实不清。

①被诉税务行政处罚认定原告“少申报缴纳印花税18500元”事实不清。印花税的课税对象是“凭证”，稽查局混淆了“产权转移行为”与“产权转移书据”两个不同概念，错误地认定“产权转移行为”属于印花税的课税对象，称“你公司资产产权转移的行为，应按产权转移书据税目，适用万分之五的税率，应申报缴纳印花税18500元……”属认定事实不清。稽查局在复议阶段改口辩称课征印花税的对象是原告以不动产作价投资的《产权转移协议书》。原告认为，《中华人民共和国印花税暂行条例施行细则》第五条定义的应税产权转移书据限于“买卖、继承、赠与、交换、分割等所立的书据”，不包括因“投资”书立的产权转移书据。稽查局无权扩大条例列举的税目解释范围、凭推理征税。②被诉税务行政处罚认定原告“少申报缴纳企业所得税”事实不清。“东方家园B区项目部”的实际投资人为解除与原告的名义挂靠关系，于2014年6月由原告先实施分立，再转让股权给实际投资人另行注册登记的公司。其中的公司分立涉及出租性商业不动产所有权人的变更登记，实质是投资者权益的分割，并不能给原告带来收入，不应当“视为销售不动产”征收企业所得税。原告的资产重组“具有合理的商业目的，并非以减少、延迟缴纳税款为主要目的”，被告认定原告“少申报缴纳企业所得税”事实不清。

（3）被诉税务行政处罚适用法律错误。国家税务总局办公厅曾经明确指出（国税办函〔2007〕513号）：“税务机关在实施检查前纳税人自我纠正属补报补缴少缴的税款，不能证明纳税人存在偷税的主观故意，不应定性为偷税。”在稽查局发出《税务检查通知书》之前，原告已经向税务机关报告了视同销售相关重组业务事项，稽查局未能举证原告具有任何“欺骗、隐瞒”等客观手段、证明原告具有逃避纳税义务的主观故意情况下，适用《中华人民共和国税收征收管理法》第六十三条错误。

2. 税务局观点。

（1）关于“以原告为税务行政处罚相对人不符合法律规定”的问题。本案中，该项目部未依法办理工商登记，未在工商部门办理营业执照，办理税务登记时使用原告工商营业执照，因此既不是独立法人，也不是依据《中华人民共和国公司法》设立的分支机构。项目部实际上是根据甲公司的授权书成立的内部下设机构，不能独立对外承担法律责任。虽然税务机关为项目部办理了项目登记，纳入税务管理，但按照《不动产、建筑业营业税项目管理及发票使用管理暂行办法》（国税发〔2006〕128号）规定，项目登记不等同于税务登记。对外不能独立承担民事、行政责任。

（2）关于原告认为“少申报缴纳印花税18500元事实不清”的问题。原告资产在转移给乙公司时，既有产权转移行为，也书立了产权转移书据，该行为名为投资，实为资产权属的转移，该协议书即产权转移的书据。对其课征印花税符合《中华人民共和国印花税暂行条例》① 的规定。

（3）关于原告认为“少申报缴纳企业所得税7773543.245元”事实不清的问题。原告的此项行为名为“内部重组”或者“对外投资”（或者其所谓“对内投资”），实为“资产转移”或者“股权转让”，应适用国家税务总局公告2015年第40号，且原告在后续业务办理过程中出现了该公告第六、第七、第八条描述的情形，不再符合该公告前部分适用“特殊性税务处理”的情况，应按照规定依法处理。原告提出的诉讼请求仅截取该公告的一部分，是典型的断章取义。

（4）原告认为被告法律适用错误问题。原告声称在收到《税务检查通知书》之前，已向税务机关报告了视同销售相关重组业务事项。根据案卷证据资料，2014年9月8日，乙公司向孝感市地税局税源管理一分局提出了税收减免申请，报告了重组业务契税减免的事项。原告并未对企业所得税涉税事项向经营地或注册地税务机关进行任何申报或报告。第三方的减免税申请报告不能代替原告的企业所得税纳税申报。按期如实进行纳税申报是纳税人的责任和义务，申报事项与实际发生的经济业务或者账簿资料记载不符，是虚假申报行为，且数额巨大，应按《中华人民共和国税收征收管理法》第六十三条追究责任。

【法院裁判观点】

1. 关于纳税主体问题。

东方家园B区系原告甲公司内设的临时机构（未办理工商注册登记），其内部虽规定为独立核算，自负盈亏，但对外不产生法律效力，B区项目部不构成独立的法人或其他组织资格，对外不能独立承担民事、行政责任。根据《中华人民共和国税收征收管理法》《中华人民共和国公司法》及相关法律规定，以原告甲公司为行政处罚相对人并无不妥，原告甲公司的此项诉请依法不予支持。

---

① 2022年7月1日，《中华人民共和国印花税法》正式施行，《中华人民共和国印花税暂行条例》同时废止。

2. 少申报缴纳印花税 18500 元的事实认定以及法律适用问题。

《中华人民共和国印花税暂行条例》第二条规定，“下列凭证为应纳税凭证：……2. 产权转移书据；……”《中华人民共和国印花税暂行条例实施细则》第五条规定，条例第二条所说的产权转移书据，是指单位和个人产权的买卖、继承、赠与、交换、分割等所立的书据。印花税是一个按照书立合同作为课税对象的税种，纳税人发生了产权转移行为，书立了产权转移书据，就应照章纳税。本案中，原告甲公司将公司位于孝感市××、××栋的房地产作为投资，以账面价值 3700 万元设立乙公司，并于 2014 年 9 月 25 日书立了产权转移协议书，2014 年 9 月 28 日和 10 月 23 日将资产的房屋所有权与土地使用权分别变更到乙公司名下，已经发生了资产权属的转移，该产权转移协议书即产权转移的书据，应对其课征印花税，但该产权转移协议书未记载转移产权的金额。稽查局结合乙公司章程及 2014 年 10 月 10 日原告甲公司出具的“股东决定”等其他相关证据认定转移金额 3700 万元并无不妥。故原告甲公司应补交印花税 18500 元。

3. 少申报缴纳企业所得税 7773543. 245 元的事实认定以及法律适用问题。

原告甲公司在将股权（资产）转让给 C 公司以后，即不符合特殊性税务处理条件，转移商铺的行为应视同销售计算确定企业所得税。税务机关有权核定视同销售商铺的计价基础。稽查局在核定特别是评估过程中，未充分听取原告甲公司的意见，剥夺了原告甲公司的知情权、陈述申辩权，违反了程序正当性原则，导致是否少申报缴纳企业所得税 7773543. 245 元的事实不具有确定性。因此，被诉税务行政处罚决定认定事实不清。

4. 少申报缴纳印花税和企业所得税的定性问题，即是否应定性为偷税。

本院认为，定性偷税应当具备主观故意、客观手段和行为后果三者相结合，如果税务机关不能证明纳税人存在偷税的主观故意，就不能定性为偷税。本案中，原告甲公司没有伪造、变造、隐匿、擅自销毁账簿、记账凭证，或者在账簿上多列支出或者不列、少列收入的行为发生，由于原告甲公司对商铺视同销售的不同理解，而认为不应该缴纳印花税和企业所得税，且即使应该缴纳系属于税务机关核定后通知缴纳的范畴，原告甲公司没有偷税的主观故意。况且原告甲公司在资产（股权）转移时还申请过契税的减免，如果存在故意偷税行为，那么其大可在股权转让后的十二个月以后再将股权转让给其他人，做到合理避税。故稽查局认定甲公司偷税属适用法律不当。

【税务律师案例评析】

1. 印花税的课税对象与征税范围。

根据 2021 年通过的《中华人民共和国印花税法》第一条：在中华人民共和

国境内书立应税凭证、进行证券交易的单位和个人，为印花税的纳税人。第二条：应税凭证，是指本法所附《印花税税目税率表》（见表4-5）列明的合同、产权转移书据和营业账簿。国税发〔1991〕155号文第十条：“产权转移书据”税目中“财产所有权”转移书据的征税范围是经政府管理机关登记注册的动产、不动产的所有权转移所立的书据，以及企业股权转让所立的书据。由此可知，印花税本质是一种按照书立合同作为课税对象的税种，纳税人发生了产权转移行为，书立了产权转移书据，就应照章纳税，并不仅仅局限于《中华人民共和国印花税暂行条例实施细则》第二条规定的买卖、继承、赠与、交换、分割等几种行为。因此，本案中，原告甲公司将公司的房产作为投资，以账面价值3700万元设立乙公司，并书立了产权转移协议书，将资产房屋所有权和土地使用权分别变更到乙公司名下等一系列行为，实质上已经发生了资产权属的转移，该产权转移协议书即产权转移的书据，应对其课征印花税，稽查局向其征收印花税的行为并无不当。

表4-5 印花税税目税率表

<table>
<tr><th colspan="2">税目</th><th>税率</th><th>备注</th></tr>
<tr><td rowspan="4">产权转移书据</td><td>土地使用权出让书据</td><td>价款的万分之五</td><td rowspan="4">转让包括买卖（出售）、继承、赠与、互换、分割</td></tr>
<tr><td>土地使用权、房屋等建筑物和构筑物所有权转让书据（不包括土地承包经营权和土地经营权转移）</td><td>价款的万分之五</td></tr>
<tr><td>股权转让书据（不包括应缴纳证券交易印花税的）</td><td>价款的万分之五</td></tr>
<tr><td>商标专用权、著作权、专利权、专有技术使用权转让书据</td><td>价款的万分之三</td></tr>
<tr><td colspan="2">营业账簿</td><td>实收资本（股本）、资本公积合计金额的万分之二点五</td><td></td></tr>
<tr><td colspan="2">证券交易</td><td>成交金额的千分之一</td><td></td></tr>
</table>

2. 偷税是否需要具备主观要件。

《中华人民共和国税收征收管理法》第六十三条规定：纳税人伪造、变造、隐匿、擅自销毁账簿、记账凭证，或者在账簿上多列支出或者不列、少列收入，或者经税务机关通知申报而拒不申报或者进行虚假的纳税申报，不缴或者少缴应纳税款的，是偷税。对纳税人偷税的，由税务机关追缴其不缴或者少缴的税款、滞纳金，并处不缴或者少缴的税款百分之五十以上五倍以下的罚款；构成犯罪的，依法追究刑事责任。

扣缴义务人采取前款所列手段，不缴或者少缴已扣、已收税款，由税务机关追缴其不缴或者少缴的税款、滞纳金，并处不缴或者少缴的税款百分之五十以上五倍以下的罚款；构成犯罪的，依法追究刑事责任。

上述条文规定了偷税的概念及行为方式，但并未明确偷税是否以纳税人主观故意为要件。对此，可以参照引用国家税务总局的批复文件《国家税务总局办公厅关于呼和浩特市昌隆食品有限公司有关涉税行为定性问题的复函》（国税办函〔2007〕513 号）、《国家税务总局关于北京聚菱燕塑料有限公司偷税案件复核意见的批复》（税总函〔2016〕274 号），两份批复文件均将主观故意作为构成偷税的要件之一，而对于行为人主观故意的认定，通常应从行为人的具体行为进行综合分析。税务机关对偷税违法行为的认定、处理，应当对当事人不缴、少缴应纳税款的主观故意进行调查、认定，并在行政诉讼程序中就此承担举证责任。本案中，甲公司与税务局因对法律条文存在不同的理解，错误地认为不应当缴纳税款，其主观上并无偷税的故意，且税务局并未举示证据证明甲公司存在主观故意。因此，法院认为稽查局认定甲公司偷税属适用法律不当。

【风险提示】

纳税人在判断是否缴纳印花税时，可对照《印花税税目税率表》进行判断，发生了产权转移行为、书立了产权转移书据的，应照章纳税。

【相关条文】

《中华人民共和国印花税法》。

第一条　在中华人民共和国境内书立应税凭证、进行证券交易的单位和个人，为印花税的纳税人。

第二条　应税凭证，是指本法所附《印花税税目税率表》列明的合同、产权转移书据和营业账簿。

第五章　股权转让和法拍房等涉税民事责任分担相关判例

判例一　竞拍土地出让合同未约定无偿移交的安置房的税费负担应如何处理

【裁判要旨】

长汀县某某局做出《限期移交安置房决定书》（汀自然资〔2019〕339号），要求长汀甲广场开发有限公司依约履行行政协议。

开发商长汀甲广场开发有限公司向政府部门移交27000平方米安置房的行为视同销售，依法应当缴纳房地产项目的增值税及相关税费。

无偿受让方应基于诚实信用原则和公平原则，向长汀甲广场开发有限公司出具相关金额的土地出让金发票。

配套车位属于安置房的配建义务，受让方应予以回购。

【涉税案情】

上诉人（原审原告）：长汀甲广场开发有限公司（以下简称“甲公司”）

被上诉人（原审被告）：长汀县某某局

1. 原长汀县某某局与魏某某签订了《国有建设用地使用权出让合同》（以下简称“出让合同”），合同约定：“第四条　出让宗地编号为×××-9，宗地总面积37647平方米，出让宗地坐落于××村××期路口）……第八条　宗地的国有建设用地使用权出让价款为69300000元，每平方米1840.78元……第十五条　受让人同意在本合同项下宗地范围内同步修建下列工程配套项目，并在建成后无偿移交给政府：提供27000平方米安置房，按小区普通商品房建设。……”后魏某某以自己为法定代表人设立了甲公司，承继了原出让合同的全部权利义务。

2. 项目建成后，因甲公司在经多次催告后，仍然未向长汀县某某局移交27000平方米的安置房，2019年7月17日，长汀县某某局做出《限期移交安置房告知书》（汀自然资告〔2019〕2号），告知甲公司拟做出的行政决定及其陈述、申辩、听证的权利，该告知书于2019年7月18日送达甲公司。2019年7月25日，长汀县某某局做出《限期移交安置房决定书》（汀自然资〔2019〕339号），做出决定如下：限甲公司自收到决定之日起三十日内向长汀县土地收购储备中心移交须无偿提供政府的27000平方米安置房（按同小区普通商品房标准移交），同时协助将已首次登记在甲公司名下的该27000平方米安置房不动产权登记至长汀县土地收购储备中心名下。该决定于2019年7月25日送达甲公司。原告甲公司对被告做出的《限期移交安置房决定书》（汀自然资〔2019〕339号）不服，遂提起本案诉讼。

3. 一审法院观点。

（1）关于被告做出的《限期移交安置房决定书》（汀自然资〔2019〕339号）是否合法问题。首先，根据原、被告双方签订的出让合同的约定，因被告已经交付案涉地块，履行了合同主给付义务，故原告应当支付合同约定的土地出让金6930万元，并向政府提供27000平方米安置房作为取得案涉地块的合同对价，现27000平方米安置房已经竣工验收且产权已初始登记于甲公司名下，按照合同约定安置房建成后原告即应当将其移交给政府，故被告要求原告限期向政府移交27000平方米安置房有充分的事实和法律依据。其次，根据《最高人民法院关于审理行政协议案件若干问题的规定》第二十四条第一款“公民、法人或者其他组织未按照行政协议约定履行义务，经催告后不履行，行政机关可以作出要求其履行协议的书面决定。公民、法人或者其他组织收到书面决定后在法定期限内未申请行政复议或者提起行政诉讼，且仍不履行，协议内容具有可执行性的，行政机关可以向人民法院申请强制执行”的规定，因案涉安置房建成后，原告未按照合同约定向政府移交安置房，被告于2019年7月25日向甲公司送达《限期移交安置房决定书》（汀自然资〔2019〕339号），并告知其在法定期限内申请复议或提起行政诉讼的权利。故被告依法履行了催告、告知、做出要求限期履行合同义务的决定、送达等程序，符合《最高人民法院关于审理行政协议案件若干问题的规定》第二十四条第一款的规定，被告做出的行政决定程序合法。最后，根据《中华人民共和国合同法》[①] 第六十条第一款“当事人应当按照约定全面履行自己的义务”的规定，除非有合同约定或法律规定的抗辩事由，否则合同双方应严格按照合同约定履行合同义务。原告主张被告未提供案涉安置房等值的土地出让金发票、未承担移交安置房产生的税收

① 《中华人民共和国民法典》自2021年1月1日起施行，《中华人民共和国合同法》同时废止。

和费用、未回购车位且未交付43亩土地（非出让合同中约定的地块），未全面履行合同约定的义务，故无权要求原告移交案涉安置房。但原告主张的上述义务均未在合同中明确约定，故原告主张被告未按照合同约定履行义务没有依据。根据权利义务对等的原则，在被告已经履行合同主给付义务的情形下，原告应当履行相应的对等给付义务，即使因履行出让合同需要产生了附随义务，原告也只能要求被告履行相应的附随义务，不得以被告未履行合同附随义务为由作为不履行合同主给付义务的抗辩。综上所述，一审法院认为，被告做出的《限期移交安置房决定书》（汀自然资〔2019〕339号），事实清楚，依据充分，程序合法，适用法律正确，原告主张《限期移交安置房决定书》（汀自然资〔2019〕339号）应予撤销，依据不足，本院依法不予支持。

（2）关于被告是否应当向原告出具27000平方米安置房等值的土地出让金发票问题。本案中，原告、被告签订的出让合同虽然约定原告无偿向政府提供27000平方米安置房，但通过龙中恒（2××2）汀估字第B021号《估价报告》、龙中恒（2××2）汀估技字第B021号《土地估价技术报告》、《国有建设用地使用权出让合同》、长汀县人民政府的2019年第三次常务会议纪要均能证实，在土地评估时，基于土地受让方须向政府提供27000平方米安置房，故评估结论中的平均地价1761元/平方米、出让合同中约定的平均地价1840.78元/平方米均低于当时周边同期小区的成交地价，可见27000平方米安置房实际上并非无偿提供给政府，而是用27000平方米安置房价值折抵了部分土地价款，与土地出让金6930万元共同构成了原告取得案涉地块的土地成本。因此，原告根据合同约定向政府无偿提供27000平方米安置房具有折抵与27000平方米安置房同等价值9798.3万元的土地出让金的性质。

根据税收相关规定，原告向政府部门移交27000平方米安置房的行为视同销售，依法应当缴纳房地产项目的增值税，而在计算销售额时从全部价款和价外费用中扣除的土地价款，应当取得省级以上（含省级）财政部门监（印）制的财政票据。如被告不能就27000平方米安置房出具等值的省级以上（含省级）财政部门监（印）制的财政票据，即土地出让金发票，则原告以27000平方米安置房的实物折抵的土地价款不能用于申报企业所得税和房地产项目增值税等相关税项的税前扣除，可能导致原告的税务负担明显超出合理预期，给原告造成严重经济损失。根据《中华人民共和国合同法》第五条“当事人应当遵循公平原则确定各方的权利和义务”和第六十条第二款“当事人应当遵循诚实信用原则，根据合同的性质、目的和交易习惯履行通知、协助、保密等义务”的规定，鉴于土地大宗交易的交易习惯，原告在向政府移交27000平方米安置房的同时，被告应当出具相应的凭证，且基于公平原则和诚实信用原则，为避免原告负担的税务超出合理预期，被告出具的凭证应当是原告依法能够用于申报税前扣除的省级以上（含省级）财政部门监（印）制的财政票据，即与原告应向政府移交的27000平方米安置房等值（9798.3万元）的土地出让金发票。

综上所述，被告应当以案涉地块拍卖成交之日27000平方米安置房的价值9798.3万元向原告出具土地出让金发票。

（3）移交安置房过程中产生的税收和相关费用是否全部应由被告负担。原告主张合同约定原告在安置房建成后无偿移交给政府，但并未约定办理产权转移登记的相关税收和费用由原告负担，因27000平方米安置房是案涉土地的土地出让金组成部分，故实际所有人为被告，因此，办理产权转移登记产生的所有税收和费用应当由被告负担。在审理过程中，原告进一步明确相关税收和费用包括增值税、土地增值税、教育费附加、城市维护建设税、住宅共用部位共用设施设备维修基金、契税。本院认为，原告、被告双方签订合同时，应当预见安置房建成后办理产权转移登记会产生相关税收和费用，但双方均未在合同中明确约定。对于合同未约定的事项，应当遵照相关法律法规规定执行。根据《中华人民共和国增值税暂行条例》第一条、《中华人民共和国土地增值税暂行条例》第二条、《征收教育费附加的暂行规定》第二条、《中华人民共和国城市维护建设税暂行条例》第二条、《住宅共用部位共用设施设备维修基金管理办法》第五条、《中华人民共和国契税暂行条例》第一条、《中华人民共和国印花税暂行条例》第一条和第二条的规定，增值税、土地增值税、教育费附加、城市维护建设税应当由销售（含视同销售）的单位负担，住宅共用部位共用设施设备维修基金及契税应当由受让方负担，印花税根据实际发生情形，如订立产权转移书据产生的印花税由书据订立双方共同负担，如为取得产权凭证产生的印花税由取得产权凭证一方负担。但因原告未就其主张的相关税收和费用提供相应的证据，该项诉讼请求无法明确，事实无法查明，本院依法予以驳回。原告、被告双方应当根据法律法规规定各自负担相应的税收和费用。

（4）关于被告是否应当回购安置房配套的197个车位问题。原告认为，根据原长汀县住房和规划建设局2××2年5月26日出具的汀建规（2××2）33号文件的要求，住宅停车位须达到总户数的70%以上，因27000平方米安置房共计281套商品房，故而产生配套的197个车位，该197个车位系因安置房产生，故被告应当按照市场价进行回购。本院认为，原告、被告双方签订的出让合同并未约定建设安置房需配套车位，原告系根据长汀县住房和规划建设局的规划建设要求在27000平方米安置房配套建设了197个车位，且该197个配套车位均有单独的产权，并非与配套27000平方米安置房不可分割，也不会因27000平方米安置房移交给政府导致其价值贬损，原告对安置房的197个配套车位可以另行出售以实现其权利。据此，原告主张被告应当回购安置房配套的197个车位，既非出让合同明确约定的义务，也不属于履行出让合同产生的附随义务，不属于本案的审理范畴，依法予以驳回。对该197个车位问题双方可另行协商解决。

【争议焦点】

1. 被告做出的《限期移交安置房决定书》（汀自然资〔2019〕339号）是否合法？

2. 被告是否应当向原告出具27000平方米安置房等值的土地出让金发票？

3. 移交安置房过程中产生的税收和相关费用是否全部应由被告负担？

4. 被告是否应当回购安置房配套的197个车位，回购价格应如何确定？

【法院裁判观点】

1. 本院认为，上诉人甲公司与原长汀县某某局签订《国有建设用地使用权出让合同》及补充协议后，因甲公司未按合同约定移交27000平方米安置房，被上诉人做出《限期移交安置房决定书》，要求甲公司于三十日内移交安置房，同时协助办理产权登记。甲公司为此诉至法院，请求撤销上述决定书，并判令被上诉人开具27000平方米安置房等值土地出让金发票、承担安置房产权转移登记产生的税费及回购197个配套车位，双方争议实质为履行《国有建设用地使用权出让合同》中产生的争议，故本案属行政协议履行纠纷。根据已查明事实，甲公司需无偿移交的27000平方米安置房的价值折抵了部分土地价款，与土地出让金6930万元共同构成了案涉土地成本，具有折抵土地出让金的性质，故一审判决被上诉人应以案涉土地拍卖之日该27000平方米安置房价值9798.3万元向上诉人开具土地出让金发票正确。鉴于该9798.3万元系27000平方米安置房等价值而非现金缴交，上诉人要求变更一审判决第一项中“出具金额为9798.3万元的土地出让金发票”为“出具等值金额为9798.3万元的土地出让金发票”符合本案实际，被上诉人也无异议，本院予以支持。关于回购配套的197个车位问题。虽双方当事人未在出让合同中明确约定移交27000平方米安置房时配套车位问题，但出让合同第十三条“其他土地利用”项中，要求按长汀县城乡规划建设局汀建规（2××2）33号方要求建设，该文载明“住宅停车位须达到总户数的70%以上”，上诉人按此要求建设停车位，属履行出让合同约定。现要求被上诉人按27000平方米安置房配比回购197个车位，被上诉人对此不持异议，且双方当事人对回购价格已达成一致意见，本院予以支持。原审判决认为，车位问题不属于本案行政协议审理范畴不当。关于27000平方米安置房转移登记产生的税费问题，因双方在签订出让合同时未约定产权转移登记时的税费承担问题，应当遵照法律规定执行。上诉人请求判令被上诉人承担因移交27000平方米安置房产生的增值税、企业所得税、个人所得税、土地增值税、教育费附加、城市维护建设税等税费，缺乏法律依据。一审判决驳回上诉人该项诉讼请求正确，应予维持。

2. 法院裁决结果。

（1）变更福建省龙岩市永定区人民法院（2020）闽0803行初6号行政判决第一项“被告长汀县某某局应在原告甲公司向其交付27000平方米安置房前向原告出具金额为9798.3万元的土地出让金发票”为“被上诉人长汀县某某局应在上诉人甲公司向其交付27000平方米安置房前向上诉人出具等值金额为9798.3万元的土地出让金发票”。

（2）撤销福建省龙岩市永定区人民法院（2020）闽0803行初6号行政判决第二项。

（3）被上诉人长汀县某某局在上诉人甲公司向其移交27000平方米安置房时，按下列价格回购与27000平方米安置房配套的197个车位：标准车位12.635万元/个，人防标准车位10.925万元/个，人防微型车位9.985万元/个，人防子母车位13.5万元/个。

（4）驳回上诉人的其他诉讼请求。

二审案件受理费50元，由被上诉人长汀县某某局负担。

本判决为终审判决。

【税务律师案例评析】

1. 本案中涉及的行政协议，要求承受土地方承担无偿建设27000平方米安置房的义务，但未对移交过程中发生的相关税费进行约定，导致争议。

2. 由于无约定，房屋系开发方建设，虽然开发方向受让方无偿提供，但依据增值税的“视同销售”规定，开发方应缴纳增值税及相关附加费用，并据此缴纳企业所得税。

3. 由于系行政协议，土地承受方可以在签订合同时，约定好转移登记时的各种费用由谁承担，同时要约定好配套车位的个数与价格。

【风险提示】

1. 本案中相关方签署的行政协议约定由承受土地方无偿建设27000平方米安置房，但未就移交过程中发生的相关税费进行约定，导致争议。

2. 由于双方无约定，开发方不仅要向受让方无偿提供安置房，而且依据增值税的“视同销售”的相关规定，还应缴纳增值税及相关附加费用，并据此缴纳企业所得税。

3. 为避免争议，在签订合同时，双方应约定转移登记产生的各种费用由谁承担，同时要约定房屋配套车位数与价格。

【相关条文】

1.《中华人民共和国行政诉讼法》。

第八十九条 人民法院审理上诉案件，按照下列情形，分别处理：

（一）原判决、裁定认定事实清楚，适用法律、法规正确的，判决或者裁定驳回上诉，维持原判决、裁定；

（二）原判决、裁定认定事实错误或者适用法律、法规错误的，依法改判、撤销或者变更；

（三）原判决认定基本事实不清、证据不足的，发回原审人民法院重审，或者查清事实后改判；

（四）原判决遗漏当事人或者违法缺席判决等严重违反法定程序的，裁定撤销原判决，发回原审人民法院重审。

原审人民法院对发回重审的案件作出判决后，当事人提起上诉的，第二审人民法院不得再次发回重审。

人民法院审理上诉案件，需要改变原审判决的，应当同时对被诉行政行为作出判决。

2.《最高人民法院关于审理行政协议案件若干问题的规定》。

第二条 公民、法人或者其他组织就下列行政协议提起行政诉讼的，人民法院应当依法受理：

（一）政府特许经营协议；

（二）土地、房屋等征收征用补偿协议；

（三）矿业权等国有自然资源使用权出让协议；

（四）政府投资的保障性住房的租赁、买卖等协议；

（五）符合本规定第一条规定的政府与社会资本合作协议；

（六）其他行政协议。

第四条 因行政协议的订立、履行、变更、终止等发生纠纷，公民、法人或者其他组织作为原告，以行政机关为被告提起行政诉讼的，人民法院应当依法受理。

因行政机关委托的组织订立的行政协议发生纠纷的，委托的行政机关是被告。

第五条 下列与行政协议有利害关系的公民、法人或者其他组织提起行政诉讼的，人民法院应当依法受理：

（一）参与招标、拍卖、挂牌等竞争性活动，认为行政机关应当依法与其订立行政协议但行政机关拒绝订立，或者认为行政机关与他人订立行政协议损害其合法权益的公民、法人或者其他组织；

（二）认为征收征用补偿协议损害其合法权益的被征收征用土地、房屋等不动产的用益物权人、公房承租人；

（三）其他认为行政协议的订立、履行、变更、终止等行为损害其合法权益的公民、法人或者其他组织。

第八条　公民、法人或者其他组织向人民法院提起民事诉讼，生效法律文书以涉案协议属于行政协议为由裁定不予立案或者驳回起诉，当事人又提起行政诉讼的，人民法院应当依法受理。

第十条　……

原告主张撤销、解除行政协议的，对撤销、解除行政协议的事由承担举证责任。

对行政协议是否履行发生争议的，由负有履行义务的当事人承担举证责任。

第十一条　人民法院审理行政协议案件，应当对被告订立、履行、变更、解除行政协议的行为是否具有法定职权、是否滥用职权、适用法律法规是否正确、是否遵守法定程序、是否明显不当、是否履行相应法定职责进行合法性审查。

原告认为被告未依法或者未按照约定履行行政协议的，人民法院应当针对其诉讼请求，对被告是否具有相应义务或者履行相应义务等进行审查。

第十八条　当事人依据民事法律规范的规定行使履行抗辩权的，人民法院应予支持。

第十九条　被告未依法履行、未按照约定履行行政协议，人民法院可以依据行政诉讼法第七十八条的规定，结合原告诉讼请求，判决被告继续履行，并明确继续履行的具体内容；被告无法履行或者继续履行无实际意义的，人民法院可以判决被告采取相应的补救措施；给原告造成损失的，判决被告予以赔偿。

原告要求按照约定的违约金条款或者定金条款予以赔偿的，人民法院应予支持。

第二十三条　人民法院审理行政协议案件，可以依法进行调解。

人民法院进行调解时，应当遵循自愿、合法原则，不得损害国家利益、社会公共利益和他人合法权益。

第二十四条　公民、法人或者其他组织未按照行政协议约定履行义务，经催告后不履行，行政机关可以作出要求其履行协议的书面决定。公民、法人或者其他组织收到书面决定后在法定期限内未申请行政复议或者提起行政诉讼，且仍不履行，协议内容具有可执行性的，行政机关可以向人民法院申请强制执行。

……

第二十七条 人民法院审理行政协议案件，应当适用行政诉讼法的规定；行政诉讼法没有规定的，参照适用民事诉讼法的规定。

人民法院审理行政协议案件，可以参照适用民事法律规范关于民事合同的相关规定。

判例二 房地产公司股东会决议约定的列举式包税条款，税费应该如何承担

【裁判要旨】

《江苏甲乙房地产开发有限公司股东大会决议》（以下简称《甲乙决议》）对江苏甲房地产开发有限公司（以下简称“甲公司”）、江苏乙房地产开发有限公司（以下简称“乙公司”）2003年企业所得税的承担主体及比例进行了明确约定；同时明确，除约定的项目外，其他资产和负债由各公司自行享有与处理。因此，甲公司提供证据证明其已缴纳2003年度的企业所得税金额为20678970元，按双方约定，祝某和乙公司应承担14475279元，此金额无须通过审计即能确定。对甲公司和乙公司尚未缴纳的2003年度企业所得税，双方可在实际缴纳后按约定的比例进行处理。《甲乙决议》仅约定了两公司2003年度企业所得税的分担比例，对企业所得税以外其他税种并无具体、明确约定。

【涉税案情】

上诉人（原审被告）：钱某、甲公司

被上诉人（原审原告）：祝某、乙公司

1. 甲公司注册资本为2000万元，其中，祝某出资1400万元，占注册资本70%；钱某出资600万元，占注册资本30%。祝某为公司董事长，钱某为公司总经理。

2. 乙公司注册资本为1000万元，其中，祝某出资750万元，占注册资本75%；钱某出资250万元，占注册资本25%。祝某为公司董事长兼总经理。

3. 因在共同经营公司过程中产生矛盾，祝某与钱某在法院的调解下，于

2003 年 1 月 23 日签订《甲乙决议》。《甲乙决议》约定："甲公司、乙公司在 2003 年度企业所得税汇算时，实际报告所列应缴纳的所得税金额的 70% 由祝某和乙公司承担，30% 由钱某和甲公司承担"，"除上述所列项目外，甲公司、乙公司的其他资产和负债由各公司自行享有和处理"。

钱某、甲公司诉至法院，请求判令祝某和乙公司承担 2003 年度甲公司预交的所得税 20678970 的 70%，同时要求明确尚未确定待经核算或税务部门查补后的甲公司应交税款也由祝某及乙公司承担其中的 70%。

【争议焦点】

1. 祝某及乙公司签约后未如约履行义务，甲公司在祝某控制期间遗留了严重的税务问题，《甲乙决议》关于税款问题的约定并不是单指"2003 年度企业所得税"，而是包括了甲、乙公司三个项目的各项税款。

祝某和乙公司除应承担 2003 年度甲公司预交的所得税 20678970 元的 70% 外，尚未确定的待经核算或税务部门查补后甲公司应交税款也由祝某及乙公司承担其中的 70%。

2. 《甲乙决议》已经明确约定甲、乙公司 2003 年度的企业所得税由乙公司承担 70%、甲公司承担 30%。根据该约定，对尚未实际发生的税款及对企业所得税之外的营业税、印花税等税款并不能按此比例负担。

【法院裁判观点】

1. 依照双方"甲公司和乙公司在 2003 年度的企业所得税由祝某和乙公司承担 70%，钱某和甲公司承担 30%"的约定，只要甲公司和乙公司各自提供其 2003 年度的完税凭证即可解决该项争议，无须通过审计确定。甲公司提供证据证明，其已缴纳 2003 年度企业所得税款额为 20678970 元，按双方约定，祝某和乙公司应承担 14475279 元。对甲公司和乙公司尚未缴纳的 2003 年度的企业所得税，双方可在实际缴纳后，凭完税凭证要求对方按约定的比例另行处理。

2. 《甲乙决议》只明确了双方对企业所得税的承担比例，且该决议第八条明确约定"除上述所列项目外，甲公司、乙公司的其他资产和负债由各公司自行享有和处理"。因此，钱某和甲公司对尚未实际发生的税款及对企业所得税之外的营业税、印花税等税款主张权利的请求没有依据。

【税务律师案例评析】

1. 包税条款是否违反法律、行政法规的强制性规定？

包税条款在商事交易中非常常见，有学者将"包税条款"定义为：在民商事交易活动中，交易当事人约定由税收法律规定的纳税义务人以外的其他主体承担基于该交易产生的税费的条款。[①] 包税条款是否因违反法律、行政法规的强制性规定而应认定为无效，在理论界、司法实务和税务机关有一定的争议。

例如，《最高人民法院公报》2008 年第 3 期收录的案例——山西嘉和泰房地产开发有限公司与太原重型机械（集团）有限公司土地使用权转让合同纠纷一案[②]，最高人民法院认为："虽然我国税收管理方面的法律、法规对于各种税收的征收均明确规定了纳税义务人，但是并未禁止纳税义务人与合同相对人约定由合同相对人或者第三人缴纳税款，即对于实际由谁缴纳税款并未作出强制性或禁止性规定。因此，当事人在合同中约定由纳税义务人以外的人承担转让土地使用权税费的，并不违反相关法律、法规的强制性规定，应认定为合法有效。"在司法实践中，大多数法院采纳最高人民法院的裁判观点，即认为包税条款约定由非纳税义务人承担纳税义务人的应纳税款，这种约定属于民事法律关系，不违反法律、行政法规的强制性规定，应属有效。

税务机关对此问题的态度是，以税法规定的纳税主体为准，至于纳税主体与实际负税主体之间的约定，则不属于税务机关的职权范围。

因此，包税条款的约定属于民事私法领域，商事交易主体可以对税款的实际负担主体及比例进行约定。税法对纳税义务人的规定属于公法领域，包税条款对税务机关没有约束力，如果纳税主体没有充分缴纳相关税费，则税务机关仍根据法律规定对纳税义务人采取相应的行政措施。

2. 协议应该如何确定税费承担范围？

因包税条款约定不明，当事人常常会因巨额税款应由谁承担而争执不下。比如，约定的"费用"是否包含"税金"，司法实践中，既有广义的认定（包含税和费）也有狭义的认定（仅包含费），还有根据交易价格的高低及合理性、公平性对个案进行认定的情况。

即使是仅仅针对税金的包税条款，在实务中也有多种约定方式：一是列举承担方式，为交易涉及的税款或税种指明承担的主体和承担的比例，常见的约定有"交易产生的土地增值税由甲方承担 50%""交易产生的个人所得税由乙方承担"等。二是单方全额承担方式，即约定涉及的税款全部由某方承担，常见的约定有"乙方承担营业税、契税、印花税、个税等此次交易过程中产生的所有税费""甲、乙双方产权过户产生的税款由甲方承担"。三是按规定各自承担方式，常见的约定有"过户所需税费按照法律规定依法承担""实际产生的税费按照法律规定由买卖双方各自承担"。

① 郭昌盛. 包税条款的法律效力分析：基于司法实践的观察和反思 [J]. 财经法学，2020（2）：110.

② 最高人民法院（2007）民一终字第 62 号民事判决书。

以上方式各有利弊，商事主体在交易过程中需要根据税负以及所处的交易地位等因素综合考虑，选择合适的约定方式。由于列举方式容易出现列举不全面的情况，建议采用单方全额承担方式或按规定各自承担方式。对税费负担另有约定的，则要明确列举出非纳税义务人承担的税款种类、比例、计算方法等内容，通过准确、无歧义的表达，尽量降低涉税条款的不确定性，降低因包税条款承担无法预知的税费风险。同时，为明确违反约定的法律后果，需约定违反包税条款所应承担的违约责任，从而保障守约方的利益。

【风险提示】

合同当事人对税费的承担进行约定时，应明确具体税种及对应的交易行为。

【相关条文】

《中华人民共和国民法典》。

第一百四十三条　具备下列条件的民事法律行为有效：

（一）行为人具有相应的民事行为能力；

（二）意思表示真实；

（三）不违反法律、行政法规的强制性规定，不违背公序良俗。

第一百五十三条　违反法律、行政法规的强制性规定的民事法律行为无效。但是，该强制性规定不导致该民事法律行为无效的除外。

判例三　房地产公司未提供完税凭证能否要求作为实际负担税款一方的建设公司支付税金及滞纳金

【裁判要旨】

虽然《建设工程施工合同》约定税金由发包方代扣代缴，但税额确定、税金收取是税务机关的法定职责，且纳税义务人未提供相应的完税凭证，其以自行计算的税金数额主张从工程款中抵扣，依据不足。

【涉税案情】

上诉人（一审被告）：甲房地产开发有限公司（以下简称“甲房地产公司”）

被上诉人（一审原告）：乙建设股份有限公司（以下简称“乙建设公司”）

1. 2011 年 5 月 17 日，乙建设公司、甲房地产公司签订建设工程施工合同，约定如下。施工范围：金山新苑一标段土建及安装工程（含地下室），合同价款 121690475 元（不含地下部分）。违约责任：发包人延迟支付工程预付款，每天按千分之一计算；工期每延误一天，罚款 5000 元，最高赔偿额不超过签约合同价款的千分之二（按招标文件）。补充条款约定：税金、电费由发包方代扣代缴。

2. 涉案建设工程施工合同签订后，乙建设公司即开始对涉案工程进行建设。2013 年 8 月 4 日，乙建设公司停止施工，撤出工地。

3. 2014 年 5 月 15 日，甲房地产公司向乙建设公司发出《解除合同通知书》一份，认为乙建设公司单方擅自停工的行为已构成重大违约，致使甲房地产公司合同目的无法实现。为避免损失的进一步扩大，依据合同约定及相关法律规定，即时解除双方所签《建设工程施工合同》。2014 年 5 月 24 日，乙建设公司向甲房地产公司发出回复函称，甲房地产公司没有解除合同的权利，乙建设公司停工不是“擅自”，而是根据合同依法行使权利。

4. 甲房地产公司诉至法院要求乙建设公司支付代扣代缴的税款共计 945405.72 元。

【争议焦点】

1. 甲房地产公司认为：代扣代缴各项税金实际数额为 945405.72 元。代扣代缴各项税金是依据双方签订的《建设工程施工合同》第 47 条第（3）项的约定。事实上乙建设公司在第一次庭审中已认可了这一事实，甲房地产公司证据卷二付款明细第（5）、第（13）、第（22）项双方已按此履行。代扣代缴数额由邹城市地税局与甲房地产公司签订的《委托代征税款协议书》确定。945405.72 元税金的计算方法为：已付工程款额 88116180 元－已开具发票额 62000000 元＝26116180 元×3.42%＝893173.36 元。企业所得税为：26116180 元×2‰＝52232.36 元。

2. 乙建设公司认为：对代扣代缴税款 945405.72 元不予认可。甲房地产公司主张的 945405.72 元代扣税款，仅有 2014 年 9 月 16 日记账凭证，未附任何收款凭证（代扣税款），该笔款项并未实际发生，乙建设公司不予认可。另外，发票问题属于行政法律关系，与双方争议的民事纠纷无关，不应一并处理。

【法院裁判观点】

虽然《建设工程施工合同》专用条款“47. 补充条款”约定税金由发包方代扣代缴，但税额确定、税金收取是税务机关的法定职责，且甲房地产公司未提供相应的完税凭证，其以自行计算的税金数额主张从工程款中抵扣，依据不足，本院不予支持。

【税务律师案例评析】

1. 包税条款是否具有效力？

对于税费承担的约定是合同当事人对自身民事权利的合法处分，没有违反国家税收法律法规，该约定合法有效。

2. 纳税义务人在何种情况下要求实际负担税款一方给付？

纳税义务人是在没有缴纳相应税款的情况下可以要求实际负担税款一方给付，还是需要在缴纳了相应税款后才能向实际负担税款一方要求给付呢？

在介休市××煤业有限公司与山西××煤业有限公司合同纠纷一案中①，法院认为："上诉人系资产转让行为的纳税主体，虽然上诉人与被上诉人××煤业有限公司约定资产转让的税费由被上诉人承担，但未约定何时缴纳何种税费以及数额，上诉人在未缴纳税金，也没有相关主管部门确定税费种类及税费计算依据的情况下，请求被上诉人支付资产转让税金，没有事实依据。一审判决对于上诉人要求被上诉人支付其尚未缴纳的税费的请求不予支持，但提示其在实际缴纳税费后可另行主张权利的处理，并无不当，应予维持。"在西藏××投资有限责任公司与拉萨市××农场土地使用权转让合同纠纷一案中②，法院认为："双方对交易过程中由拉萨市××农场承担的增值税等税金，约定由西藏××投资有限责任公司支付，现行法律法规也没有禁止民事主体间的该类约定，且拉萨市××农场已向税务部门先行缴纳了相应的税金，故拉萨市××农场有权依据合同要求西藏××投资有限责任公司向其支付 4031359. 2 元的税款。"

税费负担条款只是在当事人之间形成了债权债务关系，并没有改变纳税义务人作为纳税主体的法律地位。因此，税款应由纳税义务人先行申报与缴纳后，才能向约定的实际负担税费的一方请求支付。

3. 纳税义务人有义务防止税款滞纳金数额的扩大。

由于实际负担税费的一方不是税款征收的向对方，对税务机关的征收行为没有提起行政复议或行政诉讼的主体资格，因此，纳税义务人有义务审核税务机关征收的数额，同时有义务防止滞纳金的产生及扩大；否则，因纳税义务人导致税款滞纳金数额的扩大，实际负担税费的一方有权不承担给付义务。

【风险提示】

虽然民事主体具有对税费的最后承担主体进行约定的自由，但是直接与税务机关交流沟通的纳税义务人有防止损失扩大的义务；如果因为纳税义务人的原因导致滞纳金增加，另一方主体有权不承担增加的部分。

---

① 山西省晋中市中级人民法院（2019）晋 07 民终 238 号民事判决书。

② 西藏自治区高级人民法院（2014）藏法民一终字第 11 号民事判决书。

【相关条文】

《中华人民共和国民法典》。

第一百三十三条 民事法律行为是民事主体通过意思表示设立、变更、终止民事法律关系的行为。

第一百三十四条 民事法律行为可以基于双方或者多方的意思表示一致成立，也可以基于单方的意思表示成立。

法人、非法人组织依照法律或者章程规定的议事方式和表决程序作出决议的，该决议行为成立。

判例四 合作开发房地产项目争议的成本费用税金如何计入项目成本

【裁判要旨】

合作开发房地产项目，合作各方拟纳入该项目成本费用核算的所有费用，均应以关联性、合理性和必要性为前提；人民法院的酌定裁量权，也应以合理性、必要性和关联性为基础。

【涉税案情】

上诉人（原审原告、反诉被告）：嵊泗甲房地产有限责任公司（以下简称“甲公司”）

被上诉人（原审被告、反诉原告）：舟山乙房地产开发有限公司（以下简称“乙公司”）

1. 2006 年 9 月，甲公司与乙公司、丙公司订立合作协议，约定三方共同出资合作开发房地产。合作期间，丙公司将其股份转让给乙公司，后甲公司与乙公司因合作事宜发生纠纷，甲公司遂向舟山市中级人民法院提起诉讼，该院经审理后于 2009 年 8 月 31 日做出（2009）浙舟民初字第 2 号民事判决。宣判后，甲公司与乙公司均不服该判决而向浙江省高级人民法院提出上诉，2009 年 11 月 18 日，该院经审理后做出（2009）浙民终字第 145 号民事裁定，以原审法院未就定案证据组织双方当事人进行庭审质证，违反法定程序为由，裁定发回舟山市中级人民法院重审。

2. 2011 年 10 月 21 日，舟山市中级人民法院经重审后做出（2010）浙舟民重字第 1 号民事判决：①乙公司自判决生效之日起十五日内向甲公司返还投资款 1325 万元、支付赔偿金 800 万元；②乙公司在判决生效后三个月内对合作项目未售 65 套房产及车库、车位、自行车位等完全实现销售收入后，结算 2010

年 5 月 31 日后发生的成本、税金、对外债权债务等，确定项目净利润后，按净利润 35%的比例向甲公司支付违约金；③驳回甲公司的其他诉讼请求。该判决认为，本合作项目的资金来源包括两部分，即乙公司、甲公司的投资款和截至现在（指该案判决时）已实现的销售收入，即约 1.3 亿元，而项目部的资金占用主要是销售成本，即约 8500 万元，相减差额约为 4500 万元，即本合作项目的现金流量较为宽裕。宣判后，甲公司、乙公司均不服该判决，向浙江省高级人民法院提出上诉，2012 年 7 月 6 日，该院做出（2011）浙民终字第 47 号民事判决：驳回上诉，维持原判。该案判决生效后经舟山市中级人民法院执行，其中的 1325 万元投资款及 800 万元赔偿款已由乙公司返还给甲公司，合作项目剩余的未售房产及车库、车位、自行车位也已按照 35%和 65%的比例经该院执行局执行，分别分配给甲公司、乙公司，由双方自行销售和纳税。但此后双方对于舟山市中级人民法院（2010）浙舟民重字第 1 号民事判决中“结算 2010 年 5 月 31 日后发生的成本、税金、对外债权债务等，确定项目净利润”的内容又发生争议，甲公司遂诉于法院。

3. 审理中，经甲公司、乙公司申请，法院委托舟山昌海会计师事务所对本案所涉房地产项目（檀香新村 61~64 幢房屋及车库、车位、自行车位）自 2010 年 5 月 31 日以后发生的成本、税金、对外债权、债务（包括应付税金及债务）进行审核以确定合作项目净利润。该所经审核后于 2016 年 8 月 19 日出具舟昌会专审字（2016）第 039 号《关于舟山乙房地产开发有限公司檀香新村 61~64 幢项目 2010 年 6 月至 2015 年 2 月期间收入成本费用及债权债务的专项审计报告》，意见为：合作项目尚可分配的利润为-2800029.77 元（2015 年 2 月止合作项目净利润 4645586.58 元减去合作项目已分配完毕的剩余房屋及车位应承担的企业所得税 7445616.35 元）。该报告同时对各种费用提出了相关的审核意见。

【争议焦点】

双方争议的各项费用能否列入合作项目成本？

【法院裁判观点】

本院认为，本案系合资、合作开发房地产合同纠纷，焦点在于双方争议的各项费用能否列入合作项目成本，对此分别阐述如下。

1. 绿化费 60000 元。乙公司主张该费用系合作项目绿化被檀香园老住户破坏后补种所发生，因保修问题至今未支付，故在（2010）浙舟民重字第 1 号案件中未主张。经查，上述费用对应的施工协议签订于 2010 年 1 月，发票开具时间为 2010 年 2 月 8 日，从协议签订及发票开具时间来看，相关绿化施工行为发生在2010年5月31日前的可能性较大。乙公司在（2010）浙舟民重字第1号案件中虽未主张该笔款项，但（2010）浙舟民重字第1号民事判决根据现场勘查情况，认定截至2010年5月31日合作项目的绿化费用为50万元，并剔除了乙公司主张的不合理费用66万余元，如本案所涉60000元绿化费用对应的施工行为发生在2010年5月31日前，则已包括在（2010）浙舟民重字第1号民事判决认定的50万元绿化费中，乙公司无权另行主张。现乙公司未能举证证明上述60000元绿化费对应的施工行为发生在2010年5月31日后，其要求将该笔款项列入2010年5月31日后合作项目成本的主张不能成立，一审判决未剔除该项费用错误，本院予以纠正。

2. 工资社保等支出3584641元。乙公司主张2010年6月至2015年2月共发放工资3584641元，月平均人数为14.17人至20.71人不等，一审判决以合作项目已进入开发后期、可适当减少人员配置为由，酌情调整该项费用正确。因一审判决未明确具体数额，本院根据合作项目实际，酌情确定在该项费用中剔除100万元，剩余2584641元列入成本。

3. 审计费57700元。该项费用系规范房地产企业资质管理产生，如乙公司未按规定进行审计，会影响合作项目的正常开发和销售，因合作项目系乙公司唯一开发项目，故该项费用可列入成本。

4. 小工费1779425元。小工费包括2010年列支的工地小工费1155000元、2010年至2013年在管理费用中列支的小工费624425元。前者是指合作项目规划调整前，檀香园老住户因围墙建设事宜阻挠施工，雇用社会人员阻止居民阻挠支付的费用，以及房屋交付前物业公司临时派人管理合作项目支付的费用；后者包括挖埋水电气管道及运输装卸费，小区延迟交付公共楼梯墙面损坏重新刷白及办公室装修费，楼梯及消防设施已过保修期的维修费用，施工时造成檀香园小区道路、水管损坏产生的零星修补费用。根据已查明的事实，合作项目施工过程中，确实存在周边老小区居民阻挠施工的情况，乙公司为维护施工秩序，必然额外支出一定的人工费用。合作项目因规划调整等因素延迟交房两年多，故在工程竣工、施工单位撤离现场后，必然产生相应的设施维护、物业管理费用，但水电气安装系专业工程，一般由行业指定单位施工，企业自行雇用小工进行施工的可能性较小，故乙公司主张的挖埋水电气管道及运输装卸费182000元不应列入项目成本。本院综合案件实际情况，酌情扣除乙公司主张的小工费600000元，剩余1179425元列入项目成本。

5. 车辆费用1628420.84元。车辆费用包括车辆折旧费、保险费1327602.41元，车辆使用费300818.43元。房地产开发客观上需要配备车辆，根据合作项目实际，可配置一辆车。乙公司主张车辆的所有权人系乙公司及其法定代表人孙志伟，一般而言，车辆折旧费及保险费由所有权人承担，车辆使用人承担车辆使用费，并合理补贴车辆使用损耗费用。按一辆车年租金 3 万元、年使用费 3 万元（包括汽油费及修理费）计算 5 年，一审判决将乙公司主张的车辆使用费 300818. 43 元列入成本并无不当。

6. 样板房装修费用 229530 元。乙公司主张合作项目销售过程中曾装修样板房，现样板房已被出售，买受人已拆除相关装修，但未对此提供证据。根据“谁主张谁举证”的原则，乙公司的该项主张难以成立，样板房装修费用不应列入合作项目成本，一审判决酌情支持该项费用错误，本院予以纠正。

7. 业务招待费 423432. 3 元。房地产开发中的业务招待费一般发生在项目开发前期及竣工验收前，2010 年 5 月 31 日后，合作项目已进入剩余房源销售阶段，故业务招待费应相应减少，乙公司主张的业务招待费明显过高，本院酌情确定列入成本的该项费用为 250000 元，剔除不合理费用 173432. 3 元。

8. 税金 134617. 96 元。税金包括个税 18155. 27 元、印花税 27253. 92 元、土地使用税 49135. 5 元、租金收入税 1596 元、车船使用税 4980 元、房租开票税金 1780 元及 7851. 36 元、小工开票税金 23865. 91 元。经审查，除印花税、土地使用税、租金收入税与合作项目相关外，乙公司主张的个税、车船使用税及开票税金均与合作项目无关，应予剔除，据此确定列入成本的税金为 77985. 42 元，剔除不合理费用 56632. 54 元。

9. 檀林花园 6 幢 404 室房租及税费、水电煤有线电视物业费等 154136. 06 元。2011 年起，合作项目已处于剩余房源销售阶段，并启用 63 幢 1701～1702 室作为办公用房，房屋面积约 200 平方米，基本能够满足日常办公需要，无须另行租赁办公用房，故一审判决未将该项费用列入合作项目成本正确。

10. 土地增值税税率。根据舟山市定海地方税务局城区税务分局于 2015 年 3 月 12 日出具的《土地增值税核定征收事项告知书》，合作项目土地增值税核定的征收率暂定为 5. 4%。甲公司提供了舟山市地税局 2009 年 11 月 9 日出具的答复意见，认为合作项目的土地增值税税率为 3%。经查，舟山市地税局答复意见依据的政策并不适用于合作项目，舟山市定海地方税务局城区税务分局系合作项目的直接征税单位，乙公司实际也按 5. 4%的税率缴纳土地增值税，甲公司如对税务部门核定的税率不服，可通过行政复议途径解决，一审判决按 5. 4%确定土地增值税税率正确。

11. 关于财务费用中列支甲公司债务利息 3073347. 41 元。该项费用系乙公司迟延履行（2010）浙舟民重字第 1 号民事判决确定的应付甲公司的赔偿款和返还投资款产生的延期支付利息，上述判决的履行义务主体系乙公司而非合作项目，故相应地迟延履行生效判决产生的利息 3073347.41 元应由乙公司承担，一审判决未将该项费用全额剔除错误，本院予以纠正。

12. 乙公司逾期交房和迟延履行法院生效判决产生的违约金及利息。违约金及利息包括乙公司逾期交房违约金 10900971.86 元及迟延履行相关判决的利息 2025799.96 元，逾期支付恒尊公司工程款、保修金利息 2468229.25 元。①逾期交房违约金。经查，合作项目开发过程中，确因规划调整导致逾期交房，由此造成的损失不应仅由乙公司承担。确系乙公司的过错导致房屋延迟交房，因双方系合资、合作开发房地产，甲公司选择与乙公司合作即意味着愿意承担项目开发可能存在的风险，而延迟交房系房地产开发时较为常见的风险，由此产生的逾期交房违约金应由双方共同承担，一审判决将其列入合作项目成本正确。②迟延履行生效判决的利息。根据（2010）浙舟民重字第 1 号民事判决认定的事实，2006 年 1 月 1 日至 2011 年 9 月 14 日，合作项目已预售房屋 85 套，总价款 90154355 元。截至 2010 年 5 月 31 日，合作项目共发生成本 85277918.06 元，其中，建安成本按核定金额而非实际支付计入成本，未包含项目预付的各项税金。因该案审理过程中，合作项目剩余房产被查封，实际未进行销售，考虑该判决未将各项税金计入成本及建安成本按核定金额而非实际支付计入成本等因素，可认定截至（2010）浙舟民重字第 1 号民事判决生效时即 2012 年 8 月，扣除投资款 4000 万元，合作项目收支基本平衡。经查，判令乙公司支付逾期交房违约金判决生效的时间为 2011 年 10 月，判令乙公司支付恒尊公司工程款及保修金判决生效的时间为 2011 年 12 月。如前所述，相关判决指定的履行期限届满时，合作项目除双方的投资款外，收支基本平衡，且合作双方正处于诉讼阶段，权利义务尚未确定，乙公司有理由暂不履行生效判决确定的义务。（2010）浙舟民重字第 1 号民事判决明确了双方的权利义务，根据该判决，乙公司应向甲公司返还投资款 1325 万元，按照权利义务对等原则，乙公司相应的投资款也应同时予以返还，而不应列为合作项目款项，故在剩余房产销售之前（均在本院执行阶段销售），合作项目客观上缺乏履行支付逾期交房违约金、工程款及保修金的能力，一审判决将逾期支付上述款项而产生的利息计入合作项目成本并无不当。

13. 关于乙公司主张的甲公司所获 800 万元赔偿款应交企业所得税 200 万元。800 万元赔偿款应由乙公司承担，与合作项目无关，乙公司将该款项作为合作项目成本费用在企业所得税税前列支不符合规定。根据舟山市普陀地方税务局沈家门第二税务分局向法院出具的情况说明，合作项目应补缴企业所得税

200 万元，该部分费用与甲公司无关。至于甲公司获得 800 万元赔偿款后缴纳的企业所得税，系甲公司的纳税事项，与合作项目无关，乙公司要求甲公司承担企业所得税 200 万元的主张缺乏依据。

14. 乙公司受让丙公司股权支付的补偿款 150 万元及向银行贷款的利息 6881436. 94 元。股权转让系乙公司自身的行为，系其为获得更多的合作项目股权所支付的对价，一审判决根据权利与责任对等原则，认定乙公司由此支付的补偿款及贷款利息与合作项目无关正确。

15. 关于甲公司提出的其他有异议的相关费用。经查，一审期间审计部门出具审计报告后，针对本案双方提出的质证意见，又专门出具了质证意见解答，并送达双方当事人，质证意见解答作为对审计报告的补充，可以作为法院判决的依据。审计部门在质证意见解答中，对甲公司提出的其他有异议的费用能否列入项目成本进行了认定，对其不能认定的会务费、职工培训费、中介费及咨询费等费用，因甲公司未举证证明与合作项目相关，可不予列支，据此酌情扣除相关费用 8 万元。

16. 乙公司返还甲公司垫付的企业所得税 2110037. 04 元是否应支付利息？本院 2015 年 2 月 3 日所做执行笔录载明，“分开后产生的税，涉及每套房子的部分各自去交，涉及总体项目的部分总体结算后按比例支付”。现在本案中双方同意结算时将各自分得房屋应缴纳的企业所得税均列入成本，一审据此认定甲公司垫付了合作项目应当承担的企业所得税，并据此判令乙公司支付相应的利息并无不当。

综上所述，乙公司主张的部分成本不合理，应予剔除，具体金额为 6754680. 72 元。甲公司主张 2012 年 11 月 19 日以后合作项目发生的成本费用应予剔除缺乏依据，本院不予支持。关于双方未分割的车库一间，乙公司主张以 27 万元的价格出售，甲公司对此无异议，可将该款项计入合作项目利润。审计单位认定合作项目可分配的利润为-2800029. 77 元，扣除不合理的成本费用 6754680. 72 元，再加上车库出售款 270000 元，本院认定合作项目的可分配利润为 4224650. 95 元，与一审判决认定的利润 4000000 元相差 224650. 95 元。考虑到合作项目涉及金额较大，一审、二审法院对部分费用的认定均系酌情，相应的差额尚在合理的自由裁量范围内，故本院对一审法院酌情确定的项目利润不再予以调整。

综上所述，上诉人甲公司、乙公司的上诉请求部分成立，本院予以确认。一审判决事实认定清楚，对部分费用的认定虽有不当，但最终实体处理并无明显不当，本院予以维持。

最终法院驳回上诉，维持原判。

二审案件受理费 90321 元，由甲公司负担 50712 元，乙公司负担 39609 元。

本判决为终审判决。

【税务律师案例评析】

1. 本案包含两个相关联的诉讼，一是甲公司与乙公司的合作协议纠纷，二是就其中所涉判项的处理纠纷。其中，第一个是纠纷是针对舟山市中级人民法院做出（2010）浙舟民重字第 1 号民事判决内容：①乙公司自判决生效之日起十五日内向甲公司返还投资款 1325 万元、支付赔偿金 800 万元。②乙公司在判决生效后三个月内对合作项目未售 65 套房产及车库、车位、自行车位等完全实现销售收入后，结算 2010 年 5 月 31 日后发生的成本、税金、对外债权债务等，确定项目净利润后，按净利润 35%的比例向甲公司支付违约金；后舟山市中级人民法院在执行时将合作项目剩余的未售房产及车库、车位、自行车位也已按照 35%和 65%的比例进行了实物分配。第二个纠纷是就判决第二项“合作项目未售 65 套房产及车库、车位、自行车位等完全实现销售收入后，结算 2010 年 5 月 31 日后发生的成本、税金、对外债权债务等，确定项目净利润”中的“2010 年 5 月 31 日后发生的成本、税金、对外债权债务等”内容发生争议。

2. 本案所涉几笔重要费用的认定。

（1）乙公司逾期交房和迟延履行法院生效判决产生的违约金及利息。违约金及利息包括乙公司逾期交房违约金 10900971. 86 元及迟延履行相关判决的利息 2025799. 96 元，逾期支付恒尊公司工程款、保修金利息 2468229. 25 元。关于逾期交房违约金，法院认为，甲公司选择与乙公司合作即意味着愿意承担项目开发可能存在的风险，而延迟交房系房地产开发时较为常见的风险，由此产生的逾期交房违约金应由双方共同承担；关于迟延履行生效判决的利息，合作双方正处于诉讼阶段，权利义务尚未确定，乙公司有理由暂不履行生效判决确定的义务。合作项目客观上缺乏履行支付逾期交房违约金、工程款及保修金的能力，一审判决将逾期支付上述款项产生的利息计入合作项目成本并无不当。

（2）关于财务费用中列支甲公司债务利息 3073347. 41 元。该笔费用的履行义务主体系乙公司而非合作项目，故相应地迟延履行生效判决产生的利息 3073347. 41 元应由乙公司承担。

（3）关于乙公司主张的甲公司所获 800 万元赔偿款应交企业所得税 200 万元。合作项目应补缴企业所得税 200 万元，该部分费用与甲公司无关。至于甲公司获得 800 万元赔偿款后缴纳的企业所得税，系甲公司的纳税事项，与合作项目无关，乙公司要求甲公司承担企业所得税200万元的主张缺乏依据。

（4）乙公司受让丙公司股权支付的补偿款150万元及银行贷款利息6881436.94元。股权转让系乙公司自身的行为，系其为获得更多的合作项目股权所支付的对价，乙公司由此支付的补偿款及贷款利息与合作项目无关。

3. 合作开发项目中发生的成本费用等，应以实际用于合作项目，由合作项目予以承担为前提进行核算和分摊。如属于单方费用，均不得计入合作项目的成本。

【风险提示】

1. 甲、乙公司作为民事主体开展项目合作，双方约定以实际发生应归属于合作项目费用作为扣除项目，再计算各自应分得的利润。这些费用包括利息、违约金、罚款，以及未能取得合规票据的费用等。

2. 进行项目会计核算时，未取得合规票据的费用，超过金融机构规定的借款利息、罚款等，不能作为企业所得税税前扣除的依据，在企业所得税年度汇算时应进行纳税调增处理。

3. 双方在进行项目合作时，应对民事主体双方之间的权利义务以及整个项目在税收义务层面的费用扣除有清晰的认知，擅自以不合规以及不属于本项目的费用支出进行项目成本列支，纳入企业所得税汇算清缴，是多列支成本以逃避税收的责任行为。

【相关条文】

1.《中华人民共和国企业所得税法》。

第八条 企业实际发生的与取得收入有关的、合理的支出，包括成本、费用、税金、损失和其他支出，准予在计算应纳税所得额时扣除。

第十条 在计算应纳税所得额时，下列支出不得扣除：

……

（八）与取得收入无关的其他支出。

2.《房地产开发经营业务企业所得税处理办法。

第十四条 已销开发产品的计税成本，按当期已实现销售的可售面积和可售面积单位工程成本确认。可售面积单位工程成本和已销开发产品的计税成本按下列公式计算确定：

可售面积单位工程成本＝成本对象总成本÷成本对象总可售面积

已销开发产品的计税成本＝已实现销售的可售面积×可售面积单位工程成本

判例五 转让房地产在建工程如何证明企业所得税已经缴纳

【裁判要旨】

企业所得税应纳税所得额是按每一纳税年度计算，而非按企业具体交易项目计算，企业所得税法定纳税主体负有证明提交的年度企业所得税申报表已包含了涉案项目转让相关的企业所得税的举证责任。

【涉税案情】

再审被申请人（一审原告、二审上诉人）：合肥甲房地产投资有限公司（以下简称“甲公司”）

再审申请人（一审被告、二审上诉人）：合肥乙公司（以下简称“乙公司”）

1. 甲公司与乙公司签订《在建工程土地使用权转让协议》（以下简称《转让协议》）及《在建工程土地使用权转让补充协议》（以下简称《补充协议》），就甲方拥有的一块在建工程及土地使用权转让给乙方有关事宜达成一致，乙方负责办理上述土地的国有土地使用权证变更手续，甲方无偿提供必需的材料、证件，并配合完善手续、签章以及税务事宜。涉及土地过户的一切费用和税金均无须甲方承担，在本协议生效前后，上述在建工程项目及转让的国有土地发生的一切税金、费用及债务等全部由乙方承担，与甲方无关。如甲方因此实际支付相关税费，则按甲方实际支付税金、费用总额的20%向甲方支付违约金。

2. 2011 年 3 月 29 日，乙公司向甲公司转账支付 1000 万元，作为缴纳税收的保证金。2011 年 4 月，案涉项目办理变更登记手续，由甲公司变更至乙公司名下。2011 年 8 月 19 日，乙公司向甲公司出具一份承诺函，承诺其将按照《转让协议》中涉及的具体税额缴纳，如未能及时全额缴纳，甲公司有权使用乙公司支付的完税保证金代为足额缴纳，不足部分由乙公司补足。

3. 2012 年 12 月 27 日，乙公司与甲公司在合肥新站管委会的协调下，达成一份会议纪要，主要内容如下：乙公司与甲公司于 2009 年 12 月 18 日签订《转让协议》，双方于 2011 年 4 月办理了上述项目土地及项目过户等相关手续。2011 年 3 月，乙公司转付至甲公司银行账户上述项目转让事项企业所得税清算的完税保证金 1000 万元。因有关票据问题，双方经多次协商未能就税务申报清算事务达成共识。与会人员经过讨论、协商并达成如下共识：①上述项目所涉的税务问题引发的责任及相应税务处罚由乙公司承担，与甲公司无关。②参会人员签字见证后，甲公司于次月进行上述项目相关税务申报、缴税及退还剩余完税保证金事宜，税款由甲公司以乙公司缴纳的完税保证金 1000 万元代为缴纳，申报结束后，甲公司将剩余的完税保证金退还给乙公司；完税保证金不足的，由乙公司向甲公司补齐。

【争议焦点】

1. 乙公司认为：甲公司应归还乙公司完税保证金 1000 万元。案涉项目土地使用权证系于 2011 年 4 月 18 日变更至乙公司名下，所属纳税年度为 2011 年，根据相关规定，企业应该于 2012 年 5 月 31 日前完成汇算清缴。根据合肥市国家税务局第一稽查局于 2013 年 9 月 2 日出具的税务处理决定书，对甲公司 2009 年 1 月 1 日至 2011 年 12 月 31 日企业所得税纳税情况进行了稽查，未发现案涉项目存在欠缴企业所得税款等情形。因此，甲公司归还完税保证金的条件已经成就。

2. 甲公司认为：乙公司未充分举证证明返还完税保证金的条件成立。乙公司交付甲公司的 1000 万元完税保证金，性质是完税保证金，具有担保性质，属于质押金。在涉案项目企业所得税汇算清缴完毕之前，甲公司无须返还该保证金。甲公司已对实际缴纳企业所得税及相关滞纳金的事实进行了充分举证，相关证据已形成完整证据链，足以证明甲公司先后分三次为涉案项目转让缴纳了企业所得税款 6243275. 22 元、滞纳金 1728755. 8 元。

【法院裁判观点】

1. 在建工程及土地使用权转让产生的转让财产收入依法应当计入企业每一纳税年度的收入总额缴纳相应的企业所得税。《中华人民共和国企业所得税法》第五条规定，企业每一纳税年度的收入总额，减除不征税收入、免税收入、各项扣除以及允许弥补的以前年度亏损后的余额，为应纳税所得额。企业所得税按纳税年度计算，自公历 1 月 1 日起至 12 月 31 日止。上述规定表明，企业应纳税所得额是按每一纳税年度计算，而非按企业具体交易项目计算。因此，本案事实上无法就涉案项目纳税情况取得相应的完税证明。

2. 甲公司作为企业所得税的法定纳税主体，负有证明提交的年度企业所得税申报表已包含了涉案项目转让相关的企业所得税的举证责任。甲公司提交的证据仅能证明甲公司缴纳了纳税年度的相关企业所得税及相应的滞纳金，不足以证明甲公司就涉案项目转让缴纳了企业所得税，也未能举证证明涉案项目仍存在税务风险。因此，应按照约定退还相应的完税保证金。

【税务律师案例评析】

1. 企业所得税应纳税所得额如何确定？

根据《中华人民共和国企业所得税法》第五条和第五十四条之规定，企业每一纳税年度的收入总额，减除不征税收入、免税收入、各项扣除以及允许弥补的以前年度亏损后的余额，为应纳税所得额。企业所得税分月或者分季预缴，自年度终了之日起五个月内，向税务机关报送年度企业所得税纳税申报表进行汇算清缴，结清应缴应退税款。

因此，企业所得税按纳税年度（自公历 1 月 1 日起至 12 月 31 日止）进行计算，实行的分月或分季度预缴，自年度终了之日起五个月内汇算清缴，而不是按照单个交易进行缴纳。

2. 如何证明某一项目转让所得已经缴纳了企业所得税？

基于企业所得税汇算清缴的特点，对于企业某个项目转让所得所涉的企业所得税，如何证明已经完成了纳税义务？这就需要企业所得税纳税义务人提交相关项目的收入入账及成本结转的有关财务及申报缴纳资料。

【风险提示】

企业所得税属于法人税种，针对企业一个纳税年度的应纳税所得额，企业所得税纳税义务人要证明其已经缴纳了企业所得税，则需要提交收入入账及成本结转等有关财务及申报缴纳资料。因此，通过项目方式合作的民事主体应注意保存相关资料。

【相关条文】

《中华人民共和国企业所得税法》。

第五条 企业每一纳税年度的收入总额，减除不征税收入、免税收入、各项扣除以及允许弥补的以前年度亏损后的余额，为应纳税所得额。

第五十四条 企业所得税分月或者分季预缴。

企业应当自月份或者季度终了之日起十五日内，向税务机关报送预缴企业所得税纳税申报表，预缴税款。

企业应当自年度终了之日起五个月内，向税务机关报送年度企业所得税纳税申报表，并汇算清缴，结清应缴应退税款。

企业在报送企业所得税纳税申报表时，应当按照规定附送财务会计报告和其他有关资料。

判例六　商品房包销溢价款的增值税差额及附加税应如何承担

【裁判要旨】

如税法主体通过合同约定分配了税款的最终负担，当事人的意思自治行为就受到民事法律的约束，民事法律有权对该约定进行评价；如税法主体未就税款的最终负担做出约定，则税款负担问题并未进入民事法律领域，各税法主体只能按照税法的规定承担各自的税款，民事法律无权对其进行评价。

【涉税案情】

再审申请人（一审原告、上诉人）：江西甲网络信息股份有限公司（以下简称“甲公司”）

再审申请人（一审被告、被上诉人）：江西省乙投资发展有限公司（以下简称“乙公司”）

1. 2017 年 3 月 31 日，乙公司（甲方）、甲公司（乙方）签订《广昌县滨江壹号房地产项目包销合同》，约定：甲方采取包销方式委托乙方代理销售滨江壹号房产。包销代理期限：合同起始日期为自合同签字生效后且乙方合同履约保证金首笔款项支付到账之日起，终止日期为本合同包销物业完成 95% 销售（以签订商品房买卖合同为准），乙方人员撤出销售现场之日。底价与溢价：甲、乙双方确定项目底售价格为现行甲方执行的对外销售实际成交价格基础上再下浮 2%，由乙方制定房源的底售价格表，甲方审核底售价格确认达到甲乙双方约定价格。在实际销售中超出单位房源销售底价的部分视为溢价部分，溢价部分归乙方所得，结算方式如下：销售溢价 = 售出单位累计合同总金额 - 售出单位销售底价总金额。结算时间及程序：乙方每月 30/31 日将已成交房源结算单提供给甲方审算，甲方在三个工作日内将签章确认的结算单交回给乙方；乙方在收回结算单两个工作日内提交溢价发票（增值税专用发票），甲方收到乙方溢价发票（增值税专用发票）后七个工作日内将溢价划转至乙方账号。

2. 合同履行期间，因滨江壹号某楼乙公司未取得房屋预售许可证，甲公司无法促成买受人与乙公司签订《商品房买卖合同》，双方经协商提前中止合同。2018 年 9 月 17 日，双方签订《滨江壹号项目结案协议》，就包销协议的履行及结案相关事宜做出约定：①代理费履行情况，在乙方全部履行合同义务后，代理费共计 13945141 元，已结算 10722038 元，甲方结欠乙方代理费 3223103 元，应返还乙方保证金 6060579 元，共计 9283682 元。②剩余应由乙方完成的工作，乙方不再履行，由甲方自行处理。为此，双方结算，按乙方完成的工作量，甲方只需要支付乙方代理费1200000元，并返还保证金6060579元，共计7260579元，甲方在乙方付清所有工作人员佣金后及收到乙方开具1200000元的专项税务发票后三个工作日内全部付清。签订协议后，甲公司按约付清工作人员佣金，并于2018年9月19日向乙公司出具增值税专用发票12张共计1200000元，乙公司按约于2018年9月17日退回甲公司保证金6060579元，但仅向甲公司支付代理费439421元，剩余代理费760579元至今未支付。

【争议焦点】

1. 甲公司认为：在税法有明确规定的情况下，径行越过法律规定直接适用法律原则，判决甲公司承担乙公司的纳税义务，适用法律错误，属于对公平原则的适用滥用，不仅导致个案的不公平，而且是对税法关于税率不同规定的无视。

2. 乙公司认为：销售的全部商品房款项（含双方合同约定的溢价款）产生的税费，因乙公司是销售方及销售款收款方，税务部门只向乙公司征收。但涉案的溢价款全部由甲公司收取，税务部门向乙公司征收了甲公司享有的溢价款对应的税费，双方未对税费负担问题达成一致意见，甲公司应当承担该部分款项对应的税费。

【法院裁判观点】

1. 关于溢价款的性质问题。从乙公司的角度分析，乙公司从购房者获得商品房销售款（包括底价款和溢价款），乙公司有一个商品房销售行为，其取得的是商品房销售款。从甲公司的角度分析，双方签订的项目包销合同、项目结案协议约定明确，甲公司从乙公司收取的溢价款的性质即代理费，系甲公司为乙公司提供商品房销售代理服务取得的对价。

2. 《中华人民共和国增值税暂行条例》针对不同的应纳税行为做了区分，销售不动产的税率是11%，提供服务的税率是6%。本案中，乙公司是商品房销售公司，其向购房人销售商品房的行为是应税行为，其在收取购房人商品房款项的同时必须依税法的规定，向购房人开具不动产销售发票，税率是11%。甲公司是代理服务提供商，其为乙公司提供商品房销售代理服务，获得代理费的同时向乙公司开具代理服务费发票，税率是6%。两者的纳税主体、应税行为、税率均不同，不能混为一谈。

3. 在判决中直接适用民法公平原则须慎重，如税法主体通过合同约定分配了税款的最终负担，此时当事人的意思自治行为就受到民事法律的约束，民事法律有权对该约定进行评价；如税法主体未就税款的最终负担做出约定，则税款负担问题并未进入民事法律领域，各税法主体只能按照税法的规定承担各自的税款，民事法律无权对其进行评价。乙公司要求甲公司承担溢价款的增值税差额及相关附加税的答辩理由，没有法律依据。乙公司未按项目结案协议的约定支付代理费构成了违约，本院对甲公司要求乙公司支付剩余代理费及违约金的请求予以支持。

【税务律师案例评析】

1. 准确认定各主体之间的法律关系是判断纳税主体、确定适用税率的关键。

民事法律关系纷繁复杂，准确认定各主体之间的法律关系是确定各方主体纳税义务以及使用税率的关键。

本案中，根据当事人之间的约定，乙公司与甲公司之间是委托代理关系，乙公司将其商品房委托给甲公司销售，甲公司提供的是服务，其获得的溢价款是服务费用的一部分，增值税税率为6%。

2. 民法公平原则在税款负担问题上应如何适用?

税收法定原则是税法领域的一项基本原则，在税法制定过程中考虑了市场主体因主体性质不同、提供商品服务种类不同等因素而适用不同的税种、不同的税率、不同的税收优惠政策。比如，有的商品会征收消费税，有的商品则不会征收消费税；有的行为适用的增值税税率为11%，有的适用的增值税税率为6%。因此，在各方主体对税款承担没有约定的情况下，应该严格适用税法之规定；只有在各方主体对税款承担有意思自治之约定的情况下，才有民法进行调整的可能。

【风险提示】

确定税种及税率的前提条件是要确定交易的性质，不同的交易方式所涉及的税种、税率不同。因此，民事主体在进行相关民事行为时，要提前测算税负，在合规的前提下选择税负较低的交易方式。

【相关条文】

1.《中华人民共和国民法典》。

第六条 民事主体从事民事活动，应当遵循公平原则，合理确定各方的权利和义务。

2.《中华人民共和国税收征收管理法》。

第三条 税收的开征、停征以及减税、免税、退税、补税，依照法律的规定执行；法律授权国务院规定的，依照国务院制定的行政法规的规定执行。

任何机关、单位和个人不得违反法律、行政法规的规定，擅自作出税收开征、停征以及减税、免税、退税、补税和其他同税收法律、行政法规相抵触的决定。

判例七　法拍房税费承担条款是否有效，房地产企业是否有权向法院起诉要求买受人承担

【裁判要旨】

司法拍卖公告中虽规定所涉税费由买受人承担，但该约定并未改变法定纳税义务主体，仅是买受人以纳税人的名义支付税金，符合当事人意思自治原则，不违反税收法律、法规的强制性规定。吴桥甲房地产开发有限责任公司作为法定纳税义务人向人民法院请求判令上诉人蔡某某支付相应税款，未提供证据证明其实际缴纳税款，也无法证明税款的具体数额，不符合民事案件立案条件。

【涉税案情】

上诉人（原审被告）：蔡某某

被上诉人（原审原告）：吴桥甲房地产开发有限责任公司（以下简称“吴桥甲公司”）

1. 石家庄市新华区人民法院依据已经发生法律效力的（2015）新民二初字第470号民事调解书，于2017年12月11日10时至12月12日10时在阿里巴巴司法拍卖网络平台拍卖本案被上诉人吴桥甲公司名下位于吴桥县产，拍卖公告第六条规定，“标的物转让登记手续由买受人自行办理，所涉及的一切税、费及其可能存在的物业费、水、电等欠费均由买受人承担（或其他约定方式）”。2017年12月12日，本案上诉人蔡某某以528720元的最高价竞得，石家庄市新华区人民法院做出（2015）新执字第913-29号执行裁定书和成交确认书予以确认。

2. 2018年3月30日，吴桥县地方税务局向吴桥甲公司送达吴桥地税通（2018）4010号税务事项通知书，限原告自接到通知之日起十五日内到吴桥县地方税务局征收分局申报缴纳税款。双方争议至今未决，涉案相应税款未缴纳到位，税务机关已经限制原告办理相关涉税业务。

3. 被上诉人吴桥甲公司向人民法院请求判令上诉人蔡某某支付款项72963.36元，提供了以下证据：①吴桥县地方税务局2018年3月30日给被上诉人吴桥甲公司发出的税务事项通知书一份，内容为：“你单位2017年12月经石家庄市新华区人民法院拍卖的坤泰龙城商品房应于2018年1月18日前申报缴纳税款，至今未申报缴纳，限你单位自接到本通知之日起十五日内到吴桥县地方税务局征收分局申报缴纳税款。”②被上诉人吴桥甲公司认为，上诉人蔡某某应缴纳税款明细表一份，主要内容为：增值税26436元，应由国家税务机关收取；城市维护建设税1321.80元；教育费附加793.08元；地方教育附加

528.72元；印花税264.36元；土地增值税26436元；企业所得税17183.4元，共计72963.36元。③石家庄市新华区人民法院拍卖公告一份，其中第六条规定："标的物转让登记手续由买受人自行办理，所涉及的一切税、费及其可能存在的物业费、水、电等欠费均由买受人承担（或其他约定方式）。"

4. 在一审审理过程中，一审法院向吴桥县地方税务局就税种和税率进行核实，吴桥县地方税务局于2018年5月16日给原审法院出具说明，主要内容如下。按照相关法律法规，商品房销售过程中应由开发商承担的由地方税务局征收的税种有：城市维护建设税税率5%；教育费附加税率3%；地方教育附加税率2%；印花税税率0.05%；土地增值税预征税率2%；企业所得税税率25%，应税所得率为13%。

一审法院判决支持吴桥甲公司的诉讼请求，蔡某某不服，向二审法院提起上诉。二审法院裁定撤销一审判决，驳回吴桥甲公司的起诉。

【争议焦点】

司法拍卖公告规定所涉税费由买受人承担，此税费承担条款是否有效？卖方是否有权向法院起诉要求买受人承担？

【法院裁判观点】

1. 一审法院认为，吴桥甲公司和蔡某某之间产生特殊意义上的商品房销售合同法律关系，双方的权利义务应依拍卖公告条款确定。第一，"拍卖公告第六条"合法有效。我国税收管理方面的法律法规对于各种税款的征收均明确规定了纳税义务人，但是并未禁止纳税义务人与合同相对人约定由合同相对人或第三人缴纳税款。税法对于税种、税率、税额的规定是强制性的，而对于实际由谁缴纳税款并没有做出强制性或禁止性规定，纳税主体将这部分税金与他人约定，由他人承担，可理解为他人以纳税主体的名义支付税金，纳税主体仍是原来的纳税义务人，并未违反国家强制性法律、法规的规定。第二，"拍卖公告第六条"内容明确。按照正常语法和逻辑理解，"拍卖公告第六条"包含三项内容：一是"标的物转让登记手续由买受人自行办理"，双方对此均无争议；二是"所涉及的一切税、费及其可能存在的物业费、水、电等欠费均由买受人承担"应指涉及拍卖房产的一切税费，而非仅指办理转让登记的税费；三是"（或其他约定方式）"是指如有另行约定则按另行约定，如无另行约定，则按照本条前述约定，而非如无另行约定就按照法定承担税费。第三，蔡某某拒绝支付涉案款项行为已构成实质违约。第四，蔡某某拒绝支付涉案款项行为已经对吴桥甲公司产生实际损害。吴桥甲公司基于对人民法院"拍卖公告第六条"的信任，认为蔡某某应当依约定缴纳全部税款，但蔡某某未全面履行缴纳税款义务，导致税务机关依法向法定纳税主体（吴桥甲公司）下达征税通知催收税款，并造成吴桥甲公司的其他涉税经营业务受到影响，这足以证实蔡某某违约行为已经对原告的合法权益产生了损害，故吴桥甲公司完全具备诉讼主体资格。

2. 二审法院认为，《中华人民共和国民事诉讼法》第一百二十二条规定："起诉必须符合下列条件：（一）原告是与本案有直接利害关系的公民、法人和其他组织；（二）有明确的被告；（三）有具体的诉讼请求和事实、理由；（四）属于人民法院受理民事诉讼的范围和受诉人民法院管辖。"本案被上诉人吴桥甲公司向人民法院请求判令上诉人蔡某某支付相应税款，但根据其提供的证据，只有吴桥县地方税务局向其发出的税务事项通知书，其并没有实际缴纳税款，并且税务事项通知书中也没有具体的税款数额；吴桥县地方税务局给原审法院出具的说明，也只明确了税种和税率，并没有说明具体应缴税额；被上诉人吴桥甲公司主张上诉人蔡某某应缴纳的增值税，系应由国家税务机关收取的税种，但被上诉人吴桥甲公司既没有实际缴纳，也没有吴桥县国税局的说明和缴税通知书。综合以上情况，被上诉人吴桥甲公司的起诉没有事实理由，不符合法定的民事案件立案条件，原审法院予以受理并做出实体判决不当，依法应予纠正。

【税务律师案例评析】

1. 法院拍卖房产（以下简称"法拍房"）涉及的税费承担问题一直是法拍房交易中的热点之一。《最高人民法院关于人民法院网络司法拍卖若干问题的规定》第三十条规定："因网络司法拍卖本身形成的税费，应当依照相关法律、行政法规的规定，由相应主体承担；没有规定或者规定不明的，人民法院可以根据法律原则和案件实际情况确定税费承担的相关主体、数额。"本案中二审法院虽然并未对税费承担问题进行正面回应，但其在分析吴桥甲公司提供的证据问题时，即已实质性地支持了一审法院对于司法拍卖公告关于约定税费由买受人承担的观点——司法拍卖公告中约定所涉税费由买受人承担，并未改变法定纳税义务主体，仅是买受人以纳税人的名义支付税金，也就是税款承担主体可进行约定，符合当事人意思自治原则，不违反税收法律、法规的强制性规定，也不与《最高人民法院关于人民法院网络司法拍卖若干问题的规定》第三十条相冲突。

2. 虽然税费承担条款有效，但法拍房所有税费是否均应由买受人承担？对于法拍房，买方涉及的税费主要包括契税、印花税，而卖方涉及的税费包括增值税、城市维护建设税、土地增值税、企业所得税、个人所得税等。我们认为，有两类税费不应由买受人承担：一是非司法拍卖本身形成的税费；二是不确定的税款，特别是预缴税款。首先，买受人承担的税费仅应是本次司法拍卖形成的，如拍卖成交时确定的买卖双方应承担的相应税费，不包含在司法拍卖之前被执行人已欠下的税费，如房产税、城镇土地使用税。其次，司法拍卖形成的税费应是确定的数额，不确定的税款不应要求买受人支付，如预缴税款。预缴税款是指在实际纳税时间未到的情况下，提前缴纳的税款，如预缴的企业所得税、一般计税方法下的增值税等。由于预缴税款并非纳税义务人承担的最终税款，数额具有不确定性，不应由税款承担主体即买受人承担。

3. 本案除明确税费承担条款的有效性外，对于卖方诉权问题也进行了分析——卖方只有在缴纳税款后才有权向法院起诉要求买受人承担。本案之所以被驳回起诉，是因为吴桥甲公司无法证明其已实际缴纳了税款，也无法证明具体应缴纳的税款金额。二审法院认为，吴桥甲公司没有具体的事实理由而不符合立案条件。本案为商品房销售合同纠纷，卖方吴桥甲公司作为法定纳税义务人，在买受人未承担税费时，应在自行缴纳税款后再向买受人主张税款，而其无法举证证明缴纳了相应税款/具体的税款数额。法院若以实体问题驳回诉讼请求便直接剥夺了吴桥甲公司再次起诉的权利，二审法院或是出于此种考虑，驳回起诉而未做实体审查。

【风险提示】

买受人在竞拍法拍房前，应仔细阅读拍卖公告，知晓税费承担等问题。替卖方承担相关税费后欲向卖方主张追偿的，应收集好实际缴纳税款的证据，以便更好地主张权利。

【相关条文】

1. 《最高人民法院关于人民法院网络司法拍卖若干问题的规定》（法释〔2016〕18号）。

第十二条 网络司法拍卖应当先期公告，拍卖公告除通过法定途径发布外，还应同时在网络司法拍卖平台发布。拍卖动产的，应当在拍卖十五日前公告；拍卖不动产或者其他财产权的，应当在拍卖三十日前公告。

拍卖公告应当包括拍卖财产、价格、保证金、竞买人条件、拍卖财产已知瑕疵、相关权利义务、法律责任、拍卖时间、网络平台和拍卖法院等信息。

第十三条 实施网络司法拍卖的，人民法院应当在拍卖公告发布当日通过网络司法拍卖平台公示下列信息：

（一）拍卖公告；

（二）执行所依据的法律文书，但法律规定不得公开的除外；

（三）评估报告副本，或者未经评估的定价依据；

（四）拍卖时间、起拍价以及竞价规则；

（五）拍卖财产权属、占有使用、附随义务等现状的文字说明、视频或者照片等；

（六）优先购买权主体以及权利性质；

（七）通知或者无法通知当事人、已知优先购买权人的情况；

（八）拍卖保证金、拍卖款项支付方式和账户；

（九）拍卖财产产权转移可能产生的税费及承担方式；

（十）执行法院名称，联系、监督方式等；

（十一）其他应当公示的信息。

第三十条 因网络司法拍卖本身形成的税费，应当依照相关法律、行政法规的规定，由相应主体承担；没有规定或者规定不明的，人民法院可以根据法律原则和案件实际情况确定税费承担的相关主体、数额。

2.《中华人民共和国民事诉讼法》。

第一百二十二条 起诉必须符合下列条件：

（一）原告是与本案有直接利害关系的公民、法人和其他组织；

（二）有明确的被告；

（三）有具体的诉讼请求和事实、理由；

（四）属于人民法院受理民事诉讼的范围和受诉人民法院管辖。

判例八　股权转让协议约定转让方提供指定金额可计入项目开发成本的发票是否违反强制性规定

【裁判要旨】

在房地产开发项目中，可用于抵扣土地增值税和企业所得税的金额在交易实际发生之前无法准确预估，交易双方约定提供发票的金额和支付的包干费密切相关，是双方对交易成本的预估、控制和交易风险的分担，而非为了偷逃税收而专门约定，不具有虚开发票的目的，不属于以合法形式掩盖非法目的，未违反法律、行政法规的强制性规定。

【涉税案情】

再审申请人（一审原告、二审被上诉人）：海南甲置业有限公司（以下简称“甲公司”）

再审被申请人（一审被告、二审上诉人）：恒大地产集团海南有限公司乙地产集团海南有限公司（以下简称“乙海南公司”）

1. 甲公司（甲方）与乙海南公司（乙方）签订的《海口新外滩开发有限公司股权转让合同补充协议（一）》（以下简称《补充协议一》）第四条第二款约定，“甲方向乙方累计提供税务部门认可的、可作为项目公司土地增值税税前抵扣成本的发票调整为不少于 80000 万元”。同时，在包干费扣减及调整条款中约定，“如甲方未按本协议约定向乙方提供发票及相关合同及资料或未足额提供的，发票总额未足 5.75 亿元则乙方按差额部分的 50% 直接扣减包干费，超出 5.75 亿元未足 8 亿元则乙方按差额部分的 40% 直接扣减包干费”。

2. 甲公司与乙海南公司、海南鼎圣投资有限公司（以下简称“鼎圣公司”）（丙方）签订的《海口新外滩开发有限公司股权转让三方协议之补充协议》（以下简称《三方补充协议一》）第五条约定，“甲、丙方负责向乙方或乙方指定公司提供不少于增加包干费金额 89169371.61 元税务机关认可的可计入项目公司开发成本、可在项目公司企业所得税、土地增值税税前抵扣的开发成本发票金额，发票应当真实、合法、有效。甲方还应提供与上述发票相关的合同及资料。如甲方未按本协议约定向乙方提供发票及相关合同及资料或未足额提供的，乙方有权按差额部分的 40% 直接扣减原合同乙方应支付的包干费”。

【争议焦点】

1. 甲公司认为：《补充协议一》中关于提供 8 亿元发票有 2 亿元没有客观根据，该约定的实际意图是要求甲公司设法为乙海南公司取得金额高达 2 亿元的虚开发票。同理，《三方补充协议一》中约定的 89169371.61 元实际上对应的是乙海南公司向平安信托贷款融资产生的利息，与项目公司的经营活动或案涉地块的开发并无实际关联。在项目公司未进行相应经营活动、未发生相应成本的情况下，乙海南公司却不合情理地要求甲公司与鼎圣公司提供可计入项目公司开发成本，可在项目公司企业所得税、土地增值税税前抵扣的开发成本发票 89169371.61 元，属于虚开发票的违法行为。

2. 乙海南公司认为：因甲公司未依约足额开具符合约定的发票，乙海南公司有权按照约定扣减包干费。首先，甲公司向乙海南公司开具 8 亿元、89169371.61 元发票是明确约定的合同义务。其次，该义务的约定并没有因违反法律、行政法规的效力性强制性规定无效。在双方往来的函件中，甲公司认可未足额提供发票的原因是拆迁未完成，甲公司一再承诺尽快补齐剩余发票。乙海南公司并非要求甲公司提供相等金额的发票，更不会违反法律规定要求甲公司提供所谓的虚开发票。因此，考虑到发票金额直接影响到项目公司的股权价值，故对发票金额与包干费的价格调整做出约定，该约定是合法有效的。

【法院裁判观点】

《补充协议一》第四条第二款和《三方补充协议一》第五条关于开具发票的约定是否属于以合法形式掩盖违法目的？首先，根据《补充协议一》第一条的约定，甲公司有调整规划指标和取得相关证件的义务、有负责完成涉案地块上余留的建筑物及构筑物拆迁工作的义务，且从双方的往来函件来看，甲公司自认未足额提供发票的原因是拆迁尚未完成，承诺尽快补齐剩余发票。因此，甲公司合同义务中有可以取得抵扣发票的交易行为，并非没有实际交易活动的虚开发票目的。其次，根据《中华人民共和国土地增值税暂行条例》第六条规定，“计算增值额的扣除项目：（一）取得土地使用权所支付的金额；（二）开发土地的成本、费用；（三）新建房及配套设施的成本、费用，或者旧房及建筑物的评估价格；（四）与转让房地产有关的税金；（五）财政部规定的其他扣除项目”，及《中华人民共和国企业所得税法》关于可扣除企业所得税项目的相关规定，在房地产开发项目中，可用于抵扣土地增值税和企业所得税的项目和金额，交易实际发生之前无法准确预估，在双方未明确约定交易项目与发票名目的情况下，仅从发票金额上推断出虚开发票的真实目的证据不足。最后，根据《补充协议一》第四条第二款“甲方向乙方累计提供税务部门认可的、可作为项目公司土地增值税税前抵扣成本的发票调整为不少于80000万元”约定和包干费扣减及调整条款（3）“如甲方未按本协议约定向乙方提供发票及相关合同及资料或未足额提供的，发票总额未足5.75亿元则乙方按差额部分的50%直接扣减包干费，超出5.75亿元未足8亿元则乙方按差额部分的40%直接扣减包干费”的约定，《三方补充协议一》第五条“甲、丙方负责向乙方或乙方指定公司提供不少于增加包干费金额89169371.61元税务机关认可的可计入项目公司开发成本、可在项目公司企业所得税、土地增值税税前抵扣的开发成本发票，发票应当真实、合法、有效。甲方还应提供与上述发票相关的合同及资料。如甲方未按本协议约定向乙方提供发票及相关合同及资料或未足额提供的，乙方有权按差额部分的40%直接扣减原合同乙方应支付的包干费”的约定，甲公司提供抵扣发票的数额和乙海南公司需要向甲公司支付的包干费数额密切相关。从交易习惯上来看，目的是双方对交易成本的预估、控制和交易风险的分担，而非为了偷逃税收而专门约定。针对是否违反法律、行政法规的强制性规定，甲公司主张，虚开发票的目的违反了《中华人民共和国刑法》第二百零五条和《中华人民共和国发票管理办法》第二十二条第二款的规定，是没有根据的。因此，根据《补充协议一》第四条第二款和《三方补充协议一》第五条约定，不具有虚开发票的目的，且据实开具了发票，该两条约定不存在违反法律、行政法规的强制性规定的情形。

【税务律师案例评析】

1. 如何理解以合法形式掩盖非法目的?

原《中华人民共和国合同法》第五十二条规定：“下列情形之一的，合同无效：……（三）以合法形式掩盖非法目的。”根据《中华人民共和国民法典》之规定，“以合法形式掩盖非法目的”不再作为认定合同无效的事由。根据最高人民法院民法典贯彻实施工作领导小组主编的《中华人民共和国民法典理解与适用》，“以合法形式掩盖非法目的”之所以作为认定无效事由被取消，主要是因为：一方面，“非法目的”表述容易引发争议，它是当事人的主观意图，很难判定；另一方面，即便当事人的目的非法，其实施的民事法律行为本身是否无效，也需要具体分析。在审判实践中，“以合法形式掩盖非法目的”的案件类型很少……人民法院适用原《中华人民共和国合同法》第五十二条第（三）项判决的案件更少。《中华人民共和国民法典》施行后，适用《中华人民共和国民法典》裁判的民事案件中，“以合法形式掩盖非法目的”这一认定民事法律行为无效的事由不会再出现。

2. 判断某一行为是否属于虚开发票需要判断主观目的。

本案中，从协议内容来看，很容易被认定为是虚开发票。通过了解房地产项目的特点，了解土地增值税和企业所得税预缴汇算清缴的特点，以及当事各方的交易实际，可以得出对开具发票金额做出约定是出于对交易成本的预估、控制和交易风险的分担，不是为了偷逃税款，没有虚开发票的目的。因此，并不违反法律、行政法规的强制性规定。

【风险提示】

作为商事主体，企业需要时刻关注法律法规的变化，根据法律的实时变化合理科学地安排商事行为。同时，如果企业在交易过程中与税务机关产生争议，应及时主动地进行交流阐释。

【相关条文】

《中华人民共和国民法典》。

第一百四十八条 【以欺诈手段实施的民事法律行为的效力】一方以欺诈手段，使对方在违背真实意思的情况下实施的民事法律行为，受欺诈方有权请求人民法院或者仲裁机构予以撤销。

第一百四十九条 【受第三人欺诈的民事法律行为的效力】第三人实施欺

诈行为，使一方在违背真实意思的情况下实施的民事法律行为，对方知道或者应当知道该欺诈行为的，受欺诈方有权请求人民法院或者仲裁机构予以撤销。

第一百五十条 【以胁迫手段实施的民事法律行为的效力】一方或者第三人以胁迫手段，使对方在违背真实意思的情况下实施的民事法律行为，受胁迫方有权请求人民法院或者仲裁机构予以撤销。

第一百五十一条 【显失公平的民事法律行为的效力】一方利用对方处于危困状态、缺乏判断能力等情形，致使民事法律行为成立时显失公平的，受损害方有权请求人民法院或者仲裁机构予以撤销。

第六章　行政执法与刑事司法衔接及逃税罪相关判例

判例一　股东分红未及时缴税是否构成逃税罪

【裁判要旨】

被告人林某某从郴州甲房地产开发有限公司取得“利息、股息、红利”不申报，逃避缴纳税款数额较大且占应纳税额百分之十以上，其行为已构成逃税罪。

【涉税案情】

公诉机关：湖南省郴州市苏仙区人民检察院

被告：林某某

1. 涉票案件的发展情况如图 6-1 所示。

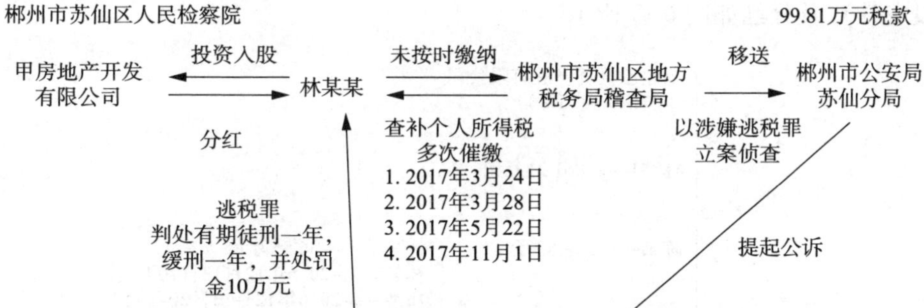

图 6-1　涉票案件的发展情况

2. 2008 年 3 月 28 日，中国国际贸易促进委员会郴州支会招商引资引进了被告人林某某与林某 1 等成立的郴州甲房地产开发有限公司（以下简称“甲公司”）。该公司注册资本为 3000 万元，公司共四个股东，分别是福建乙投资发展有限公司、林某 1、陈某、被告人林某某。福建乙投资发展有限公司占股 36. 835%、林某

1 占股 28. 707%、陈某占股 17. 823%、被告人林某某占股 16. 635%。林某某名下的股份投资 700 万元，其中，林某某投资了 125 万元，林某 3、刘某 2、林某 5、林某 2、刘某 1 等共投资 575 万元。甲公司各股东的股份如图 6-2 所示。

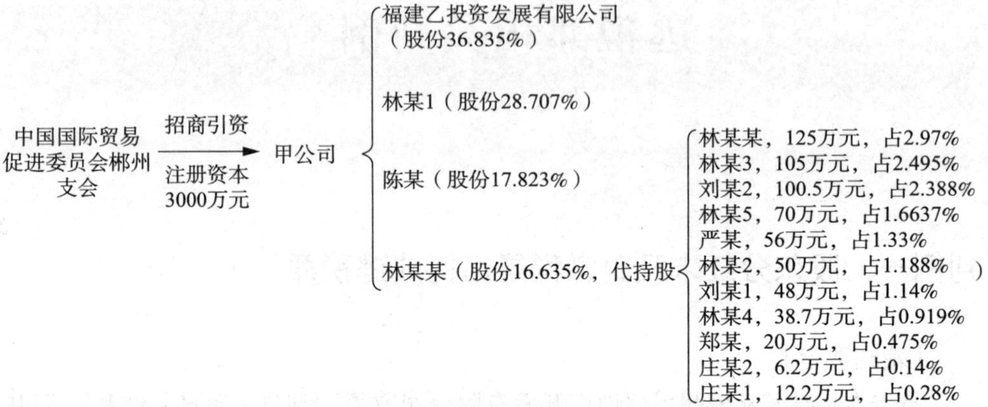

图 6-2　甲公司各股东的股份

3. 2008 年，甲公司以招投标的方式拍得郴江路爱莲湖附近的一块占地 17. 5 亩建设用地，用于建设“爱莲名城”项目，总投资 1. 3 亿元，项目负责人为林某某。

4. 2011 年 1 月至 2014 年，甲公司以退回借款（投资款）的形式予以分红，被告人林某某将所获分红款按比例分给了其名下的投资人。甲公司退还借款（投资款）及分红如图 6-3 所示。

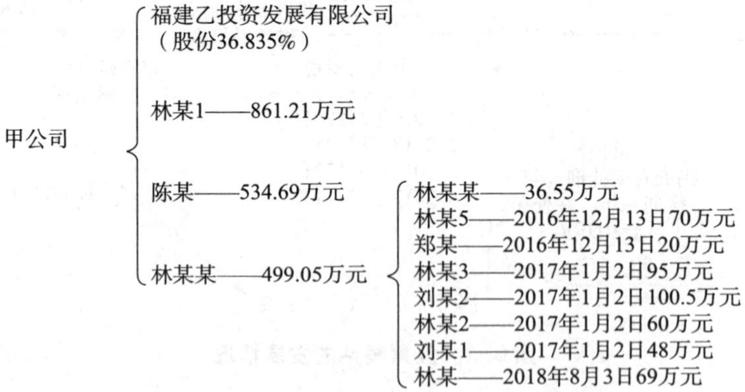

图 6-3　甲公司退还借款（投资款）及分红

5. 2015 年 12 月 12 日，甲公司召开第一次董事会，会议内容：①关于剩余房源按股东股权比例包干销售的议案；②关于如何合理安排使用公司现有资金的议案。

6. 2016 年 1 月 12 日，林某某因不服甲公司董事会决议，向郴州市苏仙区人民法院提起诉讼。2016 年 3 月 15 日，法院做出的（2016）湘 1003 民初 46 号民事判决书驳回其诉讼请求；林某某上诉，郴州市中级人民法院判决驳回上诉，做出（2016）湘 10 民终 855 号民事判决书。林某某遂向税务机关、纪委等部门举报了甲公司偷逃巨额税款的事实。

7. 2016 年 9 月中旬，地税机关成立了省、市、区三级联动办案组，由郴州市地方税务局稽查局牵头，对甲公司 2011 年至 2015 年的涉税情况进行检查。2016 年 12 月，地税机关查出甲公司自然人股东应补缴个人所得税 382. 63 万元，其中，林某 1 应补缴个人所得税 172. 242 万元、陈某应补缴个人所得税 110. 578 万元、被告人林某某应补缴个人所得税 99. 81 万元。郴州市苏仙区地方税务局稽查局下达苏地税稽限改〔2016〕5 号、6 号责令限期改正通知书，要求林某 1、陈某和被告人林某某限期补缴个人所得税。收到通知书后，林某 1、陈某按期足额补缴个人所得税，但被告人林某某未按期补缴税款。甲公司自然人股东应补缴个人所得税情况如图 6-4 所示。

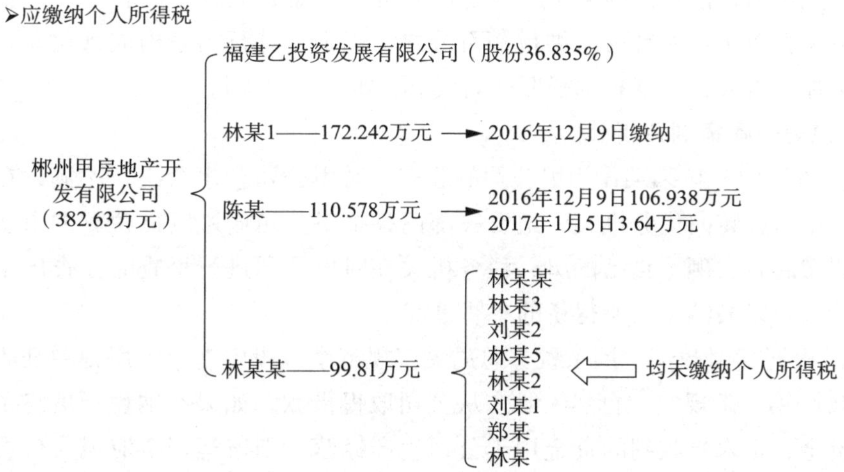

图 6-4　甲公司自然人股东应补缴个人所得税情况

8. 2017 年 3 月 24 日、3 月 28 日，郴州市苏仙区地方税务局稽查局向林某某下发告知，对其未按规定缴纳个人所得税处 0. 5 倍罚款；2017 年 5 月 22 日，郴州市苏仙区地方税务局稽查局对林某某做出处理决定，追缴其个人所得税 99. 81 万元，不加收滞纳金；2017 年 11 月 1 日，郴州市苏仙区地方税务稽查局向林某某发出《限期缴纳税款通知书》，限其于同年 11 月 8 日前缴纳所欠税款 998100 元、滞纳金 507533. 85 元、罚款 499050 元。上述文书被告人林某某均已收到，但其一直未到郴州市苏仙区地方税务局补缴个人所得税。

9. 郴州市苏仙区地方税务局将该案移送郴州市公安局苏仙分局，2017 年 11 月 21 日，郴州市公安局苏仙分局以林某某涉嫌逃税罪立案侦查。2017 年 12 月 6 日 16 时许，被告人林某某主动到郴州市公安局苏仙分局经济犯罪侦查大队投案，并如实供述自己的犯罪事实。2018 年 1 月 8 日，被告人林某某补缴了个人所得税 99. 81 万元，并缴纳行政罚款 10 万元。

10. 2018 年 2 月 13 日，郴州市苏仙区地方税务局稽查局做出苏地税稽罚〔2018〕2 号税务行政处罚决定书，对被告人林某某处罚金 10 万元。2018 年 10 月 22 日，湖南省郴州市苏仙区人民检察院以郴苏检公诉刑诉〔2018〕312 号起诉书指控被告人林某某犯逃税罪，于 2018 年 10 月 22 日向法院提起公诉。

【争议焦点】

甲公司以退回借款的形式向股东分红，股东取得分红后未及时缴纳个人所得税是否构成逃税罪？

【法院裁判观点】

本院认为，被告人林某某从甲公司取得“利息、股息、红利”不申报，逃避缴纳税款数额较大且占应纳税额百分之十以上，其行为已构成逃税罪。公诉机关指控被告人林某某犯逃税罪罪名成立，本院予以支持。

【税务律师案例评析】

1. 本案中，林某某作为甲公司的股东，对甲公司董事会决议不满，在民事救济无望后，转向税务机关、纪委等部门举报甲公司偷逃巨额税款的事实，但未曾想搬起石头砸了自己的脚，税务机关在对甲公司进行稽查时，查出了林某某作为股东未缴纳个人所得税的犯罪事实。

2. 根据《财政部　国家税务总局关于规范个人投资者个人所得税征收管理的通知》第二条规定，自然人股东从公司取得借款，如果在纳税年度终了后未归还资金，也未将收到的资金用于公司生产经营，则该笔资金应视为公司对股东的分红，股东应缴纳 20%的个人所得税。本案中，虽然甲公司以退还投资款的名义向林某某退还借款，但税务机关认为，该笔款项的实质是公司的分红，林某某应当缴纳个人所得税。

3. 根据《中华人民共和国刑法》第二百零一条逃税罪的规定，“经税务机关依法下达追缴通知后，补缴应纳税款，缴纳滞纳金，已受行政处罚的，不予追究刑事责任……”，纳税人如果在行政阶段补缴税款、缴纳滞纳金，并接受行政处罚，则不予追究其刑事责任。但如果案件移送公安机关刑事立案侦查，即使纳税人补缴了税款，也只能作为逃税罪量刑的从宽情节考虑。本案中，甲公司其他两个自然人股东林某 1 和陈某均在税务机关下达补缴通知书时及时足额补缴了税款，因此未被追究刑事责任；反观林某某，在税务机关多次向其催缴税款后仍迟迟不缴纳税款，直至税务机关将案件移送公安机关刑事立案侦查后才补缴税款。虽然林某某在公安机关立案后自首并补缴了税款、罚款，但已错过缴税不追究刑责的最佳时机。

4. 本案还涉及股权实务中的常见情形——代为持股，林某某与其名下的投资人是代持股关系。代持协议只对内有效，纳税的义务主体仍然是代持方，因此税务机关要求显名股东补缴税款是实务中的普遍做法。本案公诉机关只追究林某某的刑事责任，而没有追究林某某名下投资人的刑事责任，说明在代持股关系中，显名股东仍然是补缴税款的责任人，即使其向隐名股东分红，也难以免除其补缴税款的义务。

5. 本案中是否存在程序违法，值得商榷。根据《中共中央办公厅、国务院办公厅转发国务院法制办等部门〈关于加强行政执法与刑事司法衔接工作的意见〉的通知》第三条“……行政执法机关在移送案件时已经作出行政处罚决定的，应当将行政处罚决定书一并抄送公安机关、人民检察院；未作出行政处罚决定的，原则上应当在公安机关决定不予立案或者撤销案件、人民检察院作出不起诉决定、人民法院作出无罪判决或者免予刑事处罚后，再决定是否给予行政处罚”之规定，在案件移送公安机关刑事立案侦查前未做出行政处罚决定，原则上应等到司法程序结束后再决定是否给予行政处罚。本案中，郴州市苏仙区地方税务局稽查局在案件移送后，对被告人林某某做出税务行政处罚决定，要求其缴纳罚金 10 万元，明显与上述条文规定不符。

【风险提示】

1. 若企业股东被税务机关追缴税款，且无法在税务机关规定的期限内补足税款，税务机关将以逃税罪向公安机关移送案件追究其刑事责任。

2. 股东无论是以借款还是以退还投资款的名义取得公司转让的资金，都应在纳税年度终了前及时归还；否则，股东取得的资金将被视为公司对股东的分红，股东须缴纳 20%的个人所得税。

3. 公司向股东分红，收到分红的股东若与其他投资人存在代持股关系，即为显名股东，显名股东负有替隐名股东缴纳个人所得税的义务。即使显名股东已将收到的分红归还隐名股东，显名股东仍需替隐名股东缴纳个人所得税。因此，显名股东收到企业分红时，应把相当于隐名股东须缴纳个人所得税款的部分留存，若显名股东需替隐名股东缴纳个人所得税，显名股东也有足够的资金替隐名股东缴纳税款。

4. 纳税人被税务机关催缴税款后，必须在税务机关将案件移送公安机关前补足税款、滞纳金和罚款，才能免于刑事责任。案件被移送公安机关后，即从行政程序进入刑事程序，即使纳税人补缴税款，也必须承担刑事责任，补缴税款只能作为减轻刑罚的量刑情节，不能使纳税人免于刑事处罚。

【相关条文】

1.《中华人民共和国刑法》。

第二百零一条 【逃税罪】纳税人采取欺骗、隐瞒手段进行虚假纳税申报或者不申报，逃避缴纳税款数额较大并且占应纳税额百分之十以上的，处三年以下有期徒刑或者拘役，并处罚金；数额巨大并且占应纳税额百分之三十以上的，处三年以上七年以下有期徒刑，并处罚金。

扣缴义务人采取前款所列手段，不缴或者少缴已扣、已收税款，数额较大的，依照前款的规定处罚。

对多次实施前两款行为，未经处理的，按照累计数额计算。

有第一款行为，经税务机关依法下达追缴通知后，补缴应纳税款，缴纳滞纳金，已受行政处罚的，不予追究刑事责任；但是，五年内因逃避缴纳税款受过刑事处罚或者被税务机关给予二次以上行政处罚的除外。

2.《中华人民共和国个人所得税法》。

第二条 下列各项个人所得，应当缴纳个人所得税：

（一）工资、薪金所得；

（二）劳务报酬所得；

（三）稿酬所得；

（四）特许权使用费所得；

（五）经营所得；

（六）利息、股息、红利所得；

（七）财产租赁所得；

（八）财产转让所得；

（九）偶然所得。

居民个人取得前款第一项至第四项所得（以下称综合所得），按纳税年度合并计算个人所得税；非居民个人取得前款第一项至第四项所得，按月或者按次分项计算个人所得税。纳税人取得前款第五项至第九项所得，依照本法规定分别计算个人所得税。

3.《财政部　国家税务总局关于规范个人投资者个人所得税征收管理的通知》（财税〔2003〕158号）。

二、关于个人投资者从其投资的企业（个人独资企业、合伙企业除外）借

款长期不还的处理问题

纳税年度内个人投资者从其投资企业（个人独资企业、合伙企业除外）借款，在该纳税年度终了后既不归还，又未用于企业生产经营的，其未归还的借款可视为企业对个人投资者的红利分配，依照“利息、股息、红利所得”项目计征个人所得税。

4.《中共中央办公厅、国务院办公厅转发国务院法制办等部门〈关于加强行政执法与刑事司法衔接工作的意见〉的通知》(中办发〔2011〕8号)。

第三条第（三）项　行政执法机关向公安机关移送涉嫌犯罪案件，应当移交案件的全部材料，同时将案件移送书及有关材料目录抄送人民检察院。行政执法机关在移送案件时已经作出行政处罚决定的，应当将行政处罚决定书一并抄送公安机关、人民检察院；未作出行政处罚决定的，原则上应当在公安机关决定不予立案或者撤销案件、人民检察院作出不起诉决定、人民法院作出无罪判决或者免予刑事处罚后，再决定是否给予行政处罚。

判例二　房地产项目被核定征收土地增值税后未缴税是否构成逃税罪

【裁判要旨】

1. 由于行政行为具有公定力，在具体行政行为未被撤销前，税务机关做出的具体行政行为不因行政相对人提起复议或者诉讼而中止执行，行政行为相对人仍应提供真实、准确及完整的申报资料。

2. 纳税人如不服税务机关对其做出的按照核定征收的方式核算其应纳土地增值税税额的具体行政行为，可以通过行政复议或者诉讼的方式主张权利。

3. 封开县甲置业有限公司作为自主经营的法人，具有自主申报、缴纳税款的义务，但其在被税务机关责令申报缴纳欠税款项时，并未按期申报缴纳。

【涉税案情】

原公诉机关：广东省封开县人民检察院

上诉单位（原审被告单位）：封开县甲置业有限公司（以下简称“甲置业公司”）

上诉人（原审被告人）：李××

1. 甲置业公司于2007年10月依法登记成立，经营范围是房地产开发，公司法定代表人为被告人李××。甲置业公司于2007年在封开县开发“××雅苑”房地产项目（以下简称“案涉项目”），并于2007年12月开始销售，到2012

年6月商品房已经全部销售完毕，甲置业公司的案涉项目已符合土地增值税清算的条件。广东省封开县地方税务局于2012年10月17日向甲置业公司发出了《封开县地方税务局限期提供资料通知书》（以下简称《限期提供资料通知书》），要求甲置业公司于2012年11月30日前完整准确地提供土地增值税清算资料，但甲置业公司未提供。

2. 广东省封开县地方税务局于2013年3月7日向甲置业公司发出《土地增值税核定征收通知书》，要求该公司于2013年3月20日前将税款清缴入库，甲置业公司未履行。2013年5月20日和2013年8月27日，广东省封开县地方税务局向甲置业公司发出责令限期改正通知书，责令李××于规定时间缴纳税款，甲置业公司仍未按规定缴纳以上税款。

3. 经对甲置业公司和李××发出责令限期提供资料通知书限期内清算，甲置业公司和李××逾期没有提供资料清算，税务机关根据《土地增值税清算管理规程》第三十四条第一款第（二）项、第（四）项的规定，认为符合核定征收的要求，决定对其核定征收。

4. 广东省封开县人民法院审理广东省封开县人民检察院指控原审被告单位甲置业公司及原审被告人李××犯逃税罪一案，于2015年11月11日做出（2015）粤肇封法刑初字第70号刑事判决书，认定原审被告单位甲置业公司及原审被告人李××均犯逃税罪，判处原审被告单位甲置业公司罚金500万元，判处原审被告人李××有期徒刑六年并处罚金300万元。宣判后，原审被告单位甲置业公司及原审被告人李××不服，均提出上诉。法院于2016年8月25日做出（2016）粤12刑终4号刑事裁定书，以原判认定的事实不清为由，裁定撤销原判，将本案发回封开县人民法院重新审判。封开县人民法院依法另行组成合议庭进行审理，于2017年5月31日做出（2016）粤1225刑初120号刑事判决。

5. 一审法院认为，被告单位甲置业公司采用隐瞒手段拒不申报，逃避缴纳税款数额巨大并且占应纳税额百分之三十以上，其行为已构成逃税罪。被告人李××是被告单位甲置业公司的法定代表人，属直接负责的主管人员，应当以逃税罪追究被告人李××的刑事责任。因税务机关经过行政追缴程序计算得出被告单位欠缴的土地增值税金额7793836.25元，尚欠缴的土地增值税484398.38元虽经行政追缴程序但还没有生效，应认定被告单位的逃税金额为7793836.25元。经封开县人民法院审判委员会讨论决定，判决如下：①被告单位甲置业公司犯逃税罪，判处罚金人民币400万元。②被告人李××犯逃税罪，判处有期徒刑三年，并处罚金人民币200万元。③追缴被告单位甲置业公司未缴土地增值税7793836.25元。宣判后，原审被告单位甲置业公司及原审被告人李××均不服，以原判认定事实与适用法律错误，其不构成逃税罪为由提出上诉。二审法院认为，原判认定的事实清楚，证据确实、充分，定性准确，量刑恰当，审判程序合法。唯没有按照监视居住二日折抵刑期一日的标准折抵李××的刑期错误，本院予以纠正。上诉人李××的刑期应当自 2015 年 1 月 28 日起至 2017 年 12 月 15 日止。最终裁定驳回上诉，维持原判。

【争议焦点】

各方争议焦点主要为：①按照核定征收程序征收土地增值税是否正确？②税务机关在执法过程中是否有程序违法问题？各方的具体观点如下。

1. 上诉单位甲置业公司认为，原判在认定事实和适用法律方面均存在明显错误，上诉单位犯逃税罪的证据不足，请求二审依法改判上诉单位的罪名不成立。

2. 上诉人李××及其辩护人认为：①税务执法主体违法，根据《中华人民共和国税收征收管理法实施细则》第九条的规定，本案应由税务稽查局查处并移送公安机关。②封开县地方税务局长岗税务分局已经向被告单位出具了《土地增值税清算受理通知书》即封开地税清税（2012）005 号，且该通知书经鉴定为真实的，依照《土地增值税清算管理规程》第十三条的规定，应由税务机关进行土地增值税清算审核。因此，该税务机关对被告单位适用“核定征收”计征土地增值税没有法律依据，是错误的，依法应以“清算审核”的方式确定被告单位的土地增值税金额。③2012 年 10 月 17 日，封开县地方税务局长岗分局做出的“限期提供资料通知书即封长地税限提字（2012）005 号”既与同日做出的《土地增值税清算受理通知书》即封开地税清税（2012）005 号相矛盾，又没有依法送达被告单位，程序违法，应作为非法证据予以排除。④原判采信没有依法送达的《限期提供资料通知书》《土地增值税核定征收通知书》等证据，违背了刑事举证原则，应当予以排除。⑤针对同一个项目的土地增值税，封开县地方税务局长岗分局先后做出的三个不同金额，也印证了该税局适用“核定征收”的程序违法。⑥原判认定上诉人具有逃避缴纳税款的主观故意，是认定事实错误。⑦上诉人李××有固定的居所，侦查机关对其适用指定居所监视居住，且在专门的办案场所对其监视居住违法，应予纠正，并按照一日折抵一日的标准折抵李××的刑期。综上所述，认定被告单位欠缴土地增值税是无证据的，请求二审判决上诉单位及上诉人李××无罪。

3. 肇庆市人民检察院认为，一审法院对上诉单位甲置业公司、上诉人李××的行为构成逃税罪的定性准确。首先，本案中上诉单位甲置业公司作为自主经营的法人，具有自主申报、缴纳税款的义务。在税务机关发出包括清算、限期提供资料、限期缴纳税款、责令限期改正书等多份文书的情况下，上诉单位甲置业公司及上诉人李××仍未按照通知缴纳税款。其上诉辩解所称的一直在跟税务机关反复交涉也恰恰可以证实上诉人对自己应缴税款而不交税款有清晰认识，其主观上有明显逃税的故意。其次，上诉单位甲置业公司、上诉人李××在被税务机关责令申报缴纳欠税款项时，并未按期申报缴纳，客观上实施了逃税行为。针对上诉人的上诉理由，提出以下意见：①关于指定居所监视居住措施的问题。侦查机关对上诉人李××采取指定居所监视居住强制措施违反法律规定，原判对上诉人李××的刑期仅折抵了其被逮捕后的羁押期限，未对其被监视居住的期限进行折抵，属适用法律错误，应当予以纠正。②封开县地方税务局长岗分局的执法主体问题。行政机关在执法过程中，发现被执法人涉嫌犯罪的，应当移交司法机关处理。封开县地方税务局长岗分局在执法过程中，发现上诉单位甲置业公司的行为涉嫌逃税，进而将本案移交封开县公安局处理符合法律规定。案件由谁移交，只是说明案件的来源，证实其案发的经过。谁移交，谁举报并不影响对上诉单位甲置业公司及上诉人李××行为的定性，而且，封开县地方税务局长岗分局作为行政执法主体与稽查局具有相同的主体资格。③根据在案材料，税务机关工作人员的确没有将《限期提供资料通知书》《土地增值税核定征收通知书》两份文书送至李××的手中，但是在送达该文书的时候，有见证人的见证，证实已上门送达，且上诉人李××在侦查阶段以及一审庭审时均供述，已实质收到了这两份文件。另外，根据上诉单位提供的《关于延期提供土地增值税清算资料的申请》，明确提到对于税务局要求其限期提供资料，由于公司会计辞职及工程结算发生争议等无法按时提供资料，进而向税务局提出延期提交的申请，说明该公司明确知悉封开县地方税务局长岗分局要求其限期提供清算资料的通知内容。④对于税务局出具的三份不同数额的限期缴款通知书，2013 年 4 月 8 日出具的两份文书，税务局已经做出了书面说明是工作疏忽所致，已经给予了合理解释；2014 年 8 月 14 日做出的文书之所以与前两份不同，是基于最终的销售情况得出的结论，是真实客观的。⑤封开县地方税务局长岗分局对上诉单位实行核定征收的程序合法。税务局于 2012 年 10 月 17 日向上诉单位出具了《土地增值税清算受理通知书》，虽然对方对该材料的真实性存疑，但已经鉴定是真实的，应认定为该局受理了上诉单位的清算申请。税务部门在受理清算申请时是形式审查，即材料完备即可发出受理通知书，但在实质审查清算时仍可以要求纳税单位限期提供相关的清算材料；本案税务局在受理清算后，向上诉单位发出《限期提供资料通知书》，而上诉单位向税务局提交了《关于延期提供土地增值税清算资料的申请》，该申请已经提到税务局要求其限期提供资料，其因公司会计辞职等无法按期提交资料，故申请延期提交资料。由此可见，上诉单位没有提交足够的清算资料，导致税务局无法进行清算审查，上诉单位也一直没有自行清算。因此，税务局只能对上诉单位实行核定征收程序，该程序并不违法。

【法院裁判观点】

1. 关于上诉人及其辩护人所称本案应由税务稽查局查处并移送公安机关，税务执法主体违法的问题。

首先，在案证据反映，《封开县地方税务局涉税案件移送书》（封地税移〔2014〕01 号）与《封开县甲置业有限公司涉嫌逃税的调查报告》的落款单位均为封开县地方税务局，而非封开县地方税务局长岗分局，该两份书证与封开县公安局经济犯罪侦查大队出具的《接受证据材料清单》能够相互印证，足以证实本案是封开县税务局向公安机关移送案件。其次，本案虽然不是由封开县税务稽查局直接向公安机关移送案件，但封开县税务稽查局是封开县地方税务局的职能部门，根据《中华人民共和国税收征收管理法》第十四条、第七十七条的规定，封开县地方税务局将本案移送公安机关并未违反法律规定。最后，根据《中华人民共和国税收征收管理法》第十四条的规定，封开县地方税务局长岗分局是其负责辖区内的税务主管机关，主管房地产开发项目土地增值税的征收、管理工作，其虽实施了对上诉单位核定征收土地增值税并要求上诉单位限期提供清算资料、限期缴纳税款等具体行政行为，但并未实施专门的税务稽查行为。故此，上诉人李××及其辩护人认为本案的移送以及税务机关执法主体违法的意见，理据不足，不予采纳。

2. 关于《封开县地方税务局限期提供资料通知书》《土地增值税核定征收通知书》两份文件的效力问题。

首先，留置送达是《中华人民共和国税收征收管理法实施细则》规定的一种针对受送达人拒绝签收税务文书的送达方式，受送达人拒绝在送达回证上签名，不代表该文书送达无效。其次，上述两份文书，虽然存在程序上的瑕疵，没有按照规定在送达回证上记明拒收的理由和日期，但结合此两份文书发出日期之后上诉单位签收的两份《责令限期改正通知书》、上诉单位员工陈某的证言、上诉人李××的供述等证据，可以证实上诉件已经送达给了上诉单位。最后，上诉人李××在侦查机关及一审庭审时供述的内容均称收到了上述两份文书，该内容与送达人及见证人的证言可以相互印证，能够证实税务机关已将上述文件送达给了上诉单位。故《封开县地方税务局限期提供资料通知书》《土地增值税核定征收通知书》可以作为认定本案事实的证据，并依法予以采信。上诉人李××及其辩护人认为上述两份文件应当作为非法证据予以排除的意见，理据不足，不予采纳。

3. 关于封开县地方税务局长岗分局对上诉单位实行核定征收是否违法的问题。

根据《土地增值税清算管理规程》第三十四条第（四）项的规定，符合土地增值税清算条件，企业未按照规定的期限办理清算手续，经税务机关责令限期清算，逾期仍然不清算的，可以实施核定征收的规定，在案证据反映，一方面，税务机关于2012年6月18日向上诉单位发出的《土地增值税清算通知书》、2012年10月17日发出的《土地增值税清算受理通知书》、2013年4月8日发出的《限期缴纳税款通知书》、2013年5月20日发出的《责令限期改正通知书》以及2013年8月27日发出的《责令限期改正通知书》均经上诉单位签收，已依法送达给了上诉单位；另一方面，上诉单位于2012年11月29日向封开县地方税务局递交的《关于延期提供土地增值税清算资料的申请》与税务机关于2013年8月27日所做的询问陈某的笔录内容能够相互印证，说明截至2013年8月27日上诉单位仍然没有按照税务机关的要求提供办理清算需要的资料。上述两方面的证据足以证实，上诉单位未按照规定的期限办理清算手续，经税务机关责令清算后，仍然不清算的事实。

虽然上诉单位提交的《土地增值税清算受理通知书》经鉴定为真实的，也可以据此认定税务机关受理了上诉单位的清算手续，根据《土地增值税清算管理规程》第三条的规定，土地增值税清算，是指纳税人在符合土地增值税清算条件后，依照税收法律、法规及土地增值税有关政策规定，计算房地产开发项目应缴纳的土地增值税税额，并填写土地增值税清算申报表，向主管税务机关提供有关资料，办理土地增值税清算手续，结清该房地产项目应缴纳土地增值税税款的行为。因此，土地增值税清算是为了确定应纳税额并结清税款，不能认为在税务机关出具了《土地增值税清算受理通知书》后，纳税人就没有提供清算所需资料的义务，税务机关在纳税人提供的资料不足以实现清算目的的情况下，要求纳税人提供资料并不存在违法。同时，上诉单位在税务机关出具《土地增值税清算受理通知书》后向税务机关提交的延期提供资料申请书，也印证上诉单位没有按照税务机关的要求提供完备的办理清算手续的资料。

上诉单位作为纳税义务人，如不服税务机关对其做出的按照核定征收的方式核算其应纳土地增值税税额的具体行政行为，可以通过行政复议或者诉讼的方式主张权利，但是在该具体行政行为未被撤销前，该具体行政行为不因行政相对人提起复议或者诉讼而中止执行。根据国家税务总局《土地增值税清算管理规程》第四条的规定，纳税人有如实申报应缴纳的土地增值税税额，保证清算申报的真实性、准确性及完整性的义务。因此，即使上诉单位认为税务机关采用核定征收的方法计征其土地增值税税额违法，也由于该具体行政行为尚未被撤销，其仍应提供真实、准确及完整的申报资料。但截至一审期间，上诉单位仍然没有按照要求提供税务机关所需的清算资料。

结合以上情况，税务机关依照《土地增值税清算管理规程》第三十四条第（四）项的规定对上诉单位实行核定征收，不存在违法的情况。上诉人及其辩护人认为，税务机关对上诉单位的土地增值税应纳税额实行核定征收程序违法的意见，理据不足，不予采纳。

4. 关于上诉单位的应纳税额，税务机关先后出具了三个不同的金额是否能够印证税务机关实行核定征收程序违法的问题。

税务机关针对上诉单位的应纳税额虽然出具了三个不同的金额，但税务机关已就该问题做出了合理解释，并对最终金额予以了确认，且本案中应纳税额的误差与是否实行核定征收没有必然联系。本案中，税务机关主要是依据《土地增值税清算管理规程》第三十四条的相关规定决定对上诉单位的土地增值税应纳税额实行核定征收。因此，上诉人及其辩护人认为，应纳税额出现矛盾可以印证税务机关程序违法的意见，理据不足，不予采纳。

5. 关于本案上诉人李××是否具有逃税主观故意的问题。

本案中，税务机关先后向上诉单位送达了《土地增值税清算通知书》《限期缴纳税款通知书》《责令限期改正通知书》等税务文书，上述文书均经陈某签收，李××也确认陈某将签收税务文书的情况告知了李××；同时，根据李××的供述，其一直与税务机关就缴纳土地增值税的事项进行协商，作为纳税义务人其应当知晓不按照要求办理纳税申报并缴纳税款的后果。但截至案发前其仍然未能办理清算的相关手续，上述事实足以证实上诉人李××具有逃税的主观故意。上诉人李××认为，其不具有逃税的主观故意的上诉意见，理据不足，不予采纳。

6. 关于上诉人李××被指定居所监视居住的问题。

封开县公安局出具的《监视居住决定书》反映，公安机关于 2014 年 11 月 4 日在广东省纪委办案点对上诉人李××进行了指定居所监视居住。根据《中华人民共和国刑事诉讼法》第七十三条的规定，指定居所监视居住只适用于犯罪嫌疑人没有固定住处的情形，且不得在专门的办案场所进行。公安机关在专门办案场所对上诉人李××进行指定居所监视居住确属违法。同时，根据《中华人民共和国刑事诉讼法》第七十四条的规定，指定居所监视居住的期限应当折抵刑期，判处有期徒刑的，监视居住二日折抵刑期一日。因此，上诉人李××的辩护人认为李××被指定居所监视居住的期限应当折抵刑期的意见，于法有据，予以采纳；但认为应当将监视居住期限按照一日折抵刑期一日的意见，于法无据，不予采纳。

基于以上，二审法院最终驳回上诉，维持原判。

【税务律师案例评析】

1. 在税收实体方面，税务机关经过行政追缴程序计算得出被告单位欠缴的土地增值税金额7793836.25元，尚欠缴的土地增值税484398.38元虽经行政追缴程序但还没有生效，应认定被告单位的逃税金额为7793836.25元。

2. 在税务程序方面，行政机关在执法过程中，发现被执法人涉嫌犯罪的，应当移交司法机关处理。封开县地方税务局长岗分局在执法过程中，发现上诉单位甲置业公司的行为涉嫌逃税，进而将本案移交封开县公安局处理符合法律规定。案件由谁移交，只是说明案件的来源，证实其案发的经过。谁移交、谁举报并不影响对上诉单位甲置业公司及上诉人李××行为的定性，而且封开县地方税务局长岗分局作为行政执法主体，与稽查局具有相同的主体资格。税务机关工作人员的确没有将《限期提供资料通知书》《土地增值税核定征收通知书》两份文书送至李××的手中，但是在送达该文书的时候，有见证人的见证，证实已上门送达，且上诉人李××在侦查阶段以及一审庭审时均供述，已实质收到了这两份文件。上诉单位没有提交足够的清算资料，导致税务局无法进行清算审查，上诉单位也一直没有自行清算。因此，税务局只能对上诉单位实行核定征收程序，该程序并不违法。

3. 行政机关常见的程序违法有以下几个方面：①步骤欠缺；②顺序颠倒；③形式违法；④时限违法。税务机关常见的具体程序违法表现如下。

（1）在检查前，未告知被查对象应当告知的检查时间、需要准备的资料等。

（2）检查没有由两名以上检查人员共同实施，或没有向被查对象出示税务检查证和《税务检查通知书》。

（3）调查取证时，违反法定程序收集证据材料；以偷拍、偷录、窃听等手段获取侵害他人合法权益的证据材料；或者以利诱、欺诈、胁迫、暴力等不正当手段获取证据材料。

（4）调取账簿、记账凭证、报表和其他有关资料时，未向被查对象出具《调取账簿资料通知书》，并填写《调取账簿资料清单》交其核对后签章确认。

（5）提取证据材料原件的，未向当事人出具提取证据专用收据，由当事人核对后签章确认。

（6）询问未由两名以上检查人员实施，未向被询问人送达询问通知书。

（7）拟对被查对象或者其他涉税当事人做出税务行政处罚的，未向其送达

《税务行政处罚事项告知书》，告知其依法享有陈述、申辩及要求听证的权利。

（8）税务机关送达税务文书未直接送交受送达人。

【风险提示】

纳税人因未按照税务机关下发的通知要求而被追责，纳税人收到税务机关的相关文书后应及时向税务律师咨询，可以委托税务律师与税务局进行沟通，以便更好地解决相关税务问题。

【相关条文】

1.《土地增值税清算管理规程》。

第三十三条　在土地增值税清算过程中，发现纳税人符合核定征收条件的，应按核定征收方式对房地产项目进行清算。

第三十四条　在土地增值税清算中符合以下条件之一的，可实行核定征收。

（一）依照法律、行政法规的规定应当设置但未设置账簿的；

（二）擅自销毁账簿或者拒不提供纳税资料的；

（三）虽设置账簿，但账目混乱或者成本资料、收入凭证、费用凭证残缺不全，难以确定转让收入或扣除项目金额的；

（四）符合土地增值税清算条件，企业未按照规定的期限办理清算手续，经税务机关责令限期清算，逾期仍不清算的；

（五）申报的计税依据明显偏低，又无正当理由的。

2.《中华人民共和国行政行为法》。

行政行为具有公定力，一经作出，不论合法与否，除因严重违法而依法无效外，在未经法定机关和法定程序撤销或变更之前，都推定为有效，对行政机关、相对人、其他利害关系人以及其他国家机关均具有约束力。

判例三　逃税罪自首和共同犯罪如何认定

【裁判要旨】

1. 依照《中华人民共和国刑法》第六十七条的规定以及《最高人民法院关于处理自首和立功若干问题的意见》第二条第三款的规定，犯罪嫌疑人自动投案如实供述的系自首，犯罪嫌疑人自动投案时虽没有交代自己的主要犯罪事实，但在司法机关掌握其主要犯罪事实之前主动交代的，应认定为如实供述自己的罪行。经查，被告人陈××虽经办案单位电话通知到案，但在公安机关对其的前三次讯问中，其均未如实供述自己的犯罪事实。直到公安机关掌握了被告人陈××主要犯罪事实后，其才进行了如实供述，不能认定为自首，但鉴于其后期能如实供述，可以认定为坦白。故陈××的行为不能构成自首，但可以认定为坦白。

2. 依照《最高人民法院关于处理自首和立功具体应用法律若干问题的解释》第一条第（一）项的规定，犯罪事实或者犯罪嫌疑人未被司法机关发觉，或者虽被发觉，但犯罪嫌疑人尚未受到讯问、未被采取强制措施时，主动、直接向公安机关、人民检察院或者人民法院投案属于自动投案，且在到案后如实供述自己犯罪事实的，系自首。本案被告人李×2 虽系民警将其带到办案单位进行询问，但该询问行为属于作为证人的询问，并非作为犯罪嫌疑人的讯问。在询问中，被告人李×2 即如实供述了自己的犯罪事实，故被告人李×2 的行为符合自首的构成要件，属于自首。同时，被告人李×2 系东山乙园林开发有限责任公司的主管人员，其自首行为也代表东山乙园林开发有限责任公司，因此也应当认定被告单位东山乙园林开发有限责任公司为自首。

3. 东山甲投资有限公司与东山乙园林开发有限责任公司虽系单位共同犯罪，但两被告单位在共同犯罪中，相互分工、相互配合，共同对虚开发票的犯罪事实发挥作用，故本案不宜划分主从犯。同时，依照最高人民法院《关于审理单位犯罪案件对其直接负责的主管人员和其他直接责任人员是否区分主犯、从犯问题的批复》“在审理单位故意犯罪案件时，对其直接负责的主管人员和其他直接责任人员，可不区分主犯、从犯，按照其在单位犯罪中所起的作用判处刑罚”的规定，两被告单位内部主管人员和其他责任人之间不宜区分主从犯，但可以按各被告人在本案中所起的作用进行处罚。

【涉税案情】

公诉机关：乐山市市中区人民检察院

被告：乐山甲投资有限公司（以下简称“甲投资公司”）、乐山乙园林开发有限责任公司（以下简称“乙园林公司”）、钱×（甲投资公司总经理）、陈××、徐×、李×1、李×2

1. 甲投资公司成立于 2012 年 10 月 23 日，其主营业务为房地产项目开发等。该公司股权结构见图 6-6。

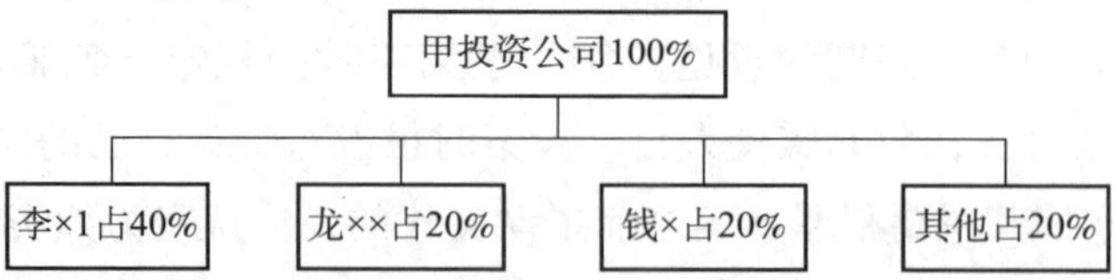

图 6-6　甲投资公司股权结构

其中，股东李××全权委托陈××为其股东代表，行使股东权利。2015 年 8 月，甲投资公司的股权变更为李×1、钱×、龙××三人，其中钱×为该公司法定代表人。

2. 甲投资公司成立后，投资开发了甲城等项目。2016 年 4 月初，被告人钱×、陈××和龙××商议，通过虚开发票的方式增加公司项目的建筑安装成本，从而达到偷逃所得税款及获取其他利益的目的，决定由承建甲投资公司绿化铺装二标段项目的乙园林公司为甲投资公司虚开发票，并告知作为财务经理的被告人徐×，让其做好虚开发票的相关事宜。

3. 后陈××找到乙园林公司法定代表人即被告人李×2，让其以乙园林公司名义为甲投资公司虚开发票，李×2 表示同意。其后两公司签订了金额为 18401158 元的虚假工程合同，先由甲投资公司将上述虚假工程款转至乙园林公司，徐×负责审核虚假工程付款审批单和甲投资公司向乙园林公司的虚假走账，乙园林公司随即又将虚假工程款回流至甲投资公司，指定由徐×保管钱×、龙××、钟××个人账户。

4. 2016 年 4 月 26 日，被告人李×2 以乙园林公司名义，从税务机关开具一张票面金额为 18401158 元的建筑业统一发票给甲投资公司，用于虚增该公司建筑安装成本。

5. 2020 年 5 月 13 日，国家税务总局乐山市税务局稽查局（以下简称“乐山税务稽查局”）对乙园林公司虚开发票的行为做出税务行政处罚决定，决定对该公司处以罚款 5 万元。对甲投资公司做出税务处理决定，并认定该公司将虚开的案涉发票用于虚增建筑安装成本，导致该公司在 2015 年、2016 年偷逃税款共计 4499543. 17 元，2018 年调增应纳所得税 7360. 46 元。

6. 2020 年 5 月 15 日，乐山市市中区人民检察院向四川省乐山市市中区人民法院提起公诉。

【争议焦点】

案件各方争议的焦点在于：①被告人陈××的行为是否构成自首？②被告人李×2 的行为是否构成自首？③甲投资公司与乙园林公司虽系单位共同犯罪，是否区分主从犯。各方的观点具体如下：

1. 公诉机关认为，被告单位甲投资公司及其直接负责的主管人员被告人钱×、被告人陈××、其他直接责任人员被告人徐×违反国家发票管理制度，在无真实交易情况下，让他人为其虚开普通发票，情节特别严重；被告单位乙园林公司及其直接负责的主管人员被告人李×2 违反国家发票管理制度，在无真实交易情况下，为他人虚开普通发票，情节特别严重，其行为均已触犯了《中华人民共和国刑法》第二百零五条第一款、第二款规定，犯罪事实清楚，证据确实、充分，应当以虚开发票罪追究两被告单位及各被告人刑事责任。被告人徐×自动投案，如实供述其犯罪事实；被告人钱×、李×2到案后如实供述，系坦白，应分别适用《中华人民共和国刑法》第六十七条第一款、第三款规定处罚。根据《中华人民共和国刑事诉讼法》第一百七十六条的规定，提起公诉，诉请法院依法判处。

2. 被告单位甲投资公司对起诉书指控的事实和罪名无异议，且自愿认罪认罚。其辩护人认为甲投资公司认罪认罚，请求法院对该公司从轻处罚。

3. 被告人钱×对起诉书指控的事实和罪名无异议，且自愿认罪认罚。其辩护人认为被告人钱×认罪态度好且无犯罪前科，请求法院对其从轻处罚。

4. 被告人陈××对起诉书指控的事实和罪名无异议，且自愿认罪认罚。其辩护人认为，被告人陈××主动投案并如实供述应当认定为自首，且其认罪认罚，故请求法院对被告人陈××从轻处罚。

5. 被告人徐×对起诉书指控的事实和罪名无异议，认为自己系从犯，请求法院对其免于刑事处罚。其辩护人认为，被告人徐×在虚开发票案中没有获得利益，且其具有自首、从犯等法定、酌定从轻情节，请求法院对其从轻处罚。

6. 被告单位乙园林公司对起诉书指控的事实和罪名无异议。其辩护人认为，乙园林公司没有在虚开发票中获利，且单位主管人员李×2具有自首情节，应视乙园林公司也具有自首情节，故请求法院对乙园林公司从轻处罚。

7. 被告人李×2对起诉书指控的事实和罪名无异议。其辩护人认为，李×2代表乙园林公司虚开发票的行为不属于情节特别严重，且其具有自首情节并系初犯、偶犯，希望法院对李×2从轻处罚。

【法院裁判观点】

1. 被告单位甲投资公司及其直接负责的主管人员被告人钱×、被告人陈××、其他直接责任人员被告人徐×，伙同被告单位乙园林公司及其直接负责的主管人员被告人李×2违反国家发票管理制度，在无真实交易情况下，虚开票面金额为18401158元的普通发票，并造成被告单位甲投资公司因虚开发票行为，偷逃企业所得税4499543.17元，上述被告单位及被告人的行为构成了虚开发票罪且情节特别严重，公诉机关的指控成立。被告人李×2经办案单位传唤、被告人徐×经办案单位电话传唤后，主动到案并如实供述自己的犯罪事实系自首，被告单位乙园林公司也应认定为自首，可依法对上述被告单位及被告人从轻或减轻处罚。被告人钱×到案后如实供述了自己的犯罪事实，被告人陈××到案后在办案单位对其讯问后期如实供述了自己的犯罪事实均系坦白，依法可以从轻处罚。各被告单位及被告人均认罪认罚，且具有悔罪情节，依法可酌情从宽处理。对于查封、冻结在案的财产，在审理阶段已被本院决定继续查封、冻结的，由本院依法处理，未被本院继续查封、冻结的，由原查封、冻结单位依法处理。根据被告人的犯罪事实、犯罪性质及认罪、悔罪态度等情节，并结合当地司法局社会调查评估意见，被告人钱×、陈××、徐×、李×2 对居住社区没有重大不良影响，可以对上述被告人适用缓刑。

2. 据此，法院判决如下。

（1）被告单位甲投资公司犯虚开发票罪，判处罚金 20 万元。（罚金已缴纳）

（2）被告人钱×犯虚开发票罪判处有期徒刑二年缓刑三年，并处罚金人民币 5 万元。（缓刑考验期从判决确定之日起计算，罚金已缴纳）

（3）被告人陈××犯虚开发票罪判处有期徒刑二年缓刑三年，并处罚金人民币 5 万元。（缓刑考验期从判决确定之日起计算，罚金已缴纳）

（4）被告人徐×犯虚开发票罪判处有期徒刑一年缓刑二年，并处罚金人民币 2 万元。（缓刑考验期从判决确定之日起计算，罚金已缴纳）

（5）被告单位乙园林公司犯虚开发票罪判处罚金人民币 18 万元。（罚金已缴纳，其中乙园林公司在履行乐税稽罚 2020-1 号税务行政处罚决定中，已缴纳的 5 万元罚款部分在本案中予以抵扣）

（6）被告人李×2 犯虚开发票罪判处有期徒刑一年零八个月缓刑二年零六个月，并处罚金人民币 5 万元。（缓刑考验期从判决确定之日起计算，罚金已缴纳）

【税务律师案例评析】

1. 危害税收征管罪包括逃税罪，抗税罪，逃避追缴欠税罪，骗取出口退税罪，虚开增值税专用发票、用于骗取出口退税、抵扣税款发票罪，虚开发票罪，伪造、出售伪造的增值税专用发票罪，非法出售增值税专用发票罪，非法购买增值税专用发票、购买伪造的增值税专用发票罪，非法制造、出售非法制造的用于骗取出口退税、抵扣税款发票罪，非法制造、出售非法制造的发票罪，非法出售用于骗取出口退税、抵扣税款发票罪，非法出售发票罪，持有伪造的发票罪共计 14 个罪名。

其中，在虚开发票犯罪上目前有两种罪名，即虚开增值税专用发票、用于骗取出口退税、抵扣税款发票罪和虚开发票罪。根据《中华人民共和国发票管理办法》及其实施细则等对于发票管理的规定，发票划分为三大类，即增值税专用发票、增值税普通发票以及海关进口增值税专用缴款书、机动车销售统一发票等专业类发票。刑法分则第三章第六节将发票归纳为三类：一是增值税专用发票，二是用于骗取出口退税、抵扣税款功能的发票，三是一般意义上的普通发票。《中华人民共和国刑法》第二百零五条规定所指的虚开对象是增值税专用发票和用于骗取出口退税的发票，而《中华人民共和国刑法》第二百零五条之一规定所指的虚开对象是上述两类发票之外的普通发票。

2. 现实生活中，最常见的犯罪是逃税和虚开发票。从刑法的有关规定来看，涉嫌虚开增值税专用发票可以直接定罪，而偷逃税款则存在补过的机会，只有拒不缴纳税款、罚款或被两次行政处罚又偷税才构成犯罪。除了少缴税款外，虚开发票还有一个目的是获取利润或其他好处；而逃税的目的是少缴税款。

3. 虚开发票涉嫌犯罪案件移送标准：①虚开的税款数额在1万元以上或者致使国家税款被骗数额在5000元以上的，应予移送；②虚开发票100份以上或者虚开金额累计在40万元以上的，虽未达到该数额标准，但五年内因虚开发票行为被行政处罚两次以上，又虚开发票的。

【风险提示】

1. 虚开增值税发票，立案金额较低被认定为虚开增值税专用发票罪的，除没收违法所得外，当事人还会受到行政处罚和被追究刑事责任。

2. 单位虚开发票，追究其刑事责任、判处罚金，并对其直接负责的主管人员和其他直接责任人员进行处罚。直接负责的主管人员和其他直接责任人员包括单位的法定代表人（可依法代表单位行使民事权利、履行民事义务的主要负责人）、实际控制人、高级管理人员（公司的经理、副经理、财务负责人、上市公司董事会秘书和公司章程规定的其他人员）以及部门负责人等。

【相关条文】

1.《中华人民共和国刑法》。

第三十条　【单位负刑事责任的范围】公司、企业、事业单位、机关、团体实施的危害社会的行为，法律规定为单位犯罪的，应当负刑事责任。

第三十一条　【单位犯罪的处罚原则】单位犯罪的，对单位判处罚金，并对其直接负责的主管人员和其他直接责任人员判处刑罚。本法分则和其他法律另有规定的，依照规定。

第四十五条　【有期徒刑的期限】有期徒刑的期限，除本法第五十条、第六十九条规定外，为六个月以上十五年以下。

第四十七条　【有期徒刑刑期的计算与折抵】有期徒刑的刑期，从判决执行之日起计算；判决执行以前先行羁押的，羁押一日折抵刑期一日。

第五十二条　【罚金数据的裁量】判处罚金，应当根据犯罪情节决定罚金数额。

第五十三条　【罚金的缴纳】罚金在判决指定的期限内一次或者分期缴纳。期满不缴纳的，强制缴纳。对于不能全部缴纳罚金的，人民法院在任何时候发现被执行人有可以执行的财产，应当随时追缴。

由于遭遇不能抗拒的灾祸等原因缴纳确实有困难的，经人民法院裁定，可以延期缴纳、酌情减少或者免除。

第六十一条　【量刑的一般原则】对于犯罪分子决定刑罚的时候，应当根据犯罪的事实、犯罪的性质、情节和对于社会的危害程度，依照本法的有关规定判处。

第六十四条　【犯罪物品的处理】犯罪分子违法所得的一切财物，应当予以追缴或者责令退赔；对被害人的合法财产，应当及时返还；违禁品和供犯罪所用的本人财物，应当予以没收。没收的财物和罚金，一律上缴国库，不得挪用和自行处理。

第六十七条　【自首】犯罪以后自动投案，如实供述自己的罪行的，是自首。对于自首的犯罪分子，可以从轻或者减轻处罚。其中，犯罪较轻的，可以免除处罚。

被采取强制措施的犯罪嫌疑人、被告人和正在服刑的罪犯，如实供述司法机关还未掌握的本人其他罪行的，以自首论。

犯罪嫌疑人虽不具有前两款规定的自首情节，但是如实供述自己罪行的，可以从轻处罚；因其如实供述自己罪行，避免特别严重后果发生的，可以减轻处罚。

第七十二条　【适用条件】对于被判处拘役、三年以下有期徒刑的犯罪分子，同时符合下列条件的，可以宣告缓刑，对其中不满十八周岁的人、怀孕的妇女和已满七十五周岁的人，应当宣告缓刑：

（一）犯罪情节较轻；

（二）有悔罪表现；

（三）没有再犯罪的危险；

（四）宣告缓刑对所居住社区没有重大不良影响。

宣告缓刑，可以根据犯罪情况，同时禁止犯罪分子在缓刑考验期限内从事特定活动，进入特定区域、场所，接触特定的人。

被宣告缓刑的犯罪分子，如果被判处附加刑，附加刑仍须执行。

第七十三条　【考验期限】拘役的缓刑考验期限为原判刑期以上一年以下，但是不能少于二个月。

有期徒刑的缓刑考验期限为原判刑期以上五年以下，但是不能少于一年。

缓刑考验期限，从判决确定之日起计算。

第二百零五条之一 【虚开发票罪】虚开本法第二百零五条规定以外的其他发票，情节严重的，处二年以下有期徒刑、拘役或者管制，并处罚金；情节特别严重的，处二年以上七年以下有期徒刑，并处罚金。

单位犯前款罪的，对单位判处罚金，并对其直接负责的主管人员和其他直接责任人员，依照前款的规定处罚。

2.《中华人民共和国刑事诉讼法》。

第十五条 犯罪嫌疑人、被告人自愿如实供述自己的罪行，承认指控的犯罪事实，愿意接受处罚的，可以依法从宽处理。

判例四 公司股权转让后变为一人有限公司，该股东是否应对转让之前公司实施的逃税行为承担刑事责任

【裁判要旨】

纳税人采取欺骗、隐瞒手段进行虚假纳税申报或者不申报，经税务机关依法下达追缴通知书后不补缴应纳税款，不缴纳滞纳金，逃避税款较大并且占应纳税额百分之十以上的，构成逃税罪。

单位犯罪的，对单位判处罚金，并对其直接负责的主管人员和其他直接责任人员判处刑罚。段某作为法定代表人，且是直接负责的主管人员，应按照规定承担相应的刑事责任。

【涉税案情】

原公诉机关：山西省汾阳市人民检察院

上诉人（原审被告）：段×、山西甲置业有限公司（以下简称“甲公司”）

1. 甲公司于2013年11月由山西恒瑞商贸有限公司更名而来，2013年11月19日进行工商登记，法定代表人为郭××，公司地址为汾阳市阳城中小企业创业基地。

2. 2015年12月12日，被告人段×与郭××等签订股权转让协议，被告人段×购得甲公司全部股份，同时约定相关税费由段×承担，在财务移交清册2015年12月15日“资产负债表”中载明，应交税费为8330645.05元。2015年12月16日，段×做出信用承诺书，承诺照章纳税。2015年12月18日，甲公司进行变更登记，法定代表人变更为段×，类型为一人有限责任公司。2016年3月4日，甲公司进行变更登记，延长营业期限为2012年7月10日至2020年3月1日，住址为汾阳市阳城中小企业创业基地。原汾阳市地方税务局于2016年4月19日做出汾地税三泉所通（2016）420001号《税务

事项通知书》，要求被告单位甲公司将应缴纳税款 8330915.05 元及滞纳金在 2016 年 4 月 24 日前申报缴纳，并注明：如对本通知书不服，可自收到本通知书之日起六十日内按照本通知书要求缴纳税款、滞纳金，依法向汾阳市地方税务局申请行政复议。该通知书于 2016 年 4 月 20 日送达（由被告人段×本家亲戚甲公司职工段×明代收），甲公司未提出异议，未按期申报缴纳税款，也未申请行政复议。

3. 原汾阳市地方税务局稽查局于 2017 年 11 月 24 日做出汾地税稽处（2017）3141182171031 号《税务处理决定书》，限被告单位自收到本决定书之日起十五日内将应补缴税费 16595553 元及滞纳金缴纳入库，并按照规定进行相应账务调整，同时注明：若在纳税上有争议，必须先依照本决定的期限缴纳税款及滞纳金或者提供相应的担保，方可自上述款项缴清或者提供担保被税务机关确认之日起六十日内依法申请行政复议。该税务处理决定书于 2017 年 11 月 27 日邮寄送达甲公司，一并邮寄送达的还有《税务行政处罚事项告知书》。2017 年 12 月 4 日，原汾阳市地方税务局稽查局做出汾地税稽罚（2017）3141182171031 号《税务行政处罚决定书》，对被告单位处以罚款 13407929.98 元；限被告单位自本决定书送达之日起十五日内缴纳入库，并注明：如对本决定不服，可以自收到本决定书之日起六十日内依法申请行政复议，或自收到本决定书之日起六个月内依法向人民法院起诉。该税务行政处罚决定书于 2017 年 12 月 4 日邮寄送达被告单位及段×。被告单位对《税务事项通知书》《税务处理决定书》要求补缴应纳税款未予缴纳，也未申请进行行政复议。

4. 2017 年 12 月 5 日，原汾阳市地方税务局将本案移交汾阳市公安局；2017 年 12 月 8 日，汾阳市公安局发出补充材料函；2017 年 12 月 9 日，原汾阳市地方税务局发出回复函；2018 年 1 月 30 日，汾阳市公安局立案。后山西省汾阳市人民检察院以汾检刑刑诉〔2018〕207 号起诉书指控被告单位甲公司、被告人段×犯逃税罪并于 2018 年 10 月 18 日向法院提起公诉。

5. 对公诉机关指控被告单位逃避缴纳 2017 年企业所得税 151663.12 元的意见，原审法院认为，依照《中华人民共和国企业所得税法》第五十四条规定，企业所得税实行预缴制，企业应当自年度终了之日起五个月内，向税务机关报送年度企业所得税纳税申报表，并汇算清缴，结清应缴应退税款。因此，被告单位甲公司 2017 年企业所得税汇算清缴期为 2018 年 1—5 月，而被告人段×在 2018 年 3 月 9 日已被刑事拘留，在此情形下，被告单位、被告人对此笔税款因客观原因已无法进行汇算清缴，被告单位、被告人对此笔税款不具有逃税的主观故意，故不应予以认定。公诉机关该项指控不能成立，不予支持。被告单位甲公司及其辩护人、被告人段×及其辩护人关于2017年企业所得税不应作为偷税处理的辩护意见成立，予以支持；关于其他年度应补缴的企业所得税，因其他年度所应补缴企业所得税汇算清缴期已过，应补缴的企业所得税应列入逃税范围，该部分辩护意见不能成立，不予支持。

6. 针对被告人段×及其辩护人关于甲公司逃避缴纳的税款产生的期间不在段×任甲公司法定代表人期间，段×不是直接负责的主管人员和其他直接责任人员，段×只应对其接手后的相关税费承担责任的辩护意见，原审法院认为，被告人段×于2015年12月12日接手甲公司，并于2015年12月18日将公司法定代表人变更为被告人段×，被告人段×对于其接手甲公司之前公司已实施的逃税行为，因其并非当时甲公司的直接负责主管人员和其他直接责任人员，故不应承担刑事责任。被告人及其辩护人的该项辩护意见成立，予以支持。

7. 对被告单位甲公司及其辩护人、被告人段×及其辩护人关于税务机关对甲公司的行政处罚决定书未生效，依法应当追究甲公司逃税罪刑事责任的法定阻却事由仍然存在的情况下，认定被告单位、被告人构成逃税罪并进行刑事处罚是完全错误的辩护意见，原审法院认为，经庭审查明的事实和证据证实，税务机关下达的《税务处理决定书》《税务行政处罚决定书》已送达被告单位甲公司，该公司未对《行政处理决定书》申请复议，也未按期缴纳应缴纳税款，只是在2018年5月28日就《税务行政处罚决定书》提起行政诉讼。《中华人民共和国刑法》第二百零一条第四款规定：有第一款行为，经税务机关依法下达追缴通知后，补缴应纳税款，缴纳滞纳金，已受行政处罚的，不予追究刑事责任。行为人在税务机关依法做出补缴应纳税款、缴纳滞纳金的决定与行政处罚后，在规定的期限内不接受补缴应纳税款、缴纳滞纳金或者不接受行政处罚而申请复议或者提起行政诉讼的，则不能成立处罚阻却事由。行为人在规定期限没有接受税务机关的处理，即可进入刑事司法程序追究行为人的刑事责任。被告单位有虚假纳税申报或不申报逃避缴纳税款的行为，在税务机关依法做出补缴应纳税款、缴纳滞纳金的决定与行政处罚后，被告单位在规定的期限内不申报补缴应纳税款，也不缴纳滞纳金，应认定为被告单位在规定期限内不接受税务机关处理，被告单位的行为不符合《中华人民共和国刑法》第二百零一条第四款规定的处罚阻却事由成立的要件，依法不能成立。相关证据也证明了2018年1月30日公安机关立案时，税务机关规定的十五日缴纳税款及滞纳金的期限已过，处罚阻却事由不能成立，可依法进入刑事司法程序追究行为人的刑事责任。被告单位及其辩护人、被告人及其辩护人的该项辩护意见不能成立，不予支持。

8. 针对被告单位及其辩护人、被告人及其辩护人关于本案证据取得程序严重违法，基本事实严重不清，适用法律严重错误，原汾阳市地方税务局稽查局《税务稽查案卷正卷》证据应予排除的辩护意见，原审法院认为，经庭审查明的事实和证据证实，对被告单位应缴纳税款、逃税数额的认定，由原汾阳市地方税务局依法进行检查、稽查，依法调取相关资料进行审理并做出结论，给被告单位送达相关通知书、决定书，责令限期补缴，程序合法，事实清楚，证据确实充分，可以作为定案依据。原汾阳市地方税务局稽查局《税务稽查案卷正卷》是税务机关依法审理税务案件形成的卷宗材料，其真实性、合法性应予认定。本案证据能相互印证，形成完整的证据链，可以作为定案的证据。故被告单位及其辩护人、被告人及其辩护人的该项辩护意见不能成立，不予支持。

9. 针对公诉机关指控被告单位逃避应缴纳城镇土地使用税 1813009.07 元（其中，2014—2015 年为 735003.68 元，2016—2017 年为 1078005.39 元）的公诉意见以及被告单位及其辩护人、被告人及其辩护人所辩税务机关认定甲公司应纳税税种及数额严重错误，土地使用税属擅自扩大征收税种，不应予以认定的辩护意见，原审法院认为，依照《中华人民共和国城镇土地使用税暂行条例》《山西省实施〈中华人民共和国城镇土地使用税暂行条例〉办法》的相关规定，城市、县城、建制镇和工矿区的具体征税范围，由设区的市、县级人民政府根据当地实际情况确定。汾阳市人民政府汾政函（2012）92 号《关于城镇土地使用税的征收范围工矿区标准确定的批复》规定：市区规划区以外的工矿企业，按照工矿区征收范围和征收标准征收土地使用税。2018 年 7 月 26 日，《国家税务总局汾阳市税务局关于甲公司城镇土地使用税纳税义务情况说明》证实：甲公司属汾阳市市区规划区以外的工矿企业，应按照工矿区征收范围和征收标准征收城镇土地使用税。据此原审法院认为，公诉机关指控被告单位 2014—2017 年逃避缴纳城镇土地使用税 1813009.07 元成立，该税种、税款应计算在被告单位逃税罪应纳税款数额中。被告单位及其辩护人、被告人及其辩护人的该项辩护意见不能成立，不予支持。

综上所述，被告单位及其辩护人、被告人及其辩护人所辩被告单位、被告人无罪的辩护意见不能成立，不予支持。根据被告单位甲公司、被告人段×的犯罪事实、性质、情节和对于社会的危害程度，依据《中华人民共和国刑法》第三十条、第三十一条、第四十五条、第四十七条、第五十二条、第五十三条第一款、第六十一条、第六十四条、第六十七条第三款、第二百零一条、第二百一十一条、第二百一十二条的规定，判决被告单位甲公司犯逃税罪，判处罚金 300 万元；被告人段×犯逃税罪，判处有期徒刑二年三个月，并处罚金 5 万元；

责令被告单位甲公司于本判决生效后三十日内补缴税款 11368418.39 元。

原审被告单位甲公司、原审被告人段×不服，以原判认定事实错误、证据不足，应当判决无罪为由提起上诉。

【争议焦点】

本案各方争议的焦点：①作为被告单位的法定代表人，被告人段×是否需要对股权变更之前的税费承担责任；若不承担责任，如何计算逃税比例？②行政复议和行政处罚是否需要缴纳税费与滞纳金？③资产负债表的应交税费是否是真实的未交税费，是如何计算的？各方具体观点如下。

1. 上诉人段×的主要上诉理由：①原判据以认定甲公司逃避缴纳税款 11368418.39 元的证据，取得程序违法，无原始证据印证，不能作为定案的证据；②房地产企业所得税征收采取预缴制，企业在预缴时少缴税款不应作为偷税处理，原判将除 2017 年度以外的企业所得税列入逃税范围，不符合法律规定；③原汾阳市地方税务局在其向甲公司下达的《税务处理决定书》《税务行政处罚决定书》未生效情况下向公安机关移送，追究甲公司的刑事责任，程序违法；④依照相关规定，甲公司不应当缴纳城镇土地使用税；⑤原判认定段×任法定代表人期间逃税数额为 1096204.36 元，占甲公司应缴纳税额的 28%，该比例计算错误，一审判决认定甲公司应缴纳税额为 17630609.9 元，占其应缴税额的比例应为 6.22%，达不到 10%，不应定罪。

2. 辩护人的主要辩护意见：①段×任法定代表人期间涉嫌逃税数额占应缴纳税额的比例达不到追究刑事责任的比例，原判对该比例的计算错误，该比例应为 6.22%，达不到《中华人民共和国刑法》第二百零一条规定的比例 10%，不应定罪；②段×已将甲公司 100%的股权转让给了徐×，徐×已对甲公司的原判予以认可，辩护人充分尊重徐×的决定；③税务部门对甲公司稽查时未到甲公司进行稽查，取得的证据应当依法排除；④原汾阳市地方税务局在其向甲公司下达的《税务处理决定书》《税务行政处罚决定书》未生效情况下就向公安机关移送，要求公安机关追究甲公司的刑事责任错误；⑤房地产企业所得税征收采取预缴制，企业在预缴时少缴税款不应作为偷税处理。

3. 原公诉机关指控理由：甲公司于 2013 年 11 月左右，由山西恒瑞商贸有限公司更名而来。2015 年 12 月 12 日，被告人段×购得甲公司全部股份成为法定代表人，公司性质变更为一人有限责任公司，同时约定相关税费由段×负责。该公司成立以来缴纳地方税款合计 1039101.86 元。2014 年以来，甲公司逃避土地使用税 1813009.07 元；销售不动产营业税及附加税、印花税 5613414.2 元，租金收入印花税 55 元；企业所得税 4075459.27 元；建筑施工合同印花税

18143.97元，以上各项税费合计11520081.51元。原汾阳市地方税务局先后于2016年4月19日以汾地税三泉所（2016）42001号《税务事项通知书》、2017年11月24日以汾地税稽处（2017）314118271031号《税务处理决定书》向该公司催收税款，甲公司仍未依法缴纳税款及罚金。被告单位甲公司，逃避缴纳税款11520081.51元，数额巨大，经税务机关依法下达追缴通知后，不补缴税款，不缴纳滞纳金，不接受行政处罚。其行为已触犯《中华人民共和国刑法》第二百零一条规定，应当以逃税罪追究其刑事责任。被告人段×作为被告单位甲公司的法定代表人，系被告单位的直接负责人和直接责任人，应以逃税罪追究其刑事责任。在公司股东变更之前段×接受公司之前甲公司已实施的逃税行为，因其并非当时被告公司直接负责的主管人员和其他直接责任人员，故对于段×接手之前被告单位已实施的逃税行为，不应承担刑事责任。

4. 二审裁定书认定，原审被告单位甲公司采取欺骗、隐瞒手段进行虚假申报或者不申报，经税务机关依法下达追缴通知书后不补缴应纳税款，不缴纳滞纳金，逃避税款11368418.39元，数额巨大，且占应纳税额30%以上，其行为构成逃税罪；上诉人段×作为原审被告单位甲公司的法定代表人，系原审被告单位2015年12月18日之后直接负责的主管人员，所涉公司逃税数额巨大，占应纳税额10%以上，不达30%，其行为已构成逃税罪。上诉人段×及其辩护人关于其不构成犯罪的上诉及辩护意见，与查明事实及证据不符，不予采纳。原判决认定事实和适用法律正确、量刑适当，依照规定，驳回上诉，维持原判。

【法院裁判观点】

被告单位甲公司采取欺骗、隐瞒手段进行虚假申报或者不申报，经税务机关依法下达追缴通知书后不补缴应纳税款，不缴纳滞纳金，逃避税款11368418.39元，数额巨大，并且占应纳税额30%以上，其行为构成逃税罪；被告人段×作为被告单位甲公司的法定代表人，系被告单位2015年12月18日之后的直接负责主管人员，所涉公司逃税数额巨大，占应纳税额10%以上，不达30%，其行为已构成逃税罪。公诉机关指控除2017年企业所得税外逃税的犯罪事实及罪名成立，予以支持。被告人段×在庭审中能如实供述主要犯罪事实，表示愿意承担其接手公司以后的税费，且属初犯、偶犯，依法可从轻处罚。

【税务律师案例评析】

1. 如何确定逃税比例是本案的争议焦点。一审和二审的判决与裁定书认定，甲公司成立以来，公司应缴纳税费总额为17630609.9元，缴纳地方税款合计 1039101.86 元。甲公司自成立以来未缴的税款如表 6-1 所示。

表 6-1 甲公司自成立以来未缴税款

单位：元

税种	未缴税款（2012—2015 年）	未缴税款（2016—2017 年）	小计
销售不动产营业税及附加税、印花税	5613414.2		5613414.2
租金收入印花税		55	55
企业所得税	3923796.15		3923796.15
建筑施工合同印花税		18143.97	18143.97
土地使用税	735003.68	1078005.39	1813009.07
合计	9707072.44	1096204.36	11368418.39

二审裁定书认定甲公司自成立以来应缴纳的税额为 17630609.9 元，被告甲公司逃避的税费占应缴纳税额的比例为 64.48%。

二审裁定书认定段×对接手之前被告单位已实施的逃税行为不承担刑事责任，对其接手后的未交金额 1096204.36 元负责，占应缴纳税额的比例为 28%。

2. 针对被告及其辩护律师提出的“一审判决认定甲公司应缴纳税额为 17630609.9 元，未缴税金占比为 6.22%，不到 10%，不应定罪”的观点，笔者认为计算基数很重要，对于股东变更之前甲公司已实施的逃税行为，因被告并非甲公司当时的直接负责主管人员和其他直接责任人员，对于其接手之前被告单位已实施的逃税行为，不应承担刑事责任，故应纳税额应变更为其接手之后的应纳税额，而不是接手之前和接手之后应纳税额的合计数。在股权转让（房地产企业更需引起重视）过程中，企业应聘请第三方专业机构进行尽调。对于股权买卖合同和移交的资产负债表中的应缴税费，股权买卖双方应当核对无误后予以签收。

3. 在被告或法定代表人于被告单位企业所得税汇算清缴期间被刑事拘留的情形下，被告单位、被告人对此笔税款不具有逃税的主观故意，故对该未汇算清缴年度的企业所得税不应予以认定属于被告人和被告单位的逃税范围。

4. 对于被告单位及其辩护人针对指控被告单位逃避土地使用税 1813009.07 元不应计入逃税额的辩护意见，在二审裁定书中得以纠正，不应将土地使用税作为应纳税额的范围。可见税务机关在稽查过程中也会出现疏忽，作为被告应当及时聘请税务律师依法核对。

5.《中华人民共和国刑法》第二百零一条第四款规定：有第一款行为，税务机关依法下达追缴通知后，补缴应纳税款，缴纳滞纳金，已受行政处罚的，不予追究刑事责任。行为人在税务机关依法做出补缴应纳税款、缴纳滞纳金的决定与行政处罚后，在规定的期限内不接受补缴应纳税款、缴纳滞纳金或者不接受行政处罚而申请复议或者提起行政诉讼的，则处罚阻却事由不能成立。行为人在规定期限没有接受税务机关的处理，即可进入刑事司法程序追究行为人的刑事责任。被告单位有虚假纳税申报或不申报逃避缴纳税款的行为，在税务机关依法做出补缴应纳税款、缴纳滞纳金的决定与行政处罚后，被告单位在规定的期限内不申报补缴应纳税款，也不缴纳滞纳金，应认定为被告单位在规定期限内不接受税务机关处理，被告单位的行为不符合《中华人民共和国刑法》第二百零一条第四款规定的处罚阻却事由成立的要件，依法不能成立处罚阻却事由。企业应按照税法规定进行税务申报并缴纳税款。

【风险提示】

股权转让过程中未明确税费的承担问题，可导致受让方面临承担转让之前产生的税费风险。

【相关条文】

1.《中华人民共和国刑法》。

第四十五条 【有期徒刑的期限】有期徒刑的期限，除本法第五十条、第六十九条规定外，为六个月以上十五年以下。

第四十七条 【有期徒刑刑期的计算与折抵】有期徒刑的刑期，从判决执行之日起计算；判决执行以前先行羁押的，羁押一日折抵刑期一日。

第五十二条 【罚金数据的裁量】判处罚金，应当根据犯罪情节决定罚金数额。

第五十三条第一款 【罚金的缴纳】罚金在判决指定的期限内一次或者分期缴纳。期满不缴纳的，强制缴纳。对于不能全部缴纳罚金的，人民法院在任何时候发现被执行人有可以执行的财产，应当随时追缴。

第六十一条 【减轻处罚】对于犯罪分子决定刑罚的时候，应当根据犯罪的事实、犯罪的性质、情节和对于社会的危害程度，依照本法的有关规定判处。

第六十四条 【犯罪物品的处理】犯罪分子违法所得的一切财物，应当予以追缴或者责令退赔；对被害人的合法财产，应当及时返还；违禁品和供犯罪所用的本人财物，应当予以没收。没收的财物和罚金，一律上缴国库，不得挪用和自行处理。

第六十七条第三款 犯罪嫌疑人虽不具有前两款规定的自首情节，但是如实供述自己罪行的，可以从轻处罚；因其如实供述自己罪行，避免特别严重后果发生的，可以减轻处罚。

第二百零一条第四款 有第一款行为，经税务机关依法下达追缴通知后，补缴应纳税款，缴纳滞纳金，已受行政处罚的，不予追究刑事责任。

2.《中华人民共和国刑事诉讼法》。

第二百三十六条 第二审人民法院对不服第一审判决的上诉、抗诉案件，经过审理后，应当按照下列情形分别处理：

（一）原判决认定事实和适用法律正确、量刑适当的，应当裁定驳回上诉或者抗诉，维持原判；

（二）原判决认定事实没有错误，但适用法律有错误，或者量刑不当的，应当改判；

（三）原判决事实不清楚或者证据不足的，可以在查清事实后改判；也可以裁定撤销原判，发回原审人民法院重新审判。

判例五 单位犯逃税罪，其财务负责人是否会被追究逃税罪

【裁判要旨】

鄂州市甲置业开发有限公司采取欺骗、隐瞒手段进行虚假纳税申报及不申报，逃避缴纳税款数额较大并且占应纳税额百分之十以上，其行为已构成逃税罪；被告人杨××作为鄂州市甲置业开发有限公司的直接责任人员，其行为已构成逃税罪。对于财务负责人杨××，因其长期管理鄂州市甲置业开发有限公司财务，对单位逃税起较大作用，故被认定为鄂州市甲置业开发有限公司逃税直接负责的主管人员，需要承担刑事责任。

【涉税案情】

原公诉机关：鄂州市鄂城区人民检察院

上诉人（原审被告）：鄂州市甲置业开发有限公司（以下简称“甲公司”）、杨××

1. 2011年，被告单位甲公司开发甲公馆房地产项目以来，被告人杨××在管理甲公司财务过程中，采取不开税务发票、零申报纳税和不申报纳税等手段，逃避缴纳税款。2019年9月，国家税务总局鄂州市税务局第一稽查局认定甲公司2011年1月1日至2019年4月30日期间欠缴各项税款共计5126865.57元（多缴纳税款25788.75元予以抵扣欠缴税款或退还），并限期缴纳；同时，对甲公司上述逃税行为处以罚款3076119.35元。在税务机关送达上述税务文书后，

甲公司仅于2020年1月补缴税款800000元。原审法院认为，被告单位甲公司采取欺骗、隐瞒手段进行虚假纳税申报及不申报，逃避缴纳税款数额较大且占应纳税额百分之十以上，其行为已构成逃税罪；被告人杨××长期管理甲公司财务，是对甲公司逃税直接负责的主管人员，其行为已构成逃税罪。涉案税款应予追缴。税务机关对甲公司的涉案罚款，应当折抵其罚金。依照《中华人民共和国刑法》第二百零一条第一款、第二百一十一条，《中华人民共和国行政处罚法》第三十五条第二款之规定，判决如下：（一）被告单位甲公司犯逃税罪，判处罚金310万元（税务机关的前述罚款应予折抵）；（二）被告人杨××犯逃税罪，判处有期徒刑二年零三个月，并处罚金30万元；（三）追缴被告单位甲公司应纳税款4301076.82元。

后原审被告单位甲公司、原审被告人杨××不服，提起上诉。

【争议焦点】

本案的争议焦点为财务负责人是否可免于追究逃税罪，案涉各方的具体观点如下。

1. 上诉人甲公司提出，公司处于破产边缘，无力支付罚金，请求法院酌情处理。

2. 上诉人杨××及其辩护人提出：杨××不是公司的财务负责人，没有实施逃税行为；公司无力支付税款不是杨××造成的。因此，杨××不构成逃税罪。

【法院裁判观点】

1. 上诉人甲公司采取欺骗、隐瞒手段进行虚假纳税申报及不申报，逃避缴纳税款数额较大并且占应纳税额百分之十以上，其行为已构成逃税罪；被告人杨××作为甲公司的直接责任人员，其行为已构成逃税罪。涉案税款应予追缴。

2. 关于上诉人杨××及其辩护人提出杨××不是公司的财务负责人，没有实施逃税行为；公司无力支付税款不是杨××造成的，杨××不构成逃税罪的上诉理由和辩护意见。证人杨×2、杨×1、阮×、张×、陈×等的证言相互印证，证实杨××实际负责公司财务，财务人员开具不动产税务发票、申报纳税事项均听从杨××的安排，自2017年公司法人变更为李××后，杨××为公司的实际控制人。杨××在负责公司财务及实际控制公司经营期间，安排财务人员通过不开具不动产税务发票、不申报或虚假申报纳税的手段，逃避缴纳税款，是甲公司逃税的直接责任人员，应当承担刑事责任。

【税务律师案例评述】

1.《中华人民共和国刑法》第二百一十一条【单位犯危害税收征管罪的处罚规定】，单位犯本节第二百零一条、第二百零三条、第二百零四条、第二百零七条、第二百零八条、第二百零九条规定之罪的，对单位判处罚金，并对其直接负责的主管人员和其他直接责任人员，依照各该条的规定处罚。基于该条款，直接负责的主管人员和其他直接责任人员在单位犯逃税罪时，会被立案追诉：逃避缴纳税款数额较大并且占应纳税额百分之十以上的，处三年以下有期徒刑或者拘役，并处罚金；数额巨大并且占应纳税额百分之三十以上的，处三年以上七年以下有期徒刑，并处罚金。

2. 至于哪些人员是直接负责的主管人员和其他直接责任人员，根据《全国法院审理金融犯罪案件工作座谈会纪要》，直接负责的主管人员，是指在单位实施的犯罪中起决定、批准、授意、纵容、指挥等作用的人员，一般是单位的主管负责人，包括法定代表人。其他直接责任人员，是指在单位犯罪中具体实施犯罪并起较大作用的人员，既可以是单位的经营管理人员，也可以是单位的职工，包括聘任、雇佣的人员。对于被告人杨××而言，其长期管理甲公司财务，是对甲公司逃税直接负责的主管人员，其行为已构成逃税罪。

【风险提示】

1. 企业在生产经营过程中，不按照税法规定如实进行纳税申报，即可产生逃税风险，并导致支付税收滞纳金和罚款的后果。

2. 企业财务负责人不依法依规进行财务管理，以作为或不作为的方式让财务人员采取零申报纳税和不申报纳税等手段进行逃税，一旦被认定逃税，财务负责人作为直接负责的主管人员将面临承担刑事责任的风险。

【相关条文】

1.《中华人民共和国刑法》。

第二百零一条第一款 【逃税罪】纳税人采取欺骗、隐瞒手段进行虚假纳税申报或者不申报，逃避缴纳税款数额较大并且占应纳税额百分之十以上的，处三年以下有期徒刑或者拘役，并处罚金；数额巨大并且占应纳税额百分之三十以上的，处三年以上七年以下有期徒刑，并处罚金。

第二百一十一条 【单位犯危害税收征管罪的处罚规定】单位犯本节第二百零一条、第二百零三条、第二百零四条、第二百零七条、第二百零八条、第二百零九条规定之罪的，对单位判处罚金，并对其直接负责的主管人员和其他直接责任人员，依照各该条的规定处罚。

2.《中华人民共和国行政处罚法》。

第三十五条第二款 违法行为构成犯罪，人民法院判处罚金时，行政机关已经给予当事人罚款的，应当折抵相应罚金；行政机关尚未给予当事人罚款的，不再给予罚款。

判例六　企业所得税、土地增值税未缴足预缴税款，是否构成逃税罪

【裁判要旨】

企业所得税、土地增值税均为预缴税款，须待清算后才能确定实际应缴数额。在案涉工程项目未进行土地增值税和企业所得税清（结）算的情况下，即使重庆市甲房地产开发有限责任公司未足额预缴两种税款，也不应将企业所得税、土地增值税计入逃税的金额。

【涉税案情】

抗诉机关：重庆市石柱土家族自治县（以下简称“石柱县”）人民检察院

上诉人（原审被告）：万某某、重庆市甲房地产开发有限责任公司（以下简称“甲公司”）

1. 原审被告单位甲公司于2004年2月2日注册成立，经营范围为房地产开发（二级），被告人万某某为公司法定代表人和实际负责人。2010年7月15日，甲公司到石柱县地税局鲤塘坝新区税务所办理了税务登记。2010年11月2日，甲公司取得“万华·北城首座”项目建设用地规划许可证，该项目位于石柱县南宾镇桥北原（缫）丝厂。2011年8月22日，甲公司取得“万华·北城首座”建设工程规划许可证。2012年10月17日，甲公司取得“万华·北城首座”商品房预售许可，并于同年12月开始对外销售。

2. 2013年1月1日至5月30日，甲公司销售“万华·北城首座”项目商品房123套，取得预售房款22170257元，2013年9月至2014年无销售收入。2013年度，甲公司申报金额6700000元，少申报15470257元。其中，应缴营业税1108512.85元，实缴335000元，少缴773512.85元，少缴比例69.78%；应缴城市维护建设税55425.64元，实缴16750元，少缴38675.64元，少缴比例69.78%；应缴教育费附加33255.39元，实缴10050元，少缴23205.39元，少缴比例69.78%；应缴地方教育附加22170.26元，实缴6700元，少缴15470.26元，少缴比例69.78%；应预缴土地增值税443405.14元，实预缴134000元，少预缴309405.14元，少预缴比例69.78%；应缴印花税11085.13元，实缴印花税3350元，少缴印花税7735.13元，少缴比例69.78%；应缴城镇土地使用税19660元，少缴19660元，少缴比例100%；应预缴企业所得税408006.04元，少预缴企业所得税408006.04元，少预缴比例100%。

3. 2013年7月5日，石柱县地税局稽查局向甲公司送达《石柱县地税局限期缴纳税款通知书》（石地税鲤塘限缴〔2013〕006号），限甲公司于2013年7

月20日前缴纳2013年1月至3月期间（开发万华新城）的应纳税款2139513.92元。2013年9月9日，石柱县地税局鲤塘坝新区税务局向甲公司送达石柱县地税局税务事项通知书（石地鲤塘税通〔2013〕018号），限甲公司于2013年9月16日前缴纳2013年1月至9月期间经营房地产开发应纳税款（营业税、土地增值税、企业所得税、城市建设维护税、教育费附加、地方教育附加、印花税）合计3423744.35元。2014年12月26日，被告人万某某被石柱县公安局民警抓获归案。

4. 另查明，2013年，被告单位甲公司在重庆市忠县缴纳房产税、城镇土地使用税共计84688.11元。截至2017年7月28日，甲公司开发建设的“万华·北城首座”项目尚未进行土地增值税和企业所得税清（结）算。本案在审理期间，甲公司及被告人万某某共向石柱县人民法院交存人民币120万元，作为其缴纳所欠税款及认缴罚金所用。

5. 一审法院认定上诉人万某某及原审被告单位甲公司构成逃税罪，但在认定逃税金额时，未将预缴的企业所得税、土地增值税纳入计算范围。石柱县人民检察院和万某某均对判决不服，分别提起抗诉和上诉。二审法院维持原判。

【争议焦点】

甲公司未足额预缴2013年的企业所得税、土地增值税，是否构成逃避缴纳2013年度企业所得税、土地增值税？

【法院裁判观点】

企业所得税、土地增值税均为预缴税款，须待清算后才能确定实际应缴数额，以及是否需要补缴或者退税。本案中，甲公司虽然未缴足两种预缴税款，但“万华·北城首座”项目尚未进行土地增值税和企业所得税的清（结）算，甲公司实际应缴多少企业所得税和土地增值税，是否存在补缴或者退税等情况均无法查清，故原判未将甲公司2013年度未预缴的企业所得税和土地增值税计入犯罪数额并无不当。

【税务律师案例评析】

1. 根据《中华人民共和国企业所得税法》第五十四条和企业所得税汇算清缴管理办法第二条，企业所得税分月或分季预缴，按年汇算清缴；根据《中华人民共和国土地增值税暂行条例实施细则》第十六条以及《土地增值税清算管理规程》第三条之规定，房地产项目竣工结算之前，土地增值税因成本无法确定而无法据以计算土地增值税，对此可预征土地增值税，至项目符合土地增值税清算条件后，再进行土地增值税清算。

2. 企业所得税和土地增值税均属于预缴税种，此类税种在预缴时因具体税额无法确定，待清算才能确定应纳税额，进行申报纳税。因此，税务机关不能以纳税人未缴足预缴税款为由，认定纳税人构成偷逃税。

【风险提示】

企业面对涉税行政纠纷或涉税刑事案件，应及时寻求专业税务律师团队的帮助，梳理税收实体内容，从税收实体方面申辩。就本案而言，应区分预缴和应纳的概念，并向司法机关说明，预缴不应计入逃税范围，降低涉案金额，以争取有利的判决。

【相关条文】

1.《中华人民共和国刑法》。

第二百零一条　【逃税罪】纳税人采取欺骗、隐瞒手段进行虚假纳税申报或者不申报，逃避缴纳税款数额较大并且占应纳税额百分之十以上的，处三年以下有期徒刑或者拘役，并处罚金；数额巨大并且占应纳税额百分之三十以上的，处三年以上七年以下有期徒刑，并处罚金。

扣缴义务人采取前款所列手段，不缴或者少缴已扣、已收税款，数额较大的，依照前款的规定处罚。

对多次实施前两款行为，未经处理的，按照累计数额计算。

有第一款行为，经税务机关依法下达追缴通知后，补缴应纳税款，缴纳滞纳金，已受行政处罚的，不予追究刑事责任；但是，五年内因逃避缴纳税款受过刑事处罚或者被税务机关给予二次以上行政处罚的除外。

2.《中华人民共和国企业所得税法》。

第五十四条　企业所得税分月或者分季预缴。

企业应当自月份或者季度终了之日起十五日内，向税务机关报送预缴企业所得税纳税申报表，预缴税款。

企业应当自年度终了之日起五个月内，向税务机关报送年度企业所得税纳税申报表，并汇算清缴，结清应缴应退税款。

企业在报送企业所得税纳税申报表时，应当按照规定附送财务会计报告和其他有关资料。

3.《企业所得税汇算清缴管理办法》。

第二条　企业所得税汇算清缴，是指纳税人自纳税年度终了之日起 5 个月内或实际经营终止之日起 60 日内，依照税收法律、法规、规章及其他有关企业所得税的规定，自行计算本纳税年度应纳税所得额和应纳所得税额，根据月度或季度预缴企业所得税的数额，确定该纳税年度应补或者应退税额，并填写企业所得税年度纳税申报表，向主管税务机关办理企业所得税年度纳税申报、提供税务机关要求提供的有关资料、结清全年企业所得税税款的行为。

4.《中华人民共和国土地增值税暂行条例实施细则》（财法字〔1995〕6号）。

第十六条 纳税人在项目全部竣工结算前转让房地产取得的收入，由于涉及成本确定或其他原因，而无法据以计算土地增值税的，可以预征土地增值税，待该项目全部竣工、办理结算后再进行清算，多退少补。具体办法由各省、自治区、直辖市地方税务局根据当地情况制定。

5.《土地增值税清算管理规程》。

第三条 《规程》所称土地增值税清算，是指纳税人在符合土地增值税清算条件后，依照税收法律、法规及土地增值税有关政策规定，计算房地产开发项目应缴纳的土地增值税税额，并填写《土地增值税清算申报表》，向主管税务机关提供有关资料，办理土地增值税清算手续，结清该房地产项目应缴纳土地增值税税款的行为。